博士论文
出版项目

刑法前置化及其制约

The Preposing of Criminal Law and Its Restriction

熊亚文　著

中国社会科学出版社

图书在版编目（CIP）数据

刑法前置化及其制约／熊亚文著．—北京：中国社会科学出版社，2022.2
ISBN 978 – 7 – 5203 – 9666 – 0

Ⅰ.①刑…　Ⅱ.①熊…　Ⅲ.①刑法—研究—中国　Ⅳ.①D924.04

中国版本图书馆 CIP 数据核字（2022）第 024616 号

出 版 人	赵剑英	
责任编辑	许　琳　姜雅雯	
责任校对	王　龙	
责任印制	郝美娜	

出　　版	中国社会科学出版社	
社　　址	北京鼓楼西大街甲 158 号	
邮　　编	100720	
网　　址	http://www.csspw.cn	
发 行 部	010 – 84083685	
门 市 部	010 – 84029450	
经　　销	新华书店及其他书店	

印　　刷	北京君升印刷有限公司	
装　　订	廊坊市广阳区广增装订厂	
版　　次	2022 年 2 月第 1 版	
印　　次	2022 年 2 月第 1 次印刷	

开　　本	710×1000　1/16	
印　　张	26.25	
字　　数	364 千字	
定　　价	148.00 元	

凡购买中国社会科学出版社图书，如有质量问题请与本社营销中心联系调换
电话：010 – 84083683

出 版 说 明

为进一步加大对哲学社会科学领域青年人才扶持力度，促进优秀青年学者更快更好成长，国家社科基金 2019 年起设立博士论文出版项目，重点资助学术基础扎实、具有创新意识和发展潜力的青年学者。每年评选一次。2020 年经组织申报、专家评审、社会公示，评选出第二批博士论文项目。按照"统一标识、统一封面、统一版式、统一标准"的总体要求，现予出版，以飨读者。

全国哲学社会科学工作办公室

2021 年

摘　　要

党的十九大报告指出："世界正处于大发展大变革大调整时期……恐怖主义、网络安全、重大传染性疾病、气候变化等非传统安全威胁持续蔓延，人类面临许多共同挑战。"正是在此时代背景下，一种以预防为导向的风险治理观念为政府和公众所接受，并逐渐渗入公共决策和立法实践。刑法作为应对非传统安全威胁的重要手段，开始推行"有风险就有刑罚"的扩张性犯罪化原则。由此导致刑法介入社会生活的节点被大大提前，出现了刑法处罚的前置化现象。综观晚近以来我国以及世界主要国家的刑法立法，以法益保护前置化和刑事处罚早期化为基本特征和表现形式的刑法前置化已然成为不可阻挡和逆转的共同趋势和潮流。

然而，刑法前置化是一把双刃剑。一方面，刑法前置化有利于发挥刑法的法益保护和社会防卫机能，其既是实现国家治理体系和治理能力现代化、落实总体国家安全观的现实需要，也是实现刑法参与社会的有效治理、积极应对新时代非传统安全威胁的内在要求。另一方面，刑事立法的前置化、预防化走向必然也潜含着对传统刑法的自由主义与形式法治的重大威胁，其不仅在理论上存在因过度干涉公民自由而导致现代法治国刑法原则崩塌之危险，还在立法上存在大量处罚不当罚行为的疑问。因此，如何在正视刑法前置化发展趋势的同时，从现有的宪法法律体系中发展出有效的制约框架，以保障和提升刑法前置化立法及其司法适用的正当性、科学性与有效性，从而使现代刑法在法益保护与自由保障之间维持平衡，便成为一个历久而弥新的极为重要的理论和实践议题。

总体上，本书遵循"现象→问题→对策"的研究进路，围绕两条主线（刑法前置化的基本内涵和立法类型），分别从两个教义学层面（刑法教义学的基础理论与中层理论）展开研究。主要内容与核心观点如下：

第一章，刑法前置化的基本理论。在理论上，刑法前置化的基本内涵包括法益保护前置化与刑事处罚前置化，二者之间通常属于目的与手段、内容与形式的关系，但在特定情形下又可以相互独立。在立法上，刑法前置化主要表现为抽象危险犯立法（包括累积犯立法、单纯行为犯）、实质预备犯以及帮助行为正犯化等犯罪类型。刑法的前置化发展趋势具有坚实的社会根基和一定的法理支撑，其外部驱动因素在于现代社会与日俱增的安全和控制需求，内部驱动因素则在于刑法体系自身的预防性面向和机能。

第二章，刑法前置化的法教义学审视。本章先从刑法教义学基础理论层面对刑法前置化的两个基本内涵——法益保护前置化与刑事处罚前置化——分别存在的理论问题予以批判性分析，再从刑法教义学中层理论层面对刑法前置化的三种立法类型——抽象危险犯立法、实质预备犯立法与帮助行为正犯化立法——各自存在的处罚正当性问题展开类型化分析，从而指出刑法前置化在理论上存在背离传统刑法教义学基本原理的倾向，在立法上存在处罚不当罚行为的疑问。

第三章，刑法前置化的制约框架。现有的刑法前置化制约理论要么仅局限于刑法内部的保障机制，要么仅止步于预防刑法的立法层面。事实证明，纯粹刑法体系内部的保障机制无法担起限制刑法过度扩张和处罚前置之重任，而纯粹立法层面的限制理论面对既存的刑法前置化立法显然也于事无补。刑法前置化制约框架之构建应当从两个维度展开：第一，从预防刑法的制定与适用维度上来看，刑法前置化的制约框架应当包括立法层面上的制约与司法层面上的制约；第二，从制约机制的法律位阶维度上来看，刑法前置化的制约框架应当包括宪法层面上的制约与刑法体系内部的制约。只有立足于整个宪法法律体系，从立法和司法两个层面构建刑法前置化的制约框架，才能真正全方位地将预防性刑法规范的处罚范围限制在合法且正当的界限之内。

第四章，刑法前置化的立法制约。在立法层面，刑法前置化的制约框架包括两个大的方面：一是刑法与宪法相结合的"合宪性制约"，具体包括法益保护的宪法关联审查（目的正当性审查）和刑事处罚的比例原则审查（手段正当性审查）。二是刑法体系内部的"教义学制约"，具体包括法益保护原则、行为刑法原理、刑罚的正当化根据等刑法教义学基础理论对立法理念的引领，以及刑法明确性原则、罪刑相适应原则、刑法体系协调性等刑法教义学具体原理对立法技术的指导。

第五章，刑法前置化的司法限制。在司法层面，对于我国刑法中不同类型的前置化立法，应当分别利用各自背后的具体教义学原理限制其处罚范围。对于抽象危险犯立法，需要进一步区分真正的抽象危险犯与准抽象危险犯（适格犯），并对后者采取"个案认定、实质判断、允许反证"的司法适用逻辑。对于实质预备犯立法，根据预备行为的处罚正当性教义，需要确立其预备行为原则上不可罚、兜底条款应作同类解释、仅限保护重大法益等限制适用规则。对于中立帮助行为正犯化立法，应基于中立帮助行为的可罚性理论限制处罚范围；而对于其他帮助犯的相对正犯化立法，则应确立"以处罚犯罪实行行为的帮助为原则，以处罚犯罪预备行为的帮助为例外"的限制适用规则。

关键词：法益保护前置化；刑事处罚前置化；抽象危险犯；实质预备犯；帮助行为正犯化

Abstract

The report of the 19th CPC National Congress pointed out that "the world is in a period of great development, transformation and adjustment... Non-traditional security threats such as terrorism, cyber security, major infectious diseases and climate change continue to spread, and mankind faces many common challenges". It is against this background that a prevention-oriented concept of risk governance has been accepted by the government and the public, and gradually penetrated into public decision-making and legislative practice. The criminal law which as an important means to deal with non-traditional security threats began to implement the expansionary criminalization principle of "risk-penalty". As a result, the node of criminal law intervening in social life is greatly advanced, and the phenomenon of pre-punishment of criminal law appears. In recent years, the trend of criminal legislation in China and other major countries in the world shows that the preposing of criminal law characterized by the preposing of legal interest protection and the early transformation of criminal punishment has become an irresistible and reversible common trend.

However, thepreposing of criminal law is a double-edged sword. On the one hand, there is no doubt that the preposing of criminal law is conducive to giving full play to the legal interests protection and social defense function of criminal law. However, on the other hand the preventive trend of the criminal law system inevitably implies a major threat to the liberalism of traditional criminal law and the formal rule of law. Therefore, how to develop an effective restriction framework from the existing constitutional legal system, and make the modern criminal law maintain a balance between the protection of rights and legal interests, has become an important and lasting topic.

As a whole, this book follows the research approach of "phenomena-problem- solution", focusing on two main lines (the basic connotation and types of legislation of criminal law preposing), respectively, from two dogmatic levels (basic theory and middle theory of criminal law dogmatics). The main contents and points are as follows:

Chapter 1: the basic theory of the preposing of criminal law. In theory, the basic connotation of the preposing of criminal law includes the preposing of legal interest protection and the preposing of criminal punishment. The relationship between the two is the purpose and means, content and form. Legislatively, the preposing of criminal law is mainly manifested in abstract dangerous crime, substantive preparatory crime and the criminalization of helping behavior. The preposing of criminal law has a solid social foundation and a certain theory support. Its external driving factors lie in the increasing security and control needs of modern society, while the internal driving factors lie in the preventive orientation and function of the criminal law system itself.

Chapter 2: the legal doctrine review of the preposing of criminal law. This chapter first makes a critical analysis of the two basic connotations of the preposing of criminal law from the basic theoretical level of criminal doctrine. Then it makes a typically critical analysis of the three types legislation of the preposing of criminal law from the middle theoretical level of the criminal doctrine. It is pointed out that the preposing of criminal law tends to deviate from the basic principles of traditional doctrine of criminal law in theory, and there are doubts about improper punishment in legislation.

Chapter 3: the restrictive framework of the preposing of criminal law. The construction of the restriction framework of the preposing of criminal law should be carried out from two dimensions: first, from the perspective of the formulation and application of the preventive criminal law, the restriction framework of the should include the restriction at the legislative level and the restriction at the judicial level; second, from the dimension of the legal rank of the restriction mechanism, the restriction framework should include the restriction within the criminal law system and the restriction at the constitutional level. Only on the basis of the whole constitutional legal system and from the legislative and judicial levels to construct the restrictive framework, can we truly limit the punishment scope of preventive criminal law norms to the legitimate limits in an all-round way.

Chapter 4: Legislative Constraints on the Preposing of Criminal Law. At the legislative level, the restrictive framework of the preposing of criminal law includes two major aspects: one is the constitutional restriction of the combination of criminal law and constitution, which includes the constitutional review of the protection of legal interests and the review of the principle of proportionality of criminal punishment. The second is the doctrinal restriction within the criminal law system, which includes the leading of legislative idea from the basic theory of criminal law doctrine, and the guidance of legislative technology from the specific principles of criminal law doctrine.

Chapter 5: Judicial restrictions on the preposing of criminal law. At the judicial level, for different types of preposed legislation in our criminal law, we should use the specific doctrinal principles behind them to limit the scope of punishment. As for the legislation of abstract dangerous crime, we need to further distinguish the real abstract dangerous crime from the quasi-abstract dangerous crime (eligible crime), and adopt the judicial application logic of "case identification, substantive judgment, permissible counterevidence" for the latter. As for the legislation of substantive preparatory offence, according to the doctrine of preparatory act, it is necessary to establish such restrictive applicable rules as its preparatory act is not punishable in principle, the similar explanation should be given to the miscellaneous provisions, and limited to the protection of major legal interests. As for the legislation of the criminalization of the neutral helping act, the punishment scope should be limited based on the theory of the punishability of the neutral helping act, while for the legislation of the other relative criminalization of assisting offenders, the following applicable rules should be followed: "the principle is to punish the help of perpetrating act and the exception is to punish the help of the preparatory act".

Key words: The preposing of legal interest protection; The preposing of criminal punishment; Abstract dangerous offense; Substantive preparatory offense; Criminalization of helping behavior.

目　　录

Contents

导　　论

一　研究背景、问题意识与研究意义

（一）研究背景

晚近以来，世界主要国家的刑事立法均出现了明显的活性化趋势。其中，刑法保护的前置化或早期化作为刑事立法活性化的重要表现和特征之一，已然成为不可逆转的共同趋势和潮流。

美国联邦和各州的刑法在过去近二十年里呈现出极大的扩张态势，实体刑法的规模和处罚范围急剧扩大。在刑事立法新创设的犯罪中，绝大部分均属于传统核心犯罪的"外围犯罪"。这些新型犯罪与核心犯罪存在不同程度上的规范性差异，其通常减少甚至放弃了成立核心犯罪所需具备的主观罪过、损害结果、因果关系等要件。[①] 尤其是新设的风险预防犯（或称风险创造犯），此类犯罪禁止的不是损害本身，而是旨在禁止损害可能性的出现。对于许多在传统核心犯罪看来尚属未完成形态的犯罪行为（未遂、预备行为），会因其存在间接的损害性而被直接犯罪化，刑事处罚的节点也由此被提前。不仅如此，有些风险犯罪甚至不以损害可能性的发生为必要条件，从而直接蜕变为抽象危险犯甚至单纯行为犯。根据相关学者的分类，

[①]　See Douglas Husak, "Crimes Outside the Core", *Tulsa Law Review*, Vol. 39, No. 4, 2004, pp. 755 – 756.

此类风险犯可能属于未完成形态的风险犯、一般性的风险预防犯、间接风险预防犯或者隐性风险预防犯。除了风险犯，新设犯罪中还存在诸多竞合犯和辅助型犯罪，尽管这些犯罪主要是基于刑事追诉便利这一考量而被创设的，但是，其在提高被告人面临刑事处罚风险的同时，也在很大程度上推动了刑法的前置化走向。尤其是所谓的辅助型犯罪，其一般围绕核心犯罪而被创设。通常，核心犯罪的成立要件较为齐备，因而刑事追诉的难度大、可能性较低。为了缓解这一司法难题，只能从立法上创设大量的辅助型犯罪，作为核心犯罪的替代或者兜底。由于在不同程度上消减了核心犯罪的成立条件，因而辅助型犯罪表现出刑罚处罚的早期化、行为可归责性的缺失、举证责任的倒置、处罚距离损害十分遥远的行为以及大量的不作为犯罪等规范特征，这不仅与传统的核心刑法理论存在一定冲突，而且会加剧刑罚的泛滥，从而损害民众对法律的尊重，削弱刑法的一般预防效果。①

　　20 世纪末以来，日本的刑事立法也表现出明显的活性化态势。其中，以刑法保护前置化为主要特征的犯罪化无疑是其主导方向。②大体上，日本刑法的前置化主要表现在如下两个方面：③ 一是刑事处罚的早期化。在日本刑法典以及诸多特别刑法、附属刑法（行政刑法）中，新近增设了大量的危险犯、持有型犯罪、实质预备罪等早期化处罚立法类型。从而实现由原来对犯罪预备、未遂等行为的例外处罚，转向对持有、保管等距离法益侵害节点较远的抽象危险行为予以常态化处罚。例如，日本 2001 年的刑法改正规定，不仅处罚对伪造的信用卡的持有行为，连提供、取得、保管用于伪造磁卡的

---

① See Andrew Ashworth, "Is the Criminal Law a Lost Cause?" *Law Quarterly Review*, Vol. 116, No. 2, 2000, pp. 224 – 225.

② 参见［日］川出敏裕、金光旭《刑事政策》，钱叶六等译，中国政法大学出版社 2016 年版，第 92—93 页。

③ 参见［日］松原芳博《刑法总论重要问题》，王昭武译，中国政法大学出版社 2014 年版，第 16—18 页。

信息的行为，以及该提供、取得行为的未遂，也应予以处罚；2003年的《有关禁止持有特殊开锁工具等的法律》，将偷偷携带螺丝刀等入室工具的行为也视为犯罪；等等。此外，在环境与生命科技领域，为了防止子孙后代可能遭受到的巨大损害，日本刑法将现阶段侵害性并不十分明确的行为纳入处罚范围；对于有组织犯罪、政治和宗教团体的犯罪行为，刑法也都提前了介入的时点。二是法益概念的稀薄化。为了应对现代社会层出不穷的新风险，以及回应国民"体感治安"的降低，以满足其"安全感"需求，日本刑法通过将大量难以认定的抽象法益纳入刑法的保护范围，从而实现对传统的个人法益以及公共安全等重要的社会法益的前置保护。例如，2000年的《有组织犯罪处罚法》与《跟踪骚扰规制法》，就是以"国民生活的平稳""国民生活的安宁"等作为立法理由；2001年《克隆技术规制法》中的克隆人的胚胎移植犯罪与1997年《器官移植法》中的买卖人体器官犯罪，被认为是为了保护"人的尊严""公众情感"等法益。这些抽象法益有的是作为传统个人法益的外围和前阶而被保护，有的则是基于现代社会发展的新情况和新要求而直接被创设出来的，如有关支付磁卡的电磁记录犯罪就被认为是为保护支付清算系统之安全性这一新的集体法益而设立的。① 应当说，诸如"制度信赖""人类尊严""公众情感""国民生活的平稳"等集体法益概念的创设，在招致法益概念稀薄化、抽象化的同时，亦助长了刑事处罚的前置化趋向。反之，亦然。

德国刑法的发展重心自总论改革生效之后便转向了分论，其间虽有少许范围内的非犯罪化，但新犯罪化与重刑化无疑是其发展的主要趋势。在新犯罪化立法的过程中，刑法前置化的发展趋势同样十分明显。受犯罪跨国化以及与现代风险社会、信息社会相关的关于复杂犯罪形式的风险变化的影响作用，德国传统刑法因遭遇了其

---

① ［日］伊东研祐：《现代社会中危险犯的新类型》，郑军男译，载何鹏、李洁主编《危险犯与危险概念》，吉林大学出版社2006年版，第188页。

领土上和功能上的边界，而被严重地改变。① 这种改变集中表现在德国刑法的预防性走向上。尤其是在以恐怖主义犯罪为核心的严重危害社会和国家安全的暴力犯罪领域，德国刑法通过设立大量的预备型犯罪构成要件，极大扩张了刑事处罚的对象范围，并显著提前了刑法介入的时点。比如，德国关于处罚严重危害国家暴力犯罪之预备行为的立法，将预备实施严重危害国家的暴力犯罪（具体包括传授相关犯罪方法及接受相应指导的行为，生产、获取、保存、转让相关危险工具的行为，集资行为等）、为实施严重危害国家的暴力犯罪而取得联系、指导实施严重危害国家的暴力犯罪（具体包括推荐、传播相关文书的行为）等预备阶段的行为均予以犯罪化。② 除此之外，在生命科技、生态环境、信息技术以及经济犯罪等新兴领域，德国刑法也持续显示出预防性犯罪化的倾向。③ 对此，正如德国学者希尔根多夫（Hilgendorf）所指出的：德国刑法明显朝着犯罪化、严密化和严厉化的趋势在发展，其不断扩张至古典刑法之外的领域，而并没有表现出所谓的谦抑性；刑法服务于法益保护，为此它不仅针对导致损害发生的行为，还（越来越多地）针对危险（具有导致损害发生的潜在可能性）行为；通过增加预备犯、未遂犯的可罚性以及设立抽象危险犯，刑法不断扩展到法益受到真正侵害之前的阶段进行提前干预；德国刑法发展的前置化趋势使其越来越呈现出"预防刑法"的特征，因而倒不如说刑法是内容广泛的、鉴于其目的和使用方法而高度灵活的"安全法"的组成部分。④

---

① ［德］乌尔里希·齐白：《刑法的边界——马普外国与国际刑法研究所最新刑法研究项目的基础和挑战》，周遵友译，《刑法论丛》2008 年第 4 卷。

② 参见［德］乌尔里希·齐白《全球风险社会与信息社会中的刑法：二十一世纪刑法模式的转换》，周遵友、江溯等译，中国法制出版社 2012 年版，第 198—200 页。

③ ［德］哈塞默尔：《面对各种新型犯罪的刑法》，冯军译，载中国人民大学刑事法律科学研究中心主编《明德刑法学名家讲演录》（第 1 卷），北京大学出版社 2009 年版，第 23 页。

④ 参见［德］埃里克·希尔根多夫《德国刑法学：从传统到现代》，江溯、黄笑岩等译，北京大学出版社 2015 年版，第 27—36 页。

我国晚近以来的历次刑法修正也表明，以犯罪化为绝对主导方向的"刑事立法活跃化的时代已经来临"①。在我国当前的犯罪化立法中，刑法前置化无疑是其首要的突出特征。

大体上，我国刑法中的前置化立法主要表现为如下几种类型：

第一，预备行为实行化立法。顾名思义，预备行为实行化是指立法者对原本属于某一（类）犯罪的预备行为，通过刑法分则立法设置独立的犯罪构成要件使其成为新的犯罪（实质预备犯），从而将预备行为提升为新设犯罪的实行行为。由于实质预备犯将刑法干预的节点提前到犯罪预备阶段，以实现对相关法益的前置化保护，因而预备行为实行化属于典型的刑法前置化立法类型之一。我国历次刑法修正案增设了大量的预备行为实行化立法，典型的如准备实施恐怖活动罪、非法利用信息网络罪等。

第二，帮助行为正犯化立法。一般而言，帮助行为正犯化是指将原本作为其他犯罪的帮助行为直接予以犯罪化，使其提升为新的犯罪构成要件行为。由于在共同犯罪理论中，帮助行为成立帮助犯要以正犯者实施符合犯罪构成要件的违法性行为为前提，而将帮助行为予以正犯化后，则无论被帮助者是否实施犯罪均可以直接对相应帮助行为定罪处罚；除此之外，对于正犯化后的帮助行为的帮助或者教唆行为，还可以根据总则共同犯罪规定定罪处罚，如此一来刑法对帮助行为的处罚范围和干预节点都被大大扩展了。因此，帮助行为正犯化也属于典型的刑法前置化立法类型之一。

第三，抽象危险犯立法。主要包括新犯罪化的抽象危险犯以及将已有犯罪（结果犯、具体危险犯）的既遂标准提前而形成的抽象危险犯两种情形。在预备行为实行化与帮助行为正犯化立法中，可能有部分犯罪也属于抽象危险犯，但由于其另行具备各自的类型化特征，因而宜将其单独列出来讨论。从世界主要国家的刑法立法来看，抽象危险犯是刑法处罚早期化的最主要手段。我国刑法自然也

---

①　张明楷：《刑法学》，法律出版社 2016 年版，第 1 页。

不例外。比如,生产、销售假药罪就属于典型的将已有犯罪的既遂标准前置化而形成的抽象危险犯,危险驾驶罪、高空抛物罪、妨害安全驾驶罪等则属于典型的新犯罪化的抽象危险犯。

以上关于国内外刑法立法状况及趋势的简要介绍表明,刑法前置化是世界各国刑法已经经历、正在经历并且仍将继续推进的共同发展阶段和方向。诚如有德国学者略显悲观地预言:"在可预见的将来,重返德国刑法的法治国传统是不可能的。"对于我国刑法而言,刑法前置化的发展趋势更是方兴未艾。正如周光权教授所指出的:"现在应该坚守的就是对传统刑法观进行适度修正:(1)扩大刑法规制范围,将刑罚目的定位于积极的一般预防。为此,应当重视刑法规范所具有的行为规范属性,强调刑法规范对个人行为的指引,增设必要的具体危险犯、行为犯(抽象危险犯)……这样的刑法立法观明显受政策思想的影响,是功能主义、积极主义且与转型中国的社会现实相照应的。"① 可以预见,在我国未来的刑法立法中,尤其是在反腐败、反暴恐、环境犯罪、信息网络犯罪以及其他新兴风险领域,以刑法前置化为主要形式和重要特征之一的犯罪化立法仍将继续成为主导方向。

(二) 问题意识

刑法前置化本质上是刑法体系预防走向的必然结果,其不可避免地潜含着对传统刑法的自由主义与形式法治的重大威胁。预防走向的刑法强调刑法的法益保护机能,主张以"秩序维持""规范维护"等为根据,推行"有危险就有刑罚"的扩张性犯罪化原则。② 在这种积极主义预防刑法观的主导下,刑法介入社会生活的时点被提前,大量与传统造成法益侵害结果或具体危险相距甚远的行为也

---

① 周光权:《积极刑法立法观在中国的确立》,《法学研究》2016 年第 4 期。

② 参见 [日] 关哲夫《现代社会中法益论的课题》,王充译,《刑法论丛》2007 年第 2 卷。

因此会受到刑法的处罚。现代刑法已经不再是单纯为了事后谴责报应和特殊预防而惩罚犯罪，其更多的是企图通过事前预防和管控风险以实现维持社会秩序和保护社会安全的功利目的，这很容易使其被政治当局塑造成为纯粹的风险控制工具，从而不当干涉和限制公民的基本权利。

大体而言，刑法前置化在理论上存在背离传统刑法教义学基本原理的倾向，在立法上存在处罚不当罚行为的疑问。从刑法教义学基础理论层面来看，刑法前置化包括法益保护前置化与刑事处罚前置化两个理论内涵。然而，一方面，法益保护前置化会不可避免地导致法益概念的抽象化与精神化，从而使法益理论的立法批判与限制机能趋于崩塌。另一方面，刑事处罚前置化则容易导致象征性刑法、行为人刑法和思想刑法，从而不仅有损刑法的功能与价值，还有违罪刑法定（实质侧面）、法益保护、行为刑法等刑法的基本原理。从刑法教义学中层理论层面来看，刑法前置化主要包括抽象危险犯（包括累积犯、单纯行为犯）、实质预备犯和帮助行为正犯化三种立法类型。但是，我国刑法分则中的相关立法，对于相应抽象危险行为、预备行为以及帮助行为的处罚，在不法根据上均存有不同程度的正当性疑问。

不可否认，刑法的前置化发展趋势具有坚实的社会根基和一定的法理支撑，因而对其既不能一味地予以批判和反对，也不能任由其盲目地发展下去。理性的态度应当在于，为刑法的前置化乃至预防化走向寻找一个合适的制约框架。只有在正视刑法前置化发展趋势的同时，从现有的法律体系中发展出有效的制约框架，才能使现代刑法在权利保障与法益保护之间保持平衡。这正是本书所要面对并尝试解决的一个历久而弥新的重要课题。

（三）研究意义

对刑法前置化存在的以上两个教义学层面上的问题进行探讨，无疑具有重要的理论和实践意义。就理论意义而言，不仅有助于法益理论走出当下的困境，在一定程度上恢复并重构其立法批判机能，从而使刑法最后手段性的谦抑立场得以彰显，还能丰富抽象危险犯、预备行为实行化、帮助行为正犯化等刑法教义学具体制度的理论知识和问题解决方案。就实践意义而言，不仅可以为当前我国刑法前置化立法提供一定有益的指引，还能对既存立法的司法适用提供可靠的教义学限制，从而使我国刑法的前置化立法及其司法适用始终在正当化的轨道上运行，不至于对刑法的自由保障机能造成过分冲击。

二　研究现状

理论上对刑法前置化问题的关注是伴随着各国刑法立法的前置化发展趋势而产生的。因此，各国对于刑法前置化问题的研究状况，基本与其国家刑法立法的前置化发展状况相对应。由于德国自1975年刑法总论改革生效之后便将重心转向了分论，由此开始了刑法立法的前置化发展趋势，因而德国刑法理论对刑法前置化问题关注最早，相关研究成果最为丰富，理论观点也较为成熟。日本刑法自20世纪90年代以来，开始走向以犯罪化和重刑化为主导方向的立法活性化时代，日本刑法学界随即开始关注刑法的前置化问题，并基本形成了相对稳定的理论格局。美国刑法自2001年"9·11"恐怖袭击事件以来，呈现出爆炸性扩张态势，面对层出不穷的联邦和州立法，美国刑法学界也越来越多地开始讨论过度犯罪化以及刑罚过剩的问题。我国刑法学界对于刑法前置化问题的关注大体始于《刑法修正案（八）》，并在《刑法修正案（九）》颁布之后达到高潮，《刑法修正案（十一）》的出台继续起着推波助澜的作用，相关理论成果散见于对风险刑法理论以及各个具体罪名的研究中，专题性、系统性的成果并不多见，但可以预见，随着我国刑法前置化立法发展趋势的推进，学界对刑法前置化问题将会给予越来越多的关注。

值得强调的是，由于刑法前置化的理论研究必然要以各国（地区）刑法的前置化立法为对象，因此，其在不同国家（地区）应当具有不同的问题重心和规范样态。当然，现代刑法教义学的基本方法是相通的，我们完全可以也应当借鉴国外成熟的教义学方法和知识，来解决当下中国刑法面临的理论和实践问题。

（一）国外关于刑法前置化问题的研究状况

1. 德国

德国刑法学界是将刑法前置化问题放在德国刑法立法的晚近扩张和灵活化趋势的大背景下加以研究的。因此，在德国刑法理论上，刑法前置化是作为"风险刑法""预防刑法"等概念和理论下的一个重要问题域而存在。不过，尽管刑法前置化只是德国刑法立法扩张的重要表现特征之一，也只是相关理论研究的一个重要问题域，但是，德国刑法学者对刑法前置化的理论研究却并不局限于这"一亩三分地"，而是将其置于整个刑法教义学体系加以审视，由此形成了刑法前置化理论研究的若干重要节点。德国刑法学者在这些重要节点上的争论，基本反映了德国刑法理论关于刑法前置化问题的研究状况。

如前所述，晚近以来，德国刑法在很多领域的犯罪化立法均呈现出明显的预防性特征。尤其是在恐怖犯罪领域，刑法的预防目的表现得十分明显。立法部门规定了所谓的"组织犯"或"成员犯"、共谋型犯罪以及调节刑事责任分配的特殊法律手段，还通过其他方式规定了刑事责任的前置。这些前置犯罪与预防范式之间的关系，在有关犯罪行为的准备活动的犯罪化讨论中尤为明显。[1]

对预防性刑法（其中包括刑法前置化立法）的批判主要来自法兰克福学派。批评者站在古典自由主义的法治国刑法立场，诟病现

---

[1]　参见［德］乌尔里希·齐白《全球风险社会与信息社会中的刑法：二十一世纪刑法模式的转换》，周遵友、江溯等译，中国法制出版社 2012 年版，第 167—169 页。

代刑法越发脱离法治国思想的限制，转而向"安全刑法"发展，从而跻身范围扩大、以预防为导向的安全法之列。① 不过，由于法兰克福学派所主张的"古典核心刑法"被质疑是否真正存在过，因而其批判并未能改变德国刑法的预防性走向。当然，批评者所指出的预防性刑法存在对法治国的损害以及对个人自由的过度侵犯之危险，得到了刑法理论和实践的充分重视。

目前，德国刑法学界对于包括刑法前置化在内的刑法体系的预防走向问题，在宏观层面基本形成了比较一致的态度：为了有效应对各种新型的、复杂的、重大的危险，并满足民众日益提升的对于安全保障的需求，刑法立法的安全和预防走向有其必要性，刑法前置化作为预防性刑法的重要特征和手段之一是不可避免的；不过，立法者在制定旨在维护安全的法律法规时也必须避免犯下导致对法治国损害更甚于从维护安全中所获之益处的错误。由此，当前德国刑法学界均将理论研究的视角转向了如何解决包括刑法前置化在内的刑法体系的预防走向对现代法治国刑法原则及个体自由的过度侵蚀之危险问题，以期为预防性刑法的前置处罚划定合法性和正当性界限。这一理论研究的展开，除了涉及传统自由刑法中法益概念的立法批判机能、刑法最后手段性原则、行为刑法的基本原则等刑法教义学基础理论层面的问题，还涉及前置处罚未遂、预备行为、持有、中立帮助行为、抽象危险犯的正当性、合法性根据及界限等刑法教义学中层理论的具体问题。

笔者在此无意逐一介绍德国刑法理论关于相关问题的具体学说与观点，这将留到正文部分详细讨论。这里值得重点阐述的是，德国刑法学者对于刑法前置化问题研究的基本思路。其一，始终以德国刑法立法规定为研究的出发点和落脚点，针对现行立法规定及立法草案中涉及的刑法前置化问题展开讨论。其二，坚守作为现代法

---

① 参见［德］埃里克·希尔根多夫《德国刑法学：从传统到现代》，江溯、黄笑岩等译，北京大学出版社 2015 年版，第 220 页。

治国刑法基础的原则，如罪刑法定原则、法益保护原则、责任主义原则、比例原则、行为刑法的基本原则等，以求得刑法在维护安全和保障自由两大价值取向之间保持平衡。其三，将刑法前置化立法置于现代刑法教义学体系内加以审视，谨慎权衡其是否具备正当性与合法性根据，是否超越了应有的刑法边界，由此发挥刑法教义学的立法批判机能。其四，对于存在过度干预倾向的刑法前置化立法，利用刑法教义学的具体制度进行限制解释与适用，从而使其回到符合法治国刑法基本要求的轨道上来。其五，注重对刑法前置化立法的类型化研究，即从刑法教义学的中层理论出发，探讨未遂的可罚性、预备行为的处罚界限、抽象危险犯的处罚界限等问题，再将这些教义学上的具体制度用来评估现行立法的正当性与合法性，并给出相应问题的解决方案。其六，注重宪法对刑法的合宪性控制，利用宪法上的基本权利及原理来声援刑法内部的自由保障机制之不足，如法益理论的流变及困境、刑法最后手段性原则的搁置等。

应当说，德国刑法学界对于包括刑法前置化在内的刑法体系的预防走向问题的研究思路，为我们提供了可供借鉴的基本方向。不过，由于中德两国现行刑法立法存在较大差异，刑法前置化也处在不同的发展阶段，因而我们不宜直接套用德国刑法理论上的相关研究成果来解释我国刑法前置化立法的具体问题。但现代刑法教义学的基本方法和框架是相通的，因而充分的借鉴无疑是必要且有益的。

2. 日本

日本刑法学界是将刑法前置化问题放在刑事立法活性化的大背景下加以研究的。不过，由于日本刑事立法活性化主要表现为犯罪化、处罚早期化以及重刑化，并且其中犯罪化的主要特征和手段就是通过抽象危险犯对集体法益进行刑法保护。因此，可以说，日本刑事立法的活性化实际上主要表现为刑法的前置化与处罚的重刑化。

对于日本刑法的前置化立法现象，日本刑法学界存在不同看法，大体可归结为肯定、否定与中间态度三种立场。其中，持肯定态度的学者认为，从重视刑法的规范意识形成机能的立场出发，为了适应现代社会、形成新的伦理，通过刑法保护的早期化形成刑法上的行为规范具有积极意义。持否定态度的学者认为，刑法的保护对象仅限于个人的生命、身体、自由、财产等古典法益，基于贯彻法益概念所具有的自由保障机能的立场，刑法保护的早期化是刑法的过度介入。另有部分学者居于中间立场，认为刑法保护的一定早期化是出于不得已，但在适用上应作一定的限定。这三种不同立场，涉及刑法的任务是什么、作为刑法保护对象的法益是什么等根本问题。① 具体而言，持肯定态度的学者比较鲜见，其中主要以井田良教授为代表。井田良教授从安全需求、价值偏离以及来自国际社会的压力等四个方面，阐述日本刑事立法活性化的背景和意义。具体而言，第一，这是战后日本社会成熟的一个标志，也是日本传统上比较弱的市民的安全和保护的要求更加直接地求之于国家的一种表现；第二，这是现代社会中人的不安感的一种体现，现代社会中危险的复杂性使得处罚危险犯的重要性高涨；第三，这与现代社会中大量出现的在根本价值观上不完全相同的社会成员有关，对于与普通人在根本价值观上不同的人组成的犯罪团体、宗教团体、政治团体，不能固守传统的结果主义犯罪观，而必须将上述组织的活动概括性地而且从很早的阶段就作为刑法规制的对象；第四，来自国际社会上的压力，产生了完善国内法的需要。② 据此，井田良教授指出，有必要在刑法理论上做一些新的反思和尝试，比如，探索替代法益保护原则的刑事立法指导原理，将宪法中的比例原则运用到刑法中以制约国家公权力的行使；摆正事前预防与事后处罚的关系，更倾向于事前预防；允许特殊原理对一般原理的侵蚀，但应尽可能地将特殊原理所支配的领域最小化；等等。③

---

① 参见张明楷《日本刑法的发展及其启示》，《当代法学》2006 年第 1 期。

② 参见黎宏《日本近年来的刑事实体立法动向及其评价》，《中国刑事法杂志》2006 年第 6 期。

③ 参见陈家林《外国刑法：基础理论与研究动向》，华中科技大学出版社 2013 年版，第 16—17 页。

　　绝大多数学者或多或少地表达了对刑法前置化立法的担忧甚至反对。其中，内田博文教授持完全反对意见，认为当前刑事立法的活性化是一种错误现象。① 其他学者则基本持中间态度，一方面肯定其必要性，另一方面指摘其不足。其中，较为代表性的意见有：甲斐克则教授认为，刑法前置化不能忽视法益保护原则与传统刑法基本原理（包括但不限于行为刑法原则、罪刑法定原则、责任主义原则）之间的协调。② 高桥则夫教授指出，刑法前置化立法不仅偏离了刑法的任务，其实际效果也存在疑问，因而需要采取综合性的犯罪预防措施（如恢复性司法），从而避免刑罚的副作用和有限性。③ 松原芳博教授指出，近年来日本的犯罪化动向招致保护法益的稀薄化，许多立法以"国民生活的平稳与安宁"等抽象法益为根据，这其实是一种象征性的立法，其实际效果可谓适得其反；应在尝试保护法益的更加具体化的同时，考虑通过行动指南等来进行规制，并同时探讨刑事规制的有效性、必要性与相当性；此外，对于刑法早期介入处罚犯罪预备等立法，要谨慎辨别是否真有必要且真正适当，不能违背行为刑法的基本原则。④

　　相比于德国，日本刑法学界对刑法前置化问题的关注大致要晚十余年，这基本上与两国刑法立法的前置化发展情况相对应。不过，日本刑法学界对于刑法前置化问题的理论研究却始终呈现出一定的自身特色。首先，在实质违法性论上，结果无价值论占据着日本刑法理论的重要乃至通说地位，这与德国刑法理论所采取的二元行为无价值论立场有所差别。⑤ 众所周知，结果无价值论与行为无价值论

---

　　① 参见［日］内田博文《日本刑法学的步伐与课题》，（东京）日本评论社 2008 年版，第 230 页。

　　② ［日］甲斐克则：《刑事立法和法益概念的机能》，《法律时报》第 75 卷第 2 号。

　　③ ［日］高桥则夫：《刑事保护的早期化和刑法的界限》，《法律时报》第 75 卷第 2 号。

　　④ 参见［日］松原芳博《刑法总论重要问题》，王昭武译，中国政法大学出版社 2014 年版，第 17—18 页。

　　⑤ ［日］山口厚：《日本刑法学中的行为无价值论与结果无价值论》，金光旭译，《中外法学》2008 年第 4 期。

在刑法适用理念上存在难以调和的立场对立。结果无价值论强调刑法适用的消极性、被动性，强调只有在对现实生活利益造成现实的、可视的侵害或者具体危险，并且没有其他解决方法的场合才能适用刑法；相反地，行为无价值论则强调刑法适用的积极性、主动性，主张积极活用刑法的一般预防作用，以保障人们的法律确信和守法意识，肯定对普遍的、抽象的法益的保护，扩大未遂、预备犯的处罚范围。① 因此，整体上选择了结果无价值论的日本刑法学界，对刑法前置化立法现象持比德国刑法学界更为审慎的态度，批判刑法前置化立法并要求限制其处罚范围的呼声不绝于耳。其次，基于结果无价值论，犯罪的本质被严格限定为法益的侵害及其危险，因而日本学者十分重视法益概念的立法批判机能与刑法解释机能。对于刑法前置化立法，绝大部分日本学者均力图通过明确具体犯罪的保护法益来限定其处罚范围。最后，日本学者从宏观上对刑法前置化问题表明立场之后，便将研究的重心放在了具体犯罪构成要件的解释上，通过确定具体犯罪的保护法益，进一步明示限定处罚的根据和理由，进而明确相应犯罪固有的类型性，以实现限制处罚范围之目的。

应当说，日本刑法学界对于刑法前置化问题的研究最值得借鉴之处便是，要尽可能地将限制处罚的基本立场和态度贯彻到每一项刑法前置化立法（不仅仅止于类型化研究，而是要以具体犯罪为研究对象）中去，使其司法适用范围得到实质性限制，否则，刑法前置化问题的理论研究价值将会大打折扣。

3. 美国

美国刑法学界是将刑法前置化问题放在有关刑法的"过度犯罪化"（Overcriminalization）问题中加以讨论的。"过度犯罪化"概念自 1968 年首次以论题化的形式被提出以来，在很长一段时间里并未受到美国刑法学界的关注。直至 21 世纪初，随着"9·11"恐怖事

---

① 参见黎宏《结果无价值论之展开》，《法学研究》2008 年第 5 期。

件给美国国家与社会安全带来的深远影响，大量以风险防范和社会控制为目的的刑法规范被集中制定出来，从而导致许多琐碎的日常行为、不道德行为等均面临刑事制裁，刑法的过度犯罪化现象也由此真正被摆到了人们面前。面对前所未有的犯罪化浪潮，美国部分学者从不同侧面展开了批判，并尝试提出如何限制刑法过度犯罪化的理论方案。

其中，道格拉斯·胡萨克（Douglas Husak）教授指出，当前美国联邦和各州的刑事法律与刑罚数量过多，这不仅在现实上是有害的，而且在价值上也是不公正的，因而需要发展出一定的犯罪化理论对刑法的过度扩张进行原则性指导。胡萨克教授从犯罪化的内部限制原则（重大危害或邪恶、不法性、该当性和举证责任）和外部限制原则（重大利益目的、手段的适合性与必要性）两个方面建构了一个综合性的犯罪化理论，用以检验现行刑法规范的正当性以及约束将来的刑事立法。[①] 保罗·拉金（Paul J. Jr. Larkin）尝试从公共选择理论（Public Choice Theory）分析刑法过度犯罪化的成因，并提出了相应的解决方案。拉金指出，归根结底，公众是最有能力解决过度犯罪化问题的，他们可以利用手中的权力在立法程序的前面或后面设置一个过滤器，从而制止那些纯粹受政客驱使而设立的不良刑法。当然，理性的公众选择离不开司法机关的引导，法官应当利用他们的威望告诉公众，刑法过度扩张的真实影响及其有害性。因此，从这个意义上来说，司法机关对待过度犯罪化的态度至关重要。[②] 杰拉尔丁·索特·穆尔（Geraldine Szott Moohr）主张利用成本效益分析方法重新定义"过度犯罪化"概念：基于结果主义的正当性要求，应对刑事立法的所有效果进行评估，当将某一行为视为犯罪弊大于利时，就属于过度犯罪化。穆尔认为成本效益分析法有利于

[①] See Douglas Husak, *Overcriminalization: The Limits of the Criminal Law*, New York: Oxford University Press, 2008, pp. 66, 82 - 100.

[②] See Paul J. Jr. Larkin, "Public Choice Theory and Overcriminalization", *Harvard Journal of Law & Public Policy*, Vol. 36, No. 2, 2013, pp. 792 - 793.

对过度犯罪化及其后果进行讨论和审查，在确定和分类一项新法律的所有后果时，成本效益分析法为确定拟议的刑事立法是否适当、无效或适得其反提供了必要的标准，其可以提醒立法者刑法在追求利益的同时，也存在成本，从而避免仅援引可能的利益来主张施加刑事处罚。① 斯蒂芬·史密斯（Stephen F. Smith）则认为，过度犯罪化的真正问题是定性上的，而非定量上的。正是由于立法机关对犯罪的定义不够完善，导致法院在适用相关罪刑规范时需要反复宽泛地进行解释，从而使得规制范围本就过于宽泛的刑法立法变得更糟。据此，史密斯主张通过改变司法机关对刑事法规的解释，以克服刑事立法上的过度犯罪化问题。② 莎拉·桑贝尔（Sara Sun Beale）则从犯罪的"过度联邦化"（Overfederalization）角度对过度犯罪化问题予以批判性分析。桑贝尔认为，过度犯罪化不仅包括通常认为的道德立法与琐碎的日常行为犯罪化，而且还包括犯罪的过度联邦化，即将联邦刑法扩展到传统上属于各州刑法专属的领域。因此，想要有效限制刑法的过度犯罪化问题，不仅需要将不道德行为及琐碎的日常行为予以适度非犯罪化，而且还需对州属犯罪的联邦化保持足够警惕。③

综观美国刑法学界对于过度犯罪化问题的研究，具有如下两个特点：一是研究视角宏观。在笔者获取的相关文献中，绝大部分学者均采取的是宏观层面的研究。首先描述美国刑法的过度犯罪化现象，如罗列相关立法例、统计刑罚适用情况以及对刑法规范进行定量分析等，其次指出过度犯罪化的现实危机与价值冲突，最后提出

---

① See Geraldine Szott Moohr, "Defining Overcriminalization Through Cost-Benefit Analysis: The Example of Criminal Copyright Laws", *American University Law Review*, Vol. 54, No. 3, 2005, pp. 807 – 808.

② See Stephen F. Smith, "Overcoming Overcriminalization", *Journal of Criminal Law and Criminology*, Vol. 102, No. 3, 2012, p. 537.

③ See Sara Sun Beale, "The Many Faces of Overcriminalization: From Morals and Mattress Tagsto Overfederalization", *American University Law Review*, Vol. 54, No. 3, 2005, pp. 747 – 750.

相应的对策建议。二是研究视野开阔。从相关文献的分析路径和方法上看，大多综合运用了法哲学、法社会学、法经济学以及宪法、民事法、刑事程序法等方面的理论和知识。尤其在对过度犯罪化的危害及其限制的论证上，相关学者的视野和思路非常开阔，不拘泥于刑法内部的分析框架。正因如此，相关学者提出的过度犯罪化的限制方案，通常具有一定的综合性，或者直接基于刑法之外的理论工具而构建。

值得指出的是，由于美国实行的是一元的法律制裁体系，因而其所称的犯罪行为实际上包括我国二元法律制裁体系下的行政违法行为。比如，《模范刑法典》将犯罪行为由重到轻分为四等：重罪、轻罪、微罪和违警罪。其中，违警罪以及部分微罪即是指我们通常所理解的行政违法行为。[①] 所以，许多美国刑法理论上主张的过度犯罪化立法，其实是仅就美国刑法而言的，并不具有本土意义。正是由于采取的是一元制裁体系，美国刑法处罚范围的扩张并不涉及刑事犯罪向行政违法的挤压和前置，而只存在学者们所称的刑事立法正当与否、违宪与否的问题。不过，尽管中美刑法语境存在重大差异，但是，在将风险创造行为犯罪化、间接损害行为犯罪化、重罪预备行为犯罪化等方面，刑法的预防性、前置化走向无疑都是一致的。从这个意义上来说，美国刑法学界对于过度犯罪化问题的研究，尤其是相关学者提出的过度犯罪化的综合性限制方案，对于我国刑法理论而言具有一定的参考价值。

（二）我国关于刑法前置化问题的研究状况

1. 理论现状

相比于德日刑法学界对刑法前置化问题较为深入的研究进程而言，我国刑法学界对这一主题的研究可谓刚刚起步。事实上，这与我国刑法的立法进程息息相关。早些年在对风险刑法理论的讨论中，

[①] 参见储槐植、江溯《美国刑法》，北京大学出版社 2012 年版，第 3—4 页。

虽然也涉及刑法的预防走向及其正当化边界问题，但是，彼时的研究大多属于哲理思辨性的理论言说，而基本不涉及或者较少涉及具体刑法立法问题。因为当时我国刑法立法的前置化趋向并不是十分突出，所以刑法前置化还未真正作为一个本土化、现实化的问题被系统研究。

直至 2011 年我国《刑法修正案（八）》的颁布，诸如危险驾驶罪的抽象危险犯立法，生产、销售假药罪与生产、销售有毒、有害食品罪既遂标准的前置化立法，入户盗窃、携带凶器盗窃与扒窃无数额门槛入罪化立法，拒不支付劳动报酬罪的行政民事违法行为入罪化立法等，使我国刑法立法的前置化趋向初步凸显出来。再加上 2015 年《刑法修正案（九）》的颁布，进一步将恐怖活动犯罪的一系列准备行为以及信息网络犯罪的一系列帮助行为、预备行为犯罪化，刑法立法的前置化趋向表现得更为明显和突出。2021 年施行的《刑法修正案（十一）》将高空抛物行为、妨害安全驾驶行为、危险作业行为等直接入罪，继续推进了我国刑法的前置化走向。

因此可以说，我国刑法学界对刑法前置化问题的关注大体始于《刑法修正案（八）》。正是《刑法修正案（八）》《刑法修正案（九）》以及《刑法修正案（十一）》增设的大量前置化立法，才使刑法前置化问题开始以论题化的形式被学界所关注，并逐渐出现了相关的主题性和系统性研究。尤其是在《刑法修正案（九）》的集中推动下，刑法前置化问题的现实意义才进一步凸显出来，从而使其成为我国刑法理论研究的一个前沿性问题。

截至目前，中国知网收录的以刑法前置化（包括刑事处罚早期化、法益保护前置化）为论题的文献有十余篇。除此之外，还有针对具体领域的刑法前置化立法的研究文献，即将属于刑法前置化之立法体现的具体罪名作为研究对象，或者对相关罪名所属犯罪领域的刑法前置化问题进行研究。相关犯罪领域及其代表罪名主要有：（1）恐怖活动犯罪：准备实施恐怖活动罪、帮助恐怖活动罪等；

（2）环境犯罪：污染环境罪；（3）危害食品、药品安全犯罪：生产、销售、有毒、有害食品罪，生产、销售假药罪等；（4）信息网络犯罪：帮助信息网络犯罪活动罪、拒不履行信息网络安全管理义务罪、提供非法侵入、控制计算机信息系统的程序、工具罪等；（5）危害公共安全犯罪：危险驾驶罪等。此外，在扰乱社会管理秩序犯罪领域，也存在前置化的刑法立法。

不过，我国关于刑法前置化问题的理论资源显然绝不仅限于此。实际上，刑法前置化作为刑法立法发展的一个趋向，其关涉一系列的刑法理论问题，因而与之相关的理论资源非常丰富。比如，在刑法教义学的基础理论层面上，刑法前置化涉及风险刑法、法益理论、刑法谦抑主义、犯罪化等刑法的边界问题；在刑法教义学的中层理论上，刑法前置化涉及抽象危险犯的处罚根据与界限、预备行为实行化、帮助行为正犯化、未遂犯的可罚性界限等问题。不仅如此，刑法前置化的理论研究还离不开对相关立法规定的具体分析，具体罪名永远是刑法前置化理论研究的出发点和落脚点。因此，尽管从表面上看，以刑法前置化为论题的文献资料并不多，但实际上，可供挖掘的相关理论资源十分丰富。

2. 不足之处

综观当前我国刑法学界对于刑法前置化问题的理论研究，主要存在以下几个方面的不足：

其一，刑法前置化问题的系统性研究比较缺乏。目前，我国关于刑法前置化问题的系统性研究文献首推李晓龙博士的博士学位论文《刑法保护前置化趋势研究》。经过修改完善，李晓龙博士已将其博士学位论文以专著形式出版。[①] 其余相关文献，有些仅仅针对刑法前置化的具体立法展开研究，如危险驾驶罪、帮助恐怖活动罪、准备实施恐怖活动罪、帮助信息网络犯罪活动罪等具体罪名，这实际

---

① 参见李晓龙《刑法保护前置化研究：现象观察与教义分析》，厦门大学出版社2018年版。

上属于具体个罪的研究范畴；有些仅仅针对刑法前置化的概念、表现等基本情况进行介绍，而没有对其存在的问题及相应解决方案进行深入的系统性研究；有些仅仅认识到刑法前置化有其必要性，从而一味地主张在某些领域加强我国刑法的前置化立法，而没有对其正当性与合法性等问题予以充分反思。如此等等，均表明我国刑法学界对于刑法前置化问题的研究仍处在起步阶段，与之相关的系统化、体系化研究还比较缺乏。

其二，尚未建构起有效应对刑法前置化问题的制约框架。由于刑法前置化存在突破法治国刑法基本原则从而对个体自由造成过度干预的危险，因而各国刑法理论研究均致力于寻求刑法前置化的合法性根据及界限，以期在刑法的法益保护机能与自由保障机能之间找到一个平衡点。然而，综观我国刑法理论在这方面的研究，基本上还找不出一个令人信服的刑法前置化制约框架。

其三，将刑法前置化问题的研究视角局限于刑法之内，企图仅仅通过刑法教义学的内部保障机制，来解决刑法前置化潜含的侵蚀自由的危险问题。这是当前我国有关刑法前置化的理论研究存在的一个普遍性问题。比如，许多学者认为在刑法体系的预防走向下，应当重申刑法的谦抑性立场、刑法的最后手段性原则以及刑法的辅助性法益保护原则等，以期遏制刑法介入不断前置化的步伐。然而，事实证明，这种刑法教义学内部的保障路径均无法承担起限制刑法体系预防走向的重任。在刑法前置化立法的冲击下，法益理论的处境相当狼狈：人们要么承认法益理论的有限性，以保全法益概念的立法批判机能，如此一来作为刑法基石的法益理论便不再重要了；要么承认法益概念的泛化，以保全法益理论的刑法基石地位，如此一来法益论赖以生存的批判机能便趋于崩塌了。可见，法益概念自身根本无法调和其作为刑法保护目的面向的法益保护机能与作为犯罪本质面向的自由保障机能之间的冲突。至于刑法的谦抑性、刑罚最后手段性等理念和原则，仅仅作为一种"主观的理论存在"①，根本无法对刑事立法和刑事司法形成强有力的约束，也自然难以遏制刑法的扩张和前置化。对此，正如劳东燕教授正确地指出："可以肯定的是，刑法中既有的保障措施对于约束预防走向的问题会起到一定的作用，但它不是刑法本身能够完全解决的。如果宪法中不发展出相应的制约机制，则预防性的国家行为基本上就是一个无解的困局。"② 因此，对于刑法前置化问题，必须将研究视角转向刑法之外的整个宪法法律体系，使其与刑法教义学内部的保障机制一道，共同构成刑法体系预防走向的有效制约框架。

其四，当前有关刑法前置化问题的理论研究，要么仅从法益概念的立法批判机能及抽象危险犯的界限等理论层面寻求刑法前置化立法的限制路径，要么仅从解释论层面对具体个罪的处罚边界予以限缩，而缺乏刑法前置化立法的规范分析与教义学体系限制，更没能从立法和司法两个层面共同建构起刑法前置化的全方位制约框架。由于缺乏对刑法前置化立法的规范分析与教义学体系限制，从而导致了诸多分则上的重复立法现象以及总则上的立法虚置现象。这不仅有损刑法立法整体上的协调性，更给其司法适用制造了不少麻烦。更为重要的是，刑法前置化的立法制约与司法限制是无法分割开来的，其中，立法层面的制约机制不仅包括刑法内部的保障机制还包括宪法法律体系层面的保障机制，而司法层面的限制路径却只应在刑法教义学体系内部展开，二者是一种层层递进与过滤的关系。如果不从立法和司法两个层面共同建构起刑法前置化的全方位制约框架，那么"良法"也并不一定意味着"善治"，立法上的失误往往也将由司法来埋单。

其五，当前有关刑法前置化问题的理论研究，要么过于抽象、

①　姜涛：《追寻理性的罪刑模式：把比例原则植入刑法理论》，《法律科学》2013年第 1 期。

②　劳东燕：《风险社会中的刑法：社会转型与刑法理论的变迁》，北京大学出版社 2015 年版，第 71—72 页。

宏观，要么仅针对具体个罪展开，而缺乏刑法教义学中层理论上的类型化研究。尽管抽象危险犯是刑法前置化最主要的立法类型，[①] 但是，仅仅将抽象危险犯作为研究对象，并不能全面深入地了解刑法前置化立法。事实上，刑法前置化立法还包括实质预备犯、帮助行为正犯化等具体情形。尽管这些犯罪类型与广义上的抽象危险犯存在一定程度的交叉，但其自身均存在独特的教义学特征，需要予以单独的类型化研究。只有结合刑法教义学基础理论、中层理论以及具体个罪三个层面对刑法前置化问题展开研究，才能构建一个立场一致、逻辑自洽的体系性制约框架。

除此之外，当前刑法学界对于许多具体的刑法前置化立法还存在不同甚至矛盾的解读。比如，对于帮助信息网络犯罪活动罪，有学者认为其并不是帮助犯的正犯化，而只是帮助犯的量刑规则，由此主张该罪的成立要以正犯实施符合构成要件的不法行为为前提；[②] 而有学者却肯定本罪是帮助行为正犯化之体现，进而根据中立帮助行为及间接帮助犯等理论来检讨本罪之正当性根据与适用范围。[③] 这些具体观点及相应限制方案之间的差异，反映了当前我国刑法前置化问题理论研究中的立场多元化，许多争议至今仍无定论。

总之，当前我国刑法理论关于刑法前置化问题的研究才刚刚起步不久，还远未达到成熟的阶段，许多理论研究的欠缺与不足尚待补强，许多理论争议以及立法与司法上的新老实践问题也尚待深入探讨。

三　研究进路、方法与创新之处

（一）研究进路

整体上，本书遵循"现象→问题→方案"的研究进路。首先阐

---

① 姚贝、王拓：《法益保护前置化问题研究》，《中国刑事法杂志》2012 年第 1 期。
② 参见张明楷《论帮助信息网络犯罪活动罪》，《政治与法律》2016 年第 2 期。
③ 参见刘艳红《网络犯罪帮助行为正犯化之批判》，《法商研究》2016 年第 3 期。

述并归纳刑法前置化的基本内涵与立法类型，其次根据通行的刑法教义学原理批判刑法前置化在不同理论层面和实践上存在的问题，最后论证并提出解决刑法前置化问题的整体和具体方案。

根据刑法前置化涉及的不同刑法教义学层面的问题，本书具体围绕两条线索从两个教义学层面展开研究。在刑法教义学基础理论层面，刑法前置化主要表现为法益保护的前置化与刑事处罚的前置化，二者分别招致法益理论、刑法谦抑理论等的批判。在刑法教义学中层理论层面，刑法前置化主要有实质预备犯、帮助行为正犯化以及抽象危险犯等立法类型，其分别涉及预备犯的处罚根据与处罚范围、中立帮助行为的可罚性范围、抽象危险犯的法益侵害关联性等问题。对于前者，主要的解决方案在于立法层面的制约；对于后者，主要的解决方案在于司法层面的限制。本书通过两条线索、两个层面的研究，可以弥补当前我国刑法理论关于刑法前置化问题研究中的不足，并构建起一个较为系统化的刑法前置化制约框架。

第一部分，关于刑法前置化的基本理论。首先，指出刑法前置化包括法益保护的前置化与刑事处罚的前置化两个基本内涵。这是后文从刑法教义学基础理论层面对刑法前置化问题予以批判、分析并提出制约方案的基础。其次，梳理我国刑法前置化的立法类型，指出在立法上，刑法前置化主要表现为实质预备犯立法、帮助行为正犯化立法以及抽象危险犯立法等。这是后文从刑法教义学中层理论层面对刑法前置化问题展开批判、分析并提出相应解决方案的基础。最后，简要分析刑法前置化的驱动因素，以表明刑法前置化的发展趋势是客观的、不可避免的，理性的态度是为其寻找合适的制约框架，而不是一味地批判和反对。

第二部分，关于刑法前置化的法教义学审视。基于刑法前置化的两个基本内涵和三种立法类型，分别从刑法教义学的基础理论和中层理论两个层面对刑法前置化存在的理论与实践问题进行批判，指出其可能存在的过度侵蚀法治国刑法的基本原理、过度干预个体自由之危险，以及处罚不当罚行为的疑问，因而有必要发展出一套保障机制以平衡现代刑法对于法益保护（社会保护）与自由保障（权利保障）的价值追求。

第三部分，关于刑法前置化的制约框架。首先，梳理现行国内外刑法理论上有关刑法前置化问题的制约方案；其次，分析各自的优点与不足之处；最后，在此基础上论证并提出本书构建的刑法前置化制约框架的基本方案，为下文的具体路径之展开做铺垫。

第四部分，关于刑法前置化的立法制约。针对刑法前置化在刑法教义学基础理论层面上存在的问题，即法益保护前置化与刑事处罚前置化分别招致的相关批判，提出相应的解决方案。通过对刑法前置化立法进行合宪性控制与教义学制约的双重约束，使其回归到法治国刑法保障自由的基本原则上来。

第五部分，关于刑法前置化的司法限制。针对刑法前置化在刑法教义学中层理论层面上的问题，即抽象危险犯、实质预备犯、帮助行为正犯化等存在的违背具体刑法教义学原理、机制的问题，提出相应的解决方案。通过对刑法前置化立法进行类型化研究，使其司法适用范围得到合理限制，从而实现刑法前置化立法处罚范围的正当化。

（二）研究方法

本书采用的研究方法主要包括（不限于）：

1. 交叉学科研究方法。主要涉及刑法前置化的合宪性控制问题。事实证明，仅靠刑法教义学内部的保障机制无法有效解决刑法前置化潜含的侵蚀自由的危险问题。因此，必须从整个宪法法律体系层面构建刑法前置化的制约框架，主要借助宪法上的比例原则、基本权利及国家理论对刑法前置化立法予以审查与限制。

2. 历史研究方法。主要涉及法益论的流变与困境问题。法益论在当代所经历的流变及其陷入的困境，构成了刑法前置化在刑法教义学基础理论层面上的重要问题之一。

3. 类型化研究方法。主要涉及对刑法前置化立法类型（实质预备犯、帮助行为正犯化以及抽象危险犯）的具体批判、分析与相应解决方案的提出。只有将刑法前置化立法加以类型化研究，才能真正实现其处罚根据的正当性和处罚范围的妥当性。

4. 文献比较分析法。主要涉及对当前国内外刑法理论关于刑法前置化问题的研究成果的比较分析。构建刑法前置化的制约框架，离不开对现有理论研究成果的借鉴及超越。

5. 归纳分析研究法。主要涉及对我国刑法前置化立法的梳理与归纳。刑法前置化首先是以立法的形式表现出来，之后才适用于司法实践。因此，对散见于刑法分则各个章节中的前置化立法，需要进行类型化的归纳分析，从而将具有一定共性的罪名放在同一个类型框架下进行研究，以增加其体系性与协调性。

（三）创新之处

本书旨在实现以下突破和创新：

第一，在整体上，构建一个系统性、全方位的刑法前置化制约框架。现有的刑法前置化制约理论要么仅局限于刑法内部的保障机制，要么仅止步于预防刑法的立法层面，因而存在较大的拓展空间。本书构建的刑法前置化制约框架分别从立法—司法、宪法—刑法两个维度展开：（1）在立法层面，一是刑法与宪法相结合的"合宪性制约"，二是刑法内部的"教义学制约"。这个立法制约框架既包括对刑法前置化立法的目的正当性审查，也包括对其手段正当性的审查；既从立法理念上引领和约束刑法前置化立法，又从立法技术上引导和限制刑法前置化立法。（2）在司法层面，对于我国刑法中既存的前置化立法，必须根据其类型化特征，利用相应精细化、具体化的刑法教义学原理和机制，对其分别进行教义学限缩，从而避免处罚不当罚的行为。

第二，在立法上，提出刑法前置化的合宪性制约与教义学制约相结合的双重控制模式。以往有关刑法前置化问题的理论研究均局限于刑法的内部保障机制，而没有将刑法前置化问题置于整个宪法法律体系内加以审视，这种研究视野的局限性使其制约方案的有效性大打折扣。本书通过刑法与宪法的跨学科研究，引入宪法基本权利理论与比例原则作为刑法内部保障机制的强化和补充，进而真正从刑法之内与刑法之外共同建构起刑法前置化的保障机制。

第三，在司法上，针对我国刑法中不同类型的前置化立法，分别提出相应类型化的具体教义学限制方案。（1）将抽象危险犯进一步区分为真正的抽象危险犯与准抽象危险犯，并对后者采取"个案认定、实质判断、允许反证"的司法适用逻辑。（2）根据预备行为的处罚正当性教义，对实质预备犯确立其预备行为原则上不可罚、兜底条款应作同类解释、仅限保护重大法益等限制适用规则。（3）根据本书确立的中立帮助行为的可罚性标准，限制中立帮助行为正犯化立法的处罚范围；对于其他帮助犯的相对正犯化立法，确立"以处罚犯罪实行行为的帮助为原则，以处罚犯罪预备行为的帮助为例外"的限制适用规则。

第四，在研究视角和方法上，为刑法前置化问题的理论研究开辟一条新的路径。以往有关刑法前置化问题的理论研究均局限于刑法教义学的基础理论层面，而没有对刑法前置化立法进行类型化研究，这使其难以摆脱过于抽象、宏观的弊端。本书通过对刑法前置化立法予以类型化研究，拓宽了刑法前置化问题的理论研究视角，从而将相关研究引向具体与深入的发展方向。

第五，在具体问题点上，本书尝试提出了诸多建设性的观点和方案。包括但不限于：（1）为重构法益概念的立法限制机能，本书从功能出发对集体法益进行了体系化建构，明确了不同存在形态的集体法益的真实损害性方式及其相应的犯罪构成要件行为类型，借此可以对我国刑法相关立法的保护法益展开正当性检验。（2）基于比例原则在规范性、效力性、全面性以及方法论的体系性等方面的优势，将其融入刑法体系，从而结束刑法内部保障机制"四处游荡"

"松散无力"的局面，使之更有效地发挥立法限制机能。（3）深入挖掘刑法教义学对刑事立法的指导功能，指出刑法教义学基础理论对刑事立法理念具有引领作用，以及具体教义学原理和机制对刑事立法技术的要求，从而有助于提升刑事立法的科学性。（4）对于刑法前置化所涉及的重点罪名的正当化解释与适用，本书亦提出了相应具体的观点和方案。

第 一 章

刑法前置化的基本理论

众所周知，古典自由主义刑法是以国家—个体的二元对立为逻辑基础加以建构的，其最为根本的价值取向在于保障个体的自由和权利免受来自国家的不当侵犯。在古典刑法理论体系中，罪刑法定、法益保护、责任主义等一系列基本原理共同构筑起国家刑罚权的行使边界。其中，根据法益保护原则，犯罪的本质和刑法的任务分别限于对法益的侵害与保护。因此，古典刑法以保护传统的个体法益以及国家安全、公共安全、物理空间的社会秩序等历来被公认的集体法益的结果犯为中心（包括具体危险犯中的危险状态）。然而，晚近以来世界主要国家的刑事立法趋向表明，立法者在很大程度上已经突破了传统刑法所坚守的传统法益与结果本位主义，而将刑罚处罚范围扩展到大量新型的超个人法益领域以及传统法益侵害的前阶，从而形成了刑法保护的前置化或早期化现象。本章主要探讨刑法前置化的基本内涵、立法类型与驱动因素等基本理论问题，以期揭示刑法前置化概念命题之来龙去脉及其理论与实践全貌，并为本书的研究思路和逻辑框架之展开奠定基础。

第一节　刑法前置化的基本内涵

一　刑法前置化的概念界定

何为刑法前置化？其与我们通常所说的刑法扩张化、预防性犯罪化等概念命题之间有何联系与区别？作为本书集中讨论的刑法前置化立法及其司法适用问题，其主要参照基准又是什么？对这一系列问题的梳理和界定，既是确定本书研究对象和范围的前提，也是决定本书研究思路和逻辑框架的基础。

（一）何为刑法前置化？

单从语义上来看，前置化是一个时间上的关系概念，其可以拆解为"向前"与"移动"两个语素。因此，刑法前置化意味着刑法处罚范围在时间轴上的向前移动。这意味着，刑法前置化与刑法（处罚、介入、保护）早期化、前阶段犯罪化等说法所表达的含义基本相同。

问题在于，究竟应当如何理解刑法处罚范围在时间上的前移呢？对此，有必要对刑法前置化概念命题的诞生与发展做一个回溯。刑法前置化的概念命题源于德国刑法自 20 世纪 70 年代以来的处罚前置化或者早期化趋势。由于德国刑法学界对刑法前置化现象先后产生了两种不同的解释立场，因而分别形成了针对刑法前置化问题的早期见解和后期见解。

1. 德国刑法学界对于刑法前置化的早期见解。自 20 世纪 70 年代开始，德国刑法在恐怖主义等有组织暴力犯罪领域规定了大量的针对公共秩序、公共平稳的犯罪，此类犯罪通常不具有基础犯罪或核心犯罪所要保护的明确的固有法益。为了避免此类刑法规范处罚范围的过度扩张，学界主张此类犯罪是"以一定犯罪（法益侵害）的早期阶段行为（主要是预备行为）作为处罚对象"，从而依据保护既存法益的前阶段或者外围领域来实现刑罚处罚的正当化。

具体而言，我国有学者将德国刑法学关于刑法前置化的早期见解概括为如下几点：[①] 第一，把刑法分则固有的构成要件目录所列犯罪称为"基础犯罪"，把处罚与目录所列犯罪相关联行为或者其前阶段行为的形式称为"早期化构成要件"。这种刑法保护早期化，如果从保护法益方面来看，是从对侵害的保护转向对危险的保护的早期化，即法益保护的早期化；如果从行为人方面来看，是处罚未遂以前的预备行为或者至少提供犯罪机会之行为的早期化，即刑法干涉的早期化。第二，早期化构成要件本身没有独立的保护法益。第三，早期化处罚规范出于对犯罪预防目的的直接追求，强力涵盖了法益侵害的前阶段和周边领域，通过侧防的、补强的规定实现对既存法益的提前保护。

一言以蔽之，由于当时尚处在德国刑法前置化走向的初期，刑法前置化处罚规范均明显呈现对传统刑法固有的基础犯罪的依附性，从而使得学者们普遍认为这些前置化刑法规范并未创设出新的法益，其处罚的对象行为仅属于以犯罪预备为直接目的的"对刑法的犯罪"，其构成要件的任务也仅在于保护或者强化刑法固有的其他构成要件之效果。这种对于刑法前置化的早期见解，可谓对刑法前置化的狭义理解，即单纯的从处罚犯罪既遂向处罚犯罪未遂、犯罪预备的转变。

2. 德国刑法学界对于刑法前置化的后期见解。20 世纪 80 年代末以来，随着风险社会理论的深刻影响，刑法的机能发生了实质性的转变，其已经被视为消除社会风险与解决社会问题的重要乃至首要手段之一。在风险刑法理论的形塑下，刑事立法开始明确将社会的制度运转和体系机能视为个人法益的前提条件，倾向于在个人法益遭受侵害及危险之前就设定对作为超个人法益的制度或者机能的前阶段保护。

[①]   参见李晓龙《刑法保护前置化研究：现象观察与教义分析》，厦门大学出版社 2018 年版，第 63—64 页。

　　对此，正如哈塞默（Hassemer）教授所指出的，现代刑法的提前保护主要采用了两种工具：首先是普遍法益概念，即将与个人法益相关联的普遍法益作为刑法的保护目的，以此作为正当化根据来扩张和提前刑法的处罚范围；其次是抽象危险犯，即仅凭借一定行为要件就施加刑罚处罚，而不再等到法益侵害及其危险的现实发生。① 希尔曼（Seelmann）教授亦表达了类似的看法，其认为对于在刑法上提前防止风险的前阶段犯罪化来说，有两种重要的方法：一是承认更提前的法益，二是构造涉及前阶段的犯罪类型。其中，前者是指保护法益由指向生命、财产等个人法益，转向更具普遍性的能够作为个体法益之前提的机能关联和体系关联（超个人法益——笔者注）；后者是指采取抽象危险犯或者适格犯等将可罚性提前到传统法益侵害前阶段的犯罪类型，把与结果无关的经验上具有危险性的行为直接作为刑罚对象，从而也可以实现法益的普遍化与危险的抽象化这两种前阶段犯罪化手段的结合。

　　根据上述后期见解，现代刑法的前置化主要表现在两个方面，一是法益保护的前置化，即将超个人法益作为传统个体法益的前阶加以提前独立保护；二是构成要件的前置化或者直接称为刑事处罚的前置化，即仅以一定具有普遍危险或风险的行为充足犯罪构成要件并提前施加刑罚处罚，而无须等待现实的法益侵害及危险的发生。这两个方面既可以相互独立，也可能相互结合而形成针对普遍法益的抽象危险犯这一"双重前置化"的刑法规范。

　　很显然，德国刑法学界关于刑法前置化的后期见解，其内涵远比早期见解要丰富。早期见解仅将刑法前置化理解为单纯的从处罚犯罪既遂向处罚犯罪未遂、犯罪预备的转变，这与后期见解关于构成要件的前置化存在部分交叉，但完全未涉及真正意义上的法益保护前置化问题。当然，这并不是说早期见解就是错误的，相反，二

---

　　① 参见［德］Winfried Hassemer《现代刑法的特征与危机》，陈俊伟译，《月旦法学杂志》2012 年第 8 期。

者均准确反映了彼此所处的时代背景以及当时的刑事立法特征。具体而言，早期见解着眼于当下社会生活中的犯罪被害可能性问题，从而倾向于处罚基础犯罪的前阶段危险行为（预备行为）；后期见解则着眼于未来社会可能发生的重大的、不可控的整体社会风险，从而倾向于以一种风险预防与管控的立场对单纯严重违反秩序的行为施加刑罚处罚。前者可谓不以风险社会为前提的处罚早期化（即传统危险型处罚早期化），后者可谓以风险社会为前提的处罚早期化（即风险社会型处罚早期化）。

鉴于在刑事立法活性化时期，既存在针对当下的犯罪预防的前置化刑法规范，也存在针对未来的风险管控的前置化刑法规范，因而有必要将刑法前置化的早期见解和后期见解加以统合。据此，所谓刑法前置化，大体是指为了更好地实现犯罪预防和风险管控，通过法益保护前置化和刑事处罚（构成要件）早期化这两种方式，使刑法处罚的范围和时点在时间轴上向前移动。其中，法益保护前置化是指将社会的制度运转和体系机能等超个人法益，作为传统法益的前提条件直接加以提前保护。刑事处罚早期化也即构成要件的早期化实现，是指通过缩减成立犯罪所需的法益侵害及其现实危险这一结果要件，将刑事处罚由实害犯提前到危险犯（包括由实害犯到具体危险犯到抽象危险犯）、由实行行为提前到预备行为、帮助行为等，从而通过抽象危险犯、实质预备犯、累积犯、帮助型犯罪等立法手段实现对重要法益的提前保护。

（二）刑法前置化的关系辨析

为了更加准确地理解和界定刑法前置化的内涵，有必要进一步厘清其与刑法扩张化、预防性犯罪化之间的关系。

1. 刑法前置化与刑法扩张化之间的联系与区别

显而易见的是，刑法前置化必然意味着刑法的扩张化，其无疑属于刑法扩张的一个部分或者侧面。但是，刑法的扩张化并不都意味着刑法的前置化。对此，正如张明楷教授所指出的，"处罚范围的扩大化与法益保护的早期化（其在同等意义上使用法益保护的早期化与刑法保护的前置化概念——笔者注）不是等同含义，但又有密切联系。虽然法益保护的早期化意味着处罚范围的扩大化，但处罚范围的扩大化并不意味着法益保护的早期化。至为明显的是，刑法增设某种实害犯时，虽然是处罚范围的扩大化但不是法益保护的早期化。例如，《刑法修正案（九）》增设的第120条之四将利用极端主义煽动、胁迫群众破坏国家法律确立的婚姻、司法、教育、社会管理等制度实施的行为规定为犯罪，这一行为实际上是实害犯（至少是具体危险犯），可谓处罚范围的扩大化，而并不涉及法益保护的前置化问题"。[1] 还有学者从时间与事实二分的角度来描述刑法前置化与刑法扩张化之间的关系：刑法前置化仅仅涉及在时间方向上的扩张，《刑法修正案（八）》将生产、销售假药罪由具体危险犯修改为抽象危险犯即是刑法保护前置化的适例。而刑法扩张化既可以同时在时间方向和事实方向进行，也可以分别在时间方向或者事实方向进行。前者属于处罚前置化型的刑法扩张，后者则属于单纯意义上的刑法扩张，而不涉及刑法保护在时间上的前移。[2] 比如，投放虚假危险物质罪，侮辱国旗、国徽罪以及《刑法修正案（十一）》增设的涉兴奋剂犯罪等作为扰乱公共秩序犯罪的实害犯，其虽然属于刑法的扩张，却不宜说其提前了刑法的介入节点。

　　值得指出的是，面对刑事立法的扩张，在近年来的刑法学研究中，学者先后提出了诸如"泛刑法化""过罪化""刑法肥大化""过度刑法化"等批判性的概念命题。尽管刑法前置化完全属于刑法扩张、犯罪化的范畴，但在本书看来，其仅仅是一个客观中性的描述性概念命题，与上述"泛刑法化"等体现了鲜明价值判断的批判性概念命题存在本质区别。利用刑法前置化概念来说明刑法的扩张，仅仅是在描述刑法处罚范围在时间方向上的向前移动，其并不必

---

① 参见张明楷《论〈刑法修正案（九）〉关于恐怖犯罪的规定》，《现代法学》2016年第1期。

② 参见李晓龙《刑法保护前置化研究：现象观察与教义分析》，厦门大学出版社2018年版，第60—61页。

然意味着刑法的泛化或者社会治理的过度刑法化。换言之，前者是一种事实判断，而后者才是一种价值判断。刑法的扩张本身就是一个描述性概念命题，只不过，当人们认为其超出了必要的、合理的限度时，便批判其属于"过度扩张""过度犯罪化"。刑法前置化亦是如此，只有当其超出了必要合理限度时，我们才称它是"过度前置化""不当前置化"。

2. 刑法前置化与预防性犯罪化之间的联系与区别

顾名思义，预防性犯罪化是指出于预防目的而进行的犯罪化。由于刑法前置化的主要目的也在于预防犯罪与管控风险，因而其无疑与预防性犯罪化存在十分紧密的联系。理论上有学者总结，我国刑法中的预防性犯罪化立法主要有如下四类规范范式：法益保护早期化、预备行为实行化、共犯行为正犯化以及公民合作义务的加强。① 从中可以看出，刑法前置化与预防性犯罪化之间的确存在一定的重合之处，本书亦认为法益保护前置化、预备行为实行化、共犯行为正犯化属于刑法前置化的内涵或者立法体现。但即便如此，并不能将刑法前置化简单地等同于预防性犯罪化或者预防性刑法等概念命题。

笔者认为，预防性犯罪化的概念涵摄要广于刑法前置化，刑法前置化理应属于预防性犯罪化的下位概念、为其所包摄。预防性犯罪化或者预防性刑法是现代刑法的主要特征，而刑法前置化则是预防性犯罪化的核心内涵和表现形式之一。所有的刑法前置化立法均属于预防性犯罪化或者预防性刑法的范畴，因为其目的均在于实现犯罪预防和风险管控，除此之外别无他求（即便有也不会被刑法理论所认可）。不过，预防性犯罪化除了通过刑法前置化的方式得以实现以外，必然还存在其他的手段，义务犯或者不作为犯、监管过失犯罪等即属此，这一点也构成了刑法前置化与预防性犯罪化的主

---

① 参见张永强《预防性犯罪化及其限度研究》，中国社会科学出版社 2020 年版，第 80 页。

要区别。

在预防性犯罪化或者预防性刑法中，将公民预防和打击犯罪的合作义务加以刑事化，也是一种重要的立法表现形式。所谓公民合作义务的加强，主要是指国家出于预防和打击犯罪的需要，通过立法的方式加强公民在查处和预防犯罪方面的义务。我国刑法关于公民合作义务的加强突出表现在恐怖活动犯罪和网络犯罪领域，尤其是随着《刑法修正案（九）》增设拒不履行信息网络安全管理义务罪，拒绝提供间谍犯罪、恐怖主义犯罪、极端主义犯罪证据罪，网络服务提供者等主体的合作义务得到空前强化。很显然，与公民合作义务的加强有关的预防性犯罪化立法，就并不属于刑法前置化立法的范畴。之所以会在犯罪预防和查处方面加强公民合作义务，主要是出于优化国家的犯罪治理模式和治理效果等考虑。在现代风险社会中，只有将社会力量加入犯罪治理主体之中，形成公民与国家合作治理的模式，才有可能实现对恐怖主义犯罪、网络犯罪等的有效治理。作为一种义务犯，其通常以不作为犯或者过失犯的形式出现，这决定了，只有等相关危害结果发生之后才有可能去倒追相关义务主体的不作为、不完全作为的刑事责任，而不可能在危害结果发生之前便处罚相关义务主体。因此，此类立法虽然以预防和管控风险为目的，具有预防犯罪的实际效果，属于刑法的预防性扩张，却难以被视为刑法处罚的前置化。例如，拒不履行信息网络安全管理义务罪等义务犯赋予并强化了公民的合作义务，以预防网络犯罪，实现网络犯罪的公私合作治理。此种义务犯或不作为犯无疑属于预防性犯罪化立法和刑法扩张的范畴。但是，由于该罪的成立条件要求已经发生了较为严重的后果或其他情节，并且旨在处理网络服务提供者事后的拒不履行管理义务的不作为，以期以此倒逼网络服务提供者积极履行网络安全管理义务，因而其并不是所谓的刑法前置化立法。

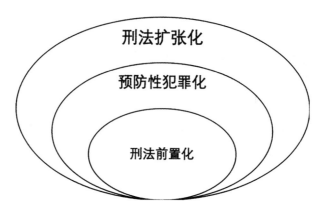

图 1-1　刑法前置化与相关概念关系示意

（三）刑法前置化的参照基准

刑法前置化意味着刑法处罚范围在时间轴上的向前移动，这显然是对刑事立法发展过程的一种动态描述，是一个关系概念而非孤立概念。既然如此，那么就有必要进一步明确刑法前置化的参照基准是什么，或者说刑事立法向前移动的坐标原点与参照物是什么。本书将从两个不同意义的层面去界定刑法前置化的参照基准，一是刑法前置化的理论基准，即根据刑法前置化的理论内涵而得出的参照基准，该基准虽来源于刑法立法但又不限于特定的刑法立法，具有相当的稳定性和共通性；二是刑法前置化的规范基准，即根据我国刑事立法的实践情况为刑法前置化确定的参照基准，该基准以我国某一阶段的刑法立法为对象，从而划定本书重点探讨的刑法前置化立法及其司法适用问题之范围，因而具有一定的可变性和个别性。

1. 刑法前置化的理论基准

理论上有观点认为：刑法保护前置化意味着以刑事可罚性的传统形式为出发点向前移动，由此传统刑法的状态描述将构成其出发点。一方面，从形式的犯罪概念出发，犯罪行为是符合构成要件、违法且有责的行为，既遂、未遂以及预备都依赖于构成要件的表述，因而刑法保护前置化首先被归属于一个在构成要件现实化之前被进行的行为；另一方面，从实质的犯罪概念出发，犯罪行为被认为是侵犯法益的实质不法行为，侵害犯、危险犯以及行为犯都是依据行为与法益关系的远近及程度来划分，因而刑法保护前置化涉及对传统刑法放弃法益侵害和法益相关行为。据此，可以推导出刑法保护前置化的三个基准点：（1）法益侵害作为基准点。即当刑事可罚性不以一个法益客体受到侵害为前提时，就已经可以说是一个前置化。（2）实行行为作为基准点。即当立法者通过设置独立预备犯、独立参与犯将相关预备行为、参与行为（主要是帮助行为）独立成罪，而不依赖于后续实行行为时，就是将刑事可罚性转移至法益毁损的前阶段。（3）法益本身作为基准点。即为了掩盖前置化处罚行为与传统个人法益的关联性微弱，而直接创设出新的集体法益，从而实现对传统法益的前置化保护。①

对此，笔者认为，如果将刑法前置化界定为，为了更好地实现犯罪预防和风险管控，通过法益保护前置化和刑事处罚（构成要件）早期化两种方式，使刑法处罚的范围和时点在时间轴上向前移动，那么，有必要从保护法益和构成要件两个方面对上述见解予以进一步限缩、归纳和提炼。正如德国学者希尔曼教授早先指出的："对于在实害的前阶就实行犯罪化以提前预防危险来说，最重要的方法就是确切地提出提前保护的法益，以及在实害的前阶上构造出犯罪构成要件的类型。"② 因此，本书在理论上将刑法前置化的参考基准归结为如下两个方面。

一是以传统法益本身作为参考基准（传统法益—新的超个人法益）。这一点是针对上述见解中的第3点提出的，是指为了实现对传统法益的提前、周延保护，而将其赖以存在的社会的制度运转和体系机能等前提条件作为新的超个人法益直接加以前置保护，由此导

---

① 参见李晓龙《刑法保护前置化研究：现象观察与教义分析》，厦门大学出版社2018年版，第68—70页。

② 转引自王永茜《论现代刑法扩张的新手段——法益保护的提前化和刑事处罚的前置化》，《法学杂志》2013年第6期。

致法益保护的前置化。不同的是，本书并不认为，相对于个人法益，所有的集体法益均属于法益保护的前置化。换言之，不宜以个人法益作为参考基准而将所有保护集体法益的罪刑规范均视为刑法前置化立法。上述见解所持的这种观点无视刑法已经将许多传统的重要的集体法益纳入保护范围的立法事实和惯例，因而极易导致法益保护前置化概念的泛化现象，使其作为揭示现代刑法基本走向和特征的功能性命题被稀释和质疑。有鉴于此，本书倾向于将传统法益作为参考基准。显然，传统法益既包括个人法益，也包括古典刑法历来公认的自始至终均被纳入保护范围的传统的集体法益，如国家安全、公共安全等。如此一来，所谓保护法益的前置化，仅指保护法益由传统法益向新型的超个人法益的前置化，这便可以有效避免法益保护前置化概念命题的泛化现象，从而将其指涉对象限制在晚近以来特定的刑法立法范围之内。

二是以实害犯的构成要件作为参考基准（包括实害犯—具体危险犯—抽象危险犯、实行行为—预备行为、正犯行为—共犯行为）。这一点实际上涵盖了上述见解中的第 1 点和第 2 点，可以统称为构成要件的早期化实现或者刑事处罚的早期化。其是指通过缩减成立犯罪所需的法益侵害及其现实危险这一结果要件，将刑事处罚由实害犯提前到危险犯、由处罚实行行为提前到预备行为、由处罚正犯行为提前到共犯行为（主要是帮助行为）等，从而以抽象危险犯、实质预备犯、帮助型犯罪等立法手段实现对重要法益的提前和周延保护。当然，在某一刑法前置化立法中，既有可能仅针对其中的某一基准而前置化，也有可能同时针对两个基准而前置化，后者即属于针对普遍法益的抽象危险犯这一"双重前置化"的刑法规范。

2. 刑法前置化的规范基准

如果仅仅根据本书界定的刑法前置化的理论基准来梳理我国刑法中的前置化立法，那么其所涵摄的范围无疑仍然是比较广泛且难以确定的。因为一方面，何为新型的超个人法益，这一点见仁见智，难有绝对的定论；另一方面，由于各国刑事立法的进程并不一致，许多我国新近以来新增设的罪名所保护的集体法益，在其他国家刑法中已经存在许久，反之亦然，这就使得不同法域对于传统集体法益的范围认识也不尽然相同。再者，即便对于一国刑法而言，以不同时期的刑事立法作为参照，也会对某一刑法规范是否属于前置化立法得出不同的结论。因此，有必要在刑法前置化的理论基准之基础上，另行确定刑法前置化的规范基准，从而更为精准地划定本书研究的规范对象和范围。

笔者一直认为，刑法前置化问题必须要以现实的刑法规范文本为研究对象，泛泛而谈世界各国刑法的整体前置化走向并无多大的实践价值（但并不能否认其理论价值）。鉴于此，在规范上，本书立足于中国刑法样本对刑法前置化问题展开讨论，并将1997年首次通过的《刑法》作为中国刑法立法前置化现象的参照物和坐标原点。通过考察自1997年刑法颁布实施20余年以来，尤其是《刑法修正案（八）》《刑法修正案（九）》以及《刑法修正案（十一）》中有关刑法前置化立法及其司法适用问题，对我国刑法中的法益保护前置化和刑事处罚早期化现象展开集中研究。

主要理由在于：（1）从世界范围来看，真正意义上的刑法前置化的确不是近年来发生的事，而是自20世纪80年代末以来随着风险社会所带来的各种社会问题的背景下，刑法被用作预防社会风险与解决社会问题的重要手段，从而导致了刑法保护的前置化、早期化问题。德国刑法学界最早开始讨论刑法保护的前置化问题，不过其无疑是以德国刑法中典型的前置化立法为讨论对象的，相关成果对我国刑法立法与司法适用而言仅具有理论上的参考价值，而不具有直接的实践意义。因此，极有必要立足于中国刑法样本探讨其中的刑法前置化问题。（2）从历史长河来看，刑事立法的总体走向无疑都是前置化、预防化和扩张化的，不可能回归、实际上也并不存在所谓的核心刑法。因此，即便是对于一国刑法而言，为刑法前置化的立法考察选定一个历史坐标亦尤为重要。否则，刑法前置化问题研究便缺乏规范上的参照物和起点，其所探讨的内容要么可能过于陈旧而缺乏现实意义和前沿性，要么可能过于宽泛而无法突出重点。（3）对于我国刑法而言，刑事立法的活性化时期才刚刚到来，前置化立法方兴未艾。2011 年颁布的《刑法修正案（八）》、2015 年颁布的《刑法修正案（九）》以及 2021 年实施的《刑法修正案（十一）》，均是我国刑事立法进程中重要的里程碑式的立法事件，它们相继开启并不断推进了我国刑事立法的前置化进程。相比于 1997 年通过的刑法以及此后颁布的几个刑法修正案，新近颁布的这三个刑法修正案的一个突出特征就是法益保护的前置化和刑事处罚的早期化。因此，这三个刑法修正案中的相关前置化立法无疑是本书展开的重要规范载体和研究对象。这也构成了本书关于刑法前置化问题研究的中国特色和本土关怀，其不仅可以充分吸收和借鉴域外尤其是德日关于法益保护早期化的既有研究成果，还将有助于为刑法前置化理论研究提供最新的丰富的中国素材，进而反哺刑法前置化理论的发展完善。

二　法益保护前置化的主要内涵

法益保护前置化作为刑法前置化的两大手段之一，理论上对其一直存在不同的见解。笔者对于法益保护前置化的理解，前后也产生了较大的变化。经过比较、斟酌，本书尝试从广义和狭义两个层面来界定法益保护前置化的内涵。其中，法益保护前置化的广义内涵源于中外刑法理论的既有见解，其主要体现了"个体法益—超个人法益"的法益类型转换。法益保护前置化的狭义内涵则是笔者在反思广义内涵之不足的基础上所提出的见解，其主要体现了"传统法益（包括传统的个体法益与集体法益）—新型超个人法益"的集体法益新发展。本书在探讨刑法前置化的一般理论问题时，采取的是广义上的法益保护前置化概念；在探讨我国刑法前置化立法及其司法适用等具体问题时，采取的是狭义上的法益保护前置化概念。

（一）法益保护前置化的广义内涵

所谓法益保护前置化，大体是指相对于传统刑法以保护生命、身体、财产、自由、名誉等个体法益为基本任务，现代刑法广泛地将超个人法益（又称集体法益、公共法益）纳入其保护范围，从而将对个体法益的保护提前到对其存在所需必要条件的保护上。如所周知，20世纪80年代以后，世界主要国家的刑事立法均出现了明显的活性化趋势。在许多新修改或新增加的犯罪化立法中，一些与现实存在的个体法益相距较远的超个人法益或集体法益被立法者构建出来，成为刑法保护的新客体。由于"集体法益是对于个人法益的提前保护"[1]，因而刑法保护法益的范围由个体法益向超个人法益的扩张和蔓延，就是法益保护前置化的基本内涵。

具体而言，法益保护前置化主要表现在以下两个方面：

一是法益内容的抽象化与精神化。即法益概念越来越表现出去实体化的倾向，人们不再从物质的角度来定义法益，而是用"利益"这一极具抽象性和虚拟性的概念来解释法益，从而使法益成为一个纯粹观念化和精神化的产物。[2] 通过区分保护客体与行为客体，法益与实体性的客观之物成功分离，从而开辟了法益概念抽象化、精神化之路。与自然主义范畴下的行为客体不同，法益作为保护客体乃是一种观念化、概念化的产物，它不受自然因果法则的支配和影响，而是存在于应然世界的价值体系之中。由此，法益从之前的应受保护之物，变成了当下的应受保护的利益、价值。

法益概念的抽象化与精神化极大地扩充了刑法保护法益的外延，除了传统的个体法益，许多超个人法益（公共利益）也被纳入其中。较为常见的有国家安全、公共安全、社会秩序、经济秩序、网络秩序、公共安宁甚至社会善良风俗等。应当说，随着社会的发展变迁，确实出现了许多无法还原为个体法益的公共利益，这些超个人法益（集体法益）对社会生活的重要性也日益突出，其已然具备刑法保护

---

① 王永茜：《论集体法益的刑法保护》，《环球法律评论》2013年第4期。

② 舒洪水、张晶：《近现代法益理论的发展及其功能化解读》，《中国刑事法杂志》2010年第9期。

的迫切性和必要性。尤其是在某些新兴的风险领域，如食品药品安全、生态环境、恐怖主义、信息安全、市场经济等领域，运用传统刑法的保护方式已经无法有效应对潜在或现实的危险时，创设以保护集体法益为目的的新型犯罪便成为必要的选择。可以肯定，未来刑事立法的主要方向仍会以集体法益的刑法保护为主体，集体法益的刑法地位也将提升至前所未有的高度。

二是法益内容的非人本化。即刑法法益不再以人类为唯一的利益归属主体，也不再以人类利益作为唯一的直接保护对象，而承认脱离了人类也有应被保护的对象，或侵害非人类的利益也可能被入罪化。[①] 对此，最为合适的例证就是有关生态环境刑事立法的保护法益由传统的人身、财产等个体法益向生态环境等超个人法益的变迁。

在环境保护刑事立法初期，受人类中心主义环境伦理观的影响，环境刑法的保护法益始终以人类自身利益为中心，即人的生命、健康、财产等传统个人法益。生态环境虽然成为刑法规制的行为对象（而非保护对象），但由于其处于人类传统个体利益的"外围"地位，尚不具有独立的法益资格，因而只能通过保护人类利益而间接地保护环境。[②] 彼时的环境犯罪在本质上属于"公害犯罪"的范畴，即"人为活动带来的环境污染以及破坏为媒介而发生的人和物的损害"[③]。相应地，环境刑法的法益保护范围也仅局限于人身、财产等个体法益，而并未将生态环境本身作为独立的利益加以保护。我国《刑法修正案（八）》修改之前的重大环境污染事故罪，就是典型的人类中心主义环境伦理观下的环境刑法立法模式。只有当环境污染及破坏行为"致使公私财产遭受重大损失或者人身伤亡的严重后果"时，才符合环境刑法规范的保护目的，单纯的环境污染及破坏行为

---

① 参见许玉秀《水污染防治法的制裁构造——环境犯罪构成要件的评析》，载许玉秀《主观与客观之间》，（台北）春风煦日学术基金 1997 年版，第 483—486 页。

② 参见帅清华《环境伦理的嬗变与环境刑法的法益》，《西南政法大学学报》2015 年第 2 期。

③ ［日］原田尚彦：《环境法》，于敏译，法律出版社 1999 年版，第 4 页。

不在环境刑法的规制范围之内。

随着环境问题的持续恶化，人们开始反思传统环境伦理观的局限性，并逐渐认识到生态环境自身所具有的独立品格，由此产生了生态中心主义环境伦理观。此种伦理观将生态环境本身作为保护（法益）对象，其被赋予了独立于人类利益的固有价值。尽管生态中心主义环境伦理观同样存在诸多值得反思的地方，但是其肯定环境法益（生态法益）的基本立场无疑是具有革命性意义的。与之相应，环境刑法的法益观也发生了转变，环境法益（生态法益）由此成为一种全新的刑法法益。

当前，一种折中主义的可持续发展环境伦理观已经成为现代环境刑法的伦理基础。它一方面肯定生态环境的独立品格和固有价值，主张将环境法益（生态法益）与人身、财产等传统个体法益均作为刑法上的法益予以保护；另一方面又承认生态环境与人类之间的关联性，主张将"人类关联性"作为生态环境保护范围与程度的衡量标准。在可持续发展环境伦理观的影响下，环境刑法将与人类生活、发展等密切相关的生态利益作为保护对象。这是一种"有限的环境法益观"，其终极目的仍在于保护人类利益，因而对生态环境法益的保护范围和程度有所限制。由此，环境刑法的保护法益被认为是"人类的最终关联性"的生态法益，即与人类存在最终关联性的生态环境，包括动植物以及水、土壤、大气等环境要素。《刑法修正案（八）》和《刑法修正案（十一）》修正后的污染环境罪，就是典型的折中主义环境伦理观下的环境刑法立法模式。一方面，立法规定污染环境罪的成立并不以造成人身伤亡或财产损失为要件，而只需要达到"严重污染环境"的程度即可，由此赋予了生态环境独立的法益地位；另一方面，污染环境罪的司法解释对与人类关联性程度不同的环境要素给予差别评价及保护，比如，将与人类生活具有密切联系的饮用水水源、自然保护核心区、基本农田、防护林地、森林等环境要素作为重点保护对象，对其实行直接的独立评价及保护；而将其他环境要素作为次要保护对象，对其实行间接的附属评价及保护。

总之，近现代刑法法益理论的抽象化、精神化与非人本化发展趋向，使得大量的超个人法益（集体法益）成为刑法保护的新客体。这些集体法益有的可以被还原为个体法益，在本质上是个体法益量的集合；有的则难以被还原为个体法益，其不仅本身具有一定的超个人结构，而且有些法益类型的基点甚至被扩展到非人本主义思维，由此成为与个体法益并列的法益类型之一。相对于直接以个体法益为保护客体而言，以超个人法益为保护客体在本质上便属于刑法法益保护的前置化。对立法者来说，法益并不一定像个人的生命、健康、财产等一样是预先给定的"现实存在"，其完全可以由立法者根据现实需要而创设，绝大部分公共法益（集体法益）即是如此。德国学者罗克辛（Roxin）教授对法益概念的经典定义是：一切对于安全、自由的、保障所有个人人权和公民权的社会生活所必要的，或者对于建立在此目标上的国家制度的运转所必要的现实存在或者目的设定就是法益。① 当然，对于集体法益的刑法保护应当存在界限，即"只有当它最终服务于个体的国民时"才是合法的。这也从另一个侧面说明，集体法益或者超个人法益在本质上应当是为保护个体法益服务的，其不能脱离个体法益而独立存在，对集体法益的刑法保护实际上就是对个体法益的前置化保护。

（二）法益保护前置化的狭义内涵

由上可知，法益保护前置化的广义内涵将个人法益作为刑法前置化的坐标和参照物，进而将所有的超个人法益均视为针对个人法益的前置化保护。换言之，在广义见解看来，相对于个人法益，所有的集体法益均属于法益保护的前置化，所有保护集体法益的罪刑规范均属于刑法前置化立法。笔者认为，如果这样理解法益保护前置化，虽然在理论层面不存在什么问题，但是，在规范层面其所涵

---

① 参见［德］克劳斯·罗克辛《刑法的任务不是法益保护吗?》，樊文译，《刑事法评论》2006 年第 2 卷。

盖的立法范围将会相当广泛，以至于没有专门探讨的实际意义和可能。显而易见，广义见解直接无视了自古典刑法以来就已经存在的将许多传统的、公认的和重要的集体法益纳入刑法保护范围的立法事实和惯例，因而极易导致法益保护前置化概念的泛化现象，使其作为揭示现代刑法基本走向和主要特征之命题的功能被稀释和质疑。鉴于此，有必要进一步从狭义上重新界定法益保护前置化的内涵。

首先，在狭义层面，本书倾向于将传统法益作为前置化的参考基准，认为法益保护前置化的核心内涵仅指刑法保护法益由传统法益向新型超个人法益的转变。所谓传统法益既包括个人法益，也包括古典刑法历来公认的、自始至终均被纳入保护范围的、传统的集体法益，如国家安全、公共安全以及传统物理空间的公共秩序等。而所谓新型的超个人法益，属于立法者为实现对传统既有的个人与集体法益的提前保护而创设出的一种真正意义上的全新的集体法益，尽管这种情况相对于既有的集体法益而言比较少见，但随着科学技术的进步和社会生活的发展演变，在将来的刑事立法中完全存在此种可能性。如此界定便可有效避免法益保护前置化概念命题的泛化现象，从而将其所指涉的规范对象限制在晚近以来特定的刑法立法范围之内。

具体而言，核心的狭义上的法益保护前置化应当特指随着科学、技术和工业等的新发展，现代社会出现的全新的需要保护的集体法益。这些集体法益难以被传统的个体法益或者集体法益概念所涵盖，比如生态环境、人类基因安全、生物物种安全、信息网络安全、大数据安全等。此类非传统安全威胁问题，具有极大的破坏性和弥散性，会给国家和社会治理带来巨大挑战。此类随着社会发展而出现的全新的集体法益类型，无法或者不宜直接被视为国家安全、公共安全之类的传统集体法益，亦不能简单地以社会（管理）秩序之类的模糊概念加以正当化论证和说明。但是，这些全新的集体法益背后，又都直接或间接地指向了人类的生命、健康、财产安全、国家安全、公共安全和社会秩序等传统的集体法益和个人法益，属于对传统法益的前置化、前阶段、周延化保护。这便是狭义上的法益保护前置化的核心内涵——集体法益本身的单纯前置化，其属于现代刑法真正意义上的法益保护前置化之体现。

例如，生物技术的发展会直接或者间接地对人类基因的维持和人类健康的状况产生作用。这方面的风险并非天方夜谭，是需要现代刑法加以应对的现实的危险，国外刑事立法已经在这方面先行一步，实行了法益的提前保护。例如，《西班牙刑法》第635条规定了制造生化武器犯罪以及克隆人的犯罪。相比之下，我国目前尚无这方面的立法，需要加强对这方面风险的防范以及对相关法益进行提前的保护。① 《刑法修正案（八）》和《刑法修正案（十一）》修订的污染环境罪，将生态环境作为一种独立的全新的集体法益加以保护，实现了对人类当前及未来生存安全等利益的前置保护。《刑法修正案（十一）》将非法进行基因编辑人体试验的行为犯罪化，就是为了保护人类基因安全与科技伦理这一真正的全新的集体法益，而此种新型集体法益应当属于人类物种安全的重要前提之一，因而可以视为对人类物种安全的前置保护。此时，刑法保护法益本身已经发生了实质变化（全新的集体法益），但究其目的仍然是实现对人类利益的前置化、周延化保护；但刑法保护手段却没有明显的前置化，无论是保护旧的集体法益还是保护新的集体法益，采取的都是抽象危险犯或者累积犯的犯罪类型。因此，从狭义上来看，真正意义上的法益保护前置化与刑事处罚前置化并无必然关系，其属于完全独立的刑法前置化形式。

其次，除了由传统法益向新型的超个人法益的转变这一核心的狭义内涵，还有必要从与刑事处罚早期化相联系的视角来理解法益保护前置化，即通过构成要件的早期化实现这一手段来实现对传统重要法益的前置化保护。此时，罪刑规范的保护法益本身并未发生

---

① 参见王永茜《论现代刑法扩张的新手段——法益保护的提前化和刑事处罚的前置化》，《法学杂志》2013年第6期。

实质性变化，只是法益保护的手段前置化了，即刑事处罚的介入时点早期化了。在这种情形下，刑事处罚早期化与法益保护前置化构成手段与目的的表里关系。具体而言，相对于既有的刑法立法，此种刑法前置化立法要么将对该法益的侵犯由原来的实害犯，提前到具体危险犯甚至抽象危险犯，以实现对该法益的提前、周延保护。例如，《刑法修正案（十一）》关于在生产、作业中违反有关安全管理的规定，具有发生重大伤亡事故或者其他严重后果的现实危险的危险作业行为的处罚规定，实际上就属于重大责任事故罪这一过失实害犯的具体危险犯形态。要么索性直接构造出一个假象的集体法益，企图通过保护这个假象的集体法益来实现对原来的个体法益的提前保护。比如，道路交通安全领域的危险驾驶罪以及《刑法修正案（十一）》新增的妨害安全驾驶罪、高空抛物罪等，其目的并非单纯维护所谓的似是而非的道路交通秩序或者其他公共秩序，因为单纯的秩序违反（行政违法）并不具有值得科处刑罚的刑事违法性程度，只有此类行为情节严重，具有致人伤亡的危险性（至少是抽象危险）时，才成立相关犯罪。这意味着，相关犯罪立法本质上均是为了实现对个体或公众的生命、健康和财产安全的提前、周延保护。

三　刑事处罚前置化的主要表现

所谓刑事处罚前置化也即构成要件的早期化实现，大体是指相对于传统刑法以处罚造成法益侵害及其现实危险的实害犯或者结果犯为基本原则，现代刑法普遍将处罚的节点提前到法益侵害及其现实危险的前阶，从而仅以行为本身的危险性为不法基础，通过缩减成立犯罪所需的法益侵害及其现实危险这一结果要件，将刑事处罚由实害犯提前到危险犯、由处罚实行行为提前到预备行为、由处罚正犯行为提前到共犯行为（主要是帮助行为）等，从而以抽象危险犯、实质预备犯、独立参与犯等立法手段实现对重要法益的提前和周延保护。刑事处罚前置化并不是减少了对于犯罪构成的刑事违法性的要求，而是减少了对于实行行为触动刑事处罚所需要满足的前提条件的要求。国家并不是要等到犯罪构成中所有典型的违法要素都完全齐备了之后才能施加刑罚，而是只要实行行为已经征表出法益侵害的紧迫性以及严重性，而且可以确定实行行为与法益侵害之间的关联性，就可以对其进行处罚。①

在理论和立法上，刑事处罚前置化主要表现为如下四种犯罪类型：

一是预备犯。预备犯又可分为形式预备犯（又称从属预备犯）和实质预备犯（又称独立预备犯），二者均是刑事处罚前置化之典型体现。形式预备犯是针对某种特定犯罪的预备行为进行处罚的犯罪类型，其属于犯罪未完成形态之一，其处罚根据从属于该特定犯罪的基本的犯罪构成。我国《刑法》第22条对于犯罪预备的一般性规定，确立了形式预备犯的普遍处罚原则。② 尽管形式预备犯尚缺乏实行行为的着手以及法益侵害及其威胁的结果，但由于预备行为已经征表出了行为人的主观恶性，其在一定程度上有利于犯罪的完成，已经构成对法益的客观危害，因而被认为具有实质的刑事可罚性。显而易见，形式预备犯旨在通过处罚尚未着手实施犯罪实行行为的预备行为，而对相应法益提供前置化保护，属于刑事处罚前置化的典型体现之一。

实质预备犯则是将某种预备行为直接提升为实行行为，并在刑法分则中规定独立的、基本的犯罪构成要件的犯罪类型，其属于预备行为实行化或者分则立法犯罪化的范畴。相比于形式预备犯，实质预备犯可以说是更为彻底的刑事处罚前置化或早期化。因为一旦将预备行为实行化，则意味着对于该预备行为的预备行为，也可以根据刑法总则的规定予以处罚。如此一来，刑事处罚的节点便大大

---

① 参见王永茜《论现代刑法扩张的新手段——法益保护的提前化和刑事处罚的前置化》，《法学杂志》2013年第6期。

② 参见梁根林《预备犯普遍处罚原则的困境与突围——〈刑法〉第22条的解读与重构》，《中国法学》2011年第2期。

前移。当前，实质预备犯已经成为各国刑法对重要法益进行前置保护的主要立法手段之一。由于从外部的客观情况来看，预备行为尚未对传统法益造成现实的侵害，充其量只是存在法益侵害的危险性而已，因而实质预备犯在一定程度上也可归属于抽象危险犯的范畴。正是因为某种预备行为本身已经显现出侵害重要法益的危险性，立法者才意图通过将其定型化、类型化为独立的犯罪，从而实现对重要法益的前置化保护。

二是累积犯。累积犯最先出现在环境犯罪领域，其本来含义是指每一个单独的环境污染物排放行为本身并不具有法益侵害的危险性，但如果此种行为不断累积便会对生态环境造成不可能或者难以挽回的重大破坏，立法者出于预防的考虑，便对这种缺乏法益侵害危险性或者危险性程度极低的单个行为予以刑罚处罚。[1] 例如，修正后的日本《产业废弃物处理法》第 25 条第 6 款规定，对于所有抛弃废弃物的行为，可以处以 3 年以下有期徒刑、单处或并处 1000 万日元以下的罚金。[2] 累积犯在本质上是一种单纯行为犯，其不要求行为本身具有法益侵害性或者危险性，其处罚根据在于"行为的累积性"所蕴含的法益侵害性，即此种行为在未来可能会被反复实施从而累积产生对重大法益的侵害危险。因此，累积犯是一种比抽象危险犯更为前置化的犯罪类型。正是由于累积犯处罚的是本身不具有（或者程度极低）法益侵害性的行为，其在刑法理论上受到诸多批评乃至否定，认为其有违罪责原则。的确，如果坚持个人责任原则，那么就必须反对对累积犯予以刑罚处罚，否则便滑向了集体责任。可以肯定的是，我国刑法中尚不存在典型的累积犯，相关单纯行为犯基本可以归属于抽象危险犯的范畴。

三是抽象危险犯。抽象危险犯是刑事处罚前置化最为基本的犯

---

① 参见［日］伊东研祐《现代社会中危险犯的新类型》，郑军男译，载何鹏、李洁主编《危险犯与危险概念》，吉林大学出版社 2006 年版，第 180 页。

② 参见冷罗生《日本公害诉讼理论与案例评析》，商务印书馆 2005 年版，第358 页。

罪类型，前面所列的预备犯与累积犯，以及本书没有单独列出的持有犯，在很大程度上均可以归结为广义的抽象危险犯。一般认为，抽象危险犯作为危险犯的一种，其不以构成要件行为实际发生法益侵害的具体危险为犯罪既遂条件，此种抽象危险是一种类型化的一般性危险（立法推定或拟制的危险），无须司法上的具体个案判断。① 尽管抽象危险犯与具体危险犯同属危险犯之范畴，而与实害犯相对应；但实际上，抽象危险犯与具体危险犯、实害犯均有着本质区别。抽象危险犯中的抽象危险是行为本身的危险性，其不属于构成要件要素，而是制定该法条的理由。相反，具体危险犯和实害犯均指向基本相同的构成要件规定的构造。② 无论是对法益的现实侵害还是具体危险，均属于构成要件中的结果要素（结果包括侵害结果和危险结果）。因此，可以说，抽象危险犯是没有结果（至少无须司法上具体判断是否存在危险结果）的行为犯，而具体危险犯和实害犯则是需要进行司法上的具体判断以确定是否存在法益侵害结果及其危险的结果犯。抽象危险犯的这一特性决定了其具有传统的实害犯及具体危险犯无可比拟的优势：在立法上，只要立法者认为某种行为具有一定的危险性，哪怕这种危险性只是潜在的、缓和的以及距离现实的法益侵害非常遥远的存在，其依然可以通过抽象危险犯的立法模式将其予以犯罪化，而无须等到此种行为造成了法益的现实侵害或者具体危险时才发动刑罚，如此便大大提前了刑法介入的时点；在司法上，只要行为人实施了符合抽象危险犯构成要件的行为即可成立犯罪，而无须判断行为与结果之间是否存在因果关系以及行为是否造成了法益侵害的具体危险，如此便大大减轻了司法机关的证明负担。

在世界各国的新近刑事立法中，抽象危险犯无疑占据着主角地

---

① 林山田：《刑法通论》（上册），北京大学出版社 2012 年版，第 158 页。
② ［德］约克·艾斯勒：《抽象危险犯的基础和边界》，蔡桂生译，《刑法论丛》2008 年第 2 卷。

位。在德国刑法从以侵害犯为中心的古典刑法向以危险犯为中心的风险刑法转变过程中，抽象危险犯表现最为抢眼。[①] 日本近年来的刑事立法也具有明显的处罚早期化趋势，刑法对未遂犯、危险犯、预备犯等的处罚规定，逐渐由例外走向常态。[②] 我国近年来出台的三个刑法修正案（八、九、十一），也出现了大量的抽象危险犯立法，比如有关危险驾驶、恐怖主义、信息网络、生态环境、产品安全、高空抛物、非法基因编辑、生物安全等领域的新增犯罪即是如此。可以预见，未来世界各国的刑法立法仍将以抽象危险犯为主要犯罪模式，抽象危险犯立法远未达到饱和状态。

这里值得特别强调的是，需要注意甄别抽象危险犯与刑事处罚前置化之间的关系：（1）抽象危险犯虽然是刑事处罚前置化最为基本的犯罪类型，却并非其全部。除此之外，实质预备犯、独立参与犯（主要是帮助行为正犯化）、累积犯、持有犯，甚至某些由实害犯前移处罚的具体危险犯（如《刑法修正案（十一）》第四条新增的妨害安全生产犯罪）等也都属于刑事处罚前置化立法的范畴。（2）并非所有的抽象危险犯均属于刑事处罚的前置化，有些以真正的新型的超个人法益为规范保护目的的抽象危险犯，实际上仍属于针对该集体法益的实害犯、结果犯、实质犯的范畴，只不过其法益侵害结果无法像传统的个体法益那样容易被人们所感知。在这种情况下，该抽象危险犯立法本质上体现的是本书所称的狭义上的法益保护前置化，即由传统法益提前到对作为其存在基础的真正的新型的集体法益的保护上。此时，该抽象危险犯立法仅属于狭义上的法益保护前置化，而不涉及刑事处罚的前置化，但总体上仍属于刑法前置化的立法范畴。（3）并非所有的抽象危险犯均属于刑法前置化立法，有些抽象危险犯仅仅属于单纯的刑法扩张，而不涉及刑法保

---

① 参见［德］乌尔斯·金德霍伊泽尔《安全刑法：风险社会的刑法危险》，刘国良编译，《马克思主义与现实》2005 年第 3 期。

② 参见［日］松原芳博《刑法总论重要问题》，王昭武译，中国政法大学出版社 2014 年版，第 16 页。

护的前置化问题。比如，《刑法修正案（十）》增设的侮辱国旗、国歌罪，侮辱国徽罪等即是如此。本罪的保护法益虽然是集体法益，却应当归属为国家制度这一传统集体法益的范畴，而且相关的构成要件行为要求情节严重才能构成犯罪，即侮辱行为已经对国旗、国徽、国歌造成现实侵犯，因而并没有提前处罚的时点，所以本罪既不属于法益保护前置化立法，也不属于刑事处罚早期化立法。判断某一抽象危险犯是否属于刑法前置化立法的关键在于其是否内在地属于狭义上的法益保护前置化之体现，如果只是单纯弥补了针对传统法益的刑法保护漏洞，哪怕以一种对传统集体法益存在真实损害性的行为为构成要件来保护该集体法益的，其仍然仅体现了刑法的严密化和扩张化，而非前置化。相反，如果其旨在实现对传统法益的提前、周延保护，而创设出了一种全新的真正的集体法益，或者针对个人法益的必要存在条件而创设出所谓的假象的集体法益（如道路交通安全、公共安全等），进而提前处罚相关抽象危险行为，那么其应当属于刑法前置化（其中前者属于核心意义上的法益保护前置化，后者属于刑事处罚早期化）的立法范畴。

四是共犯正犯化或者直接说是帮助行为正犯化。所谓犯罪帮助行为正犯化，也称帮助犯的正犯化，大体是指立法者将原本属于其他犯罪的帮助行为直接提升为正犯行为，在刑法分则中独立成罪。[①]如所周知，对于帮助行为一般是依据刑法总则关于共同犯罪的规定定罪处罚的，其从属于被帮助者的正犯行为（共犯的从属性）。而且由于帮助行为一般在共同犯罪中起次要或者辅助作用，属于从犯，因而还应当从轻、减轻或者免除处罚。但是，一旦某种帮助行为被类型化为刑法分则中的构成要件行为，并配置了独立的法定刑，那么对该帮助行为的定罪处罚就可以不再依据刑法总则的共犯规定作出，而只需像其他犯罪一样按照刑法分则的罪刑规范定罪量刑。换

---

① 参见张明楷《论〈刑法修正案（九）〉关于恐怖犯罪的规定》，《现代法学》2016年第1期。

言之，对于被正犯化的帮助行为的定罪处罚，一方面无须适用刑法总则关于从犯从轻、减轻或者免除处罚的规定；另一方面不再受共犯从属性原理的限制，无论被帮助者的行为是否构成犯罪，只要行为人实施了符合相应构成要件的帮助行为即可成立犯罪。对此，正如德国学者布朗斯（Brons）所指出的，若将实行行为作为基准点，刑法前置化立法则可以通过两个方面表现出来，一是独立预备罪，即将相关犯罪的预备行为独立成罪，使之成为不依赖于后续实行行为的独立犯罪类型；二是独立参与犯（相当于"共犯正犯化""共犯独立化"以及"帮助行为正犯化"等国内表述），即将某种犯罪之参与行为升级为正犯，由此通过放弃共犯从属性和软化不受处罚的帮助未遂，将刑事可罚性前移至法益侵害的前阶段。从中可以看出，帮助行为正犯化由于彻底摆脱了共犯从属性原理的束缚，可以实现对帮助行为的独立化处罚，无须等待正犯者着手实行犯罪，从而极大地提前了处罚的时点。不仅如此，由于此类犯罪帮助行为已被正犯化，因而其本身具有实行行为性。故对于该帮助行为的帮助行为与教唆行为，也可以按照刑法总则关于共同犯罪的一般规定定罪处罚（教唆犯、帮助犯），如此便扩大了刑法的处罚范围并提前了刑法的介入时点。

综上所述，刑事处罚前置化主要表现为抽象危险犯（包括持有犯）、实质预备犯以及帮助行为正犯化三种犯罪类型，在有些国家刑法中还存在累积犯的犯罪类型。其中，抽象危险犯是刑事处罚前置化最为基本的犯罪类型，所有累积犯均属于真正意义上的抽象危险犯；绝大部分持有犯都可以归结为抽象危险犯，属于"持有型抽象危险犯"；许多实质预备犯可以归结为抽象危险犯，属于"预备型抽象危险犯"；部分帮助行为正犯化也可以归结为抽象危险犯，属于"帮助型抽象危险犯"。当然，由于实质预备犯与帮助行为正犯化一方面更多地具有自身的特点，另一方面也不能全然归结为抽象危险犯，因而有必要将其从一般的抽象危险犯中独立出来进行探讨。

四　法益保护前置化与刑事处罚前置化的关系

作为刑法前置化的两大基本内涵和表现形式，法益保护前置化与刑事处罚前置化之间的关系十分密切、难以分割。倘若根据本书关于法益保护前置化的狭义见解，其与刑事处罚前置化之间既可能处于相互独立的地位，也可能呈现出互为一体的目的与手段的关系。一方面，对于狭义上的法益保护前置化的核心内涵而言，其具有一定的独立性，而与刑事处罚前置化没有必然联系。当然，核心意义上的法益保护前置化仍然需要通过特定的立法载体——抽象危险犯方得以实现。只不过，在这种情况下，抽象危险犯仅仅体现了法益保护的前置化，而并不必然（但有可能）体现了刑事处罚的早期化（参照上述抽象危险犯与刑事处罚前置化之间的关系）。另一方面，对于针对传统重要法益的前置化保护而言，刑事处罚前置化与法益保护前置化往往互为一体，呈现出手段与目的相统一的表里关系。即刑事处罚前置化的目的是实现对某些重要法益的前置化、周延化保护，而为了实现对某些重要法益的前置化、周延化保护，又通常需要采取构成要件的早期化实现这一刑事处罚前置化的立法手段（目的与手段的统一体）。

倘若根据理论上关于法益保护前置化的广义见解，那么其与刑事处罚前置化之间的关系便具有更为密切的联系，当然二者在内涵和本质上也存在明显的区别。具体而言，二者的联系表现在：法益保护前置化与刑事处罚前置化往往互为一体。对于刑法前置化立法，若从其保护集体法益的立法目的来看，属于法益保护的前置化；而从其立法手段来看，往往采取了实质预备犯、帮助行为正犯化以及抽象危险犯的立法形式，属于刑事处罚的前置化。法益保护前置化必须以刑事处罚前置化为手段载体，没有刑事处罚前置化的诸多犯罪类型（主要是抽象危险犯），法益保护前置化根本无从落实。相应地，刑事处罚前置化也必须以法益保护前置化为目的诉求，没有法益保护前置化所创设出的诸多超个人法益（集体法益），刑事处罚前置化便缺乏刑法保护法益的正当性。因此，可以认为，法益保护前置化是目的，刑事处罚前置化是手段，二者是目的与手段的关系。

二者的区别则在于：法益保护前置化在本质上体现的是法益概念的扩张，其通过创设新的法益类型（超个人法益、集体法益）来实现法益侵害和刑法保护质的提前。在法益保护前置化的情形下，犯罪行为的法益侵害性已经从对传统个人法益的现实侵害及威胁，直接提前到对个人安全存在和自由发展所必要的前提条件的侵害及威胁上。站在法益保护前置化的角度来看，包括抽象危险犯在内的一切犯罪类型在本质上都是结果犯，只不过有些犯罪侵害或者威胁的是传统的个体法益，有些犯罪侵害或者威胁的则是法益保护前置化下的超个人法益（集体法益）。

刑事处罚前置化虽然也以更周延地保护法益为目的，但其着眼点始终在于传统的个体法益，即为了更好地保护个体法益，必须将刑法处罚的时点由法益的现实侵害及其威胁阶段提前到法益现实侵害及其威胁的危险性阶段。在刑事处罚前置化的情形下，只要行为本身存在一定的危险性就已经具备了刑罚的发动条件，而无须等到实行行为对个体法益造成现实侵害或者具体威胁。换言之，刑事处罚前置化下的犯罪关注的重心在于不法行为本身的危险性，而不法结果（法益的现实侵害及其威胁）是否具备则不再是犯罪成立或既遂与否的标准与条件。站在刑事处罚前置化的角度来看，包括抽象危险犯在内的一切犯罪类型在本质上都是行为犯，其犯罪成立不以造成现实的个体法益侵害及其威胁为条件，而仅以符合构成要件的行为本身所具有的法益侵害的抽象危险性为处罚根据。

第二节　刑法前置化的立法类型

刑法前置化是以刑事立法为载体和导向的。无论是法益保护的前置化，抑或是刑事处罚的前置化，只有最终体现在刑法立法上才能真正促成刑法保护的前置化。由于广义上的法益保护前置化与刑事处罚前置化之间是一种目的与手段的关系，因而刑法前置化立法实际上就是指体现刑事处罚前置化的相关犯罪类型的罪刑规范。如前所述，刑事处罚前置化的犯罪类型主要包括预备犯、累积犯、抽象危险犯以及独立参与犯等。其中，由于我国预备犯中的形式预备犯（从属预备罪）主要是在刑法总则关于犯罪预备的一般性处罚规定中予以确立的，因而其更多地代表了立法者对于所有犯罪预备行为的一种处罚立场，而不涉及具体的刑法分则立法的前置化问题。再者，由于累积犯本身的正当性饱受质疑，我国刑法中也不存在累积犯的立法类型（即便有，本书也将其直接视为抽象危险犯），因而本书不将其作为独立的刑法前置化立法类型展开讨论。而对于独立参与犯，在我国主要表现为帮助行为正犯化。因此，在本节中，笔者将以我国 1997 年《刑法》为考察对象，按照抽象危险犯、实质预备犯以及帮助行为正犯化三种主要的犯罪类型，简要梳理其中体现刑法保护前置化的相关典型立法。

一　抽象危险犯立法

抽象危险犯是刑法前置化最为基本的立法类型。从某种意义上可以说，抽象危险犯就是刑事处罚前置化和法益保护前置化的代名词。由于在一般情况下抽象危险犯的规范目的大多在于保护集体法益（包括假象的集体法益），且其构成要件并不要求实行行为对集体法益造成现实的侵害或者危险，而只要实施了相应的构成要件行为即认为具备立法上拟制或者推定的抽象危险，因而其既是法益保护的前置化，又是刑事处罚的前置化，可谓目的与手段的"双重前置化"。抽象危险犯在目的和手段上的"双重前置化"特征，使其可以起到更加周延和提前地保护重要法益、更加有效地控制重大风险以及更加积极地规范公众行为的作用。

在晚近以来的各国刑法立法中，抽象危险犯可谓大行其道。尤其是在恐怖主义、生态环境、食品和药品安全、公共秩序等犯罪领域，抽象危险犯立法正在急速扩张。在我国刑法中，无疑也存在大量的抽象危险犯立法。尤其是在公共安全、公共秩序等犯罪领域，抽象危险犯立法较为集中。这些抽象危险犯立法均以保护相应领域的集体法益为规范目的，在构成要件上均采取了行为犯的基本构造，法益侵害及其威胁的结果要素被省略。大量的抽象危险犯立法，使我国刑法呈现出越来越强烈的处罚前置化趋向。

需要强调和指出的是，抽象危险犯立法虽然是刑事处罚前置化的基本手段和类型，但并非所有的抽象危险犯都属于刑法前置化的范畴。对此，正如有学者所指出的，既然抽象危险犯是刑事处罚的前置化，就必须有对于同一法益的、与之相关联的实害结果作为参照，不然也就无所谓"前置化"了。[①] 事实上，有相当一部分抽象危险犯立法并没有体现出刑法的前置化走向，其仅属于单纯的刑法扩张或者说刑法的预防性走向。比如，《刑法修正案（十）》增设的侮辱国旗、国徽、国歌罪，就是单纯弥补刑法漏洞的扩张性立法，而并非刑法前置化的表现。《刑法修正案（十一）》增设的关于侮辱、诽谤英雄烈士的犯罪，亦是如此。持有型犯罪通常都属于抽象危险犯，但有的持有犯起到的是兜底和截留的作用，如非法持有毒品罪、持有假币罪等，其并没有体现刑事处罚的前置化。有的持有犯的确是出于预防性犯罪化目的，比如，非法持有枪支、弹药罪等，但此类犯罪并不都属于刑事处罚前置化。只有旨在实现对直接指向严重侵害法益的行为前置化处罚，如《刑法修正案（九）》增设的非法持有宣扬恐怖主义、极端主义物品罪，才宜被归属为刑法前置化立法范畴。

以下，笔者将从法益保护前置化的狭义见解出发，分别对旨在保护全新的真正的超个人法益的抽象危险犯，以及旨在通过构成要件的早期化实现对传统法益进行前置化、周延化保护的抽象危险犯

---

① 参见王永茜《论现代刑法扩张的新手段——法益保护的提前化和刑事处罚的前置化》，《法学杂志》2013 年第 6 期。

立法进行简要梳理和阐述。虽然笔者深知，所谓传统法益和新型超个人法益之划分缺乏一个明确的标准和界限，无法泾渭分明地穷尽所有相关抽象危险犯立法。但是，一方面，这不是本书的主要目的和追求；另一方面，完全没有必要大费周章地去穷尽所有相关立法，相反，应当做到重点突出、有的放矢。笔者认为，这种分类方法的确可以从我国刑法浩瀚的抽象危险犯立法中有效筛选出那些值得重点关注的体现了刑法保护前置化趋向的典型立法，如此便足矣。

（一）旨在保护全新集体法益的抽象危险犯

所谓全新的集体法益，显然是相对于传统的集体法益而言的，其是指，随着现代科技与社会的新发展而出现或者发现的全新的需要特别独立保护的集体法益。此类新型的集体法益难以被传统的个体法益或者集体法益概念所涵盖，也无法或者不宜直接被视为传统一般意义上的国家安全、公共安全、社会秩序之类的集体法益而加以保护和论证，比如生态环境、人类基因安全、生物物种安全、信息网络安全、大数据安全等。

在我国晚近以来的刑法立法中，旨在保护全新超个人法益的典型抽象危险犯立法主要有如下几种：

1. 将生态环境作为全新的超个人法益

在我国，将生态环境本身作为独立的法益加以刑法保护，还是近年来的事情。2011 年《刑法修正案（八）》所确立（2021 年《刑法修正案（十一）》进一步完善）的污染环境罪，是当前我国环境刑法立法的核心罪名。该罪的前身为重大环境污染事故罪，属于典型的实害犯、结果犯。重大环境污染事故罪的保护法益仍旧是传统的人身、财产等个体法益，而生态环境仅仅是一个中介要素，不具有独立的保护价值和地位。单纯对生态环境造成污染或者破坏的行为并不具有刑事可罚性，只有当这种污染或者破坏行为造成了现实的人身或者财产损害时，才符合重大环境污染事故罪的构成要件。显然，彼时尚未将生态环境本身作为独立的超个人法益予以刑法保护。而修正后的污染环境罪则删去了结果要素，代之以"严重污染环境"之入罪条件。根据本罪的构成要件表述及相关司法解释的规定，"严重污染环境"既包括对行为本身样态的限制，也包括对行为所造成的单纯的生态环境污染或者破坏结果的限制，还包括对行为所造成的人身、财产、公共生活秩序等传统法益侵害结果的限制。①

　　从中可以看出，修正后的污染环境罪已经将生态环境本身作为一种独立的法益加以保护，而不再依附于人身、财产等传统的个体法益。当然，根据《刑法修正案（十一）》的规定，污染环境的行为"致使多人重伤、严重疾病，或者致人严重残疾、死亡的"，属于加重处罚构成要件。在此意义上，刑法介入环境污染行为的节点被大大提前了，其并非等到行为已经造成了重大污染事故后才加以处罚，而是只要行为符合立法者加以类型化的构成要件行为或者造成了单纯的生态环境污染或者破坏，就可以对其加以处罚，如此便实现了刑法对生态环境法益以及人身、财产等个体法益的前置化保护。不仅如此，如果将生态环境作为独立的法益来看待的话，那么司法解释通过将某些特定样态的行为本身视为"严重污染环境"的情形，则是通过抽象危险犯甚至行为犯的立法模式彻底实现生态环境法益的前置化保护。因为无论是在饮用水水源一级保护区、自然保护地核心保护区排放污染物，还是私设暗管或者利用渗井、渗坑、裂隙、溶洞等排放污染物等特定行为，均是立法者类型化、拟制化的"严重污染环境"的行为，其本身并不一定已经对生态环境造成实际污染或者破坏，充其量仅具有一定污染环境的危险性而已。如此一来，污染环境罪中的抽象危险犯甚至行为犯的行为类型无疑是一种"双重的前置化"，其既是法益保护的前置化（传统法益—生态环境法益），又是刑事处罚的前置化（实害犯—抽象危险犯甚至行为犯的立法模式）。

---

　　①　参见最高人民法院、最高人民检察院《关于办理环境污染刑事案件适用法律若干问题的解释》第 1 条的规定。

2. 将人类基因安全作为新的超个人法益

一直以来，我国刑法均未将非法植入基因编辑、非法采集人类遗传资源等危害人类基因安全的行为纳入刑事规制范围。这一方面可能是囿于科学技术的发展尚未达到需要动用刑法来强制规范的程度，另一方面可能是立法者尚未充分认识到相关行为所潜藏的危害公众健康和公共安全的重大风险。直到 2019 年震惊中外的"贺建奎等非法基因编辑婴儿案"的出现，以及近年来各国之间生物科技领域的白热化竞争，才使得动用刑法保护我国人类基因安全以及遗传资源安全呈现出现实性、重要性和迫切性的特点。

在此背景下，2021 年实施的《刑法修正案（十一）》首次将非法采集我国人类遗传资源、非法进行人类基因编辑等行为加以犯罪化。具体而言，在刑法第 334 条后增加一条，作为第 334 条之一："违反国家有关规定，非法采集我国人类遗传资源或者非法运送、邮寄、携带我国人类遗传资源材料出境，危害公众健康或者社会公共利益，情节严重的，处三年以下有期徒刑、拘役或者管制，并处或者单处罚金；情节特别严重的，处三年以上七年以下有期徒刑，并处罚金。"在刑法第 336 条后增加一条，作为第 336 条之一："将基因编辑、克隆的人类胚胎植入人体或者动物体内，或者将基因编辑、克隆的动物胚胎植入人体内，情节严重的，处三年以下有期徒刑或者拘役，并处罚金；情节特别严重的，处三年以上七年以下有期徒刑，并处罚金。"根据上述立法规定，人类基因安全以及我国人类遗传资源安全正式成为我国刑法所保护的全新的集体法益。对该新型集体法益的保护，显然是为了更早地、更加周延地保护人类的公众健康乃至公共安全，以及特定相对人的生命健康安全等传统的集体法益和个人法益。并且，刑法规定的犯罪构成要件也没有设置实害结果，而是只要行为人实施了相关行为，如非法进行人体基因编辑实验、非法采集我国人类遗传资源，即成立相应犯罪的既遂。由此可见，即便是对于人类基因安全等新型的集体法益，我国刑法采取的也是抽象危险犯（或者至少说是危险犯）的刑事处罚前置化立法模式，可谓"目的与手段的双重前置化"。

3. 将生物物种安全作为新的超个人法益

生物物种安全是生态环境的重要组成部分，不过其又具有一定的特殊性。一直以来，我国都有局部性、阶段性地爆发过外来入侵物种所带来的生态灾难问题。由于数量可控，相关的损害后果也还算可控。但是，随着全球化进程的加快，外来入侵物种所带来的生态环境安全问题越来越突出，有必要通过刑法进行专门的立法规制。在此背景下，我国《刑法修正案（十一）》第 43 条规定在刑法第 344 条后增加一条，作为第 344 条之一："违反国家规定，非法引进、释放或者丢弃外来入侵物种，情节严重的，处三年以下有期徒刑或者拘役，并处或者单处罚金。"应当说，该条规定直接将生物物种安全作为一种全新的集体法益纳入了我国刑法的保护范围。对生物物种安全这一集体法益的刑法保护，实际上也是对其背后潜藏的生态环境安全以及公众的生命财产安全等法益的早期化、周延化保护。不仅如此，该罪同样并未设置相应的结果要件，只要实施相关行为情节严重即可成立犯罪既遂。因而其属于抽象危险犯或者风险犯的概念范畴，也可谓"目的与手段的双重前置化"。

（二）旨在前置保护传统法益的抽象危险犯

对于一些极为重要的传统个人法益和集体法益，我国刑法也在积极通过抽象危险犯立法不断实现刑法保护的前置化和周延化。这突出表现在涉及危害公共安全、严重扰乱社会秩序和经济秩序的犯罪领域，尤其是围绕恐怖主义犯罪、道路交通安全犯罪、食品药品安全犯罪、生产安全犯罪以及其他严重危及人身安全的犯罪。我国近年来的刑法立法增设或者修正了诸多同时体现法益保护前置化和刑事处罚前置化的抽象危险犯，这也构成了当前我国刑法前置化立法的主要组成部分。

1. 旨在前置保护公共安全的抽象危险犯

公共安全是刑法保护的重要法益，其包括不特定多数人的生命健康以及与之相关的财产安全、生活秩序等。① 尽管主流观点认为公共安全属于典型的超个人法益或者集体法益，但在笔者看来，公共安全顶多只能算是一种假象的集体法益，而非真正的集体法益，因为其实际上可以被还原为相关个体的人身、财产安全等个人法益，而所谓的公共生活的平稳、公共安宁等集体法益也只不过是不特定多数人的人身、财产安全这一个人法益的必然附随和延伸而已。正是由于公共安全法益的重大性，刑法对危害公共安全的行为予以全方位的规制。除了将现实侵害或者具体威胁到公共安全的行为规定为犯罪，还对存在危害公共安全的抽象危险的行为进行了广泛的犯罪化。这些具有危害公共安全的抽象危险的行为，尚未对不特定或者多数人的生命、身体安全造成现实侵害或者具体威胁，而只是行为本身偏离了日常生活的正常性、中立性，存在某种类型化或者拟制化的公共危险性。在我国刑法中，有关恐怖主义犯罪、危险物品犯罪、道路交通安全犯罪、安全生产犯罪等立法，是公共安全领域内的典型抽象危险犯。立法者对此类抽象危险性行为进行处罚，体现了刑法的前置化或早期化趋向。

（1）恐怖活动犯罪领域的刑法前置化立法

恐怖主义、极端主义作为附着在社会机体上的一大"毒瘤"，给社会稳定、经济发展以及公民生命、健康、财产权益造成了极大危害。自美国"9·11"事件以来，恐怖活动犯罪在全球范围内一直处于高发态势。近年来，我国境内的恐怖主义、极端主义犯罪态势也十分严峻。对此，我国刑法做出了及时、有效的回应。2015年出台的《刑法修正案（九）》增设了大量的涉恐犯罪条款，并对既有的涉恐犯罪立法进行了修改和完善，爆炸式地扩大和加强了刑法对恐怖活动犯罪的打击范围和力度。综观当前我国刑法关于恐怖活动犯罪的核心立法，主要包括：（1）组织、领导、参加恐怖组织罪；（2）帮助恐怖活动罪；（3）准备实施恐怖活动罪；（4）宣扬恐怖主

---

① 参见张明楷《刑法学》，法律出版社2016年版，第687—689页。

义、极端主义、煽动实施恐怖活动罪；（5）利用极端主义破坏法律实施罪；（6）强制穿戴宣扬恐怖主义、极端主义服饰、标志罪；（7）非法持有宣扬恐怖主义、极端主义物品罪。此外，还有劫持航空器罪，劫持船只、汽车罪，投放虚假危险物质罪和编造、故意传播虚假恐怖信息罪等与恐怖活动犯罪相关的传统罪名。

对此，有学者认为刑修九增设的恐怖犯罪具有以下三个特点：一是法益保护的早期化或前置化。主要表现为增设的涉恐犯罪多为抽象危险犯、实质预备犯、帮助型犯罪，使刑法对危险犯、预备犯的处罚由例外变为常态。在新增设的犯罪中，只要行为人实施了具备抽象危险性的行为就足以构成犯罪，而无须等到其实施具有暴力性、破坏性和攻击性的恐怖活动犯罪行为之后再对其进行处罚。二是处罚范围的扩大化。尽管法益保护的早期化本就意味着处罚范围的扩大化，但处罚范围的扩大化却并不都是法益保护前置化的体现。比如，某些行为本身具有一定的法益侵害性，但立法者之前并未将其予以犯罪化，而只是作为一般的违法行为处理，当此类行为被规定为犯罪时便是刑法单纯地扩大了处罚范围，《刑法修正案（九）》规定的利用极端主义破坏法律实施罪就是如此。三是处罚程度的严厉化。主要表现为对新增设的犯罪（无论是实害犯还是危险犯）均规定了较重的法定刑（尤其是财产刑的适用），对于恐怖活动犯罪的预备行为、帮助行为等独立入罪，不再适用总则共犯从轻、减轻或者免除处罚的规定。[①] 尽管也有学者批判性地指出，《刑法修正案（九）》是对恐怖活动犯罪的一种应急性立法，尚存在诸多亟待解决的问题。[②] 但不可否认的是，相关涉恐罪名的增设确实能够帮助刑法主动、及时地干预各种类型的恐怖活动犯罪行为，从而更为有效地打击和预防恐怖活动犯罪。

---

① 参见张明楷《论〈刑法修正案（九）〉关于恐怖犯罪的规定》，《现代法学》2016 年第 1 期。

② 参见梅传强《我国反恐刑事立法的检讨与完善——兼评〈刑法修正案（九）〉相关涉恐条款》，《现代法学》2016 年第 1 期。

无论是《刑法修正案（九）》修改和增设的涉恐犯罪群，还是自1997年刑法便设立的恐怖主义犯罪，在犯罪类型上基本都属于抽象危险犯的范畴。这意味着，面对恐怖活动犯罪，刑法将对公共安全法益的保护提前到了暴力、破坏、攻击型恐怖活动行为之前的阶段。事实证明，事后处罚对于打击和预防恐怖主义犯罪而言是滞后的、无效的。对于为了实施恐怖活动犯罪而进行的其他早期的、外围的行为，刑法均以抽象危险犯的立法形式将其犯罪化，从而实现刑法保护的前置化。

其一，恐怖组织的领导、参与行为属于以实施恐怖犯罪为目的而实施的手段行为，其距离直接侵害及威胁公共安全的暴力、攻击型恐怖活动犯罪行为尚存在一定的距离。立法者将其单独成罪，是因为其认为此类组织、领导、参加行为本身具有危害公共安全的类型化的抽象危险性，为了提前打击和预防恐怖活动犯罪，需要将其手段行为予以犯罪化。因此，只要某个组织被认定为恐怖组织，那么组织、领导、参加该组织的行为本身就已经成立本罪，而无须等到行为人真正实施了暴力、攻击型的恐怖活动犯罪之后才发动刑罚处罚。可见，立法者通过采取抽象危险犯的立法模式，实现了刑法介入的早期化。

其二，对于与恐怖主义、极端主义相关的宣扬、煽动、利用、破坏、胁迫、强制等行为，《刑法修正案（九）》也将其单独成罪，包括宣扬恐怖主义、极端主义、煽动实施恐怖活动罪，利用极端主义破坏法律实施罪与强制穿戴宣扬恐怖主义、极端主义服饰、标志罪。此类行为本是恐怖活动犯罪的有机组成部分，只不过在此之前我国刑法并没有将其规定为犯罪行为，而仅对相关行为规定予以行政处罚。随着人们对恐怖主义犯罪认识的深入，立法者开始意识到此类行为本身所具有的社会危险性，从而将其予以犯罪化。值得注意的是，相关刑法立法并未对此类犯罪设置"情节严重""影响恶劣"等罪量要素，也未要求此类行为需造成一定危害后果，而是采取了单纯行为犯的构成要件模式，因而属于典型的抽象危险犯。此类罪名对许多常见的、典型的恐怖犯罪外围行为予以规制和处罚，从而提前了刑法的打击时点、扩大了刑法的打击范围并加重了刑法的打击力度。

其三，对于与恐怖主义、极端主义相关的非法持有行为，刑法规定以非法持有宣扬恐怖主义、极端主义物品罪定罪处罚。显然，与宣扬、煽动、胁迫等涉恐犯罪行为相比，非法持有恐怖主义、极端主义物品的行为是更为前置化的阶段。在一定程度上，所有的持有型犯罪均具有预备属性。因此，刑修九将非法持有宣扬恐怖主义、极端主义物品的行为规定为持有型犯罪，实际上是刑事处罚极端前置化或早期化的一种表现。换言之，本罪作为持有型犯罪，是上述犯罪的前置犯罪。也正因为此，与上述犯罪相比，对于非法持有宣扬恐怖主义、极端主义物品罪，立法者规定了"情节严重"的入罪限制门槛，从而避免不合理的刑罚处罚。

此外，《刑法修正案（九）》还将恐怖活动犯罪的帮助行为、预备行为予以实行化、犯罪化，分别规定了帮助恐怖活动罪和准备实施恐怖活动罪。如前所述，帮助行为正犯化、实质预备犯是与抽象危险犯并列的刑事处罚前置化的典型犯罪类型。这两个罪名虽然也属于抽象危险犯的范畴，只不过由于其本身还具有不同于一般的抽象危险犯的独特属性，因而分别放在帮助行为正犯化立法类型和实质预备犯立法类型中予以讨论。

（2）道路交通安全犯罪领域的刑法前置化立法

道路交通安全是公共安全的重要组成部分。在道路交通安全领域，我国 1997 年刑法仅规定了以交通肇事罪为核心的事故类犯罪。根据交通肇事罪的构成要件，其属于过失的结果犯，即只有当违反交通运输管理法规的行为导致了重大损害后果时，才能以该罪论处。如此一来，对于尚未造成侵害结果但又具有一定法益侵害危险性的危险驾驶行为、妨害驾驶安全行为，刑法不能及时进行干预，刑罚处罚便不可避免地存在一定的滞后性。无数交通事故的背后均表明，由于无法对单纯的危险驾驶行为进行前置化规制，许多因酒驾、超速、超载、违规运输危险化学品等危险驾驶行为而导致的交通事故屡禁不止，其已然成为危害道路公共交通安全的首要因素。

为了对极易导致交通事故的危险驾驶行为进行提前干预，我国2011年《刑法修正案（八）》增设了危险驾驶罪，从而将"醉驾"和情节恶劣的追逐竞驶两类危险驾驶行为予以犯罪化。之后，又在2015年《刑法修正案（九）》中修改了危险驾驶罪，增加了另外两种危险驾驶行为：一是校车、客运严重超员或者超速，二是危及公共安全违规运输危险化学品。至此，危险驾驶罪的犯罪行为类型共有四种，其与交通肇事罪一并成为刑法维护公共交通安全的两个重要支柱。

与作为过失结果犯的交通肇事罪不同，危险驾驶罪是一种典型的抽象危险犯（其中，违规运输危险化学品的行为类型属于具体危险犯，在此不予讨论），其体现了立法者利用刑事手段提前干预危害公共交通安全的危险驾驶行为的意图。张明楷教授指出，危险驾驶罪的增设使交通肇事罪分为两种类型，一是作为单纯的过失犯罪，即其他一般的违反交通运输管理法规行为过失造成了他人伤亡后果的直接成立本罪；二是作为危险驾驶罪的结果加重犯，即以危险驾驶的方式造成他人伤亡后果的也成立本罪。[①] 由此可见，危险驾驶罪在一定程度上属于交通肇事罪的前置犯罪，其体现了刑法对特定的危险驾驶行为的前置化干预。

对于危险驾驶罪中的"醉驾""追逐竞驶，情节恶劣"以及"客运严重超员或超速"三种犯罪行为类型，立法者均以抽象危险犯的形式加以规定，其成立犯罪（既遂）既无须造成相应的损害结果，也无须在适用时判断是否对公共安全造成具体危险。其中，尤其是"醉驾"行为，其构成危险驾驶罪甚至无须满足"情节恶劣""情节严重"等要求，只要行为人在客观上实施了符合"在道路上醉酒驾

---

① 参见张明楷《危险驾驶罪的基本问题——与冯军教授商榷》，《政法论坛》2012年第6期。

驶机动车"这一构成要件的行为，就原则上成立该罪。这与追逐竞驶行为要求"情节恶劣"以及客运超员或超速要求"严重"相比，无疑采取了更加严厉的入罪标准。① 当然，即便立法者对相关危险驾驶行为构成犯罪设置了"情节严重"的限制性条件，其目的也仅仅在于控制刑法的处罚范围，而并未改变危险驾驶罪的抽象危险犯属性。根据立法规定，此三种危险驾驶行为已经被赋予了类型化的抽象危险性，这是一种通过立法拟制的危险，无须进行司法上的具体判断。总之，危险驾驶罪是危害道路交通安全犯罪领域内的典型抽象危险犯，其属于交通肇事罪、以危险方法危害公共安全罪等相关结果犯或具体危险犯的前置犯罪，其设立明显体现了我国刑法保护的前置化或者早期化趋向。

除了危险驾驶行为，有些情节严重的妨害驾驶安全行为也严重危及道路交通安全。2018 年 10 月 28 日重庆万州发生的公交车坠江事件，就是由于乘客抢夺公交车方向盘并与司机相互殴打所致，事故造成 15 人遇难，后果十分严重。不仅如此，在现实生活中，此类妨害安全驾驶的行为时有发生，相关事件也经常见于报道。为了遏制此类现象，2019 年 1 月 8 日最高人民法院、最高人民检察院和公安部联合印发了《关于依法惩治妨害公共交通工具安全驾驶违法犯罪行为的指导意见》，明确规定乘客在公共交通工具行驶过程中，抢夺方向盘、变速杆等操纵装置，殴打、拉拽驾驶人员，或者有其他妨害安全驾驶行为，危害公共安全，尚未造成严重后果的，依照刑法第 114 条的规定，以以危险方法危害公共安全罪定罪处罚；致人重伤、死亡或者使公私财产遭受重大损失的，依照刑法第 115 条第 1款的规定，以以危险方法危害公共安全罪定罪处罚。在该司法解释的支持下，有许多妨害安全驾驶的行为最终被定性为以危险方法危害公共安全罪，进而施加了较为严重的刑罚处罚。但是，一方面，以危险方法危害公共安全罪属于具体危险犯或实害犯，其入罪的门

---

① 赵秉志、赵远：《危险驾驶罪研析与思考》，《政治与法律》2011 年第 8 期。

槛比较高，处罚也比较重。另一方面，实践中，如果深究处理，并非所有的被以该罪论处的妨害安全驾驶行为在客观上均存在危害公共安全的现实危险，于是有的妨害安全驾驶行为看似更严重却仅被作为行政违法行为处理，有的轻微妨害安全驾驶行为却以以危险方法危害公共安全罪论处，司法适用的不统一、不合理问题相当突出。

为了避免以危险方法危害公共安全罪的司法泛化，同时为了实现对道路交通安全的前置化、周延化保护，2021 年实施的《刑法修正案（十一）》增设了妨害安全驾驶罪。即在刑法第133 条之一后增加一条，作为第133 条之二："对行驶中的公共交通工具的驾驶人员使用暴力或者抢控驾驶操纵装置，干扰公共交通工具正常行驶，危及公共安全的，处一年以下有期徒刑、拘役或者管制，并处或者单处罚金。前款规定的驾驶人员在行驶的公共交通工具上擅离职守，与他人互殴或者殴打他人，危及公共安全的，依照前款的规定处罚。有前两款行为，同时构成其他犯罪的，依照处罚较重的规定定罪处罚。"很显然，本罪旨在处罚那些尚未造成公共安全现实危险状态的妨害驾驶安全的行为，相比于以危险方法危害公共安全罪，本罪无疑缩减了"现实危险状态"这一结果要件，而仅以一定危险行为作为犯罪成立条件，从而实现了刑事处罚的前置化。尽管本罪是否属于真正意义上的抽象危险犯尚有待深入探讨，但是，"危及公共安全"的罪状表述显然是对行为本身的危险性的要求，而不是对行为所导致的具体危险结果的要求。从这一点上看，本罪与危险驾驶罪一样，无疑也属于道路交通安全犯罪领域的刑法前置化立法。

（3）危险物品犯罪领域的刑法前置化立法

由于枪支、弹药、爆炸物是最具杀伤力和破坏力的危险武器，其极易被利用而给公民人身安全和公私财产安全造成毁灭性的危害。因此，我国对枪支、弹药、爆炸物实行严格管控，绝对禁止公民和法人非法制造、买卖、持有、携带相关危险物品等行为。刑法分则规定了一系列有关枪支、弹药、爆炸物的犯罪，而且都配置了较高的法定刑。不仅如此，鉴于枪支、弹药、爆炸物本身的危险性极其容易被不法分子利用从而实施严重的犯罪，相关罪名大多是以抽象危险犯（包括持有犯）的构成要件模式加以规定的。一旦行为人违反规定实施相关行为，便构成犯罪（既遂），而无须具体考察其行为是否对公共安全造成了现实侵害或者威胁。在此，《枪支管理办法》《民用爆炸物品安全管理条例》《烟花爆竹安全管理条例》等一系列相关行政法律法规构成了我国关于枪支、弹药、爆炸物的管理秩序，对这种管理秩序本身的保护本质上是对公共安全法益提供前置化保护，违反国家枪支、弹药、爆炸物管理秩序的行为被立法者认为是具有危害公共安全的类型化的抽象危险性行为，因而可以直接依据刑法的相关规定定罪处罚。

比如，非法持有、私藏枪支、弹药罪以及非法出租、出借枪支罪就属于典型的抽象危险犯，其均是以行为本身的抽象危险性为处罚根据，而不论该行为是否对公共安全造成具体的侵害或威胁。再如，刑法第 125 条规定了非法制造、买卖、运输、邮寄、储存枪支、弹药、爆炸物罪，本罪的成立不要求发生具体危险。根据 2009 年修正的《最高人民法院关于审理非法制造、买卖、运输枪支、弹药、爆炸物等刑事案件具体应用法律若干问题的解释》（以下简称《枪支案件解释》），只要行为人非法制造、买卖、运输、邮寄、储存枪支、弹药、爆炸物的性能和数量符合第 1 条和第 2 条的规定，就分别成立基本犯和加重犯的既遂。当然，在英美刑法中有观点认为，持有、私藏、出租、出借枪支行为本身并不具有法益侵害的抽象危险性，而是属于介入型的间接危害行为，即通过介入行为人本人以及他人的后续的直接危害行为，显著加剧了法益侵害的风险。因此，对于持有犯的构造，要尤为注重构成要件的科学性，以尽可能地限制其处罚范围。例如，为了限缩预防性持有犯的扩张，就禁止持有犯罪的技术本身，通常应当仅针对那些被认为特别危

险的特殊人群。① 就此而言，针对我国预防性犯罪化立法中出现的
预防性持有犯，从有效限缩的角度来讲，在未来的罪刑构造中也可
以增加有关身份的限制。②

（4）安全生产犯罪领域的刑法前置化立法

生产、作业安全也是公共安全的重要组成部分。一直以来，在
我国刑法中，有关安全生产犯罪的立法规定均是结果导向的过失犯，
比如重大责任事故罪等。换言之，对于生产、作业中存在的违法安
全管理规定的行为，只有等到发生了重大人员伤亡、财产损失等后
果时，才能回过头来追究相关责任人的刑事责任。近年来，包括
"8·12 天津滨海新区爆炸事故"等在内的多起重大生产安全事故的
发生，给国家、人民造成了难以估量和承受的巨大损失。这些事实
证明，事后的刑罚惩罚思路无法有效预防生产安全事故的发生。

为了实现对生产安全的提前保护，2021 年实施的《刑法修正案
（十一）》在刑法第 134 条后增加一条，作为第 134 条之一："在生
产、作业中违反有关安全管理的规定，有下列情形之一，具有发生
重大伤亡事故或者其他严重后果的现实危险的，处一年以下有期徒
刑、拘役或者管制：（一）关闭、破坏直接关系生产安全的监控、报
警、防护、救生设备、设施，或者篡改、隐瞒、销毁其相关数据、
信息的；（二）因存在重大事故隐患被依法责令停产停业、停止施
工、停止使用有关设备、设施、场所或者立即采取排除危险的整改
措施，而拒不执行的；（三）涉及安全生产的事项未经依法批准或者
许可，擅自从事矿山开采、金属冶炼、建筑施工，以及危险物品生
产、经营、储存等高度危险的生产作业活动的。"显然，本罪设立的
主要目的就是充当重大责任事故罪等过失犯、结果犯的前置犯罪，
从而实现对特定的违反安全生产规定的行为直接施加刑罚处罚，无

---

① 参见［美］乔治·弗莱彻《反思刑法》，邓子滨译，华夏出版社 2008 年版，
第 149 页。

② 参见张永强《预防性犯罪化及其限度研究》，中国社会科学出版社 2020 年版，
第 244 页。

须等到此行为最终导致侵害重大法益的现实后果后才处罚。不过，由于本罪要求"具有发生重大伤亡事故或者其他严重后果的现实危险"，因而看似属于具体危险犯而非抽象危险犯。但无论如何，笔者认为，由于本罪同时明确列举了三项违反安全生产规定的行为，因而可以将其视为对相关行为的同质化描述，而非额外要求。换言之，本罪在司法适用上仍属于行为犯，即只要行为人实施了具体的三种违反安全生产规定的行为，通常就应当认定其具有发生重大伤亡事故或者其他严重后果的现实危险，进而以本罪论处。这也是立法者将本罪的法定刑设置为一年以下有期徒刑、拘役或者管制的重要原因，因为本罪作为轻罪立法，其预防目的要远远大于惩罚目的。

2. 旨在前置保护重要秩序的抽象危险犯

秩序及其信赖，作为重要的集体法益，在任何一个国家的刑法中均占据着重要的保护地位。公共秩序是个体法益得以具体实现的条件与保证，其不仅是对个体法益的前置化保护，而且其本身在现代社会也已经成为一种抽象的、独立的制度性利益。由于秩序法益的重大性、难以恢复性甚至不可逆转性，刑法大多采取了抽象危险犯或者行为犯的立法形式。对公共秩序的侵犯，即便没有现实侵害或者威胁到具体的个体法益，仍被视为具有法益侵害的危险性而应当受到刑罚处罚。由于公共秩序属于集体法益的范畴，而集体法益在本质上就是对个体法益的前置化保护，所以就此而言，我国刑法分则规定的所有侵犯公共秩序的犯罪均属于广义上的法益保护前置化之体现。

不过，如果将公共秩序本身视为一种独立的法益，那么不同犯罪对公共秩序法益的侵犯则有不同的形态。对于某些本身违法性、危险性并不是十分突出的扰乱公共秩序行为，立法者为了限制刑法对其处罚范围，在相应犯罪中设置了"造成严重后果""严重扰乱公共秩序""造成严重损失""阻碍依法执行职务"等结果要素。因此，可将此类犯罪归属为侵犯社会秩序法益的结果犯。而对于某些本身的违法样态以及法益侵害危险性较为突出的扰乱公共秩序行为，立法者则直接采取了抽象危险犯甚至行为犯的立法模式，故属于同时体现法益保护前置化与刑事处罚前置化的刑法保护"双重前置化"立法。

具体而言，第一，当某种行为本身具有扰乱公共秩序的属性，且法益侵害的危险性较大时，立法者则以行为犯的立法模式将其规定为犯罪。行为犯是比抽象危险犯更为绝对化和前置化的犯罪类型，尽管其与抽象危险犯一样无须司法上的具体判断，但一般认为抽象危险犯在理论和实践上均允许反证存在的可能，而行为犯则是彻底的法律推定（或者直接说是一种法律拟制），其不仅无须司法上的具体判断，而且还不允许提出反证。只要行为人实施的行为符合刑法规定的犯罪构成要件，那么其就成立犯罪。比如，非法获取国家秘密罪，非法侵入计算机信息系统罪，组织、领导、参加黑社会性质组织罪以及假币、毒品等相关犯罪，就属于此类行为犯的范畴，只要行为人的行为符合基本的犯罪构成要件，就已经成立犯罪，而无须另行考察情节是否严重、后果是否恶劣等罪量要素。

第二，当某种行为本身具有扰乱公共秩序的属性，但其法益侵害的危险性尚未达到一律值得刑罚处罚的程度时，立法者则以抽象危险犯的立法模式将其规定为犯罪。对于此类犯罪，虽然立法上并未规定相应的结果要素，却对行为的违法性程度做出一定限制，只有"情节严重"的行为才成立犯罪。值得注意的是，这里的"情节严重"是对行为本身的要求，而非对行为所导致的后果的要求，因此其不同于结果犯或者侵害犯，而应当归属于危险犯的范畴。比如，使用虚假身份证件、盗用身份证件罪和非法利用信息网络罪等犯罪，就属于此类抽象危险犯的范畴。此类行为本身均具有不同程度的侵犯公共秩序的属性，但是其尚存在法益侵害性较弱而不值得科处刑罚的情形，因而需要增加"情节严重"的罪量要素作为限制处罚条件。

从中可以看出，当违反特定的社会公共秩序、市场经济秩序，背后可能关涉公民的人身、财产安全甚至公共安全、国家安全时，立法者倾向于通过抽象危险犯的立法方式来对其进行双重前置化、周延化的刑法保护。此类秩序违反型抽象危险犯在我国刑法中占据着相当的比重，以下笔者再举两例加以详细说明。

一是食品药品安全犯罪领域的刑法前置化立法。市场经济秩序作为社会管理秩序的重要组成部分，是我国刑法保护的重要法益类型之一。对于单纯破坏市场经济秩序的行为，相关立法多以情节严重、数额较大等罪量要素作为构成要件要素，以限制刑法的处罚范围。然而，对于具有严重破坏市场经济秩序属性的行为，以及同时对其他个体法益造成严重侵害或者威胁的行为，相关刑法立法大多采取抽象危险犯的立法形式，以实现处罚范围的扩大化和刑法干预的提前化。对此，最为合适的例证就是生产、销售有毒、有害食品罪与生产、销售假药罪。这两个罪名为《刑法修正案（八）》所修改，是典型的抽象危险犯。其中，修改后的生产、销售假药罪的入罪条件取消了"足以严重危害人体健康"的结果要素规定，而直接以客观的行为模式为构成要件。只要行为人生产、销售了假药，那么无论该假药是否足以严重危害人体健康，均可成立本罪。相比于修正前，本罪的处罚范围显然扩大化了，刑法干预的节点也被提前。生产、销售有毒、有害食品罪的基本犯罪行为显然也是一个没有特定结果要素的行为犯。构成本罪无须等到有毒、有害食品已经或者即将对人体健康造成严重危害，而只需行为人实施了客观上的生产、销售行为即可。根据相关司法解释，连单纯的使用"瘦肉精"等禁止在饲料和动物饮用水中使用的药品或者含有该类药品的饲料养殖供人食用的动物等相关行为，也应以本罪追究刑事责任。① 这说明本罪通过抽象危险犯的立法形式，大大提前了刑法对生产、销售有毒、有害食品行为的介入和干预，以实现对重大法益的前置化保护目的。

---

① 参见最高人民法院、最高人民检察院《关于办理非法生产、销售、使用禁止在饲料和动物饮用水中使用的药品等刑事案件具体应用法律若干问题的解释》第3条的规定。

二是其他严重危及人身安全的秩序违反型抽象危险犯，如高空抛物罪。一直以来，高空抛物问题都是"悬在城市上空的痛"。因高空抛物致人死亡、重伤的事例时常可见，高空抛物的治理问题越来越突出。2019 年 10 月 21 日最高人民法院专门出台了《关于依法妥善审理高空抛物、坠物案件的意见》，明确规定对于高空抛物行为，应当根据行为人的动机、抛物场所、抛掷物的情况以及造成的后果等因素，全面考量行为的社会危害程度，准确判断行为性质，正确适用罪名，准确裁量刑罚。故意从高空抛弃物品，尚未造成严重后果，但足以危害公共安全的，依照刑法第 114 条规定的以危险方法危害公共安全罪定罪处罚；致人重伤、死亡或者使公私财产遭受重大损失的，依照刑法第 115 条第 1 款的规定处罚。为伤害、杀害特定人员实施上述行为的，依照故意伤害罪、故意杀人罪定罪处罚。不过，由于以危险方法危害公共安全罪的入罪门槛和刑罚处罚都很高，导致司法实践中尚未造成严重后果的高空抛物行为得不到统一、合理的处理。为了填补刑法规制的漏洞，并与《民法典》所确立的禁止高空抛物的行为规范相衔接，2021 年施行的《刑法修正案（十一）》在刑法第 291 条之一后增加一条，作为第 291 条之二："从建筑物或者其他高空抛掷物品，情节严重的，处一年以下有期徒刑、拘役或者管制，并处或者单处罚金。有前款行为，同时构成其他犯罪的，依照处罚较重的规定定罪处罚。"从本罪的体系位置可以看出，其属于典型的秩序违反型抽象危险犯，其立法目的无疑在于通过禁止高空抛物行为来实现对公民人身财产安全的前置化保护，使其免于受到高空抛物行为的侵犯和威胁，而不是像以前那样要等到高空抛物行为至少存在足以危害公共安全的危险时才予以刑法干预。

二 实质预备犯立法

所谓实质预备犯是与形式预备犯相对应的概念，其是指立法上将原本属于其他犯罪的预备行为直接提升为实行行为，使其在刑法分则中独立成罪的犯罪类型。也有学者将实质预备犯定义为：形式上虽然不是以其他犯罪的预备犯为名，但是根据其构成要件内容，实质上是以其他犯罪的预备行为的意义而被规定为犯罪的立法类型。① 由于实质预备犯中的准备行为已经被刑法分则条文规定为构成要件行为，因而实质预备犯也被称为独立预备罪，又或者预备行为的实行行为化、预备行为的犯罪化以及预备行为的既遂犯化。②

　　相比于形式预备犯，实质预备犯是更为彻底和绝对的刑法保护前置化的立法类型。在处罚形式预备犯时，无论是根据刑法总则规定的一般性处罚条款（如我国刑法第22条的规定），还是刑法分则规定的例外性处罚条款（如日本刑法第113条规定的放火预备罪、第201条规定的杀人预备罪、第237条规定的抢劫预备罪，等等），均必须以行为人准备实施的犯罪（目标犯罪）为坐标，通过对目标犯罪的基本犯罪构成要件进行修正，从而形成所谓的修正的犯罪构成要件并依此处罚相应的预备行为。因此，形式预备犯也被称为从属预备罪，其处罚范围受到目标犯罪的严格限制。而实质预备犯均已被刑法分则立法规定为独立的犯罪类型，此时的预备行为已经提升为构成要件行为，是名副其实的实行行为，其与目标犯罪之间是完全相互独立的，没有任何依附与被依附的关系。因此，与故意杀人罪、放火罪等犯罪一样，实质预备犯实际上就是独立的犯罪。如此一来，不仅曾经的目标犯罪的预备行为已经被犯罪化了，而且对于这种犯罪的预备行为，还可以进一步按总则形式预备犯处罚，这便将刑事处罚的节点又向前推进了一步。更有甚者，对于某些违法行为的预备行为，如非法利用信息网络从事违法犯罪活动的行为，立法者也将其予以犯罪化（非法利用信息网络罪），从而极大地扩张了刑法的处罚范围并提前了刑法介入的节点。

　　正是由于实质预备犯能够帮助刑法实现处罚的前置化和介入的早期化，从而更为有效和周延地保护法益，因而其越来越成为现代

---

① 参见黄荣坚《基础刑法学》（下），中国人民大学出版社2009年版，第309页。
② 参见张明楷《刑法学》，法律出版社2016年版，第335页。

刑法立法上的宠儿。在世界主要国家的刑法立法中，均存在一定可观数量的实质预备犯。我国1997年《刑法》也规定了一系列实质预备犯，在此基础上，历届刑法修正案尤其是2015年《刑法修正案（九）》又将恐怖活动犯罪、信息网络犯罪等领域的一系列预备行为加以实行行为化，由此形成当下中国刑法实质预备犯立法的规范图谱。

（一）针对国家法益的实质预备犯

在针对国家法益的犯罪中，鉴于保护法益的重大性、不可逆转性，立法者设置了大量的实质预备犯。这些预备行为主要包括：组织、策划、参加、煽动、勾结等危害国家安全的行为，涉及的相关犯罪有：分裂国家罪、煽动分裂国家罪、武装叛乱、暴乱罪、颠覆国家政权罪、煽动颠覆国家政权罪等。比如，就颠覆国家政权罪而言，其实际上只能是一个危险犯，而不可能是实害犯，因为一旦国家政权被颠覆那么是不可能对相关行为人的行为加以处罚的。因此，刑法不仅将实施颠覆国家政权的行为规定为本罪，还将组织、策划、参加、煽动颠覆国家政权等预备行为也规定为本罪。分裂国家罪、武装叛乱、暴乱罪等罪名也是如此。在这里，立法者考虑到国家安全法益的重大性以及不可逆性，对其主要采取了前置化的保护手段，即将相应犯罪的预备行为加以实行行为化，从而以实质预备犯的立法形式对其定罪处罚。

（二）针对社会法益的实质预备犯

首先，在危害公共安全的犯罪中，尤其是在恐怖主义犯罪领域，同样存在大量的实质预备犯立法。典型的有组织、领导、参加恐怖组织罪以及准备实施恐怖活动罪等。对于恐怖活动犯罪的准备行为，在刑修九增设准备实施恐怖活动罪之前只能根据刑法第22条关于犯罪预备的一般规定予以部分处罚，并且还必须依附于其他相关犯罪才能定罪处罚，由于对预备犯应当从轻、减轻或者免除处罚，因而刑法的处罚范围和力度均不够。在将上述预备行为予以犯罪化后，便可实现对其处罚的独立化和全面化。

其次，在经济犯罪领域，也存在诸多将某些犯罪行为的预备行为加以实行行为化的立法。比如，在危害税收征管罪一节中，第205条至第210条之一的虚开发票罪等罪名，其中的"虚开""购买""持有"等行为均可能作为逃税罪等直接侵犯国家税收利益的犯罪行为的预备行为。又如，非法制造、销售非法制造的注册商标标识罪一般属于为自己或者为他人实施假冒注册商标罪等犯罪的预备行为。如此等等，不一而足。

最后，在针对社会管理秩序法益的犯罪中，存在大量的、典型的实质预备犯立法。（1）伪造公文、证件、印章类犯罪，一方面侵犯了国家关于公文、证件、印章的管理秩序和公信力等法益，另一方面也为后续犯罪（如诈骗类犯罪）的顺利实施准备了工具、制造了条件，属于预备行为的实行行为化。（2）计算机犯罪一般是侵犯各种国家事务秘密、国防秘密和尖端科学技术秘密等严重犯罪的预备行为，以及利用相关信息数据实施其他更为严重的犯罪的预备行为。2015年《刑法修正案（九）》增设的非法利用信息网络罪，将原本只是后续所要实施犯罪（如诈骗类犯罪、违禁品类犯罪、传授犯罪方法罪等）的预备行为犯罪化，实现刑法介入的早期化以及法益保护的前置化。（3）组织、领导、参加黑社会性质组织罪与入境发展黑社会组织罪所规制的"组织""领导""参加"与"入境发展组织成员"等行为，是黑社会性质组织得以形成、发展并实施相关具体犯罪（如故意杀人罪、故意伤害罪、寻衅滋事罪、强迫交易罪、开设赌场罪等）的前置化准备行为，因此属于典型的实质预备犯立法。

（三）针对个人法益的实质预备犯

在侵犯公民个人权益的犯罪中，也不乏实质预备犯的身影。其中，最典型的是侵犯公民个人信息罪。在司法实践中，公民个人信息一般被非法用于实施盗窃、诈骗等侵犯财产类犯罪以及其他破坏金融管理秩序类犯罪，可见侵犯公民个人信息的行为可能作为相关侵犯财产类犯罪的预备行为。因此，侵犯公民个人信息罪在一定程度上也属于实质预备犯。

由此可见，在我国刑法中，实质预备犯已经具备相当可观的规范图景，其越来越成为我国刑事立法的重要形式和方向。尤其是从最近几个刑法修正案来看，实质预备犯立法形式出现的频率极高，其在犯罪化立法中扮演着举足轻重的角色。将某些严重犯罪的预备行为加以实行行为化，可以对重要法益实现更加周延和前置化的保护，这是实质预备犯的固有机能和价值之所在，其能够起到提前防范和控制风险以有效保护法益的作用。可以预见，伴随着我国刑事法网的日趋严密，实质预备犯的立法形式还将继续在预防性犯罪化立法中发挥其不可替代的重要作用。

三　帮助行为正犯化立法

所谓帮助行为正犯化，是指立法上将原本属于其他犯罪的帮助行为（甚至违法行为的帮助行为）直接加以构成要件化，使其在刑法分则中独立成罪。帮助行为正犯化是刑法保护前置化的重要表现形式之一。如所周知，在限制正犯概念下，刑法总则规定的帮助犯作为狭义的共犯属于所谓的刑罚扩张事由。基于共犯的从属性原理，处罚帮助犯至少要求正犯者着手实行了犯罪实行行为，否则，如果被帮助者没有实行被帮助的犯罪，帮助者的帮助行为不成立帮助犯。在共犯理论下，帮助行为的可罚性依附于正犯行为，只有正犯者着手实行了被帮助的犯罪行为，才能对帮助者的帮助行为定罪处罚。由此可见，对帮助行为的刑罚处罚有两个先决条件，一是其帮助的必须是刑法分则明文规定的犯罪行为，二是被帮助者（正犯者）必须着手实行了被帮助的犯罪。在此基础上，对帮助者定罪量刑时，还应当比照正犯者从轻、减轻或者免除处罚。然而，如果将帮助行为予以正犯化，那么对于该帮助行为便可以直接根据相应刑法分则的规定定罪处罚，而且不必从轻或者减轻处罚。帮助行为正犯化不止通过摆脱正犯者的正犯行为（无须等到正犯者着手实行了被帮助的犯罪才能处罚帮助行为）来实现刑法干预的早期化、前置化，还通过刑法总则关于帮助犯的一般处罚规定实现了刑法干预的二次前置化。对于已经被正犯化的帮助行为,其实际上属于具备独立构成要件的犯罪行为,因而与其他刑法分则规定的独立犯罪一样,对其教唆犯(帮助行为的教唆行为)、帮助犯(帮助行为的帮助行为)同样还可以适用刑法总则关于共同犯罪的一般规定定罪处罚。由此,帮助行为正犯化一方面通过使帮助行为摆脱对正犯行为的从属和依附实现了刑法的前置化和独立化评价和干预,另一方面通过处罚被正犯化的帮助行为的帮助行为和教唆行为实现了刑法干预的二次前置化。因此,相比于传统共犯理论中的帮助犯,帮助行为正犯化极大地提前了刑罚处罚的时点,而且扩大了刑罚处罚的范围。

不仅如此,帮助行为正犯化除了包括"帮助犯的正犯化",还包括对单纯违法行为的帮助行为犯罪化。所谓帮助犯的正犯化,是指将原来作为狭义共犯的帮助犯提升为正犯,使其独立成罪,成为新的犯罪的实行行为。[1] 显然,帮助犯的正犯化仅属于帮助行为正犯化的重要类型之一,其是以刑法中的共犯理论为依托和参照,将原本作为狭义共犯之一的帮助犯直接独立成罪(构成要件化),从而赋予犯罪帮助行为以实行行为性。而帮助行为正犯化则不仅包括帮助犯的正犯化,还包括单纯违法行为的帮助行为犯罪化,其不以刑法共犯理论为限,包含对不属于共犯形态的帮助行为、不存在对应正犯的帮助行为的犯罪化。例如,我国《刑法》第 359 条规定的容留、介绍卖淫罪,便属于典型的单纯违法行为的帮助行为犯罪化。卖淫行为本身并不属于刑法规定的犯罪行为,其仅属于违反治安管理处罚法的违法行为,对于此类违法行为的帮助行为,是无法根据刑法总则关于共同犯罪的一般处罚规定定罪处罚的。但是,立法者基于此类违法行为的帮助行为所具备的妨害社会管理秩序的法益侵害性,而将其单独予以犯罪化,从而将此类帮助行为纳入刑法的处罚范围。类似的立法例还包括:我国《刑法》第 354 条规定的容留他人吸毒

---

[1] 参见张小虎《犯罪实行行为之解析》,《政治与法律》2007 年第 2 期。

罪，第 355 条规定的非法提供麻醉药品、精神药品罪，第 284 条第 2 款组织考试作弊罪，第 3 款非法出售、提供试题、答案罪，等等。此类犯罪的构成要件行为实际上均属于单纯违法行为（如吸毒、考试作弊）的帮助行为，在其被犯罪化之前，是无法适用刑法总则关于共同犯罪的一般处罚规定定罪量刑的。因此，通过将单纯违法行为的帮助行为予以犯罪化，刑法又一次扩张到了全新的领域，由此实现了刑事违法对行政违法的挤压和接管。

帮助行为正犯化凭借其有助于实现刑法介入的早期化以及处罚范围的扩大化的优势，迅速成为现代风险社会和信息社会下立法者青睐的立法形式。在世界主要国家的刑法立法中，均存在大量的帮助行为正犯化立法。我国 1997 年刑法也规定了一系列帮助型犯罪，在此基础上，历届刑法修正案尤其是 2015 年《刑法修正案（九）》又在恐怖活动犯罪、信息网络犯罪以及扰乱公共秩序犯罪等领域，将相关犯罪行为的帮助行为甚至单纯违法行为的帮助行为加以正犯化，由此形成当下中国刑法帮助行为正犯化立法的规范图谱。

（一）帮助犯罪行为正犯化

帮助犯罪行为正犯化也称"帮助犯的正犯化"，其属于狭义的帮助行为正犯化。此类帮助行为以犯罪行为为帮助对象，原本适用刑法总则关于共同犯罪的一般处罚规定（帮助犯、从犯）定罪量刑。但在立法者将其直接在刑法分则条文中加以实行行为化之后，其便提升为具备独立构成要件和法定刑的正犯行为，而不再依附于被帮助者的犯罪行为定罪量刑。

理论上有学者认为，在我国刑法分则中，虽然立法者将某些犯罪帮助行为独立成罪，但这并不当然意味着该犯罪帮助行为已经一律被正犯化，刑法分则规定的帮助型犯罪实际上包括帮助犯的绝对正犯化、相对正犯化与量刑规则（立法者并没有将该帮助行为予以正犯化，而是仅对其规定了独立的法定刑）三种情形。具体而言，所谓帮助犯的绝对正犯化，是指帮助犯已经被分则条文直接提升为正犯，与其他正犯没有任何区别，对其定罪处罚不再以正犯者实施符合构成要件的不法行为为前提。我国《刑法》第 120 条之一规定的帮助恐怖活动罪，即是典型的帮助犯的绝对正犯化。帮助犯的相对正犯化，则是指帮助犯是否被提升为正犯不可一概而论，需要独立判断帮助行为是否值得科处刑罚的情形；在这种场合，帮助犯既可能被正犯化，也可能没有被正犯化；在没有其他正犯的场合，帮助犯是否值得处罚取决于该帮助行为本身是否侵害法益及其侵害程度的高低。我国《刑法》第 358 条第 4 款规定的协助组织卖淫罪，即属于帮助犯的相对正犯化。此外，还有所谓的帮助犯的量刑规则之情形，即帮助犯并没有被提升为正犯，帮助犯依然是帮助犯，不能将其作为正犯看待，其成立犯罪依然要以正犯者实施了符合构成要件的不法行为为前提，只不过由于刑法分则条文对其规定了独立的法定刑，因而不再适用刑法总则关于帮助犯（从犯）的处罚规定而已。我国《刑法》第 287 条之二规定的帮助信息网络犯罪活动罪，便属于帮助犯的量刑规则。[①]

　　对此，笔者认为，将我国刑法分则条文规定的帮助型犯罪作此细分缺乏必要性，更不能人为地将帮助信息网络犯罪活动罪归为所谓的"帮助犯的量刑规则"，而否认其"帮助犯的正犯化"之立法性质。理由如下：（1）刑法分则条文设置的罪刑规范是"罪状"与"刑罚"的统一体，其中，罪状是刑罚存在的基础和前提，刑罚是罪状的对应法律后果，二者缺一不可。不存在没有罪状的法定刑，也不存在没有相应法定刑的罪状。因此，将刑法分则条文设置的罪刑规范仅仅理解为所谓的帮助犯的量刑规则，无疑人为割裂了犯罪构成要件与法定刑之间的联系，并忽视了罪刑规范的罪名设置功能。[②]（2）倘若认为相关罪名只是帮助犯的量刑规则，那么行为人在成立该罪时必然同时成立其他犯罪的帮助犯。然而，帮助信息网络犯罪活动罪的最高法定刑仅为 3 年有期徒刑，这在我国刑法中属于轻微

---

① 　参见张明楷《刑法学》，法律出版社 2016 年版，第 428—430 页。
② 　刘艳红：《网络犯罪帮助行为正犯化之批判》，《法商研究》2016 年第 3 期。

犯罪，而如果以其他犯罪的帮助犯论处，尽管需要适用刑法总则关于从犯应当从轻、减轻处罚的规定，也极有可能对其处以较重的刑罚。这意味着，即便没有设立帮助信息网络犯罪活动罪，司法上对于此类行为也完全可以做到合理的定罪处罚，而且还无须受到本罪最高法定刑只有 3 年有期徒刑的限制。如此一来，本罪设立的规范目的将会落空，立法价值也将不复存在。（3）帮助行为正犯化只是一种立法现象和形式，其核心内涵在于，对帮助行为不再根据刑法总则规定的帮助犯论处，而是直接依据相关刑法分则的规定处罚。帮助行为正犯化本身并不关注帮助行为的可罚性范围如何，那是立法者在设置犯罪构成要件时需要考虑的问题，无论某种类型的帮助行为最终在何种程度上被构成要件正犯化，其都属于帮助犯的正犯化，而不是其他所谓的单纯的帮助犯的量刑规则，因此不能对其作性质有别的人为分割。再者，虽然将帮助犯予以正犯化并不否认帮助者与被帮助者可能在不法层面成立共同犯罪，但是，此时对二者均要以正犯者地位独立进行定罪量刑（共同正犯），而不像帮助者成立狭义共犯的情形下需要依附于正犯者进行定罪量刑（帮助犯）。（共同）正犯与（狭义）共犯应当是存在本质区别的，不能因为二者均属于广义的共同犯罪而将共同正犯解释为狭义共犯，这有违正犯与共犯的区分原理。

事实上，该学者之所以认为刑法分则关于帮助犯的独立化立法应当被划分为三种性质有别的犯罪类型，根本原因在于，不同类型的帮助行为本身的法益侵害及其危险性存在重要区别。有些帮助行为本身已经具备法益侵害的重大危险性，因而立法者直接以抽象危险犯的形式将其加以犯罪化；而有些帮助行为本身的法益侵害及其危险性尚未完全达到值得科处刑罚的不法程度，因而立法者需要对其设置一定的限制要素，从而筛选出值得科处刑罚的帮助行为。这一点，从相关犯罪的构成要件设置上便可以看出。正是由于不同类型的帮助行为本身的法益侵害及其危险性存在区别，因而刑法分则规定的犯罪成立条件也就有所区别，从而在立法上形成了如下现象：

有些帮助行为本身具备明显的反规范性和对重大法益的侵害危险性，因而其成立犯罪无须正犯者着手实行不法行为（如帮助恐怖活动罪）；有些帮助行为本身属于中立的帮助行为，其需要结合行为人的主观犯意和被帮助者的客观不法行为才能具备刑事可罚的违法性，因而其成立犯罪需要正犯者着手实行不法行为（如帮助信息网络犯罪活动罪）；有些帮助行为本身虽具有一定的反规范性，但其并不必然具备值得科处刑罚的违法性，因而其成立犯罪是否需要正犯者着手实行不法行为还要视情况而定（如协助组织卖淫罪）。该学者正是基于不同类型帮助行为的法益侵害及其危险性不同，通过对相应犯罪构成要件进行实质解释得出不同程度的犯罪成立条件，并将帮助行为成立犯罪的条件与狭义共犯（帮助犯）的成立条件相比较，通过一定的归纳方法，从而得出有些帮助型犯罪属于帮助犯的绝对正犯化，有些属于帮助犯的相对正犯化，有些则不属于帮助犯的正犯化而只是帮助犯的量刑规则。不可否认，当立法者在帮助型犯罪的构成要件中规定，只有对犯罪行为的帮助才成立本罪时，其与狭义共犯（帮助犯）的成立条件是相吻合的，但这种结果纯属偶然和巧合，其在本质上是立法者基于理性选择而限制本罪处罚范围的结果。因为毕竟立法者要尽量保证犯罪构成要件所描述的行为应当是值得科处刑罚的不法行为，而对于一些明显不值得科处刑罚的违法行为，则必须通过设置一些犯罪构成要件要素将其排除在外。因此，所谓帮助犯的绝对正犯化、相对正犯化与量刑规则之区分，实际上只是基于不同类型的帮助行为的法益侵害及其危险性大小，对相关犯罪进行实质解释所得出的结论而已，其并不能改变相关帮助型犯罪属于帮助行为正犯化的立法事实。

基于此，笔者认为，完全没有必要将刑法分则规定的帮助型犯罪划分为帮助犯的绝对正犯化、相对正犯化与量刑规则三种类型，实际上也并不存在所谓单纯的"帮助犯的量刑规则"。我国刑法分则中的帮助型犯罪，无论其犯罪成立条件如何，在立法性质上并无本质区别，均属于帮助行为正犯化立法。尤其是所谓的帮助犯的量刑规则，其在本质上只是立法者限制帮助行为处罚范围的客观解释结果，此类帮助行为本身并不完全具备刑事可罚性，不能不加限制地对其加以犯罪化。为了只将值得科处刑罚的帮助行为正犯化，立法者需要从帮助行为的法益侵害性等方面进行限制，从而产生了类似于成立狭义共犯（帮助犯）所要求的从属性结果的表象，但这仍然无法改变其在立法上属于完全独立的犯罪的事实。换言之，帮助犯的正犯化与帮助型犯罪的成立条件要求被帮助者着手实施犯罪行为是两个不同的概念范畴，完全可以并行不悖。因此，对于刑法分则中的帮助型犯罪，在刑法解释和司法适用时，应当将相应帮助行为作为与其他犯罪行为完全等同的正犯行为看待，根据立法者设置的构成要件要素来解释犯罪的成立条件，而不再根据共犯理论和总则共犯立法来解释和适用。

对于我国刑法分则中的"帮助犯的正犯化"立法，笔者将对相关罪名作如下类型化解读：

1. 以帮助行为本身的法益侵害抽象危险性为刑事违法性根据的帮助型犯罪。此类帮助型犯罪在理论上一般被称为"帮助犯的绝对正犯化"，其属于最为典型和彻底的帮助行为正犯化类型。我国《刑法》第 107 条规定的资助危害国家安全犯罪活动罪、第 110 条规定的间谍罪（为敌人指示轰击目标的行为）、第 111 条规定的为境外窃取、刺探、收买、非法提供国家秘密、情报罪、第 112 条规定的资敌罪、第 120 条之一规定的帮助恐怖活动罪、第 285 条第 3 款规定的提供侵入、非法控制计算机信息系统程序、工具罪（提供专门用于侵入、非法控制计算机信息系统的程序、工具的行为）、第 320 条规定的提供伪造、变造的出入境证件罪等，便属于此类被绝对正犯化的帮助型犯罪。此类帮助行为具有如下两个共同特征：一是帮助行为本身具有明显的反规范性，其本身已经属于违反相关法律规范的违法行为。例如，提供非法入侵计算机的工具、提供伪造的出入境证件等帮助行为，本身便属于违反网络安全法、出境入境管理法、海关法等法律法规的违法行为。再如，资助危害国家安全犯罪活动的行为，间谍行为，为境外窃取、刺探、收买、非法提供国家秘密、情报的行为等，本身便属于违反国家安全法、反分裂国家法、反间谍法等法律的违法行为。因此，只要行为人实施了相关帮助行为，其在客观上便具备明显的犯罪指向性和关联性，行为人主观上的犯罪决意也已经被确切征表出来，因而帮助行为本身便内含了主观和客观的不法根据。二是帮助行为本身具备侵害重大法益的危险性，因而立法者有必要将此类帮助行为类型化为构成要件行为、拟制化为犯罪实行行为，从而实现刑法介入的早期化以发挥刑罚的积极的一般预防作用。此类帮助型犯罪大多针对危害国家安全的犯罪、危害公共安全的犯罪以及严重妨害社会管理秩序的犯罪，侵犯的法益无疑具有重大性和难以挽回性，加之帮助行为本身的反规范性，立法者对其犯罪化一般采取了行为犯或者抽象危险犯的立法形式。只要行为人在客观上实施了符合犯罪构成要件的帮助行为，无论其情节是否严重、是否造成损害后果，也无论被帮助者是否将要或者已经着手实施了相关犯罪行为，均构成此类帮助型犯罪。

2. 以帮助行为本身的法益侵害及其具体危险性为刑事违法性根据的帮助型犯罪。此类帮助型犯罪在理论上一般被称为"帮助犯的相对正犯化"，不过笔者认为，将其称为"帮助行为的相对正犯化"也许更为确切。因为倘若此类帮助行为能够成立狭义的共犯（帮助犯），那么其一定符合被正犯化后的帮助型犯罪的构成要件。只是对于成立帮助犯以外的其他帮助行为，立法者并未绝对地、彻底地加以犯罪化，而是通过构成要件设置一定的犯罪成立条件，以限制此类帮助行为的处罚范围，将不值得科处刑罚的帮助行为排除在外。我国《刑法》第358条第4款规定的协助组织卖淫罪、第392条规定的介绍贿赂罪等，便属于此类被相对正犯化的帮助型犯罪。对于此类帮助行为，虽然在客观上均具备一定的反规范性，但考虑到并非所有的帮助行为本身都具备值得科处刑罚的违法性，立法者对其成立犯罪设置了诸如"情节严重"等限制要素，因而需要具体判断此类帮助行为本身的法益侵害及其危险性是否达到了值得科处刑罚的程度。例如，对于协助组织卖淫行为，在被协助者没有着手实施犯罪的情况下，需要独立判断该协助行为本身是否严重妨害了社会管理秩序，从而确定是否值得科处刑罚处罚。① 如果行为人实施的协助行为在客观上没有侵犯刑法所保护的法益（比如招募行为不为一般人所知悉，且所招募的人员并没有从事卖淫活动），那么便不能对其帮助行为以协助组织卖淫罪论处。再如，对于"向国家工作人员介绍贿赂"的行为，尽管其中包括行贿罪或受贿罪的共犯情形，② 但是还存在其他值得科处刑罚的非共犯行为所能评价的介绍贿赂行为，如以介绍贿赂为业的职业掮客。不过，考虑到介绍贿赂行为在客观上包含许多情节较为轻微的情形，因而立法者在介绍贿赂罪的构成要件中设置了"情节严重"的处罚条件，旨在将轻微的、不值得科处刑罚的介绍贿赂行为排除在外。根据相关司法解释的规定，介绍贿赂行为只有在数额、次数、贿赂对象、造成损失等方面达到一定程度时，方具备刑事可罚性。

3. 同时以帮助行为本身和被帮助者（准备或者已经）实施的犯罪行为的法益侵害及其危险性为刑事违法性根据的帮助型犯罪。与第 2 类帮助型犯罪相同的是，此类帮助型犯罪也属于"帮助行为的相对正犯化"；不同的是，此类帮助行为本身的违法性程度普遍较低，甚至有些帮助行为在客观上属于完全中立的日常行为。因此，立法者为了避免过分扩大对此类帮助行为的处罚范围，其一方面需要对此类帮助行为加以类型化、限定化，另一方面还需借助被帮助者准备或者已经着手实施的犯罪行为的不法内涵，作为处罚此类帮助行为的违法性根据。我国《刑法》第 244 条第 2 款规定的强迫劳动罪（明知他人实施前款行为，为其招募、运送人员或者有其他协

---

① 参见张明楷《刑法学》，法律出版社 2016 年版，第 1161—1162 页。

② 参见高铭暄《中华人民共和国刑法的孕育诞生和发展完善》，北京大学出版社 2012 年版，第 614 页。

助强迫他人劳动的行为）、第 284 条之一第 2 款规定的组织考试作弊罪（为他人实施前款犯罪提供作弊器材或者其他帮助的行为）、第 285 条第 3 款规定的提供侵入、非法控制计算机信息系统的程序、工具罪（明知他人实施侵入、非法控制计算机信息系统的违法犯罪行为而为其提供程序、工具，情节严重的行为）、第 287 条之二规定的帮助信息网络犯罪活动罪、第 363 条第 2 款规定的出版淫秽物品牟利罪（明知他人用于出版淫秽书刊而提供书号的行为）等，便属于此类相对被正犯化的帮助型犯罪。从此类帮助型犯罪的构成要件立法可以看出，其不仅在客观上要求行为人实施了特定的帮助行为，而且还要求行为人在主观上对被帮助者将要或者正在实施的犯罪行为存在明确的认知（在立法上通常表述为"明知他人……为其……"）。这表明，此类帮助型犯罪的成立实际上仍以被帮助者准备实施（预备行为应当能够确切征表行为人的犯罪决意，并具有明确的犯罪指向性和关联性，否则不仅不具备法益侵害的危险性，还难以被行为人所"明知"）或者已经着手实施相应正犯行为为前提。只有将被帮助者的犯罪（预备）行为考虑在内，帮助者的帮助行为才具备值得科处刑罚的不法内涵，否则，帮助行为本身还不存在对刑法保护法益的现实侵犯及其危险性。这也正是为什么有学者认为强迫劳动罪（协助型）、组织考试作弊罪（帮助型）、帮助信息网络犯罪活动罪等罪名不属于帮助犯的正犯化，而只是帮助犯的量刑规则的根本原因所在。[①] 当然，如前所述，笔者并不赞同这种观点。但是，对于该观点背后所蕴含的通过实质解释将帮助行为的可罚性范围限制在存在客观的法益侵害及其危险性的场合的限制解释立场和核心解释结论，笔者深表认同。比如，对于强迫劳动罪（协助型），协助行为成立本罪仍以被帮助者实施了强迫他人劳动的犯罪行为为前提。否则，如果行为人招募、运送的劳动者没有被接收或者没有被强迫劳动，由于没有侵犯本罪的保护法益即公民的劳动自由，因而不应将其认

---

① 参见张明楷《刑法学》，法律出版社 2016 年版，第 904、1045、1051—1052 页。

定为本罪。在这种情况下，帮助者的帮助行为既缺乏强迫劳动罪的构成要件符合性，也缺乏实质的违法性，即没有侵犯被招募、运送人的劳动自由。再如，对于组织考试作弊罪（帮助型），其构成要件行为内容是，为他人实施组织考试作弊犯罪提供作弊器材或者其他帮助。据此，只有当被帮助者利用了帮助者提供的作弊器材组织考试作弊时，帮助行为才符合本罪的构成要件。如果帮助者提供了作弊器材，但被帮助者并没有实施组织作弊行为，那么帮助行为在实质上不存在任何的法益侵害与危险，不应以本罪论处。又如，对于提供侵入、非法控制计算机信息系统程序、工具罪，该罪被相对正犯化的帮助行为是，明知他人实施侵入、非法控制计算机信息系统的违法犯罪行为而为其提供程序、工具，情节严重的行为。根据相关司法解释的规定，此类网络中立的帮助行为成立犯罪，不仅需要被帮助者实施了相应的违法犯罪活动，其自身还需要满足"情节严重"的整体罪量要素的要求。[1]

（二）帮助违法行为正犯化

在我国刑法中，除了以上帮助犯的正犯化立法，还存在不少对单纯违法行为的帮助行为予以正犯化的犯罪类型。显然，帮助违法行为的正犯化与帮助犯罪行为的正犯化存在重要区别。对于犯罪行为的帮助，由于本来便可以借助狭义的共犯（帮助犯）进行处罚，因而将其予以犯罪化并不存在太大的处罚正当化根据问题。但对于违法行为的帮助，由于违法行为本身没有侵犯刑法保护的法益，因而难以想象对违法行为进行单独的"一对一"帮助值得科处刑罚。所以，对单纯违法行为的帮助行为加以犯罪化，必须以该帮助行为本身具备值得科处刑罚的违法性为前提，否则便缺乏处罚的正当化根据。从我国刑法分则中的帮助违法行为正犯化立法来看，立法者对于此类帮助型犯罪大多设置了一定的犯罪成立门槛，从而将对违

---

[1] 参见最高人民法院、最高人民检察院《关于办理危害计算机信息系统安全刑事案件应用法律若干问题的解释》第 3 条的规定。

法行为进行通常的、单独的"一对一"帮助情形排除在外。

1. 容留型帮助违法行为正犯化。我国刑法中的容留他人型帮助型犯罪主要有第354条规定的容留他人吸毒罪和第359条规定的容留卖淫罪。尽管刑法分则立法并没有对容留型犯罪设置罪量要素，但在相应的司法解释中，本着实质解释和限制处罚范围的立场，对于构成犯罪的容留行为均设置了一定的门槛。例如，对于容留他人吸毒罪，司法解释要求容留次数在两次以上，或者一次容留3人以上，或者曾经因此受到行政处罚又容留他人吸毒，或者以牟利为目的容留他人吸毒等情形，才能立案追诉。① 对于容留卖淫罪，司法解释要求容留人次在2人以上，或者容留未成年人卖淫，或者容留患有严重性病的人卖淫等情形，才能立案追诉。② 由此可见，容留行为只有成立"一对多"的帮助，或者存在其他超出通常的对违法行为的帮助情形时（如造成严重后果、具有牟利目的、有违国家对未成年人的保护目的等），才具备刑事可罚的不法内涵。

2. 提供型帮助违法行为正犯化。此类帮助型犯罪主要以提供特定物品、内容等为表现形式，如我国《刑法》第355条规定的非法提供麻醉药品、精神药品罪，第284条之一第3款规定的非法出售、提供试题、答案罪，第290条第4款规定的资助非法聚集罪，第253条之一规定的侵犯公民个人信息罪等。与容留型帮助型犯罪相同的是，提供型帮助型犯罪的对象行为大多也不属于犯罪行为。比如，非法提供麻醉药品、精神药品的对象只能是吸食、注射毒品的人（如果提供给走私、贩卖毒品的犯罪分子或者以牟利为目的提供给吸毒的人，则成立贩卖毒品罪）；非法出售、提供试题、答案的对象一般是参加法律规定的国家考试的人员、亲友或者其他相关人员（如果提供给组织考试作弊的人，则属于本罪与组织考试作弊罪的帮助

---

① 参见最高人民检察院、公安部《关于公安机关管辖的刑事案件立案追诉标准的规定（三）》第31条的规定。

② 参见最高人民检察院、公安部《关于公安机关管辖的刑事案件立案追诉标准的规定（一）》第78条的规定。

犯的想象竞合犯，应从一重罪论处）；资助非法聚集的对象一般是参加非法聚集的人，此类一般参加者通常尚未构成犯罪（如果多次资助他人非法聚集，其中有一次非法聚集行为成立聚众扰乱社会秩序罪，那么对资助者应当以本罪和聚众扰乱社会秩序罪的帮助犯数罪并罚）；侵犯公民个人信息罪中的非法向他人出售或者提供公民个人信息的行为，虽然其对向性行为（非法获取行为）也可能成立本罪（此时二者成立必要共同犯罪），但是，无论对向者是否利用公民信息从事违法或者犯罪活动（如有，此时二者成立任意共同犯罪），提供者均成立本罪。值得指出的是，与容留型帮助型犯罪不同，此类提供型帮助型犯罪的行为本身大多属于违反相关国家规定（而不仅仅是违反治安管理处罚法）的行政犯，其行为本身已经侵犯了刑法保护的法益，如法律规定的国家考试制度、国家对麻醉药品和精神药品的管理制度、国家对公民个人信息的保护制度以及公民的名誉、隐私权等。因此，此类帮助行为尽管在客观上一般处于帮助地位，但实际上其违法性根据完全来自自身，而与客观上被帮助者的行为基本没有任何关系。

第三节　刑法前置化的驱动因素

现代刑法的前置化走向并非空穴来风，而是由一系列外部因素和内部因素所共同驱动的。其中，外部驱动因素主要包括客观社会风险的激增，以及由此导致的主观社会不安感的蔓延，加之相关前置性规范的滞后和不足，不得不将刑法由幕后推到了台前。同时，现代刑法自身也内含着预防走向的一面，在机能主义刑法观、积极的一般预防刑罚观以及预防和控制模式下的刑事政策对刑法体系的引导下，刑法的前置化、预防化已然无可避免。由此可见，现代刑法的前置化发展趋势具有坚实的社会根基和一定的法理支撑，因而理性的态度应当是为其寻找合适的制约框架，而不能一味地批判和反对。

一　外部驱动：现代社会的安全需求

（一）客观社会风险的激增

尽管"'风险社会'并不一定是社会的真实状态"[1]，但不容否认的是，现代社会中的人为风险确实无处不在且情势严峻。从严重威胁生命财产安全与社会秩序安宁的恐怖活动犯罪，到各类生态环境污染破坏事故、食品药品安全事故、危险物质安全事故（尤其是核安全事故）等公害犯罪，以及全球信息化背景下的网络安全、金融安全等客观风险，均清楚地表明，我们正处在一个传统社会风险与新型社会风险相互叠加，客观社会风险结构复杂、数量庞大、危害深远的前所未有的时代。客观社会风险的激增与复杂化，在很大程度上已经改变了现代刑法所处的社会环境和运作逻辑。虽然如此等等社会风险"绝非刑法所能化解"[2]，但客观情况是，立法者非常热衷于通过设置新的罪刑规范或者修改原有的罪刑规范，企图实现社会风险的刑法控制。

比如，面对严峻的恐怖主义、极端主义犯罪形势，我国刑法增设了一系列罪名，从而将相关预备行为、外围行为等前置化、早期化地纳入刑法处罚范围。又如，面对严峻的食品安全问题，我国刑法修改了原有的生产、销售有毒、有害食品罪，从而通过抽象危险犯的立法模式将尚不具备法益侵害现实危险性的行为也纳入刑法处罚范围。再如，面对日益多发的信息网络犯罪，我国刑法增设了非法利用信息网络罪、帮助信息网络犯罪活动罪、拒不履行信息网络安全管理义务罪等罪名，从而将网络服务提供者的行为纳入刑事责任范围。此外，污染环境罪的立法修改，以及其他扰乱社会秩序类犯罪的增设，在很大程度上均是为了回应日益突出的风险议题。

---

[1]　张明楷：《"风险社会"若干刑法理论问题反思》，《法商研究》2011 年第 5 期。

[2]　南连伟：《风险刑法理论的批判性展开》，《刑事法评论》2012 年第 1 卷。

(二) 主观社会不安的蔓延

社会风险的激增是刑法早期化、前置化的基础性客观因素，但是，这种客观风险只有被社会大众所察觉，进而有了强烈的不安感以及由此产生安全需求以后，才能真正对刑法立法的前置化产生推动作用。因此，社会大众的主观心理，尤其是对客观社会风险的不安全感和恐惧感，几乎可以说是直接决定了刑法前置化的预防走向。对此，正如有学者所指出的，所谓"风险社会"的重心并不在于与工业社会相比其客观社会风险本身在数量上的增加或危害程度的提升，而在于"风险分配逻辑对财富分配逻辑的日益取代"①。质言之，"风险"概念只是一个媒介，其兼具实在性与建构性，安全问题才真正构成风险社会理论与刑法体系之间的连接点。客观社会风险对刑事立法等制度体系施加影响的基本逻辑为：人们通过直接或者间接地对社会风险的感知，由此产生了一定的不安全感和恐惧感，随着这种对风险的不安感在整个社会蔓延开来，人们开始越来越关注社会安全问题，由此产生了较为强烈的安全和保护需求，这种诉求成为政治当局关注的重心，从而通过（刑事）政策影响刑法等制度的建构和走向。

值得指出的是，社会大众的不安感并非与客观社会风险的真实情况完全同步，在大部分情况下，其极易受到官方机构、主流媒体甚至公众人物的影响，从而使社会风险的客观侧面与社会大众所感知的主观侧面呈现出不对称的现象。可以说，不是客观的社会风险，而是权威媒介直接塑造了社会大众对风险的主观感知，这种风险感知进而影响了刑事立法。从这个角度来看，主观的社会不安感完全是可以被形塑的，因为并非每一个人均有机会直接感知到特定的社会风险，绝大部分个人的不安感均是通过一定媒介间接加以塑造的。这便使得民众的不安感并不必然具有真实性，政治当局完全可能出于特定的目的形塑民众对某种社会领域的不安感，进而利用民众的

---

① 参见劳东燕《风险社会与变动中的刑法理论》，《中外法学》2014 年第 1 期。

不安感以及对安全的需求来达到推行某项政策和立法的目的。考虑
到这一点，任何出于公共政策（刑事政策）目的的立法需求，均必
须将其置于整个刑法体系加以审视，其必须符合法益保护、责任主
义、比例原则等刑法基本教义原理，否则便缺乏刑法干预的正当化
根据。

（三）相关前置规范的不足

刑法在整体法秩序中乃"正式社会控制手段的最后手段"。德国
学者李斯特认为，刑罚固为抗制犯罪的手段，但绝非唯一的手段，
同时更非最有效的手段。[①] 刑法的最后手段性原则是由刑罚的痛苦
性、严厉性本质所决定的，其要求除非其他更为轻微的手段不能实
现相应目的，否则国家不能动用刑罚手段。按照古典刑法理论的这
一基本原则，在考虑动用刑罚手段治理社会失范行为时，必须进行
比例原则的严格审查，尽可能优先使用其他更为缓和的规制手段。
然而，事实并非如此。一方面，随着各种新兴事物层出不穷，法律
以及相应制度的滞后性随即凸显，企图针对新兴风险领域在短期内
制定出相应的法律制度并使其行之有效并非易事。另一方面，刑法
作为最严厉的制裁手段，虽不能说其一定长期有效，却能够在短期
内确立法律的权威，表明政治当局的规制态度，起到一定的象征性
和威慑性。加之，当前我国的刑法修正已经形成了制度化的形式，
具有相当的灵活性和适应性，刑法司法解释更是具有及时性、针对
性等特征。这使得政治当局在面对新型风险领域时，习惯于首先考
虑通过刑罚手段来实现风险管控，其往往具有一定的及时性、高效
性、便宜性等优势。当然，社会治理终归是一项综合性的复杂工程，
利用刑罚手段治理新型风险领域的弊端也是显而易见的，其往往治
标不治本，不能形成长期有效的制度化治理，而且刑罚手段还在很
大程度上助长了政治当局的立法惰性和短视、投机等不良治理习惯，
容易形成"社会统合弱化—刑事治理—社会统合进一步弱化—更严

---

① 参见柯耀程《刑法释论Ⅰ》，（台北）一品文化出版社 2014 年版，第 77 页。

厉的刑罚手段"的恶性循环。

以 P2P 网贷、股权众筹等网络金融活动为例，其极易涉嫌非法集资、擅自设立金融机构、擅自发行股票等犯罪。然而导致诸多网络金融活动发生异化的原因就在于网络金融监管不到位，包括中国人民银行、银保监会、证监会等监管机构的行政法律法规和制度建设不到位，以及相关行业协会的自律管理规定和机制不健全。倘若网络金融活动的相关前置性法律法规、社会规范比较完备，"两高"也就没有必要出台相关司法解释将上述新兴的互联网金融活动过早纳入刑法规制范围。由此可见，在许多新兴风险领域，正是由于相关前置规范如行业规范、行政法律法规等供给严重不足，相关管理和控制制度、机制尚未建立健全，才使刑法一跃成为相关领域风险管控的首要方式，这无疑极大地加剧了刑事立法处罚早期化、前置化的步伐。

二 内部驱动：刑法体系的预防走向

（一）机能主义刑法观

如所周知，古典自由主义刑法是以国家与个体的二元对立为逻辑起点加以建构的，作为古典刑法理论体系根基的罪刑法定主义、责任主义、行为主义与法益保护主义等基本原理，共同确立了其保障个体权利和自由的基本价值取向。然而，这种以权利保障为导向的古典刑法，在面对当前日益严峻的风险议题时却容易遭受挫败。随着现代社会风险意识的加强，公众对于风险的直接或者间接感知催生了强烈的恐惧感和不安感，控制风险以安抚公众由此成为现代社会压倒性的政治需要。在这种以安全和秩序为导向的社会与政治环境下，刑法以其固有的政治性与工具性，自然成为国家用以控制和预防风险的重要工具。近年来世界主要国家的刑事立法趋向表明，现代刑法正在"逐渐蜕变成一项规制性的管理事务"①，控制和预防

---

① 劳东燕：《公共政策与风险社会的刑法》，《中国社会科学》2007 年第 3 期。

社会风险以维持秩序和保护社会已经成为现代刑法的首要任务和目的。

在此背景下，理论上提出了所谓的"机能主义刑法观"。所谓机能主义刑法观，大体是指从有实效性的刑事政策的必要性出发，机能化刑法的规范性原则的思考，将刑法看作解决社会问题的手段，为达成一定目的而机能性地使用刑法。不难看出，机能主义刑法观下的刑法，在本质上就是一种"预防刑法""安全刑法"或称"风险刑法"。日本学者平野龙一是机能主义刑法观的重要倡导者之一，他将刑法视作"规制社会的手段"，认为刑法必须发挥其本来的机能，以应对市民安全强化的要求。比如，应当提前未遂行为可罚的节点，扩大不作为犯（尤其是杀人、伤害等重罪）的可罚范围，对常习犯和精神病人引进保安处分以保护社会，将是否具有"最大的社会效果"作为刑法解释是否妥当的标准等。当然，平野龙一教授也同时注重刑法的谦抑性，认为刑法机能化并不意味着可以随意动用刑法。[①]

可以说，刑法的机能化深刻影响和改变了刑法的性质和功能定位，使其由"宽容的法治国理念下市民的防御法"转向为"保守的保护国家理念下国家的干预法"。[②] 这种机能主义刑法观"使应罚性的确定与施行浸透政治性利益"，公共政策上的安全与秩序等功利目的大举入侵到刑法领域，传统刑法体系不可避免地遭遇结构性调整和变革。随着"预防风险""保护安全""维持秩序"等刑法任务和目的的确立，刑罚正当化根据的基准也相应发生了变化，刑罚手段的有用性、合目的性等政策考量逐渐取代传统的法益侵害性理论，成为刑事立法上犯罪化与否的首要基准。在这种机能主义刑法观的作用下，许多单纯出于刑事政策目的导向的预防性刑法规范被制定

---

① 参见黎宏《平野龙一及其机能主义刑法观——〈刑法的基础〉读后》，《清华法学》2015 年第 6 期。

② 参见古承宗《风险社会与现代刑法的象征性》，《科技法学评论》2013 年第 1 期。

出来。比如，我国《刑法修正案（九）》增设的恐怖主义、极端主义系列犯罪以及信息网络活动犯罪等。这些新增罪名明显出于特定的政策目的，其往往将"刑罚最后手段性原则"等古典刑法所极力主张的基本原理放到一边，不遗余力地进行刑事立法上的预防性犯罪化，以期实现所谓的"通过刑法的社会控制"。尽管机能主义刑法观并非其倡导者的全部主张（其往往同时强调刑法的谦抑性），但不得不承认，在立法者那里，机能主义刑法观的确在不同程度上进一步强化了其将刑法视为社会控制手段的观念和做法，并由此催生出了相当规模的预防性刑法规范，从而使刑法保护越发趋于前置化、早期化。

（二）积极的一般预防刑罚观

近代以来的刑罚理论大体上经历了从消极的一般预防论向积极的一般预防论、从消极的特殊预防论向积极的特殊预防论的基本转向。在近代古典刑法中，人们一般认为，刑罚的作用主要针对一般大众而来，其目的在于借由刑罚本身的威吓力与刑罚的执行（比如公开执行死刑）以阻止一般人产生犯罪动机。这是一种消极的一般预防刑罚观，又被称为"威吓预防"。然而，威吓式预防理论的预设不符合真实世界的情况，对于那些遵守法律规范的人而言，刑罚的存在与执行，最大的意义不在于威吓潜在的犯罪人不敢犯罪，而在于以惩罚犯罪人借以维系与强化社会大多数成员既有的尊法意识。理论上由此产生了所谓"积极的一般预防论"，其认为刑罚的任务并不在于威吓，而是对社会大众宣示法律秩序的不容破坏性。刑罚的作用在于维持与强化一般人对于法秩序的存在与执行力的忠诚性，即尊法意识的维持与强化。① 德国学者罗克辛分别从学习效应、信赖效应和满足效应三个方面，具体解释了刑罚的积极一般预防作用。具体而言：（1）"学习效应"：刑罚具有以社会教育为动机的学习效

---

① 参见王皇玉《刑法总则》，（台北）新学林出版股份有限公司 2017 年版，第17—18 页。

应，透过刑事司法在大众面前的实践过程，可以引起大众对法律忠诚信守的内化学习效果。（2）"信赖效应"：刑罚的行使得以使人们看见法律规范的效力被确实地实践，且自然而然产生一种信赖感，信赖法律规范是会被一直实践的。（3）"满足效应"：借由刑罚的实践，使原来法规范被破坏所引起的社会不安，以及因犯罪人所造成的冲突，得以获得平抚与满足，并重新达到社会整合的效果，因此积极的一般预防理论又被称为"整合型的一般预防"。在德国刑法中，积极的一般预防论是占据绝对通说地位的刑罚理论。[①]

由于赋予了刑罚"法秩序的维持"和"法意识、法信赖的强化"的作用和意义，刑法也就更加自然而然地容易成为政治当局应对各种社会风险的控制工具，并且还获得了其他刑罚理论所不能赋予的刑罚的实质正当化根据。在积极的一般预防刑罚观看来，对个别事例科处痛苦的刑罚并借此对潜在的犯罪人产生威吓不是刑罚的目的所在，刑罚毋宁说是用来训练、强化一般民众的法忠诚和法信赖意识的。政治当局出于对刑罚的积极的一般预防目的之追求，开始逐渐放弃传统刑法所秉持的谦抑思想以及在这种思想指导下所设立的"事后型法"（或"报应型法"），转而注重发挥刑法的社会治理效果，设置大量的事前型、预防性刑法规范，以期从源头上截流社会危害行为，从而不可避免地促成了刑法的前置化发展趋向。

（三）刑法体系的刑事政策化

在古典刑法那里，刑事政策与刑法体系之间一直存在区隔，这便是刑法理论上著名的"李斯特鸿沟"。对于刚刚脱胎于封建刑法的古典自由主义刑法而言，自由保障机能是其首要价值，其要求对犯罪行为的处理必须完全遵守罪刑法定原则，以避免罪刑擅断和刑法之外的其他因素（比如刑事政策）的不当影响。因为刑法体系与刑

---

① 参见［美］马库斯·德克·达博《积极的一般预防与法益理论——一个美国人眼里的德国刑法学的两个重要成就》，杨萌译，《刑事法评论》2007 年第 2 卷。

事政策的功能和价值取向被认为是截然不同的，具体表现为：刑事政策的取向在于实现刑法的社会任务，而刑法的司法意义在于"法律的平等适用和保障个体自由免受'利维坦'的干涉"。正是在此意义上，刑法要为叛逆的个人提供保护，刑法是"犯罪人的大宪章"。由于刑事政策总是指向"同犯罪进行的预防性斗争"，而刑法体系则以"宽容地保护自由"为价值取向，因而二者存在紧张关系。李斯特之所以主张"刑法是刑事政策不可逾越的屏障"，在本质上是对形式法治的坚守，是对罪刑法定主义的绝对贯彻。所以，二者之间存在天然的紧张关系。①

然而，"李斯特鸿沟"将刑事政策与刑法体系完全区隔并不具有现实性。对此，正如罗克辛教授所指出：李斯特体系不可避免地会导致体系正义与个案正义的冲突，教义学中这种体系化的精工细作会导致深奥的学理研究与实际收益之间产生脱节。应当谋求将刑事政策纳入刑法，形成体系性统一。"只有允许刑事政策的价值选择进入刑法体系中去，才是正确之道，因为只有这样，该价值选择的法律基础、明确性和可预见性、与体系之间的和谐、对细节的影响，才不会退到肇始于李斯特的形式——实证主义体系的结论那里。法律上的限制和合乎刑事政策的目的，这二者不应该互相冲突，而应该结合到一起。"② 现代刑法理论早已达成共识，即应当将刑事政策思想合理纳入到刑法体系之中，实现"李斯特鸿沟"的贯通，③ 如此方有助于建构起一个合乎目的理性和价值取向的刑法教义学体系④。对此，我国也有学者直接提出了"刑法的刑事政策化"之命

① 参见［德］克劳斯·罗克辛《刑事政策与刑法体系》（第 2 版），蔡桂生译，中国人民大学出版社 2011 年版，第 6 页。

② 参见［德］克劳斯·罗克辛《刑事政策与刑法体系》（第 2 版），蔡桂生译，中国人民大学出版社 2011 年版，第 6—7、15 页。

③ 参见张翔《刑法体系的合宪性调控——以"李斯特鸿沟"为视角》，《法学研究》2016 年第 4 期。

④ 邹兵建：《跨越李斯特鸿沟：一场误会》，《环球法律评论》2014 年第 2 期。

题，主张将刑事政策作为刑法制定与适用的评价标准和价值指引。[①]

不可否认，刑法的刑事政策化固然可以为刻板的、过于形式化的刑法体系注入价值导向与社会实益等法外因素，从而有助于实现刑法体系的形式合法性与实质合理性相统一，以及刑法法治国自由保障机能与社会防卫机能相统一。但是，刑事政策及其价值判断所具有的相对于实证法的"外部性"，容易使立法者和司法官走向一种纯粹功利（结果）导向的刑事立法和"无法司法"，从而对古典刑法理论体系及其价值取向造成相当大的冲击。刑事政策向来是以"预防并打击犯罪"为目的导向的，其具有发动国家刑罚权的天然冲动。面对日益严峻的风险现实与日益强烈的社会不安，安全问题成为刑事政策乃至公共政策关注的核心，安全导向、结果导向、秩序功利导向的刑事政策成功主导了刑法体系的目标设定，从而催使刑法理论体系、刑事立法与司法朝着刑事政策的控制目的之设定一路狂奔。因此，随着刑法体系的刑事政策化，刑法体系不可避免地将预防和打击犯罪作为其首要的价值取向，由此导致了刑法保护的前置化和早期化。

第四节　本章小结

通过本章论述可知：

1. 在理论上，"刑法前置化"命题包括两个方面的基本内涵和表现：一是法益保护前置化，即为了更加周延、有效地保护法益，现代刑法广泛将新型的超个人法益纳入保护范围，从而将对传统法益的保护提前到对其存在所需的必要条件的保护上。二是刑事处罚前置化，即为了预防和管控风险，现代刑法普遍将处罚的节点提前

[①]　参见黎宏《论"刑法的刑事政策化"思想及其实现》，《清华大学学报》（哲学社会科学版）2004 年第 5 期。

到法益侵害及其现实危险的前阶，从而将对侵害犯的处罚提前到对预备行为、未遂行为、帮助行为以及其他抽象危险行为的处罚上。法益保护前置化与刑事处罚前置化既有联系又有区别：若从法益保护前置化的广义见解来看，二者通常是目的与手段的关系；但在狭义见解即保护新型超个人法益的场合，二者又具有相对的独立性。探讨刑法前置化的两个基本内涵和表现，有利于从刑法教义学基础理论层面对刑法前置化所关涉的理论问题进行多元化视角的剖析。

2. 在立法上，刑法前置化主要体现为抽象危险犯（本书将持有犯、累积犯、单纯行为犯等犯罪类型一并归属于此）、实质预备犯以及帮助行为正犯化三种犯罪类型。尽管三者之间在概念范畴上存在一定交叉，且一个前置化的罪刑规范可能同时属于多个不同的犯罪类型，但是，由于各自关涉的具体教义学原理不同，因而有必要根据相关罪刑规范的核心前置化特征，对其处罚范围进行针对性限制。可见，梳理刑法前置化的立法类型，有利于从刑法教义学中层理论对刑法前置化所涉及的立法问题展开类型化、具体化的批判、分析，进而提出相应的限制方案。

3. 现代刑法的前置化走向，是由一系列外部因素和内部因素所共同驱动的。其中，外部驱动因素主要包括客观社会风险的激增，以及由此导致的主观社会不安感的蔓延，加之相关前置性规范的滞后和不足，不得不将刑法由幕后推到了台前。同时，现代刑法自身也内含着预防走向的一面，在机能主义刑法观、积极的一般预防刑罚观以及预防模式下的刑事政策对刑法体系的引导下，刑法前置化已然不可避免。分析刑法前置化的驱动因素，是为了说明刑法的前置化发展趋势具有坚实的社会根基和一定的法理支撑，因此，理性的态度是为其寻找合适的制约框架，而不是一味地批判和反对。

第 二 章

刑法前置化的法教义学审视

　　刑法前置化无疑是一把双刃剑。一方面，刑法前置化有利于发挥刑法的法益保护和社会防卫机能，其既是实现国家治理体系和治理能力现代化、落实总体国家安全观的现实需要，也是实现刑法参与社会的有效治理、积极应对新时代非传统安全威胁的内在要求。另一方面，刑法体系的前置化、预防化走向必然也潜含着对传统刑法自由主义与形式法治的重大威胁，存在因过度干涉公民自由而导致现代法治国刑法原则崩塌之危险。本章先从刑法教义学基础理论层面对刑法前置化的两个基本内涵——法益保护前置化与刑事处罚前置化——分别存在的理论问题予以批判性分析，再从刑法教义学中层理论层面对刑法前置化的三种立法类型——抽象危险犯立法、实质预备犯立法与帮助行为正犯化立法——各自可能存在的处罚正当性问题展开类型化分析，从而指出刑法前置化在理论上存在背离传统刑法教义学基本原理的倾向，在立法上存在处罚不当罚行为的疑问。

第一节　基于法教义学基础理论的审视

　　法益保护前置化和刑事处罚前置化作为刑法前置化的两大基

本内涵和表现形式，前者由于涉及法益概念的实质性扩张，即从个人法益到集体法益、从传统法益到新型超个人法益，因而在法益论看来存在疑问；后者由于涉及构成要件的缩减与早期化实现，以及法益保护在形式上的前置化，因而容易招致罪刑法定主义、刑法谦抑主义、行为刑法原理等方面的质疑。本节结合我国刑法中的前置化处罚规范，从刑法教义学基础理论层面对法益保护前置化与刑事处罚前置化所潜藏的理论问题分别予以批判性分析。

需要指出的是，本书采取的法教义学基础理论与中层理论之划分，借鉴了车浩教授在《刑事立法的法教义学反思》一文中的做法。其将批判性的法益概念、以预防为中心的刑罚目的理论以及行为人刑法的观念划归为法教义学的基础理论，将预备行为的实行化、中立帮助行为的正犯化、共同犯罪与监督过失理论划归为法教义学的中层理论，并将分则立法与总则的关系、立法的协调性与体系性等划归为具体问题的解释层面。① 尽管车浩教授并未交代作如此划分的根据和理由，但笔者认为，所谓法教义学基础理论，应当是指作用于整体刑法理论、立法与司法体系的全局性理论，比如罪刑法定、罪刑相适应、刑法谦抑性、法益保护、责任主义、行为刑法、刑罚正当化根据理论等刑法基本精神和原理；而所谓法教义学中层理论，则是针对部分刑法理论、立法与司法问题而发展出来的具体理论和机制，比如预备犯理论、共犯理论、抽象危险犯理论、中立帮助行为理论等，其仅适用于部分类型性的刑法问题。至于车浩教授所称的立法的协调性与体系性等问题，由于其实际上反映了刑法的经济性、实效性、明确性（罪刑法定原则的要求）等刑事立法原理的一般性要求，因而本书将其划归为法教义学的基础理论加以展开。

---

① 参见车浩《刑事立法的法教义学反思——基于〈刑法修正案（九）〉的分析》，《法学》2015 年第 10 期。

一　法益保护前置化的主要问题

法益概念是刑法理论的基石，法益保护原则是刑法的基本原则之一。法益概念既作为犯罪的本质（实质违法性）而存在，也作为刑法的目的与任务而存在，且这两个意义维度的法益概念之间存在一定的紧张关系。[①] 在古典自由主义刑法中，法益概念一般是作为"犯罪的本质"这一意义维度被讨论，行为所具有的法益侵害性是将其予以犯罪化并科处刑罚的实质正当化根据。进入所谓的风险社会后，"刑法的目的"这一意义维度的法益概念开始占据主流话语权，刑法为了更为有效周全地实现其保护法益的目的，而采取了法益保护前置化与刑事处罚前置化的预防性干预手段，法益概念也逐渐成为刑法实现其目的的背书工具。相较于传统的"犯罪的本质"意义维度的法益概念，法益保护前置化体现的是法益概念的扩张，其通过创设新的法益类型（超个人法益、普遍法益、集体法益）来实现法益侵害和刑法保护质的提前。为了实现刑法提前干预和预防风险的目的，许多直接以超个人法益为保护目的的犯罪构成要件被创设出来，由此不可避免地导致法益概念的抽象化与精神化以及法益内容的空洞化，犯罪的法益侵害关联性被严重弱化乃至丧失，法益概念的立法批判与限制机能也趋于崩塌。

（一）法益概念的抽象化与精神化

从学说史来看，法益概念最初是以限定犯罪成立范围，防止国家刑罚权过度扩张的角色被引入刑法理论体系中的。[②] 犯罪的本质在于侵害法益，对于没有侵害法益的行为不能将其犯罪化，否则对其科处刑罚便缺乏正当化根据。为了有助于实现法益概念的限制（批判）机能，其应当具备明确性、具体性、可感知性、可把握性等特

---

① 参见劳东燕《风险社会与变动中的刑法理论》，《中外法学》2014 年第 1 期。

② 参见陈朴生《刑法专题研究》，（台北）三民书局股份有限公司 1988 年版，第 61 页。

征，因而，最初的法益概念是指向具有实体性的客观物质的，比如"财（物）"。

然而，从德国刑法学者李斯特（Liszt）开始，法益概念逐渐走向了抽象化与精神化。李斯特在价值哲学方法论的影响下，通过严格区分保护客体与行为客体，促使法益概念逐渐去实体化，使其从实体物质转变为某种具有利益、价值的观念性东西。① 李斯特认为，法益中的"益"应当是一种先于实定法存在的利益，实定法只不过赋予了其法的特征而已，法律的确认和保护使现实生活中的利益上升为法益。② 法益概念不同于财（物），后者作为一种客观之物，只是行为的客体（对象）或侵害的对象，而法益则属于目的思想产物下的保护客体，它不是自然世界的客观之物，而只能是一种概念化、理念化的东西，它是充斥着立法目的思想和价值判断的利益或价值的载体。

将法益理解为利益或者价值，直接导致了法益概念的功能主义化，法益的内涵由此被立法者的目的和价值判断任意填充。这种"刑法的目的"意义维度的法益概念，属于"需罚性思考支配之下的产物"③，因而其具有扩张刑罚处罚范围的本能。尤其是伴随着风险社会议题的广泛讨论，以及客观社会的变迁与日益复杂化，刑法保护法益的任务和目的基本主导了刑事立法、司法和刑法理论体系的走向。相比于古典自由主义刑法中的生命、健康、自由、财产等古典法益（个人法益），现代刑法倾向于保护"广泛、不明瞭、无内容之法益"（超个人法益、普遍法益）。比如，许多抽象危险犯立法所声称的公共安全、社会秩序、公共安宁、善良风俗等法益，要么没有实体内容，要么内容极为抽象；再如，在环境犯罪领域，与

---

① 参见舒洪水、张晶《近现代法益理论的发展及其功能化解读》，《中国刑事法杂志》2010 年第 9 期。

② 参见［德］弗兰茨·冯·李斯特《德国刑法教科书》，徐久生译，法律出版社 2000 年版，第 4 页。

③ 劳东燕：《风险社会与变动中的刑法理论》，《中外法学》2014 年第 1 期。

古典个人法益没有任何关联的生态环境等非人本主义思维产物的法益，也被纳入刑法的保护范围。由此，在法益概念（尤其是普遍法益概念）的内涵和外延日益扩张的同时，刑法的处罚范围和介入节点也日益扩大和前置。

法益概念的抽象化与精神化一直以来均受到学界的反对和批判，因为一个无所不包的法益概念是无法承担起限制刑事立法犯罪化界限之重任的，也无法为犯罪构成要件的实质解释提供正当化根据。不过，遗憾的是，学界的持续批判并未能有效遏制刑事立法和司法上法益概念的抽象化与精神化趋势。普遍法益或超个人法益在近年来的各国刑法中依旧大行其道，且丝毫没有缓停的迹象。如何协调"犯罪的本质"意义维度的法益概念与"刑法的目的"意义维度的法益概念之间的紧张关系，如何在法益保护与自由保障之间找到一个动态的平衡点，成为当下刑法理论不得不面对的一个重要而棘手的问题。

（二）法益侵害关联性的弱化甚至丧失

与法益概念的抽象化、精神化相伴而生的是法益内容的空洞化、去实体化。随着普遍法益（超个人法益）概念的确立，法益理论的发展逐渐摆脱了传统核心刑法中建立在个人主义、自然主义基础之上的古典法益（个人法益）的框架，而呈现出功能化、观念化、规范化、政策化的倾向。普遍法益不再以个人或市民社会的生活利益为实体内容，而是将独立于个人利益之外的超个人体制作为保护目的，以期实现对个人法益更为有效和周延的保护。不仅如此，普遍法益理论的发展也逐渐呈现出摆脱个人法益概念内涵的二元化趋向，从而成为与个人法益完全分立的独立的法益类型。二元法益观下的超个人法益完全割离了与古典法益的基础性联系，而发展成为一个纯粹规范化、观念化、功能化的法益概念。

在现代刑法中，对于超个人法益的保护主要通过抽象危险犯的立法形式予以实现。抽象危险犯作为刑事处罚早期化的基本手段，其不再像实害犯和具体危险犯那样，只有当危害行为产生了现实的法益侵害或者危险时才发动刑罚处罚，而是基于控制和预防风险以实现更为有效周延的法益保护的目的，直接禁止行为人实施具有一定抽象性、类型性的危险行为。如果行为人无视立法上的禁止性规范，而实施了相关抽象危险行为，那么无论该行为是否已经造成现实的法益侵害或者威胁，均可对其予以刑罚处罚。为了论证抽象危险犯立法的处罚正当性，立法者必须构建出相应罪刑规范的保护法益，超个人法益当仁不让地担起了这个重任。可以说，抽象危险犯与超个人法益是一对相辅相成的概念范畴，二者是手段与目的的关系，抽象危险犯是实现超个人法益刑法保护的立法手段，保护超个人法益则为抽象危险犯立法提供正当性根据。

毫无疑问，现代刑法中大量的抽象危险犯立法以及层出不穷的超个人法益，已经在很大程度上导致犯罪的法益侵害关联性的弱化乃至丧失，这直接模糊了国家发动刑罚权的正当化界限。一方面，抽象危险犯处罚的都是距离现实的法益侵害及其威胁较为遥远的行为，这些行为要么只是侵害个人法益的预备行为或者外围行为，要么根本就不是以个人法益为侵害对象的传统意义上的实害行为，而仅仅是违反了刑法的禁止性规范而已。另一方面，为了证立抽象危险犯立法的正当性，立法者不得不构建出新的超个人法益，比如经济秩序、公共秩序、善良风俗、社会安宁、生态环境等普遍法益，并以此作为相关罪刑规范的保护法益，而这些超个人结构的普遍法益与核心法益之间的关联性十分稀薄。如此一来，从传统核心刑法中的古典法益概念来看，无论是犯罪行为的法益侵害关联性，还是国家刑罚权发动的法益侵害关联性，在现代刑法中均明显趋于弱化甚至丧失。法益侵害关联性的弱化、丧失足以动摇法益论在刑法体系中的核心地位，因为一个与核心法益（个人法益、古典法益）脱钩的普遍法益概念，是无法发挥法益论的立法批判与限制机能的，相反，其注定会沦为国家刑罚权扩张的证立和背书工具。

（三）法益论的立法批判机能陷入危机

犯罪的本质是侵害法益，而刑法的任务在于"附属性的保护法益"①。这是刑法教义学的一项基本命题。"法益思想具有批判立法的功能。"② 刑事立法只能将具有法益侵害及其危险性的行为作为犯罪加以处罚，而不能对没有法益侵害危险性的行为施加刑罚。这种以法益保护为中心，清楚地限缩刑法处罚范围的功能，就是法益概念的立法批判机能或称"可罚性限缩机能"③。罗克辛教授从宪法中引导出的法益概念就是一个批判立法的法益概念，其告诉立法者合法刑罚处罚的界限。罗克辛将法益界定为："所有对于个人的自由发展、其基本权利的实现和建立在这种目标观念基础上的国家制度的功能运转所必要的现实存在或者目的设定。"④ 从这样一个自由主义的、个人的、批判立法的法益概念出发，罗克辛教授推导出了一系列具体的命题，从而为刑事立法的可罚性界限提供了一个完全可以使用的具体标准，使刑法规范转到宪法性界限的限制之中。

然而，随着法益概念的不断抽象化与精神化，尤其是普遍法益概念在刑事立法中的广泛呈现，法益概念的内涵被极大地扩充，成为一个无所不包的功能性概念，这使得法益概念的立法批判和限制机能逐渐趋于崩塌。与此相反，为了应对高度复杂和系统化的社会风险，现代刑法通过抽象危险犯等立法形式不断丰富着法益概念的内涵，许多保护法益不明确的早期化、前置化立法使法益概念变得日益抽象、模糊，这不仅削弱了法益论的立法限制机能，反而使得法益概念沦为政治当局的刑事立法论证与背书的政策化工具。对此，

①　［德］克劳斯·罗克辛：《德国刑法学　总论（第 1 卷）：犯罪原理的基础构造》，王世洲译，法律出版社 2005 年版，第 12 页。

②　［德］克劳斯·罗克辛：《对批判立法之法益概念的检视》，陈璇译，《法学评论》2015 年第 1 期。

③　许恒达：《法益保护与行为刑法》，（台北）元照出版有限公司 2016 年版，第 2—3 页。

④　［德］克劳斯·罗克辛：《刑法的任务不是法益保护吗?》，樊文译，《刑事法评论》2006 年第 2 卷。

许多学者均表达了自己的忧虑。比如，许逎曼教授指出，法益保护观念，对于有争议性的构成要件规定，不只可以当成批判工具，也可以当成正当化工具。① 哈塞默（Hassemer）教授也批判道："法益概念在今天变成了披着羊皮的狼，法益的刑法限制机能反倒是变化为使刑法介入正当化的论证工具。"②

　　法益概念的抽象化与精神化，以及随之而来的法益论的立法批判与限制机能的崩塌，导致理论上出现了否定法益理论的声音，或者至少使人们逐渐降低对法益概念的功能期待。比如，有学者指出，法益概念的立法限制与批判机能仅具有一种形式上的可能性，它象征着刑事立法需要受到合法性检验和限制这样一种信念。③ 还有学者认为，法益概念并不是全部的犯罪化根据，其无法承担起作为犯罪化的全部根据的任务，而只能作为犯罪化的根据之一。④ 不可否认，现代刑法中的法益概念已经早已被刑法目的思想所支配，导致一种方法论、目的论的法益概念占据了绝对的优先地位，法益论的构成要件解释机能被有意凸显出来，从而使其沦为单纯的罪刑规范的"立法目的"等概念说辞，而基本上无法发挥法益论的立法批判与限制机能。法益概念的如此演变使其自身陷入了深重的危机，刑法理论究竟是否还需要这样一个根本无法发挥限制国家刑罚权、划定刑事可罚性界限的法益理论呢？对此，笔者认为，虽然法益理论如今已经陷入了一种"两难困境"⑤，但这是法益理论顺应现代社会发展

---

　　① 参见［德］Bernd Schünemann《法益保护原则——刑法构成要件及其解释之宪法界限之汇集点》，载许玉秀、陈志辉合编《不移不惑献身法与正义——许逎曼教授刑事法论文选辑》，（台北）春风煦日学术基金 2006 年版，第 247 页。
　　② 参见［德］Winfried Hassemer《现代刑法的特征与危机》，陈俊伟译，《月旦法学杂志》2012 年第 8 期。
　　③ 参见［美］马库斯·达博《积极的一般预防以及法益论——一个英国人眼里的德国刑法学的两个重要成就》，杨萌译，《刑事法评论》2007 年第 2 卷。
　　④ 参见［英］安德鲁·冯·赫尔希《法益概念与"损害原则"》，樊文译，《刑事法评论》2009 年第 1 期。
　　⑤ 参见［日］关哲夫《现代社会中法益论的课题》，王充译，《刑法论丛》2007 年第 2 卷。

所必然面临的难题。在某种程度上可以说，法益概念的抽象化与精神化是一种不可逆的必然发展方向。因此，任何轻言放弃作为现代刑法理论体系之基石的法益概念的观点，都是不具有建设性且极不现实的。正确的方向应当在于，从宪法体系中发展出相应的限制和指导原理，以此重构刑法法益概念的立法批判机能，从而使其在克服自身功能障碍的同时，适应现代社会的发展需求。

二 刑事处罚前置化的主要问题

刑事处罚前置化主要通过抽象危险犯、预备犯以及帮助行为正犯化等立法手段的运用，实现刑法介入的早期化，以期达到预防和控制社会风险从而更为有效和周延地保护法益之目的。但是，一味追求风险管控和预防目的的刑事处罚前置化立法，却不可避免地导致传统法治国刑法原则的搁置甚至偏废。比如，前文提到的犯罪行为以及国家发动刑罚权的法益侵害关联性趋于弱化乃至丧失。不仅如此，刑事处罚前置化还容易导致刑事立法的象征化与工具化；模糊行政违法与刑事犯罪的二元区分，使违法相对性理论趋于崩溃；"重行为轻结果""有危险就处罚"的预防目的导向立法，明显有违刑罚最后手段性原则的谦抑性立场，刑法介入的必要性和正当性存在重大疑问；过于注重（尤其是积极的）一般预防和以隔离、排除为中心的消极的特别预防，忽视以教育、改善为内容的积极的特别预防，导致出现刑罚目的偏废的"敌我刑法观"，刑罚的正当化根据存疑；大量新设罪刑规范在明确性原则上也存有疑问，如规范性构成要件要素内涵不明确、实质预备罪缺乏行为定型性、采用兜底性条款；等等。

（一）刑法的象征化

现代刑法在通过抽象危险犯等立法手段实现刑事处罚与法益保护前置化、早期化的同时，还不可避免地导致了刑法的象征化。尽管确切来讲，任何通过民主程序制定的法规范都具有一定的象征性意义，但如果罪刑规范的潜在性功能（象征性中介作用）明显超越了其所应当具有的显在性功能（法益保护功能）时，便会产生刑事立法的正当性疑问。因为一个法规范的正当性不仅体现在其形式侧面（如立法主体、程序合法），更体现在其实质侧面上。如果我们只是关注于立法的形式正当性，则有可能忽略立法形成空间应有的界限，进而引起国家权力恣意扩张的危险。① 而所谓法规范的实质正当性，按照德国学者金德曼（Kindermann）的观点，就是立法应以"目的为导向"，立法者之所以制定新法或修法，应是着眼于企图实现特定目标；任何一部法律所被赋予的功能意义在于，立法者试图让法规范目的充分发挥其所预设的规制效果；只有切实对特定社会活动具有积极影响、能够促使社会向正面发展的法规范方具备实质正当性。倘若立法者未能借由特定的立法结果明确表达出一定的，或是真正的政策重点，那么该部法律实际上无法对社会运作产生任何的积极作用。对此，正如瑞士学者诺尔（Peter Noll）所指出的，立法的核心价值在于提出一套理性解决纷争之方法，从而使法律成为一种形塑理性社会的工具；立法正当性的基础在于，其必须是一种积极的、具有目的意义的，并且以正义为基础导向的社会控制与发展工具。就刑事立法而言，其正当性基础便在于，国家借由带有负面非难意义的制裁手段，促使社会成员积极实现国家所期待的作为或者不作为（行为规范），并且以此成就理性目的下的社会控制结果与实现正义。

与上述追求规制实效的"工具性立法"不同，倘若立法的目的本来就不企图影响现实，即其并非为了影响特定的生活现实以促使社会导向正向及理性的发展；或者立法本身本来就不关心是否能有效形塑任何的社会实在性，只是因为法规范既然已经存在，或多或少都还能保有某种程度的规制效果，那么这些典型的"非工具性立法"便属于所谓"象征性立法"的概念范畴。德国学者克雷姆斯

---

① 参见林东茂《一个知识论上的刑法学思考》，（台北）五南图书出版股份有限公司 2007 年版，第 352 页。

（Krems）指出，"象征性立法"在本质上就是一份"规范申明"，政治当局本来就不打算通过相关法规范实现社会规制的效果，而仅仅是想要告诉民众国家反对什么、支持什么。象征性立法要么表明政治当局特定的价值偏好，要么反映社会大众集体的心理情绪，其实际上不能或者不追求发挥任何实质的规制效果，仅仅作为"形式意义的法"而存在。严格来讲，象征性立法作为一种纯粹的规范申明，目的不论是在强化规范的有效性宣称或是仪式性的安全保障，最深层的用意其实是指向："国家欲透过立法活动实现其他隐藏其中的规范目的"，而这样的象征性特征将使得法规范无法取得实质的正当性基础。[①]

　　象征性立法在刑法中的出现以及讨论，最早可以溯及德国学者哈塞默的相关研究。按照其观察，"象征刑法"现时已经成为一套独立发展的刑法系统支线，其通常表现出下列特征：（1）为了因应当代的重大社会问题，往往在未经深思熟虑的情形之下扩张刑事立法；（2）过度高估立法于实证经验上的成效；（3）过度高估成效的结果导致实际上根本不期待刑法任务可以获得实现；（4）刑事立法者原本就无意对于立法是否具成效的问题提出任何解释，因此可能衍生的立法不足问题亦无进一步调整的必要，特别是执行能力不足导致选择性适用刑法规范；（5）刑事立法者获得政策上的（象征性）利益，例如响应社会问题的敏捷性、行动能力，以及企图让刑法适用范围更具全面性。[②]尽管现实上确实难以为"象征刑法"概念提出一项明确且稳定的解释准据，但这并不影响此概念发挥其本身所兼具的分析性与批判性的澄清功能。象征刑法的形成背景和机理与象征性立法基本相似，其在本质上亦是刑事立法者为了回应公众关切而作出的一项纯粹的规范申明。因此，象征性刑法实际上

---

　　① 参见古承宗《刑法的象征化与规制理性》，（台北）元照出版有限公司 2017 年版，第 68—69 页。

　　② 转引自古承宗《刑法的象征化与规制理性》，（台北）元照出版有限公司 2017 年版，第 70 页。

就是将刑法作为犯罪控制的"纯粹的安慰剂"来使用。[①]

现代刑法的象征化是刑法体系预防走向的必然结果，象征刑法在本质上是一种倾向于"预防"的规范逻辑，其基本秉持"积极的一般预防"刑罚观。由于所谓"刑法能够实现预防成效"的命题，实质上可能只是刑事立法者纯粹主观上的预设而已，有时候只是意图透过具体的立法行动彰显当代社会在某一时空背景下认同的社会理想价值，或者安抚那些既已存在却又难以言喻的风险恐惧，因而可以说，象征刑法所强调的积极的一般预防不过只是一种"（纯粹心理的）安全保证"而已。[②]

象征性刑事立法在很大程度上损害了传统刑法的功能与价值。首先，刑罚最后手段性原则被抛弃，刑法反而成为立法者为抗制风险而采取的"优先手段"。对此，正如德国学者希尔根多夫（Hilgendorf）所指出的，在很多情况下，现代刑法已然成为立法者首要的甚至唯一的手段。[③] 象征性刑事立法极具廉价性，其不仅可以使立法者以一种"较不费力的方式"来及时有效地回应社会大众的舆论压力和安全需求，还能顺势强化社会大众关于法不可侵犯性的信赖与忠诚，从而企图借此实现全面的秩序管制，因此其受到政治当局的广泛青睐。但是，象征刑法由此恐怕也就无法避免产生"毫无节制的（未符合比例原则）权利干预的疑虑"。其次，刑法保护法益形式具有持续扩张的趋势，加剧了法益概念的抽象化与精神化，大量内容高度抽象与空洞的"全涵法益"（或称"普遍法益""超个人法益"）概念被纳入刑法规范的保护范围。象征刑法由此无可避免地

---

① 参见［德］哈塞默尔《面对各种新型犯罪的刑法》，冯军译，载中国人民大学刑事法律科学研究中心主编《刑事法学的当代展开》（上），中国检察出版社2008年版，第67页。

② 参见古承宗《刑法的象征化与规制理性》，（台北）元照出版有限公司2017年版，第71—72页。

③ 参见［德］埃里克·希尔根多夫《德国刑法学：从传统到现代》，江溯、黄笑岩等译，北京大学出版社2015年版，第39页。

导致犯罪的法益侵害关联性趋于弱化甚至丧失，并使法益概念的立法限制与批判机能趋于崩塌。现代刑法中高度抽象化与精神化的法益概念，已不再是作为限制国家刑罚权的消极标准，而是结合危险预防与规范效率等纯粹政策性的观点，转向作为证立国家刑罚权扩张的积极论据。再次，从实质上来看，象征刑法"不是服务于法益保护"，而是为了追求刑法之外的政治目的。① 具体而言，象征刑法服务的是国家的政治安全、价值立场、意识形态甚至民族情感等目标，而不是具体的法益，其使得现代刑法呈现出一种"去形式化""富弹性的"以及"扩张的"发展趋势。由此，通过刑法介入早期化、高度犯罪化以及重刑化，象征刑法极大地削弱了传统法治国刑法的自由与人权保障机能。比如，日本近年来的相关刑事立法与其说是要保护国民的实际的具体利益，还不如说是为了安抚国民，其具有强烈的象征性功能。② 这些为了回应民众呼声的象征性立法，不但没有消解国民的不安，反而起到了加深这种不安的效果，国民的行动自由也因此受到了更为广泛的限制。最后，象征性刑事立法因欠缺实用性与实效性，而不能发挥预设的（或者根本就不期待其发挥任何的）行为规制与风险抗制效果，这有损刑法的实用主义功能。对于刑法中那些典型的象征性立法罪名，在司法实践中的适用率非常低，有些甚至自设立至今均未被使用过，完全处于一种"无力化与休眠化"③ 的象征性、宣示性状态，远离了法律的实用性、实效性。"法律不能被执行，即等于没有法律。"④ 象征性立法在刑法典中的大量存在，不仅极大地浪费了宝贵的刑事法律资源，还造成了

---

① ［德］克劳斯·罗克辛：《刑法的任务不是法益保护吗?》，樊文译，《刑事法评论》2006 年第 2 卷。

② 参见［日］松原芳博《刑法总论重要问题》，王昭武译，中国政法大学出版社 2014 年版，第 17 页。

③ 刘炯：《通过刑法的弱者保护——基于"人之图像"的学理反思》，《法律科学》2017 年第 2 期。

④ ［英］洛克：《政府论》（下篇），叶启芳、瞿菊农译，商务印书馆 2009 年版，第 138 页。

刑法的"肥大化",有损法的安定性和权威性。不仅如此,有些象征性立法在实效性方面尚存疑问,其在很大程度上仅仅是立法者为了回应社会舆论压力、满足公众安全需求以及安抚民众痛苦焦虑情绪等而作出的应急性立法或者回应性立法,而实际上并不能或者无益于减少、抑制相关领域风险的发生。象征性刑事立法充其量只能给立法者和民众带来某种精神利益,因为其作为一种"纯粹心理的安全保证",可以在短期内安抚社会大众,从而营造一种虚无缥缈的"安心感""认同感"和"信赖感"。但是,象征性立法却难以使立法者和民众获得切实的物质性利益。象征性刑事立法欠缺实效性,还使其有违宪法比例原则之嫌。"适当性原则"作为比例原则的首要子原则,要求只有当刑罚是达到规制某种危险行为之目的的有效手段时,才能将该危险行为纳入刑法的规制范围,否则便因缺乏正当性根据而不被允许。

现代刑法中的象征性立法趋势及现象是由诸多因素综合导致的,其中既有客观社会风险的加剧与复杂化,又有社会大众不安全感的加深与安全需求的强化;既有国家预防和抗制风险以及加强社会控制、维护社会稳定的内在政治要求,又有回应国际社会和国际条约、履行国际义务的外在政治考量。但无论如何,刑法理论必须反思刑法象征化的整体走向。对此,正如哈塞默所指出的,当今象征性刑事立法已经损害了刑法的法益保护功能、人权保障功能和实用功能。这既是现代刑法的一大特征,也正是其危机所在。[①] 风险社会理论的提出者之一卢曼(Luhmann)早就告诫到,我们必须衡量某个方法与另一个方法的决定风险,因为"任何决定都是带有风险的",只要我们决定通过法律手段规制那些被认为是风险的事实状态,就必须考虑到所有的抗制决定都会伴随着一定的风险,对于刑法而言即是

---

① 参见刘艳红《象征性立法对刑法功能的损害——二十年来中国刑事立法总评》,《政治与法律》2017 年第 3 期。

既有刑法理论体系的崩解与不当干预个人自由等。① 因此，刑事立法不能只是单向式地对风险作出回应与抗制，反而亦须检视所有刑法手段对于法规范自身可能存在的影响。为了避免象征刑法这种极端的发展趋势，即使刑法必须承担起风险社会下的风险抗制与预防责任，以避免社会系统崩坏的危机，我们仍须坚持任何刑法理论发展仍有必要兼具法治国与风险理性的双向特征。②

（二）刑法最后手段性原则之违背

在预防思想的主导下，现代刑法倾向于通过处罚危险犯（尤其是抽象危险犯，包括预备犯、未遂犯、累积犯等）来实现法益保护的前置化、周延化。尤其是在许多特定的风险领域，为了预防和控制风险，以免发生系统性的社会危机以及严重的法益侵害事实，立法者对相关的预备行为、抽象危险性行为甚至累积犯中的单纯违法行为均规定了相应的犯罪构成要件，由此实现了刑事处罚与法益保护的早期化。

然而，企图利用刑法实现风险管控与社会治理，这是刑法所不能承受之重。在国内外刑法学界，许多学者针对当前社会治理"过度刑法化"的趋势和现象，均不约而同地表达了担忧和批判。所谓"过度刑法化"，大体是指刑法在参与社会治理过程中，没有遵守与其他法律、社会规范的界限，超出其合理功能的情况。③ 过度刑法化在本质上体现的是国家刑罚权在社会治理中的膨胀与权力体系越位，这是当前社会治理中的一种病态现象。④ 比如，面对日益严峻的恐怖主义、极端主义犯罪形势，各国均采取了前置处罚恐怖犯罪活动预

---

① See Niklas Luhmann, *Risk*: *A Sociological Theory*, translated by Rhodes Barrett, New Brunswick, NJ: Aldine Transaction, 2005, pp. 28 – 31.

② 参见古承宗《刑法的象征化与规制理性》，（台北）元照出版有限公司 2017 年版，第 93 页。

③ See Andrew Ashworth, "Conceptions of Overcriminalization", *Ohio State Journal of Criminal Law*, No. 5, 2008, p. 407.

④ 参见何荣功《社会治理"过度刑法化"的法哲学批判》，《中外法学》2015 年第 2 期。

备行为，并加重相关刑罚量的犯罪化与重刑化措施，企图借由刑罚的威慑力与刑罚前置的预防力，来实现恐怖犯罪的预防和治理，同时安抚社会大众的不安和恐惧心理。但实践证明，一味地采取刑事处罚前置化与重刑化的应对手段，根本无法实现对恐怖犯罪活动的有效治理。相反，由于政治当局过于注重刑罚手段的运用，对"刑法反恐"寄予了过高的期望，反而忽视或者延误了其他社会治理手段的综合运用，从而使反恐工作陷入进退维谷的地步。恐怖主义犯罪的治理，有赖于其背后的宗教、民族、文化冲突以及地区差异等问题的综合化解，单纯采取犯罪化与重刑化的刑法手段，显然是无法实现这一系统性重任的。

众所周知，刑法是以刑罚为制裁手段的国家治理法律体系，而"刑罚乃以物理的强制力而剥夺人的生命、自由、财产等"，"是国家对人民所施加的最为严厉且最直接的暴力"。刑罚的恶害性、暴力性、严苛性决定了，刑罚权的行使将带来诸多弊害的反作用，如资格限制与作为犯罪人的烙印。[①] 因此，只要还有其他可以使用的社会治理手段（如伦理道德、民间自治、民事、行政手段等），国家便不能轻易动用刑罚制裁措施，这就是所谓的"刑法最后手段性原则"与"刑法谦抑性思想"。其集中表达了刑法的三个特性：（1）刑法的补充性、辅助性。在所有社会治理手段中，刑法是最后的手段，其只有在"不得已"的情况下才能被允许使用，刑法只能起到"辅助性的法益保护"作用。（2）刑法的片断性、零碎性。刑法仅仅将整体利益中的一部分提升为法益加以保护，并且刑法对这部分法益的保护也并不总是一般性的，刑法的保护仅及于维持社会秩序所必要的最小限度之领域。（3）刑法的宽容性、人道性。纵然实现犯罪行为，但为图保护法益，只要非必要或者不得已的情况，应重视宽容精神且节制处罚，因此，刑法规范的适用（定罪与量刑）应当宽

———————

① 参见［日］西田典之《日本刑法总论》（第2版），王昭武、刘明祥译，法律出版社2013年版，第25页。

容、审慎，刑罚手段的设置与执行应当适当、人道。

从现代刑法中大量存在的处罚前置化立法来看，上述所谓的刑法最后手段性原则与刑法谦抑性思想不仅未受到立法者的应有重视，反而还被有意或无意地抛置到了一边。在"刑法万能"的错误认知的引导下，政治当局以及社会大众盲目地相信或期待刑罚制度可以像"万灵丹"一样，解决所有社会问题或人际纷争，这在很大程度上加剧了刑法的工具化与象征化。诚然，刑法的最后手段性与谦抑性思想仅仅是一种精神性理念，其更属于一种刑事政策性的准则，而不是强制性原则或者规定。但是，其与刑法的法益保护原则、罪责原则、罪刑法定原则、罪刑相适应原则等刑法教义学的基本原理均是一脉相承的，违背刑法最后手段性原则的刑事立法，在本质上难言遵循了其他的刑法教义学原理。因此，重新审视与反思当前风险社会下的刑法前置化立法对刑法最后手段性原则与刑法谦抑性思想的违背，有助于发挥刑法教义学的立法批判与指导机能，从而间接起到限制国家刑罚权界限的作用。现代刑事立法者应当谦卑、理性地认识到，刑法虽具有维护社会秩序、预防犯罪与保护法益等任务，然此等任务不能仅期待透过刑法来实现，而是必须透过法治国之下各种维护法秩序的手段与制度之共同作用，包括制定良善的社会政策、教育政策或福利政策，才有可能达成。相较其他手段与制度而言，刑法必须是最后的手段措施。

（三）"行为人刑法"与"观念刑法"抬头

基于刑法的判断对象与惩罚根据的不同，理论上存在"行为刑法"与"行为人刑法"之区分。其中，行为刑法要求刑事违法性的判断对象和根据只能是具有法益侵害及其危险性的客观行为，而不能仅因行为人具有危险人格便施加刑罚。[1] 与之相对，行为人刑法则将行为人的人格作为刑事可罚性的对象和根据，并依据行为人的社

---

① 参见［德］克劳斯·罗克辛《德国刑法学 总论（第 1 卷）：犯罪原理的基础构造》，王世洲译，法律出版社 2005 年版，第 105—106 页。

会危险性及其程度来决定刑罚的适用。

毋庸置疑，"无行为即无犯罪"的刑事法理告诉我们，行为刑法乃是刑法的基本原则之一。刑法应当以行为作为其规范对象，刑法判断犯罪的基础对象在于行为，唯有行为方得以成为犯罪，亦唯有行为方属于刑法非难评价的对象，不能以行为之外的其他人的因素，例如思想、人格、美丑、素行等因素，作为刑法判断犯罪时的规范对象，此即所谓"行为刑法"原则之意旨。① 不仅如此，行为刑法在遵循法的明确性原则等方面也更具优势。对此，正如车浩教授所指出的："行为刑法着重构成要件行为的描述并依此确定刑罚，而行为人刑法需要发现和确证行为人人格中的不良因素，并以此作为刑罚的根据。在明确性、清晰度和无争议性上，前者的效果显然要优越于后者。"② 因此，行为刑法更加符合保障公民自由和人权的宪法原则，以及罪刑法定原则的基本要求，其发展空间要远远大于行为人刑法，近代以来的刑法的底色应当是行为刑法，在犯罪论上更是如此。事实上，就连作为行为人刑法思想基础的特殊预防刑罚目的观的首倡者李斯特也坚持认为，行为人只能因为自己实施的行为而受到刑事惩罚，行为人的人格仅对于"不确定的刑罚判决"，即刑罚执行的期限应当取决于是否达到刑罚目的的那种判决具有重要意义。李斯特及其继承者所主张的是一种"行为刑法与行为人刑法的二元制"，即刑事可罚性的条件是由行为刑法决定，而法律后果（刑罚、保安处分）则更多地是由行为人刑法所决定。这些理论和观点都不是顺着"激进的行为人刑法"的道路发展的，而是要将行为人刑法的影响限制在犯罪行为的法律后果之上。由此可见，传统的、正宗的、原初的行为人刑法思想，是将行为人的人格因素限制在刑罚论的部分，而在犯罪论的部分，则始终坚持行为刑法。总之，纯粹的行为人刑法从来就没有出现过，李斯特也并没有毫不妥协地坚持制

---

① 参见柯耀程《刑法释论Ⅰ》，（台北）一品文化出版社 2014 年版，第 70—71 页。

② 参见车浩《"扒窃入刑"：贴身禁忌与行为人刑法》，《中国法学》2013 年第 1 期。

定一部行为人刑法。①

　　尽管当前各国刑法基本遵循了行为刑法的原理，但是随着刑法体系的预防走向，现代刑法中的行为人刑法思想和成分正逐渐增多。因为行为人刑法的思想基础在于特殊预防的刑罚目的理论，其侧重于发挥刑法的社会防卫与犯罪预防机能，这与以预防和控制风险为目的导向的现代刑法具有一定的契合性。以我国刑法为例，除了长期以来一直存在于刑罚论中的累犯从重处罚、缓刑、假释、自首、立功、死缓限制减刑、未成年人刑罚减免、老年人不适用死刑等涉及行为人刑法的规定（当然也包括刑事从业禁止、禁止令等近年来刑法修正案新增的保安处分措施），以及根据行为人的身份等特征规定从重、从轻等处罚效果的刑法规范以外，还存在将行为人的人格因素（如惯犯）作为犯罪成立条件的激进的行为人刑法规定。比如，行为人多次盗窃、多次抢夺的，尽管每一次盗窃、抢夺均不构成犯罪，甚至多次盗窃、抢夺的财物总额也不构成起刑点，但仍然构成盗窃罪、抢夺罪。再如，行为人多次扰乱国家机关工作秩序，尽管每一次扰乱行为均不成立其他犯罪，但只要其属于经行政处罚后仍不改正的，便成立犯罪；行为人多次组织、资助他人非法聚集，扰乱公共秩序的，尽管每一次组织、资助行为均不成立其他犯罪，但仍然成立组织、资助非法聚集罪。类似的以行为人的人格因素（如素行、惯犯等，而不是构成要件限定的单个行为）作为犯罪成立条件的激进的行为人刑法规定还有许多，在此便不一一列举。此类罪刑规范并非以构成要件行为的实质违法性为入罪根据，而是将行为人反复实施相关行为的人格因素作为犯罪成立条件，这便将"惯犯"这一行为人人格纳入了罪刑规范之中。② 因此，这些刑法规范在本质上是一种侧重于"行为人"而非"行为"的行为人刑法规范，其表

---

　　① 参见［德］冈特·施特拉滕韦特、［德］洛塔尔·库伦《刑法总论Ⅰ——犯罪论》，杨萌译，法律出版社2006年版，第38页。

　　② 车浩：《刑事立法的法教义学反思——基于〈刑法修正案（九）〉的分析》，《法学》2015年第10期。

明了立法者对具备特定人格因素的行为人进行特殊预防和打击的立法意图。可以说，近年来的部分刑事立法已经表现出极为明显的"对人"倾向，即立法者在制定新法时已有潜在的规制对象，而不是面向所有社会大众的"对事"立法。这种"对人"立法虽然有助于刑罚特殊预防目的的实现，但也同时隐藏着"索行刑法""人格刑法""思想刑法"等违背行为刑法原理的危险，因而值得警惕。

此外，随着刑法介入的日益前置化、早期化，刑事处罚的节点经常被提前到犯罪预备乃至预谋阶段，行为人的主观犯意由此成为刑事不法的重要内涵，从而有可能导致偏向主观主义的"观念刑法"（又称"思想刑法""心情刑法"）。对于刑法分则中的实质预备犯，其构成要件行为（预备行为）有时不可避免地包含了日常中立行为，只不过行为人实施该行为的目的是为之后的犯罪做准备而已，如此一来，从客观上看一个中立无害的日常行为，却会因为行为人的主观犯意或者犯罪计划而成立犯罪，这无疑极易导致主观归罪。例如，《刑法修正案（九）》新增设的准备实施恐怖活动罪，将为实施恐怖犯罪活动所做的所有准备行为均规定为犯罪，而没有将日常中立的准备行为排除在外，这意味着行为人实施的任何一个完全符合社会规范的日常行为（如开车前往某地、购买手机电话卡等），也完全可能会被视为恐怖活动犯罪的准备行为而被处罚。对此，正如齐白（Sieber）所指出的，由于这些犯罪将可罚性大大提前到了计划阶段，并且用主观意思替代了客观构成要件要素，因而其正当性受到了来自观念刑法和欠缺归责关系两方面的质疑。具体而言，一方面的批评是，基于主观计划认定对法益的危险是不允许的，因为此时仅仅存在一个犯罪计划而已，否则就会使刑事可罚性扩张到纯粹的思想观念或者公民的私人领域，从而形成不被允许的行为人刑法或者观念刑法；另一方面的批评是，危险只能被客观地确定，对犯罪预备行为的处罚即便可行，也必须要被限制在很小的范围内，因为犯罪预备阶段行为人仍有可能放弃实施犯罪行为，其还必须做出新的意志决定才可能实行犯罪行为，或者犯罪行为的既遂与否还取决于第三者的举动，因而行为人所计划的暴力犯罪不能被认定为可罚的不法。总之，纯粹从主观方面奠定刑事可罚性是不允许的，而且针对内在观念的处罚恐怕也会由于侵入了公民私人生活的核心领域而违反宪法。① 当然，如果实质预备犯的构成要件行为已经制造了法所不允许的危险，能够明确征表行为人的主观犯意，那么其便已经具备了客观的刑事可罚性的不法内涵，对其予以刑罚处罚方具备正当化根据。

（四）刑法明确性原则之质疑

作为罪刑法定原则的实质侧面，刑法明确性原则源于美国的"因不明确而无效"的理论。② 法律的明确性是限制国家刑罚权的基本要求。③ 基于明确性原则，刑法规范对于罪与非罪、此罪与彼罪、犯罪的法律后果等，都必须规定清楚。罪刑明确性原则之目的有三：其一，刑法具有明确性，人民对于刑法规定有足够的认识，才能掌握国家刑罚暴力，避免遭受国家不可预测的处罚与干预，使刑法真正发挥保障人权的保证功能；其二，犯罪构成要件与处罚效果不明确，将会留给法官过大的解释空间与适用法律范围，进而有可能侵害立法者的立法权与权力分立之宪政体制；其三，罪刑明确化，刑法始具有可算计性，人民才可根据刑法规定的犯罪构成要件与处罚效果去思考或调整其行为，避免触法，以达到刑法一般预防与社会控制之功能。④ 正因为此，明确性原则成为刑法规范最根本的要求。

德国刑法学者威尔策尔（Welzel）曾说过，罪刑法定原则最大的威胁并不在于类推适用，而是在于不明确的刑法规定。当刑法规

---

① 参见［德］乌尔里希·齐白《全球风险社会与信息社会中的刑法：二十一世纪刑法模式的转换》，周遵友、江溯等译，中国法制出版社 2012 年版，第 214 页。

② 参见张明楷《刑法学》，法律出版社 2016 年版，第 52 页。

③ ［德］汉斯·海因里希·耶赛克、［德］托马斯·魏根特：《德国刑法教科书》，徐久生译，中国法制出版社 2017 年版，第 36 页。

④ 参见王皇玉《刑法总则》，（台北）新学林出版股份有限公司 2017 年版，第 46 页。

范欠缺明确性时，一方面将为立法者和司法者大开任意立法、任意解释、恣意裁量的大门，从而导致国家刑罚权的无序扩张；另一方面将无法真正揭示出罪与罚的界限与范围，从而有损国民的可预测性，造成国民行动自由的萎缩，刑法的自由保障机能亦将随之崩解。

刑法明确性原则不仅要求法律效果明确，更要求犯罪构成要件具备明确性。其中，"构成要件明确性，是罪刑法定原则的灵魂"。①随着"绝对不定期刑"的排除，现代刑法的明确性疑问也主要集中在犯罪构成要件（犯罪成立条件）的规定上。

刑事处罚前置化下的犯罪构成要件明确性疑问主要集中在如下三个方面：

第一，部分犯罪构成要件的保护法益过于抽象、模糊和空洞，从而导致相关犯罪的规范目的和保护范围不明确，这在无形中为扩张相应犯罪的处罚范围打开了方便之门。以《刑法修正案（九）》增设的扰乱国家机关工作秩序罪为例，本罪的保护法益被认为是国家机关的工作秩序，但是，至于何为"国家机关工作秩序"却并没有明确的界定和范围。从立法说明来看，立法者所称的对国家机关工作秩序的保护，实际上是对国家机关所在的"建筑物内的人员行使公权力的不受干扰性和自在安宁性的保护"②。这意味着，普通公民为其正当权利而提出诉求的行为，也可能会因为扰乱了国家机关工作场所的安宁而成立本罪，这便过分扩大了本罪的处罚范围。

第二，实质预备犯中预备行为的刑事可罚性起始点捉摸不定，从而导致相关犯罪的处罚界限和范围不明确，这容易造成犯罪认定的恣意性。对此，正如我国台湾地区学者所指出的，在成罪条件的明确性要求上，除法律所规定的条件与行为类型必须明确外，对于评价对象在认定的基准点关系上，也必须明确，亦即刑法何时方得

① 林东茂：《刑法综览》，（台北）一品文化出版社 2016 年版，第 77 页。
② 车浩：《刑事立法的法教义学反思——基于〈刑法修正案（九）〉的分析》，《法学》2015 年第 10 期。

以对行为加以作规范性之评价，其基准点必须明确。这个问题主要涉及刑法介入判断的时点认定关系，亦即对于行为评价起始点（着手）的认定问题上，倘若刑法欠缺对于一定类型的明确判断时点，将使得若干情状的刑法评价显得出于恣意，例如刑法关于预备行为或阴谋、预谋行为的认定，其根本欠缺一定的认定基准点，故而关于预备及阴谋行为之处罚，恐有落入抵触明确性原则之嫌。[①] 据此，我国《刑法修正案（九）》新增设的实质预备犯立法，如准备实施恐怖活动罪、非法利用信息网络罪等，在行为类型的可罚性起点（非难评价的基准点）上存在明确性疑问。

第三，部分采取"空白刑法"（也称"空白罪状""空白构成要件"）规定的犯罪，因欠缺相应的前置性法律规范而存在明确性问题。在我国刑法中，由于法定犯（行政犯）的数量越来越多，采取"空白刑法"规定的刑法条文也相应增多。"空白刑法"规定本身并不必然违背罪刑明确性原则，因为空白刑法中的禁止内容，是由立法机关及其授权的行政机关制定的法律、行政法规等加以补充的，其原则上仍符合明确性原则的基本要求。[②] 然而，倘若某个行政犯的前置性法律规范尚未建立起来，但其却仍旧采取了"空白刑法"的规定形式，那么其构成要件明确性无疑便存在疑问。

第二节　基于法教义学中层理论的审视

在我国刑法中，刑法前置化立法主要表现为抽象危险犯（包括累积犯、持有犯、行为犯等理论分类）、实质预备犯以及帮助行为正犯化三种犯罪类型。本节从抽象危险犯理论、预备行为的可罚性教

---

① 参见柯耀程《刑法释论Ⅰ》，（台北）一品文化出版社 2014 年版，第 57—58 页。
② 参见王皇玉《刑法总则》，（台北）新学林出版股份有限公司 2017 年版，第 48 页。

义、共犯理论与中立帮助行为可罚性理论等刑法教义学中层理论层面，分别审视相应前置化刑法规范所存在的处罚不当罚行为的问题。

一 抽象危险犯的法教义学审视

（一）抽象危险犯所遭受的理论非议

与实害犯和具体危险犯相比，抽象危险犯仅仅以一定之行为要件直接作为犯罪成立的客观条件，这使其在实际的作用上与单纯行为犯没有什么两样。① 在立法上，实害犯以现实的法益侵害结果为构成要件要素，具体危险犯以现实的法益危险状态结果为构成要件要素，因而二者均属于结果犯的范畴。与结果犯对应的是行为犯，其构成要件仅仅把法律后果与一个被禁止的行为联系起来。② 尽管不宜认为所有的行为犯均是抽象危险犯，因为在有些行为犯中，法益侵害的结果与行为是同时发生的，只需规定一定的行为要件即可，所以其在本质上属于行为与结果同时发生的结果犯，非法侵入住宅罪即是如此。但是，对于抽象危险犯而言，其并不存在一个完整的结果犯的犯罪构成要件之构造，其成立犯罪亦无须司法上具体判断是否真的存在法益侵害的危险性，因而将其归属为行为犯的范畴并没有什么不妥。

抽象危险犯凭借其简单易察的行为构成要件，在风险预防、社会管控等方面发挥出了巨大优势。（1）无须等到行为对相应法益造成现实侵害或者危险状态，即可提前对其进行干预，从而实现了法益保护前置化的预防目的。（2）刑法立法只对相应行为进行类型化描述，而无须关注其可能导致的法益侵害后果，从而减轻了立法负担和立法成本。（3）由于仅以一定行为作为犯罪构成要件，因而在

---

① 参见黄荣坚《基础刑法学》（下），中国人民大学出版社 2009 年版，第 381—383 页。

② 参见［德］约克·艾斯勒《抽象危险犯的基础和边界》，蔡桂生译，《刑法论丛》2008 年第 2 卷。

一定程度上提升了刑法的明确性。（4）由于立法并未规定犯罪的结果要素，因而司法机关无须具体考察个案中是否出现了相关危害结果，行为与结果之间是否存在刑法上的因果关系，以及行为人对于危害结果的主观罪过等，这便极大地减轻了司法机关的证明责任和负担，使得刑事归责非常便宜。（5）抽象危险犯直接表明国家禁止的是某种行为，而无论该行为最终是否会造成某种危害后果，因而其可以明确向社会公众传达政治当局的态度和立场，从而起到积极的一般预防作用，有助于达成社会控制的效果。总之，正是由于抽象危险犯具有其他结果犯无可比拟的优势与功能，因而其迅速被国内外刑事立法者所利用，成为刑法保护前置化立法的主要形式。

然而，抽象危险犯所采取的以一定之行为要件直接作为犯罪成立条件的做法，也使其立法的处罚正当性备受质疑。（1）有违反法益保护原则和结果无价值论立场的嫌疑。根据法益保护原则，刑法只能处罚存在法益侵害及其危险性的行为，对于完全不具有法益侵害性的行为不能予以刑罚处罚。但是，抽象危险犯的处罚基础并不以具有社会损害性的结果出现为必要，而是从行为无价值论与规范违反说的立场，将某种行为方式评价为对法益具有典型的危险，或是具有普遍的危险性存在，从而责难该行为本身，这种只有有此行为存在，就构成处罚理由的立法方式，无疑有违法益保护主义的刑法观与结果无价值论的违法性论立场。[①]（2）抽象危险犯中所谓的抽象危险是立法者拟制、推定和预设出来的，其无须司法上的具体判断，这种与行为犯、举动犯无异的立法和司法认定模式，过分扩张了刑法的处罚范围，容易导致刑罚处罚的正当性疑问。这种建立在假设危险之上的处罚规定，有违反罪责原则的嫌疑，因为行为人

---

① 参见王皇玉《刑法总则》，（台北）新学林出版股份有限公司 2017 年版，第167 页。

的罪责总是被司法机关无可反驳地推定与罗织。① （3）抽象危险犯由于放弃了结果要素，因而弱化了犯罪未完成形态的认定，容易导致司法机关将未遂行为当成既遂行为看待，从而不当扩大刑法的处罚范围。（4）由于抽象危险犯是最节省犯罪认定与追溯成本的犯罪结构，因而其深受刑事立法者和司法者的青睐，加之其在犯罪预防、社会控制方面的优势，其极易成为刑法工具化、象征化甚至政治化的助推工具。

（二）抽象危险犯立法的司法认定难题

在传统刑法理论上，一般将危险犯二分为具体危险犯和抽象危险犯。其中，抽象危险犯中的"危险"只是一种"抽象而隐形的存在或假设"，此种情形的法益侵害危险可谓"具体危险的前阶段"，无须司法上就个案是否真的存在现实的具体危险进行判断。因此，尽管抽象危险犯与具体危险犯同属危险犯之范畴，而与实害犯相对应，但实际上，抽象危险犯与具体危险犯、实害犯均有着本质区别。后两者的构成要件构造基本相同，② 无论是对法益的现实侵害还是具体危险，均属于构成要件中的结果要素，因而二者同属结果犯的范畴。相反，抽象危险犯正因为其典型之危险，立法者并未附加其他要件（尤其是结果要素），而是以一定之行为要件直接确认其行为之危险性，所以其可以说是典型的行为犯。③

根据通说采取的危险犯二分法，对于现行刑法中的危险犯，倘若立法规定以具体危险状态作为犯罪构成要件要素之一的，那么其便属于具体危险犯，相应地司法上应当具体判断个案中符合犯罪构成要件的行为是否还对法益造成了现实危险状态；倘若立法仅以一

---

① 参见林东茂《危险犯的法律性质》，《台大法学论丛》1996 年第 1 期。
② 参见［德］约克·艾斯勒《抽象危险犯的基础和边界》，蔡桂生译，《刑法论丛》2008 年第 2 卷。
③ 参见黄荣坚《基础刑法学》（下），中国人民大学出版社 2009 年版，第 382—383 页。

定危险性的行为作为客观构成要件的，那么其便属于抽象危险犯，相应地司法上只需直接形式地判断行为的构成要件该当性即可。不可否认，传统的危险犯二分法确实存在一定的立法依据，其对于相关立法的司法适用也起到了一定的指导作用。但是，随着犯罪事实的复杂化以及立法形式的多元化，传统危险犯二分法下的抽象危险犯概念暴露出了越来越多的问题和争议，从而导致其根本无法准确有效地指导相关犯罪的司法认定，甚至还在很大程度上阻碍了对相关犯罪立法进行实质解释与合目的性解释。

1. 过度扩大部分抽象危险犯的处罚范围

传统危险犯二分法下的抽象危险犯概念容易造成相关立法处罚范围的扩大化，从而导致处罚不当罚的行为。比如，醉驾型危险驾驶罪和非法持有枪支罪一直被认为是典型的抽象危险犯，根据相关立法和司法解释的规定，只要行为符合相应构成要件描述的事实，即可直接认定成立犯罪既遂，而无须司法上再去判断该行为是否真的具有法益侵害的危险性。显然，这种形式的犯罪认定标准难以适应复杂的社会实践，诸如极具争议的"天津赵春华非法持有枪支案"以及大量的事实上不存在任何危险性的醉酒驾驶行为也被认定为危险驾驶罪的案件，都反映了抽象危险犯的处罚范围有失妥当的问题。

基于此，理论上有观点认为，抽象危险犯应当允许通过反证在具体案件中并不存在相应危险而出罪。① 比如，张明楷教授指出，倘若个案中不存在任何危险，那么抽象危险犯不能成立。② 这实际上同样肯定了对抽象危险犯应当允许进行反证。再如，黎宏教授站在结果无价值论的立场指出，抽象危险犯也应当以法益侵害为基本判断原则，故对其司法认定应当通过考虑有无法定的足以侵害法益的

---

① 参见付立庆《应否允许抽象危险犯反证问题研究》，《法商研究》2013 年第 6 期。

② 参见张明楷《刑法学》，法律出版社 2016 年版，第 168 页。

行为事实为标准予以间接判断，这实际上要求司法机关综合考察行为时的所有客观情况进行全面性的实质判断。① 理论上对于抽象危险犯允许反证排除以及进行实质解释等观点，目的均在于克服抽象危险犯司法认定过于形式化、表面化的弊端，从而对抽象危险犯的处罚范围进行实质的、合目的性的限缩。

但是，这种做法又不可避免地使抽象危险犯陷入了一个两难的困境：如果坚持传统的抽象危险犯概念，那么容易导致处罚范围的失当；如果为了限制抽象危险犯的处罚范围而允许司法上通过反证或者实质解释推翻立法预设的抽象危险，那么实际上也就推翻了抽象危险犯这个概念本身，从而使其无限接近具体危险犯的概念范畴，这将使抽象危险犯立法失去存在的价值。抽象危险作为一种立法拟制的危险，其基本意旨就在于否定其他犯罪成立条件之限制，尤其是结果要素（包括作为结果的具体危险）。② 因此，如果主张通过司法上的反证或实质判断限制抽象危险犯立法的处罚范围，那么就是将抽象危险犯当作具体危险犯来看待，这种在客观不法范围上的司法限缩显然与抽象危险犯的立法概念相抵触。

2. 过分限缩部分具体危险犯的处罚范围

基于危险犯二分法，只要刑法立法规定了"足以"致生危险以及其他"危害公共安全"之类的构成要件要素，那么其便属于具体危险犯的概念范畴。但是，在司法实践中，对于这些所谓的具体危险犯的司法认定，却并没有遵循个案行为已经造成了法益侵害的现实危险状态这一基本要求，而是只要行为符合相关立法及司法解释确立的入罪标准，即可直接认定成立犯罪既遂。例如，对于生产、销售不符合安全标准的食品罪，根据 2001 年 4 月 9 日最高人民法院、最高人民检察院《关于办理生产、销售伪劣商品刑事案件具体

① 参见黎宏《论抽象危险犯危险判断的经验法则之构建与适用——以抽象危险犯立法模式与传统法益侵害说的平衡和协调为目标》，《政治与法律》2013 年第 8 期。

② 黄荣坚：《基础刑法学》（下），中国人民大学出版社 2009 年版，第 384 页。

应用法律若干问题的解释》第 4 条之规定，只要经省级以上卫生行政部门确定的机构鉴定，食品中含有可能导致严重食物中毒事故或者其他严重食源性疾患的超标准的有害细菌或者其他污染物的，就应当认定为《刑法》第 143 条规定的"足以造成严重食物中毒事故或者其他严重食源性疾患"，成立犯罪既遂，而无论这些不符合安全标准的食品是否已经对人的生命、健康等法益造成现实危险状态。这种做法实际上已将所谓的具体危险犯的既遂时点，提前到了犯罪预备和未遂（尚未造成法益侵害的现实危险状态）的阶段，使具体危险犯的司法认定标准由"结果属性的危险"异化为"行为属性的危险"，从而彻底放弃了具体危险的判断。此时，如果继续坚持具体危险犯的司法认定逻辑（需对法益造成现实的危险状态才成立犯罪既遂），那么，对于上述情形充其量也只能认定为犯罪未遂或者犯罪预备（通常不具有可罚性），这显然过分限缩了相关犯罪的处罚范围，降低了刑法的打击力度。

正因为此，理论上有学者直接指出，相关立法实际上并不是所谓的具体危险犯，"足以"致生危险之类的构成要件要素只是对行为及其对象的危险属性或者程度的要求，其要求行为只有存在或达到"足以"致生危险程度的才能成立犯罪，至于是否对具体法益造成现实危险状态则与犯罪成立无关。[①] 倘若按照这种理解，这些立法便不再属于具体危险犯的概念范畴，而且也难以将其归属于抽象危险犯，因为其仍然需要司法机关在个案中对行为以及行为对象的危险属性和程度进行具体判断。

总之，从我国现行刑法的立法规定与司法实践来看，传统危险犯二分法下的抽象危险犯与具体危险犯概念及其司法认定逻辑，已经无法准确有效指导相关立法的解释与适用，甚至还在一定程度上阻碍了司法机关对相关立法通过实质解释与合目的性解释进行司法

---

① 参见杜文俊、陈洪兵《质疑"足以"系具体危险犯或危险犯标志之通说》，《中国刑事法杂志》2012 年第 2 期。

限缩的可能，并由此导致了大量不必要的理论争论。新近颁布的两个司法文件表明（最高人民法院、最高人民检察院联合发布的《关于涉以压缩气体为动力的枪支、气枪铅弹刑事案件定罪量刑问题的批复》（法释〔2018〕8 号）与 2017 年 5 月 1 日起试行的最高人民法院《关于常见犯罪的量刑指导意见（二）（试行）》中关于醉驾型危险驾驶罪定罪量刑的规定），即便原先被通说认为是典型的抽象危险犯（甚至是一直被刑法理论所否定的行为犯[①]）的醉驾型危险驾驶罪，也必须以行为具备法益侵害危险性为处罚根据，而不是只要行为在客观上符合犯罪构成要件即可。换言之，在所谓的抽象危险犯中，实质性的司法判断也是必要的，这是贯彻法益保护原则的基本要求。这个司法动向反过来说明，在危险犯领域，现行刑法理论根本无法有效指导司法实践，这一次，刑法实践可以说是完全超越了刑法理论，自行探索出了一条追求形式合法性与实质合理性相结合的道路。对此，刑法学界必须对当前通行的危险犯理论进行深刻反思。刑法理论不应被困在固有的概念法学中独自打转，而应当敢于突破传统通说，面对立法和司法实践及时反思并调整自身的不足，如此才有可能发展出正确指导实践的有效理论。

二　预备行为实行化的法教义学审视

（一）法教义学视角下预备犯的处罚正当性问题

基于预防导向的刑事政策需求，法益保护的前置化与刑事处罚的早期化在不同程度上成为世界各国刑事立法的基本动向。而预备犯作为处罚早期化的重要手段之一，由于其通过提前刑法介入的起点可以有效实现法益保护的前置化与周延化，因而逐渐从处罚的例外变为各国刑法立法中的常态。然而，尽管刑法立法规定对预备犯予以处罚可以适度回应实践中对一些重要法益给予特别有效保护的需求，但是，其却始终难以消解处罚预备犯在刑法教义学原理上的

[①]　参见付立庆《行为犯概念否定论》，《政法论坛》2013 年第 6 期。

法理根据及正当性问题。

1. 处罚形式预备犯的正当性问题

形式预备犯又被称为从属预备犯，顾名思义，其所处罚的预备行为并没有相应独立的犯罪构成要件，而需要附属于目标犯罪既遂犯的构成要件。从故意犯罪行为的实施阶段来看，预备行为属于构成要件行为（实行行为）之前（尚未着手）的行为。这意味着，形式预备犯中的预备行为并不是刑法分则立法所规定的类型化的构成要件行为，而是一种无定型、无限定的行为，是一种实行行为之前的行为，其不符合作为构成要件实行行为的特点。[①]

对这样一个不具有实行行为性质的预备行为予以刑罚处罚，无论是从法益侵害说还是规范违反说的理论视角来审视，均面临刑事法理上的正当性疑问。首先，法益侵害说立足于客观主义立场，主张违法性的实质（实体、根据）在于行为"对法益的侵害或者威胁"[②]。根据罪刑法定原则的要求，对于具有法益侵害性的行为，只有将其加以定型化、类型化为构成要件行为（实行行为），方具备刑事违法性，对其予以刑罚处罚才是正当的。然而，从概念上来看，形式预备犯中的预备行为仍然处于应受刑罚处罚行为之前的阶段。[③]由于预备行为并非实行行为，因而其尚未对法益造成现实侵害及威胁。[④] 所以，从法益侵害说的理论视角来看，形式预备犯中的预备行为尚不具备"对保护法益的侵害或者威胁"的不法内涵，因而不具有刑事违法性和刑事可罚性。

其次，规范违反说立足于偏向主观主义的立场，主张违法性的实质是违反法规范或者违反法秩序。规范违反说倾向于采取行为无

---

① ［日］大塚仁：《刑法概说（总论）》，（东京）有斐阁 2008 年版，第 324 页。

② 张明楷：《刑法的基本立场》，中国法制出版社 2002 年版，第 153 页。

③ 参见 ［德］冈特·施特拉滕韦特、［德］洛塔尔·库伦《刑法总论 I ——犯罪论》，杨萌译，法律出版社 2006 年版，第 250 页。

④ 梁根林：《预备犯普遍处罚原则的困境与突围——〈刑法〉第 22 条的解读与重构》，《中国法学》2011 年第 2 期。

价值论立场，主张行为本身的恶是违法性的根据。① 这种一元的行为无价值论由于弱化了法益侵害或者威胁的结果要素，并且承认主观的不法要素，因而似乎可以为形式预备犯提供刑事可罚性根据。但是，行为无价值论虽然具有一定的主观主义色彩，可其终究还是属于客观的违法性论。其中的"行为"并非仅指行为人主观上的法敌对意识，也绝非任何一种反映行为人的反规范态度的行为。只有当行为人的反规范意思外化为刑法所禁止的行为样态时，才具有刑法上的意义。换言之，只有刑法规定的构成要件行为才能展现作为以规范违反性为内涵的客观不法，并征表行为人的主观不法。然而，预备行为虽然有其主观上对法规范的敌对意识，但由于尚未着手实行符合构成要件的行为，因而其本身的样态不仅尚未展现出规范违反性，而且也无法确切表征出行为人的主观不法。因此，规范违反说和行为无价值论亦不能为形式预备犯提供可罚性根据。

况且近年来，一元的行为无价值论已经失去了市场，当前德国刑法理论的通说是二元的行为无价值论，这也是日本刑法理论上的有力学说。二元论由于同时充分肯定法益侵害性对于违法性判断的关键作用，因而更无法为形式预备犯提供处罚根据。也正因为此，理论上有学者主张废除刑法上全部形式预备犯的处罚规定，并对其中已经达到对法益侵害失控阶段的预备行为直接加以实行行为化（或者以着手论，或者在立法上加以犯罪化），而对其中没有达到对法益侵害失控阶段的预备行为予以非犯罪化。②

一直以来，我国传统刑法理论认为预备犯符合"修正的犯罪构成"。形式预备犯"是一种完全具备修正的犯罪构成要件的未完成形态的犯罪"③，这是追究其刑事责任的法理根据。然而，修正的犯罪

---

① 参见周光权《行为无价值论的中国展开》，法律出版社 2015 年版，第 15—16 页。

② 参见黄荣坚《基础刑法学》（下），中国人民大学出版社 2009 年版，第 310—311 页。

③ 马克昌：《犯罪通论》，武汉大学出版社 1991 年版，第 404 页。

构成理论并不能说明预备行为的实质违法性问题。[①] 况且，这种理论说辞本身已饱受质疑，其在当前主流的刑法理论知识转型语境下更是面临被淘汰的命运。因此，迄今为止，形式预备犯虽然广泛存在于世界各国刑法之中，但对于其处罚规定自始即受到学术界的广泛质疑，有关废除刑法中形式预备犯的声音不绝于耳。

从世界各国刑法立法来看，形式预备犯既可由刑法分则规定，也可由刑法总则规定。在刑法分则规定形式预备犯的立法例基本遵循形式预备犯的例外处罚原则（"原则上不可罚"）。比如，日本刑法处罚形式预备犯仅限于极其例外的情形，其刑罚也明显轻于既遂犯、未遂犯。[②] 凡应予以处罚的预备行为，日本刑法均在分则中明文规定，且仅限于重大犯罪的准备行为，如放火预备（第113条）、杀人预备（第201条）、勒索赎金目的的掠取预备（第228条之3）、抢劫预备（第237条）、伪造货币预备（第153条）等。[③] 德国刑法亦是如此，其仅在刑法分则立法规定处罚针对侵犯重大法益犯罪的预备行为，如爆炸或放射罪的预备犯（第310条）。[④]

在刑法总则规定处罚形式预备犯的立法例则基本遵循普遍处罚原则（"原则上可罚"）。比如，我国刑法第22条规定了形式预备犯的普遍处罚原则，原则上对于所有犯罪的预备行为均可以处罚，而不限于侵犯重大法益的严重犯罪的预备行为。当然，有的国家刑法虽然也在总则中规定形式预备犯的一般处罚原则，但同时又将处罚范围限定为严重犯罪的预备行为。比如，俄罗斯刑法第30条既规定了犯罪预备的概念，又同时规定只处罚严重犯罪的预备行为。此类

---

① 阎二鹏：《预备行为实行化的法教义学审视与重构——基于〈中华人民共和国刑法修正案（九）〉的思考》，《法商研究》2016年第5期。

② 参见［日］松原芳博《刑法总论重要问题》，王昭武译，中国政法大学出版社2014年版，第237页。

③ 参见［日］西田典之《日本刑法总论》（第2版），王昭武、刘明祥译，法律出版社2013年版，第265页。

④ 参见李圣杰、潘怡宏编译《德国刑法典》，（台北）元照出版有限公司2017年版，第389页。

立法例虽然存在限制形式预备犯处罚范围的意图，但由于没有在刑法分则中明确规定形式预备犯的处罚界限，在司法实践中极具处罚的扩张化倾向，因而其在本质上仍然采取的是形式预备犯"原则上可罚"的立场。

总体来看，确立形式预备犯"原则上不可罚"的观念和做法，甚至于完全废除刑法中的形式预备犯立法，乃是世界主要国家刑事立法的大势所趋。

2. 实质预备犯立法的正当性问题

与形式预备犯（从属预备犯）相对，实质预备犯是指将原本属于其他犯罪的预备行为直接在刑法分则中独立成罪（构成要件化、实行行为化）的犯罪类型。① 由于实质预备犯存在独立的构成要件，因而其又被称为独立预备犯。严格来讲，实质预备犯已经成为独立的罪名，而不再属于预备犯。② 只不过，从构成要件内容来看，在实质上其仍是作为其他犯罪的预备行为而存在，故称为实质预备犯。

显然，实质预备犯与形式预备犯存在本质区别：形式预备犯不具有"实行行为性"，相反，实质预备犯中的预备行为已经被实行行为化。③ 鉴于二者之间的如此区别，当代刑法理论在基本否定形式预备犯的可罚性同时，均普遍认可实质预备犯的可罚性。④

不过，存在独立的犯罪构成要件和法定刑，仍然只是使实质预备犯具备了形式上的合法性，而并不当然意味着对其处罚具备实质上的合理性与正当性。⑤ 如果说，刑法处罚形式预备犯面临形式合法性（预备行为不具有实行行为性，这正是其致命问题之所在）与实

---

① 参见林钰雄《新刑法总则》，中国人民大学出版社 2009 年版，第 278 页。
② 参见林山田《刑法通论》（上册），北京大学出版社 2012 年版，第 296 页。
③ 参见陈子平《刑法总论》，中国人民大学出版社 2009 年版，第 260 页。
④ ［德］恩施特·贝林：《构成要件理论》，王安异译，中国人民公安大学出版社 2006 年版，第 170 页。
⑤ 梁根林：《预备犯普遍处罚原则的困境与突围——〈刑法〉第 22 条的解读与重构》，《中国法学》2011 年第 2 期。

质正当性（预备行为尚未对刑法保护的法益造成现实侵害及威胁）的双重疑问；那么，对于实质预备犯而言，由于其构成要件内容在本质上同样是其他犯罪的预备行为，因而仍旧会面临处罚的实质正当性问题。

在理论上，刑法学界主要通过"抽象危险犯"和"集体法益"来论证实质预备犯立法的正当化根据。具体而言，其一，实质预备犯在本质上是一种抽象危险犯，其具有法益侵害的危险性（可能性），因而具备实质的违法性。其二，实质预备犯虽然距离个体法益较为遥远，但其通常已对某些集体法益（如公共安全、社会管理秩序）造成威胁乃至侵害，为了更加有效地保护公民权益，对这些集体法益予以刑法保护具有必要性、合法性与正当性。[①] 在抽象危险犯和集体法益的包装下，实质预备犯在形式和内容上均获得了独立地位。在形式上，其已经成为一种独立的犯罪类型，而不再依附于目标犯罪的构成要件；在内容上，其已经具有独立的规范目的和保护法益，而不再依附于目标犯罪所要保护的个人法益。

那么，接下来需要讨论的一个重要问题就是：立法者将何种犯罪的何种预备行为加以犯罪化才具有实质正当性（刑事可罚性的不法内涵）？这实际上涉及预备行为实行化（犯罪化）的合法性及其界限问题。

对此，德国刑法学中的危险递增理论在限制刑法前置处罚预备行为方面发挥着重要作用。所谓危险递增理论，是指危险只有递增到一定量的时候，国家刑罚权的介入才是正当与必要的。[②] 根据该理论，由于预备行为对于传统个体法益的危险是间接的，因而只有在危险达到一定量的时候，也就是说具有相当危险性的时候，才例外地被认为具有刑事可罚性。至于危险递增的判断标准，则是以行为

---

① 参见［德］乌尔里希·齐白《全球风险社会与信息社会中的刑法：二十一世纪刑法模式的转换》，周遵友、江溯等译，中国法制出版社 2012 年版，第 208、218 页。

② 参见李海东《刑法原理入门：犯罪论基础》，法律出版社 1998 年版，第 138 页。

的危险度为基准，附带考量该危险实现的可能性，即危险度越大，所要求的可能性就越小（当然，如果完全不存在危险实现的可能性，则不能处罚）。在这一点上，各国刑法学界取得了惊人一致的共识。比如，有美国学者指出：行为的法益侵害危险性由两个要素所决定，一是可能造成的危害性大小，二是造成危害的可能性高低，这两个要素之间呈一种反比例关系。① 显然，该动态关系模型中的"危害性大小"指的就是危险递增理论中的"危险度"，而"危害可能性"则等同于"危险实现的现实性"，二者具有异曲同工之妙。"可能危害性"与"危害可能性"这两大核心要素之间相互补足、相互牵制的动态关系，已然成为预备犯等危险行为犯罪化的标准教义模式。②

在此基础上，刑法学界提出了各式各样的预备行为的处罚正当化界限标准。具有代表性的有：德国学者乌尔里希·齐白（Ulrich Sieber）教授指出，将刑事可罚性从着手前置到所谓的"预备犯"的正当化标准在于：（1）客观上必须首先要求行为人的行为明显存在着与相应犯罪的特定联系，必须以客观上可以察觉的方式明确征表了预备犯罪的主观决意，否则，像普通的日常行为则应当被排除在外。（2）行为人的预备行为还必须创设了显著的危险，这种危险必须像在未遂犯中对"着手实施犯罪"这一要件的要求一样，可以基于行为人的犯罪计划进行客观判定。只有当根据经验，晚些时候就不能再有效抵御行为人所创设的危险时，这种对行为人自由的限制才是适当的。（3）必须要求行为人决意（亲自或者支持他人）实施犯罪行为，对将来的犯罪行为具有直接故意（意欲或者明知）时，才能认定存在着充分的主观不法。③ 施特拉腾韦特（Stratenwerth）

---

① See Joel Feinberg, *Moral Limits of the Criminal Law* (Vol. Ⅰ)：*Harm to Others*, Oxford：Oxford University Press, 1984, p. 216.

② See A. P. Simester and Andreas von Hirsch, *Crimes, Harms, and Wrongs*：*On the Principles of Criminalisation*, Oxford：Oxford University Press, 2011, p. 45.

③ 参见［德］乌尔里希·齐白《全球风险社会与信息社会中的刑法：二十一世纪刑法模式的转换》，周遵友、江溯等译，中国法制出版社 2012 年版，第 213—217 页。

和库伦（Kuhlen）指出，在通常情况下预备行为不受刑罚处罚，只有在特殊情况下才能处罚预备行为，即当预备行为很清楚地指向了某一犯罪，或者需要及早预防某些犯罪时，才能将预备行为规定为犯罪。① 我国学者张明楷教授指出，对犯罪预备的成立范围必须进行严格限制，即只能将实质上值得处罚的犯罪预备作为犯罪处罚。其一，只有从刑事政策的角度来看，需要尽早预防某些犯罪时，才有必要处罚犯罪预备。换言之，只有当某种预备行为的发展，必然或者极有可能造成重大法益或者大量法益的侵害时，才有必要处罚犯罪预备。其二，只有当行为人的犯罪故意确定，确实将实行某一特定犯罪，并且实施了相应的准备行为时，才有必要作为犯罪预备处罚。② 梁根林教授指出，立法者必须始终平衡刑法干预的必要性与谦抑性，根据现代刑法的辅助性法益保护机能定位，视防止对重大法益的侵害风险由间接而抽象的危险发展至直接而紧迫的危险的风险控制需要，斟酌决定是否确需将本身已经显现对重大法益的抽象侵害危险的实质预备行为例外地拟制为独立的实行行为。③ 黄荣坚教授指出，判断预备行为可罚与否的根本依据在于，其是否已经达到"利益侵害的失控阶段"，如果预备行为已经到达利益侵害失控的阶段，可以直接论以着手（或形式上既遂化的犯罪），如果没有达到利益侵害失控的阶段则不具有刑事可罚性。实质预备犯正是因应"行为本身已经制造无可控制的危险"所做的规定，特别是针对不确定范围之公共危险的情况，有其存在的意义。④ 如此等等，不一而足。

　　笔者认为，由于预备行为的违法性根据在于其法益侵害的危险

　　① 参见［德］冈特·施特拉腾韦特、［德］洛塔尔·库伦《刑法总论Ⅰ——犯罪论》，杨萌译，法律出版社2006年版，第250页。

　　② 参见张明楷《刑法学》，法律出版社2016年版，第336页。

　　③ 参见梁根林《预备犯普遍处罚原则的困境与突围——〈刑法〉第22条的解读与重构》，《中国法学》2011年第2期。

　　④ 参见黄荣坚《基础刑法学》（下），中国人民大学出版社2009年版，第311—312页。

性，那么有关预备行为实行化（犯罪化）的正当化标准与界限也只能存在于此。事实上，无论是学者们提出的"预防必要性""重大法益或者大量法益的侵害可能性""预备行为明确征表了犯罪决意""创设了显著的危险"等具体限制要素，还是"行为本身已经制造无可控制的危险""已经显现对重大法益的抽象侵害危险"等整体限制标准，基本上都是以预备行为的法益侵害性大小为中心展开的。

综合以上观点，笔者认为，具备刑事可罚不法内涵的预备行为至少应当符合以下条件：

（1）在客观方面，预备行为应当明显创设了针对重大法益的不被容许的危险。

首先，预备行为必须存在对重大法益造成侵害的危险性。所谓重大法益，包括性质重大的法益、数量众多的法益以及种类众多的法益。预备行为只有针对重大法益才具有相对较大的危害性（危险度），从而对其才具有提前预防的必要性。

其次，预备行为对重大法益的侵害危险存在发展为现实的法益侵害及威胁的可能性。换言之，随着时间推移和事态发展，预备行为很有可能导致犯罪进入实行阶段，从而对刑法保护的重大法益造成现实的侵害及威胁。

需要注意的是，根据前述危险递增理论及危险行为刑法干预的教义，预备行为的可能危害性与危害可能性之间是一种此消彼长的动态关系，二者共同决定着预备行为的不法内涵及预防必要性大小。当然，根据结果无价值论，对预备行为的法益侵害危险性大小起决定性作用的依然是其可能的危害性大小，而危害可能性只能起到辅助判断的作用。因此，如果预备行为的可能危害性较大（针对重大法益），那么即便这种危险实现的可能性较小（但这种可能性一定要现实存在，否则便缺乏刑事可罚的不法内涵和刑罚预防的必要性），也仍然可以考虑对其加以犯罪化。反之，则不然。比如，恐怖主义犯罪的危害性极大，因而只要相关预备行为存在实现危险的可能性（不要求太高，只要有即可），对其予以犯罪化就具备正当化根据。[①]

再次，预备行为所创设的必须是不被容许的危险。如所周知，预备行为的外延极广，其起点捉摸不定，而且大多属于正常的社会生活行为。如果仅仅根据行为人的主观不法意志，就将客观上中立、无害的且符合社会相当性的行为作为预备犯予以刑罚处罚，那么则极易导致处罚纯粹思想观念的观念刑法和行为人刑法，这种针对内在观念的处罚由于侵入了公民私人生活的核心领域而无疑是违宪的。因此，具备刑事可罚性的预备行为应当是那些偏离普通日常行为的，甚至本身已经违反了相关行为规范、法规范及法秩序的，且在客观上可以明确征表行为人预备犯罪的主观决意的行为。只有这类行为所创设的危险才属于"不容许的危险"，而其他正常行为即便与相应犯罪具有一定关联性，也只能认为其创设的是"被容许的危险"，不能对其进行刑罚处罚。

最后，预备行为必须明确指向相应犯罪，与相应犯罪之间存在着明显的特定关联性。预备行为的犯罪关联性能够保证在客观上以明显可察的方式征表行为人的犯罪决意，从而起到根据客观不法来确定主观不法的作用，这对于排除普通的日常行为的可罚性以及防止处罚纯粹思想观念而言具有重要意义。

（2）在主观方面，行为人对将要实施的犯罪行为具有确定故意（犯罪决意），且在此犯罪目的的支配下实施了相应的预备行为，这是预备犯主观不法内涵的核心所在。可以说，预备犯都是目的犯。在理论和实践上，犯罪的准备行为有两种类型：一是预定自己实施（包括与他人共同实施）的"自己预备"，二是预定他人实施的"他人预备"。一般认为，从属预备犯（形式预备犯）的旨趣在于仅处罚自己预备，对于有关从属预备犯的他人预备，只有等到正犯实行

[①] 郭旨龙：《预防性犯罪化的中国境域——以恐怖主义与网络犯罪的对照为视角》，《法律科学》2017 年第 2 期。

犯罪之后才作为针对既遂犯或者未遂犯的从犯予以处罚。① 实质预备犯（独立预备犯）则不同，其不要求以本人实行犯罪为目的，为他人实行犯罪而实施预备行为也能成立本罪。② 因此，预备行为的主观目的无论是为自己实行犯罪还是为他人实行犯罪，均不影响对其予以犯罪化。

总之，立法者不能为所欲为地将任何犯罪的任何预备行为加以犯罪化，实质预备犯中的预备行为在本质上应当具备值得科处刑罚的违法性（客观不法与主观不法）。

（二）我国刑法实质预备犯立法的法教义学审视

如前所述，当前我国刑法中的实质预备犯立法已经形成相当可观的规范图谱。但是，倘若基于上述形式预备犯与实质预备犯的处罚正当性教义来审视相关立法，那么我们便会发现其中存在的一些问题。

其一，由于我国刑法既在分则立法中设立了大量的实质预备犯，又在总则第22条以形式预备犯的立法形式规定了对所有犯罪预备行为的普遍处罚原则，因而无可避免地造成形式预备犯与实质预备犯的重复叠加情况。详言之，根据我国刑法总则对于犯罪预备的处罚规定，实质预备犯既然已经属于完全独立的犯罪类型，因此其无疑也要适用总则关于预备犯的处罚规定。这就造成了如下局面：实质预备犯的构成要件行为本来就属于其他犯罪的预备行为，若在此基础上再适用刑法总则规定的预备犯普遍处罚原则，那么便意味着对"预备行为的预备行为"予以刑罚处罚。

这种形式预备犯与实质预备犯重复叠加的情况在域外立法例中并不多见，因而可以说这是一个独具中国特色的问题。在域外立法例中，一般是在刑法分则立法中规定形式预备犯，并且仅限于严重

---

① 参见［日］松原芳博《刑法总论重要问题》，王昭武译，中国政法大学出版社2014年版，第237页。

② 参见张明楷《外国刑法纲要》，清华大学出版社2007年版，第294页。

犯罪的例外情形。如此一来，其形式预备犯与实质预备犯仅在刑法分则立法中共同存在，而不会出现全部重复叠加的情况。即便是同样采取了总则立法例的俄罗斯刑法，因其规定仅处罚严重犯罪的预备行为，而大部分刑法分则立法中的实质预备犯均不符合上述限制条件，因此实际上也不大可能出现形式预备犯与实质预备犯大面积重复叠加的情况。

形式预备犯与实质预备犯重复叠加导致的首要问题就是，过分扩大预备行为的处罚范围。对预备行为予以刑罚处罚本就是刑法保护前置化之体现，如今对"预备行为的预备行为"也予以刑罚处罚，可谓是刑法保护的"二次"前置化。在形式预备犯的可罚性和正当性本身存在重大疑问的基础上，再处罚实质预备犯的形式预备犯恐怕是要面临更重大的正当性问题。事实上，实质预备犯之所以将大量预备行为中的一部分典型预备行为拟制为构成要件行为（实行行为），说明立法者已经对可罚的预备行为有所选择。如果在此基础上还要处罚此类预备行为的预备行为，那么便在很大程度上违背了实质预备犯的立法旨趣，容易将不值得科处刑罚的预备行为作为预备犯处罚。

此外，形式预备犯与实质预备犯的重复叠加还会导致刑法总则第22条的司法适用问题。对于实质预备犯构成要件之外的预备行为，能否适用总则第22条的规定处罚？对此，张明楷教授认为，应当视立法者设立该实质预备犯是为了限制处罚还是扩大并加重处罚的意图而定。具体而言，如若刑法分则规定独立预备罪是为了限制预备犯的处罚范围，那么，对于分则没有明文规定的预备行为就不应当适用刑法总则关于从属预备罪的规定；如果分则规定独立预备罪是为了扩大预备犯的处罚范围，并且加重对预备犯的处罚，那么，对于分则条文没有明文规定的其他准备行为就必须适用刑法总则关于从属预备罪的规定。[1] 笔者不认同这种观点。当立法者将特定犯罪

---

[1]　参见张明楷《刑法学》，法律出版社2016年版，第335页。

的预备行为加以犯罪化时，其显然是有理性选择的。因此，我们应当充分尊重立法者的理性选择，不再对实质预备犯构成要件之外的预备行为适用总则第 22 条的规定处罚。

当然，导致形式预备犯与实质预备犯重复叠加问题的根本原因在于我国刑法第 22 条之处罚规定。因此，只要在立法上做出相应调整，将形式预备犯的处罚规定由刑法总则的原则上处罚转向刑法分则的例外性处罚，就可以有效化解上述问题。应当说，随着刑法分则中的实质预备犯立法越来越多、越来越完备，刑法总则关于预备犯普遍处罚规定的适用空间将会越来越小，最终很有可能会像德日等国刑法一样，实际上仅适用于杀人、抢劫、放火等特别严重犯罪的预备行为。在这种情况下，直接废除刑法第 22 条之处罚规定，仅在分则中例外规定处罚严重犯罪的预备犯，不失为一种更好的立法选择。

其二，在个别预备行为犯罪化立法中，既存在实质预备犯的立法模式，又存在形式预备犯的立法模式。具体而言，《刑法修正案（九）》新增设的准备实施恐怖活动罪，是典型的预备行为犯罪化立法之一。根据《刑法》第 120 条之二的规定，本罪的构成要件行为主要包括：（1）为实施恐怖活动准备凶器、危险物品或者其他工具；（2）组织恐怖活动培训或者积极参加恐怖活动培训；（3）为实施恐怖活动与境外恐怖活动组织或者人员联络；（4）为实施恐怖活动进行策划或者其他准备。本罪前三类预备行为以及第四项中的"策划"行为是已经被列举出来的类型化、定型化的构成要件行为，属于典型的实质预备犯。而第四项中的"其他准备"作为"兜底性"规定，则显然属于形式预备犯。如此一来，准备实施恐怖活动罪从形式上看采取的是列举式条款与兜底性条款相结合的立法模式，而从实质上看其采取的却是实质预备犯与形式预备犯相结合的立法模式。

笔者认为，"其他准备"这一兜底条款的设立，已经足以改变准备实施恐怖活动罪的立法性质，使其由实质预备犯转变为刑法分则规定的形式预备犯。① 因为本罪中的"其他准备"与刑法总则中的"准备工具、制造条件"含义相同，二者在文理上均可包含所有的预备行为。所以，与其说准备实施恐怖活动罪是实质预备犯与形式预备犯相结合的立法模式，还不如直接说，其在本质上就是刑法分则立法规定的形式预备犯。

准备实施恐怖活动罪中的形式预备犯立法存在如下问题：一是，我国刑法总则已经确立了预备犯的普遍处罚原则，在此基础上又在刑法分则中规定形式预备犯，这显然是立法上的重复表述，有违刑事立法的经济性原则。二是，我国刑法中的实质预备犯立法已经在很大程度上架空了刑法第 22 条之适用，本罪作为分则形式预备犯无疑将进一步架空刑法第 22 条之适用。本罪似乎表明，只有在刑法分则中特别规定应当处罚的预备行为才具有可罚性，而对于其他犯罪的预备行为则不宜径直单独适用刑法第 22 条予以处罚。三是，如前所述，由于形式预备犯中的预备行为缺乏定型性、限定性，因而其处罚正当性饱受争议。在准备实施恐怖活动罪中，对于立法明确列举的实质预备犯予以相应处罚，并不存在处罚的正当性问题。但对于"其他准备"行为，无论是按照刑法第 120 条之二第 1 款第四项之规定处罚，还是按照刑法第 22 条关于形式预备犯的一般规定处罚，都会面临处罚的正当性问题。

其三，个别实质预备犯立法将尚不具备刑事可罚不法内涵的预备行为予以犯罪化，其处罚的实质正当性存疑，非法利用信息网络罪即是适例。本罪将以下三类非法利用信息网络准备实施其他违法犯罪活动的行为予以犯罪化：（1）设立用于实施诈骗、传授犯罪方法、制作或者销售违禁物品、管制物品等违法犯罪活动的网站、通讯群组；（2）发布有关制作或者销售毒品、枪支、淫秽物品等违禁物品、管制物品或者其他违法犯罪信息；（3）为实施诈骗等违法犯

---

① 参见阎二鹏《预备行为实行化的法教义学审视与重构——基于〈中华人民共和国刑法修正案（九）〉的思考》，《法商研究》2016 年第 5 期。

罪活动发布信息。从形式上看，立法者通过对非法利用信息网络实施违法犯罪活动的预备行为进行理性筛选，将其类型化、定型化为构成要件行为，并且还特意未设置兜底性处罚条款，从而使本罪在形式上完全符合实质预备犯的立法要求。然而，本罪作为实质预备犯存在的问题在于，在其处罚的预备行为中，包含了单纯违法行为的预备行为以及本身并未创设不被容许的危险的预备行为，这使其徒具实质预备犯立法所要求的形式合法性外壳，而缺乏实质预备犯立法所要求的实质正当性内涵。

基于预备行为犯罪化的正当化根据，具备刑事可罚不法内涵的预备行为应当在客观上明显创设了针对重大法益的不被容许的危险。但是，从文理解释上看，非法利用信息网络罪中的三类构成要件行为均在不同程度上欠缺上述刑事可罚的不法内涵。

一方面，根据刑法条文中的"违法犯罪活动""违法犯罪信息"之表述，行为人实施网络预备行为既可能是为了实行犯罪行为，也可能仅为了实施违法行为。对于前者，考虑到网络犯罪"一对多""一帮多"（再各自"对多"）的侵害实行模式，其极有可能对重要法益（重大财产损失）和众多法益（侵害众多法益主体、扰乱社会管理秩序）造成侵害危险，故尚符合预备行为犯罪化的教义。然而，如果行为人仅仅是为了实施相关违法行为而实施上述网络预备行为，那么，目标行为本身尚不具备刑事处罚的不法内涵，对其预备行为又有何根据予以刑罚处罚呢？因此，本罪将单纯违法行为的网络预备行为加以犯罪化显然不具有实质正当性。

另一方面，非法利用信息网络罪的构成要件行为主要包括两类，一是设立网站、通讯群组，二是发布信息。对于"发布违法犯罪信息"这一网络预备行为而言，由于违法犯罪信息本身可以作为客观不法的载体，因而此类预备行为本身就已显现出对法益的侵害危险，并明确征表了预备犯罪的主观决意，对其加以犯罪化具有实质正当性根据。然而，设立网站和通讯群组却是客观上完全符合社会相当性的日常中立行为。此类预备行为不仅在客观上并未创设不被容许的危险，而且也难以明确征表行为人预备犯罪的主观决意。实际上，"设立网站、通讯群组"在行为阶段上应属于"发布信息"的预备行为（如果是"他人预备"则属于帮助行为），所谓的网站、通讯群组仅仅是发布信息的平台和载体而已。从这个意义上来说，立法者将二者并列处罚在逻辑上是存在疑问的。在实践中，也难以想象在行为人尚未发布任何违法犯罪信息之前，就认定其设立网站或者通讯群组是为了实施犯罪活动。综上所述，与"发布违法犯罪信息"的网络预备行为具备刑事可罚的不法内涵不同，"设立网站、通讯群组"的网络预备行为缺乏可罚的正当化根据，即便是基于"网路犯罪治理的需要"[①] 而将其予以犯罪化，也不具有实质正当性。

三　帮助行为正犯化的法教义学审视

（一）帮助行为的可罚性根据问题

在我国刑法分则的帮助行为正犯化立法中，存在大量将原本应以狭义的共犯（帮助犯）定罪处罚的犯罪帮助行为直接予以"相对正犯化"的情形。典型的有：强迫劳动罪（明知他人实施前款行为，为其招募、运送人员或者其他协助强迫他人劳动的行为），组织考试作弊罪（为他人实施前款犯罪提供作弊器材或者其他帮助的行为），提供侵入、非法控制计算机信息系统程序、工具罪（明知他人实施侵入、非法控制计算机信息系统的违法犯罪行为而为其提供程序、工具，情节严重的行为），帮助信息网络犯罪活动罪，出版淫秽物品牟利罪（明知他人用于出版淫秽书刊而提供书号的行为）等罪名。由于此类帮助行为本身的法益侵害性并不严重和明显，其中甚至还包括完全中立的日常行为，因而立法上直接将其提升为正犯予以独立化处罚，必然会引发其是否具备刑罚处罚正当化根据的疑问。至于其他的帮助行为正犯化立法，要么属于帮助行为的绝对正犯化，

---

① 赵秉志、袁彬：《中国刑法立法改革的新思维——以〈刑法修正案（九）〉为中心》，《法学》2015 年第 10 期。

要么属于帮助违法行为的正犯化；前者如资助危害国家安全犯罪活动罪、间谍罪（为敌人指示轰击目标的行为）、资敌罪、帮助恐怖活动罪等罪名，后者如容留他人吸毒罪、容留卖淫罪等罪名。此类帮助行为本身既具备明显的反规范性，又具有严重的法益侵害及其危险性，其已然存在充足的、类型化的不法内涵和处罚根据，因而立法者直接将其予以犯罪化。对于此类帮助行为而言，要么根本不存在相应正犯，要么根本不需要存在相应正犯，其行为本身即具有刑事可罚性。因此，此类帮助行为正犯化立法并不涉及"共犯的处罚根据"问题。

关于共犯（仅指狭义的共犯：教唆犯与帮助犯）的处罚根据，理论上大致有责任共犯论、违法共犯论与因果共犯论（惹起说）三种学说。具体而言：1. 责任共犯论认为，共犯的处罚根据在于，其让他人（正犯）陷入了刑罚与责任之中。2. 违法共犯论认为，共犯的处罚根据在于，其让正犯实施了该当于构成要件的违法行为。3. 因果共犯论（惹起说）认为，之所以处罚共犯，是因为其与他人所引起的法益侵害之间具有因果性。① 在当今的犯罪参与理论中，责任共犯论与违法共犯论因存在明显的弱点而几乎不被采纳，因果共犯论已经成为共犯处罚根据论的绝对通说。在因果共犯论内部，构成要件性惹起说（又称"混合惹起说"）是通说和判例所采取的立场。根据该说，对于帮助犯等狭义的共犯，处罚的正当化根据在于其加功于（惹起了）具备违法性的正犯行为。

既然共犯的处罚根据在于其通过正犯间接地引起了法益侵害，那么，在正犯者没有着手实行犯罪时，便没有正当理由处罚共犯行为。因此，共犯具有从属性的本质。所谓共犯的从属性（也称"实行从属性"），是指共犯成立犯罪至少要求正犯者着手实行了犯罪的原理。亦即，原则上，正犯（至少）必须具有作为未遂犯的可罚性。

---

① 参见［日］西田典之《日本刑法总论》（第2版），王昭武、刘明祥译，法律出版社2013年版，第301—304页。

共犯从属性是"正犯与共犯区分制"的产物，在限制正犯概念立场下，正犯仅指自己违反构成要件该当行为之人，而刑法总则规定的教唆犯、帮助犯等共犯则属于在不法构成要件之外扩张可罚性范围的扩张处罚事由，其必须与构成刑罚基础的正犯行为相联结，而采取共犯从属性原则。①

在共犯从属性（实行从属性）的基础上，还存在一个从属性的程度问题（要素从属性），即正犯必须具备何种程度的要素，共犯才具有可罚性。在当前的共犯理论中，基于"个别责任原则"，限制从属性说基本处于通说地位。据此，只要正犯者的行为具备构成要件符合性和违法性（成立不法层面上的犯罪），共犯即有所从属依附而足以成罪，至于正犯者是否具有罪责、是否成立完整意义上的犯罪、是否最终受到刑罚处罚则不影响共犯的可罚性。

基于共犯的限制从属性原理，只有（至少）当正犯的行为符合构成要件且违法时，共犯才具有刑事可罚性，否则对共犯的处罚便缺乏正当化根据。然而，综观我国刑法分则中犯罪帮助行为的相对正犯化立法，除了将原本应以帮助犯定罪处罚的帮助行为直接提升为正犯处罚，显然还将原本尚不成立帮助犯的帮助行为也一并加以犯罪化。换言之，根据相关犯罪帮助行为的相对正犯化立法，其构成要件明显包含了正犯者尚未着手实行犯罪情形下的帮助行为。例如，从"协助型"强迫劳动罪的构成要件来看，只要行为人在主观上明知他人将要或者正在实施强迫劳动的行为，而实施相关协助行为的便成立本罪。显然，本罪的构成要件包含了正犯者尚未着手实行强迫劳动犯罪时的帮助行为。比如，甲明知乙将要实施强迫他人劳动的行为，而主动为其招募、运送人员，但在运送过程中因群众举报被警方查获，最终乙未能接收甲所招募、运送的人员。在这种情况下，甲已经实施了该当"协助型"强迫劳动罪构成要件的行为，至少符合本罪未遂犯的成立条件，但此时正犯者仍处于犯罪预备阶

---

① 参见林山田《刑法通论》（下册），北京大学出版社 2012 年版，第 4 页。

段，其尚未着手实行强迫他人劳动的犯罪行为。这便造成如下不合理局面：正犯者因尚未着手实行被帮助的犯罪行为而不具有刑事可罚性（犯罪预备行为原则上不可罚），但此时帮助者的帮助行为却该当了"犯罪帮助行为的相对正犯化"立法所规定的犯罪构成要件，而至少成立可罚的未遂犯。类似的立法还有，刑法第284条之一第2款规定的"帮助型"组织考试作弊罪，即"为他人实施前款犯罪提供作弊器材或者其他帮助"的行为。倘若行为人明知他人计划实施组织考试作弊犯罪，而为其提供作弊器材或者其他帮助，但公安机关在考试前几天便及时查获了该犯罪团伙，他人最终并没能着手实施组织考试作弊行为。在这种情况下，也会出现帮助者成立"帮助型"组织考试作弊罪，而组织者仅仅成立犯罪预备（原则上不可罚）的不合理局面。刑法第285条第3款规定的"中立帮助型"计算机犯罪，即"明知他人实施侵入、非法控制计算机信息系统的违法犯罪行为而为其提供程序、工具，情节严重的"行为。根据相关司法解释的规定，只要帮助者的帮助行为在"人次""违法所得"或者"造成经济损失"方面达到一定标准，即可成立本罪，而不论被帮助者是否着手实行了相关犯罪，或者被帮助者的行为在客观不法层面是否成立犯罪。第287条之二规定的帮助信息网络犯罪活动罪，即"明知他人利用信息网络实施犯罪，为其犯罪提供互联网接入、服务器托管、网络存储、通讯传输等技术支持，或者提供广告推广、支付结算等帮助，情节严重的"行为。倘若甲明知乙将要实施网络诈骗犯罪，而为其提供网络技术支持，但乙最终并没有实施网络诈骗行为，或者乙完全没有利用甲所提供的网络技术时，甲仍然成立帮助信息网络犯罪活动罪。但在这种情况下，如果按照共犯理论，甲的帮助行为是不成立帮助犯的。以及第363条第2款规定的"提供书号型"出版淫秽物品牟利罪，即"明知他人用于出版淫秽物品而提供书号"的行为。倘若他人没有利用行为人提供的书号出版淫秽书刊，那么，从本罪的构成要件来看，行为人的帮助行为仍然成立犯罪，而他人则属于犯罪预备阶段的犯罪中止，不具有刑事可罚性。

尽管立法者将上述犯罪帮助行为予以正犯化有特定的刑事政策考量，但是，其同样需要受到刑法法益保护原则与责任主义原则的制约，否则刑罚的正当化根据便不复存在。因此，即使上述犯罪帮助行为已经被正犯化，而无须受到共犯从属性原则的限制，但共犯与正犯在应受刑罚处罚的法律效果上是相同的，对二者科处刑罚均应当具备正当化根据。质言之，共犯行为也应当具备（直接或者间接的）法益侵害性。只有帮助行为在本质上存在法益侵害及其危险性，其方具有实质违法性，对其予以犯罪化才是正当的。因此，对于我国刑法分则中犯罪帮助行为的相对正犯化立法，仍然应当参照犯罪参与理论中的共犯从属性原理进行限制解释，从而将不存在法益侵害及其危险性以及不值得科处刑罚的帮助行为予以出罪化，实现帮助行为处罚的正当性与合理性。

（二）中立帮助行为的可罚性问题

在我国刑法分则立法中，存在将中立的帮助行为予以犯罪化的情形，由此关涉中立帮助行为的可罚性问题。

所谓中立的帮助行为，又称"日常行为""外表中立的行为""中性的行为""职业上恰当的行为"，此类行为外表中立，却在客观上加功于正犯行为。比如，店主猜测或者估计顾客将要实施侵入住宅行为，而仍将螺丝刀售卖给他，最终顾客确实使用了该螺丝刀实施了侵入住宅犯罪（"螺丝刀案"）；面包店员推测顾客购买面包是要在里面下毒杀死其丈夫，而仍将面包售卖给他，最终顾客确实利用该面包给丈夫下毒致其死亡（"面包案"）；出租车司机知道乘客欲前往某个地点可能实施抢劫犯罪，而仍将其载往该地点，乘客因此顺利实施抢劫行为（"出租车案"）；银行职员知道客户为了逃税而要求将其资本以匿名方式转移至他地，仍为其实施转账行为，从而使该顾客顺利实施了逃税犯罪行为（"银行案"）；甲知道乙计划利用该笔还款去购买枪支弹药进而实施杀人行为，而仍将其所欠的合法到期债务偿还给乙，最终乙确实利用了该笔还款购买枪支弹药杀死其仇人（"还款案"）；等等。

中立的帮助行为具备如下两个基本特征：第一，帮助行为在外表上的中立性、日常性与职业性。中立帮助行为与其他一般的犯罪帮助行为最为显著的差异在于：前者单从外形上来看属于完全符合社会规范的日常中立行为，如店主售卖商品、出租车司机载客、银行职员办理业务、债务人偿还到期合法债务等；而后者单从外形上看便具有一定的反规范性，如在别人家门口望风帮助盗窃、为他人提供凶器等。如此一来，对于一般的犯罪帮助行为，可以根据帮助行为本身的反规范性及其对正犯行为与结果的促进作用（因果性），对其进行客观归责；但是，对于中立的帮助行为，由于在一般情况下其行为本身符合社会规范（或者说并非法规范所禁止的行为），具有社会相当性、职业相当性，因而其并未当然制造法规范所不容许的危险，这便使得中立的帮助行为在客观归责上遭遇到了障碍（换言之，"处罚的根据何在？"①）。可以说，中立的帮助行为因其外形上的中立性、日常性与职业性，而使其是否具备或者在何种程度和范围内具备刑事可罚性的问题，成为新近以来刑法理论上重要的争议之一。第二，帮助者的主观故意具有模糊性、不确定性且难以证明。事实上，在绝大多数情况下，中立帮助行为的行为人并不知道对方会利用其帮助行为实施犯罪，此时由于帮助者在主观上完全缺乏帮助故意，因而当然不具有刑事可罚性。不过，也可能存在中立帮助行为的行为人明确知道对方犯罪意图的情形，如被对方明确告知、被第三者明确告知或者根据客观情况可以明确知道等情形。众所周知，犯罪故意（包括直接故意与间接故意）应以"明知"为前提，而帮助犯的故意是犯罪故意的下位概念之一，也应以"明知"为前提。显然，在中立的帮助行为中，帮助者的主观故意一般没有达到"明知"的要求，而仅仅属于"怀疑且无所谓（放任）"的态

---

① 阎二鹏：《法教义学视角下帮助行为正犯化的省思——以〈中华人民共和国刑法修正案（九）〉为视角》，《社会科学辑刊》2016 年第 4 期。

度。此时，帮助者在主观上是否存在帮助故意便存在疑问。不仅如此，由于中立帮助行为在外观上具有客观中立性，难以像其他具备反规范性的犯罪帮助行为那样能够明确征表行为人的主观犯意，因而在实践中很难根据中立帮助行为本身来客观认定行为人的主观内容，这种客观上的证明困难也在很大程度上给中立帮助行为的可罚性论证带来障碍。总之，正是由于中立帮助行为与其他一般的犯罪帮助行为相比具备客观中立性与主观模糊性的特征，因而使其刑事可罚性在刑法理论和实践上均存在重大争议。

有鉴于此，一直以来我国刑法立法在对待中立帮助行为的入罪化问题上显得比较谨慎。尽管在刑修九之前我国刑法中就已存在大量的帮助行为正犯化立法，但是，以往帮助行为正犯化立法中的绝大部分帮助行为本身均属于违反社会规范的行为，帮助行为本身的法益侵害性即是其刑事可罚性根据之所在。比如，属于"帮助犯的绝对正犯化"之类型的资助危害国家安全犯罪活动罪、间谍罪（为敌人指示轰击目标的行为）、资敌罪等，以及属于"帮助行为的相对正犯化"之类型的介绍贿赂罪、协助组织卖淫罪、强迫劳动罪等，乃至于属于"帮助违法行为的正犯化"之类型的容留卖淫罪、容留他人吸毒罪和非法提供麻醉药品、精神药品罪等。其中的帮助行为本身有的属于违反治安管理处罚法的行为，有的属于违反特定领域管理制度的行为，有的属于违反国家安全法律法规的行为，等等。这些帮助行为在客观上均明显有别于日常中立的行为，具有明显的反规范性。即便是包含了中立帮助行为正犯化的犯罪，如我国刑法第285条第3款规定的提供侵入、非法控制计算机信息系统程序、工具罪，立法者也明确将中立的帮助行为与其他帮助行为相区别：对于提供"专门性"程序、工具的帮助行为（非中立帮助行为），由于其本身所具有的反规范性与法益侵害及其危险性，立法者对其予以绝对的正犯化（完全无关正犯者及其正犯行为）；而对于提供其他程序、工具的中立帮助行为，则以帮助者明知他人实施相关违法犯罪为处罚条件（要求正犯者准备或者已经实施正犯行为）。此外，在刑法分则关于共同犯罪的提示性规定中，也可以看到立法者明确区分中立帮助行为与一般帮助行为的努力。比如，刑法第 156 条规定，成立走私罪的共犯必须是"通谋"，而刑法第 350 条规定，成立制造毒品罪的共犯只要"明知"即可。之所以会有这种差异，是因为前者的行为，也就是提供贷款、资金、账号、发票、证明，或者提供运输、保管、邮寄等，都是属于现代社会生活中非常普遍的、大量存在的日常行为，此类帮助者必须事先与他人有通谋才能定罪；而后者的行为，即提供制造毒品的原料或者配剂，却不是一种日常行为，因此此类帮助者只要明知就可入罪。[①] 如此等等立法上的区别对待表明，对于中立帮助行为之处罚，立法者始终持一种比较谨慎和克制的态度，即尽可能地限制中立帮助行为的处罚范围。

但是，立法上对待中立帮助行为的克制姿态和理性区分却被相关司法解释所突破。例如，根据有关淫秽电子信息犯罪的司法解释之规定，[②] 对于提供互联网接入等中立行为成立共同犯罪，只需帮助者在主观上"明知"他人实施相关犯罪即可，而无须像刑法第 156 条关于走私罪共犯的规定那样应以"通谋"为主观要件，如此便大大降低了中立帮助行为成立犯罪的门槛。性质相似的司法解释还包括 2001 年《关于办理生产、销售伪劣商品刑事案件具体应用法律若干问题的解释》、2003 年《关于办理假冒伪劣烟草制品等刑事案件适用法律问题座谈会纪要》以及 2004 年《关于办理侵犯知识产权刑事案件具体应用法律若干问题的解释》。这些司法解释的共同点是，只要帮助者"明知"他人从事生产、销售伪劣商品、侵权产品而向其提供贷款的，便不再考虑有无"通谋"，直接以共犯入罪。如果说上述解释规定还有"片面的帮助犯"作为理论支撑的话，那么随后

---

① 参见车浩《刑事立法的法教义学反思——基于〈刑法修正案（九）〉的分析》，《法学》2015 年第 10 期。

② 参见最高人民法院、最高人民检察院《关于办理利用互联网、移动通讯终端、声讯台制作、复制、出版、贩卖、传播淫秽电子信息刑事案件具体应用法律若干问题的解释》第 7 条的规定。

的相关司法解释便属于赤裸裸的"中立帮助行为正犯化"的"准立法"。根据该解释，对于实施相关中立帮助行为的帮助者不能再以传播淫秽物品牟利罪的狭义共犯即帮助犯定罪处罚，而应直接将其作为正犯处罚。[①] 此时，即便被帮助者的相关行为不构成犯罪，只要帮助者的帮助行为符合司法解释规定的情形之一，仍应单独以传播淫秽物品牟利罪论处。该司法解释规定将本来应以帮助犯定罪处罚的中立帮助行为，直接提升为正犯行为，可谓司法上的中立帮助行为正犯化，这自然难逃司法权僭越立法权的责难。不仅如此，有的司法解释甚至还放弃了中立帮助行为的帮助者成立犯罪所必需的"明知"这一主观要件，而仅要求其"应当知道"他人实施相关违法犯罪便可成立共同犯罪，这显然将"过失帮助"也纳入共犯情形，[②] 从而使中立帮助行为的入罪门槛甚至比其他犯罪帮助行为还要低。[③]

2015 年 8 月 29 日颁布的《刑法修正案（九）》可谓全盘接受了司法解释的处罚立场，将一系列网络中立行为犯罪化，从而在立法上彻底改变了以往处罚中立帮助行为的克制姿态，转向肯定中立帮助行为的可罚性并积极严密刑事法网的态度。主要表现为：1. 增设第 287 条之二帮助信息网络犯罪活动罪，以作为犯的形式，将明知他人利用信息网络实施犯罪，为其犯罪提供互联网接入、服务器托管、网络存储、通讯传输等技术支持，或者提供广告推广、支付结算等帮助，情节严重的网络技术中立帮助行为予以正犯化。2. 增设第 286 条之一拒不履行信息网络安全管理义务罪，以不作为犯的形式，将网络服务提供者不履行法律、行政法规规定的信息网络安全管理义

---

① 参见最高人民法院、最高人民检察院《关于办理利用互联网、移动通讯终端、声讯台制作、复制、出版、贩卖、传播淫秽电子信息刑事案件具体应用法律若干问题的解释（二）》第 6 条的规定。

② 参见阎二鹏《法教义学视角下帮助行为正犯化的省思——以〈中华人民共和国刑法修正案（九）〉为视角》，《社会科学辑刊》2016 年第 4 期。

③ 参见最高人民法院、最高人民检察院《关于办理生产、销售伪劣商品刑事案件具体应用法律若干问题的解释》第 9 条的规定。

务，经监管部门责令采取改正措施而拒不改正，致使违法信息大量传播；或者致使用户信息泄露，造成严重后果；或者致使刑事案件证据灭失，情节严重的；以及有其他严重情节的不作为形式的网络中立帮助行为加以正犯化。相关网络犯罪的增设，从作为和不作为两个方向彻底将网络中立帮助行为予以犯罪化。① 据此，无论是否存在正犯行为，均不影响追究网络中立帮助行为（人）的刑事责任。

尽管《刑法修正案（九）》将网络中立帮助行为正犯化有其特定的立法目的（刑事政策）考量，比如，一方面，网络犯罪帮助行为本身的无价性相对较大，其一对多的加功模式使原本处于从属地位的帮助行为具有聚拢、集聚、强化社会危害性的重要作用，需要将其刑法评价机制独立化；另一方面，网络犯罪的正犯行为极具灵活性、隐蔽性，难以被查处、查证（司法证明困难），而且网络犯罪不同环节人员之间往往没有明确的犯意联络，难以认定为共同犯罪，为了避免帮助犯的追责障碍，有必要直接将网络犯罪帮助行为予以正犯化。② 但是，将网络中立帮助行为一律予以正犯化，并不具备正当性。德日刑法的判例和学说普遍认为，不能仅根据刑事政策上的需求得出全面可罚的结论，而应当从处罚的实质根据着手限制中立帮助行为的处罚范围。③ 正因如此，德日有关处罚中立帮助行为的案例并不多见。尤其是在日本，相关判例以平成纪年为分水岭，此前的判例无一例外地持肯定处罚的态度，而此后的判例则基本持否定处罚的态度。④ 可见，我国近年来的刑法立法和司法解释不断肯定中立帮助行为（尤其是网络中立帮助行为）的可罚性并不断严密中立帮助行为的刑事法网的趋向，是与德日刑

---

① 刘艳红：《网络中立帮助行为可罚性的流变及批判——以德日的理论和实务为比较基准》，《法学评论》2016年第5期。

② 参见郎胜《中华人民共和国刑法释义》，法律出版社2015年版，第506页。

③ 参见陈洪兵《中立的帮助行为论》，《中外法学》2008年第6期。

④ 参见刘艳红《网络中立帮助行为可罚性的流变及批判——以德日的理论和实务为比较基准》，《法学评论》2016年第5期。

法不断限缩中立帮助行为处罚范围的基本态度和主流趋势背道而驰的。

笔者认为，将网络中立帮助行为犯罪化（正犯化），无论是在社会效果上还是在处罚根据上均存在重大疑问。（1）在社会效果上，虽然将网络中立帮助行为正犯化在一定程度上符合管控风险、预防犯罪的刑事政策需求，但其同时也会给网络服务提供者施加过重的负担，阻碍网络服务行业自由和发展。[①] 因为在当今全球信息社会，此类网络服务属于日常生活中最为常见的、不可或缺的、中立无害的行为。若对此类网络中立行为不加限制地予以犯罪化，必然会影响到互联网行业的发展，从而给人们的日常生活甚至社会存续发展造成一定障碍。德日刑法理论认为，普遍处罚中立帮助行为将使处于日常生活中的人们陷入恐慌，并使正常的经营活动、职业行为难以开展，从长远来看这无疑会危害社会稳定、阻碍社会经济发展。大范围处罚中立帮助行为无异于让处于日常生活中的行为人承担一种额外的监督义务，从而导致每个人都要充当警察的角色以甄别可能存在的犯罪，这种要求不仅缺乏根据而且不符合基本的生活情理，这是普通民众和经济社会难以承受之重。对此，正如有学者所指出的，在今天这样一个信息网络时代，类似的立法会不会给网络服务商赋予过重的、实际上也难以承担的审核和甄别责任？会不会在网络服务商与用户之间滋生出一种相互监督甚至敌视的关系？要求企业履行网络警察的义务，这样一个社会分工的错位，最终可能会阻碍甚至窒息整个互联网行业的发展。[②]（2）在处罚根据上，尽管中立帮助行为在客观上对正犯者的正犯行为与结果有所助益（具有物理或者心理的因果性），但从客观归责论上来看中立帮助行为在绝大部分情况下并未创设出不被允

[①]　涂龙科：《网络内容管理义务与网络服务提供者的刑事责任》，《法学评论》2016 年第 3 期。

[②]　参见车浩《谁应为互联网时代的中立行为买单？》，《中国法律评论》2015 年第 3 期。

许的危险，而且帮助者在主观上一般并不具备确定的帮助故意，因此，可以说，绝大部分中立帮助行为在客观归责或者主观不法的认定上存在一定障碍，其往往并不具备刑事可罚性根据。尽管在刑法教义学内部，对于中立帮助行为的可罚性范围问题，至今"还没有形成一种普遍认可的解决方案"①，但是，学界整体的努力方向都是在为中立帮助行为的入罪化寻找一个合理的教义学标准。显然，在中立帮助行为这一上位概念的可罚性尚存疑问的情况下，贸然将网络服务提供者的网络中立帮助行为一律入罪，必然会引发更大的理论争议和问题。

我们理应清醒地认识到，"网络中立帮助行为是信息时代中立帮助行为领域的新课题，其既具有一定的特殊性，又根植于传统的中立帮助行为理论"②。对网络中立帮助行为处罚范围的限制，离不开中立帮助行为理论的指导。因此，对于《刑法修正案（九）》增设的网络中立帮助行为正犯化立法，应当在充分探讨中立帮助行为的可罚性范围之基础上，对其司法适用范围予以相应的教义学限缩，从而实现相关立法规定的明确性以及处罚范围的合理性。否则，如果仅仅依据"有利于实现刑罚积极的一般预防目的"的刑事政策说辞，大范围处罚网络中立帮助行为，那么其必然导致立法者"任性立法"以及刑法工具化的不利后果。网络中立帮助行为虽然具有不同于传统中立帮助行为的特性，但只要对其予以刑法规制，便应当符合刑罚权发动的基本原理。因此，我们可以且应当根据中立帮助行为理论限制相关立法的处罚范围，不能以网络帮助行为的特殊性为由否认中立帮助行为理论、共犯理论以及其他刑法基本原理的适用。

---

① ［德］克劳斯·罗克辛：《德国刑法学　总论（第2卷）：犯罪行为的特别表现形式》，王世洲等译，法律出版社2013年版，第156页。

② 刘艳红：《网络中立帮助行为可罚性的流变及批判——以德日的理论和实务为比较基准》，《法学评论》2016年第5期。

第三节　本章小结

本章先从刑法教义学基础理论层面对刑法前置化的两个基本内涵——法益保护前置化与刑事处罚前置化——分别存在的理论问题予以批判性分析，再从刑法教义学中层理论层面对刑法前置化的三种立法类型——抽象危险犯立法、实质预备犯立法与帮助行为正犯化立法——各自可能存在的处罚正当性问题展开类型化分析，从而指出刑法前置化在理论上存在背离传统刑法教义学基本原理的倾向，在立法上存在处罚不当罚行为的疑问。

具体而言：

1. 法益保护前置化体现的是法益概念的扩张，即在个人法益之外将各式各样的超个人法益（集体法益）也纳入刑法的保护范围。由此，不可避免地导致法益概念的抽象化与精神化，以及法益内容的空洞化。随着犯罪的法益侵害关联性严重弱化乃至丧失，法益概念的立法批判与限制机能趋于崩塌。在现代刑法中，法益理论已经陷入了前所未有的危机，其不仅失去了安身立命之本，反而沦为政治当局刑事立法论证与背书的政策化工具。因此，面对刑法的前置化走向，有必要基于宪法基本权利理论重构法益概念的立法批判与限制机能。

2. 刑事处罚前置化的主要问题有：（1）容易导致刑事立法的象征化，从而在很大程度上损害刑法的功能与价值。（2）"重行为轻结果""有危险就处罚"的预防性立法，有违刑罚最后手段性原则的谦抑性立场，刑法介入的必要性和正当性存在疑问。（3）过分侧重刑法的社会防卫和犯罪预防机能，容易导致不良人格因素入罪的行为人刑法和预备（预谋）行为主观归罪的思想刑法。（4）保护法益过于抽象、模糊，预备行为的处罚起点不定，"空白刑法"欠缺相应的前置规范，如此等等导致大量前置化罪刑规范在明确性原则上存有疑问。

3. 刑法前置化的三种主要立法类型，均存在相应的处罚正当性疑问：（1）抽象危险犯在危险犯二分法中陷入了两难的困境：要么容易导致处罚范围的失当，要么需要推翻其概念本身。由此，如何重构抽象危险犯概念，以有效指导和限制相关前置化罪刑规范的处罚范围，便成为一个迫切的问题。（2）实质预备犯立法在预备行为的处罚正当性教义看来也存在诸多疑问。比如，形式预备犯与实质预备犯的重复叠加会导致处罚"预备行为的预备行为"，实质预备犯中的兜底性条款会过分扩大预备行为的处罚范围，将单纯违法行为的预备行为与日常中立的预备行为予以犯罪化欠缺不法根据，等等。（3）帮助行为正犯化立法将原本应以狭义的共犯（帮助犯）处罚的违法性程度普遍较低的帮助行为直接予以犯罪化，可能会引发刑罚处罚欠缺正当化根据的问题。尤其是将（网络）中立帮助行为犯罪化，无论是在社会效果上还是在处罚根据上均存在重大疑问。因此，对于不同类型的刑法前置化立法，有必要根据各自背后的具体教义学原理予以相应的限制解释与适用。

第 三 章

刑法前置化的制约框架

鉴于刑法前置化在理论上存在背离传统刑法教义学基本原理的倾向，在立法上存在处罚不当罚行为的疑问。因此，极有必要在正视刑法前置化发展趋势的同时，从现有的宪法法律体系中发展出有效的制约框架，以保障和提升刑法前置化立法及其司法适用的正当性、科学性与有效性，确保刑法前置化始终在正当化的轨道上运行。本章在考察中外有关刑法前置化、预防化的制约理论之基础上，反思其中存在的不足之处，继而提出从立法—司法、宪法—刑法两个维度构建刑法前置化制约框架的理论构想。

第一节　中外主要制约理论之梳理

理论上关于刑法前置化的正当化界限或者限制方案的讨论，大体可见诸两个方面的研究：一是直接以刑法前置化问题为对象的主题研究，此类文献肇始并集中在 20 世纪 80 年代之后的德国刑法学界，我国近年来也有极个别学者出版了相关主题成果，总体来讲数量相对有限。二是内含于有关（预防性）犯罪化的正当化边界问题的相关研究之中，此类文献较为丰富，其中的许多理论观点和方案，对于刑法前置化制约框架的理论构建具有重要意义。事实上，刑法

前置化的正当化界限问题无疑也是犯罪化理论所要解决的核心问题
之一，甚至在一定程度上可以说，其与预防性犯罪化的正当化界限
没有本质区别，因而我们完全可以也有必要借助（预防性）犯罪化
理论的研究成果来为刑法前置化发展出有效的制约框架。

一　国外的主要制约理论

**（一）大陆法系以法益侵害原则为核心的刑法前置化制约
理论**

刑法保护的前置化趋向起源于 20 世纪 70 年代末的德国刑事立
法，相应地，有关刑法前置化的正当化边界的主题讨论也开始并集
中于德国刑法学界。对于其中的代表性观点，我国有学者将其划分
为两种不同的面向：一是偏向风险刑法的前置化界限；二是立足传
统刑法的前置化界限。[①]

在笔者看来，所谓"偏向风险刑法的前置化界限"，其实并非在
真正讨论刑法前置化的正当化边界，而是在为刑法前置化、预防化
和扩张化寻找事实上的根据以及探索理论上的路径。例如，施特拉
滕韦特教授在《以刑法手段保障未来》一文中提出的作为未来刑法
面貌的第三条道路——风险刑法，主张为了使刑法适合于未来保障
的任务，在未来保障的领域中放弃法益概念，代之以全面的行为无
价值立场，从而超越抽象危险犯的界限，以单纯行为犯的立法形式，
仅凭一定行为的规范违反性即施加刑罚处罚。很显然，倘若按照这
种观点，放弃法益概念的立法机能，全面采取行为无价值论立场，
将规范违反作为行为不法的实质根据，仅强调刑法的预防目的而忽
略其罪责抵偿的正当化根据，其结果不仅不能解决刑法前置化、扩
张化所带来的正当性问题，反而会助长刑法的前置化、预防化、膨
胀化趋势。再如，京特·雅各布斯（Gunter Jakobs）教授提出的敌

---

① 参见李晓龙《刑法保护前置化研究：现象观察与教义分析》，厦门大学出版社
2018 年版，第 119—134 页。

人刑法观念，主张针对那些具有持久社会危险性的行为人扩张构成要件，将刑事可罚性前置，同时限制其程序权利，对其大量适用保安处分手段，以控制这些"危险源"，达到保护社会的目的。[①] 毫无疑问，这种基于敌人刑法理论的可罚性前置和以重刑主义为手段的风险操纵，为现代刑法在恐怖主义犯罪、有组织犯罪、毒品犯罪、性暴力犯罪等领域的极度扩张和强化提供了注脚，将很可能导致罪刑法定主义、责任主义、比例原则、无罪推定原则等法治国刑法原理在相关刑法适用领域的逐渐崩塌。

尽管京特·雅各布斯教授在其 1985 年发表的《法益侵犯前阶段的犯罪化》一文中，以刑法原则上不介入市民生活的私人领域为基础，批判了当时德国刑事立法在法益保护早期化中的意思刑法倾向。其指出，对于一定法益的侵害预备行为，仅以态度（主观危险要素）不能被合法犯罪化，还必须追问是否因为侵害部分不法与侧防规范而被犯罪化。不过，笔者认为，雅各布斯关于预备行为可罚性前置的讨论，一方面的确起到了限制前置化处罚范围的作用，这主要表现为将单纯的主观不法（如犯罪计划）作为危险判断和犯罪化根据予以否定和排除；但另一方面，由于侧防规范保护的理论底色是规范维持论而非法益侵害论，与之相应的是采取纯粹的机能主义刑法观和刑罚的积极一般预防立场，主张从规范保护和强化出发利用刑法积极提前预防威胁未来的新型大量风险源，因而部分不法和侧防规范两个概念实际上主要是作为前置化处罚的正当化论证工具而被提出和使用。通过将传统侵害阶段的不法分解为各种部分不法，几个甚至是一个不法碎片得到实现即可成立刑事可罚性，而不必等到所有的不法内容都得到实现时才动用刑法。同理，仅具有部分不法的犯罪虽然并未违反主要规范（侵害犯的规范），但是违反了以保障主要规范妥当条件为任务的侧防规范。这显然是在为前置化刑罚处

---

① 参见王莹《法治国的洁癖——对话 Jakobs "敌人刑法"理论》，《中外法学》2011 年第 1 期。

罚提供积极论证而非限制。不仅如此，雅各布斯极力倡导的积极的一般预防刑罚理论，具有一定的轻视刑法最后手段性的危险。因此，在部分不法和侧防规范的掩护下，刑法的干涉范围存在不断扩大化的倾向和动力。

事实上，对刑法保护前置化的限制只可能来自传统的法治国刑法，即该学者所称的"立足于传统刑法的前置化界限"。对此，德国刑法理论存在两种代表性观点。

（1）以哈塞默教授为首的法兰克福学派对刑法保护前置化立法（将其称为"现代刑法"）予以强烈批判，并主张向传统的核心刑法回归。哈塞默教授指出，刑事立法的前置化倾向和机能主义趋势会威胁法治国家刑法的定型化框架，会导致法益保护从强调刑法批判侧面的非犯罪化脉络向设定刑法正当性的犯罪化脉络转变。为了恢复法益论的立法批判机能，有必要坚持"人格法益论"，通过将法益理解为需要刑法保护的人类利益，将普遍法益与个人相联结，从而赋予其立法批判性能力。由此，哈塞默主张将有关风险社会诸多问题的应对策略定位于基本上不是刑法，而是居于刑法和秩序违反法之间的一种特别的干涉法。如此一来，刑法仍然能够维护定向于个人法益的近代刑法的纯粹性，刑法归属原理的根干依然是传统的结果犯，抽象危险犯等前置化处罚类型被从刑法中移除。[①] 应当说，哈塞默提出的人格法益概念对于重建法益论的立法机能有着重要作用，其有利于防止广泛承认普遍法益而过分扩张刑罚权的倾向。但是，站在当前的刑事立法来看，哈塞默主张回归传统核心刑法的观念无疑太过理想，而且即便是将干涉法作为刑法回归的替代手段，其最终能否起到保障效果也不无疑问。

（2）在批判哈塞默的核心刑法与干涉法，以及施特拉滕韦特的在未来保障领域放弃法益概念的风险刑法的见解之基础上，希尔施

---

① 参见［德］Winfried Hassemer《现代刑法的特征与危机》，陈俊伟译，《月旦法学杂志》2012 年第 8 期。

（Hirsch）提出了一条折中的解决方案，即在传统法治国家刑法的框架中，通过对新法益概念、抽象危险犯、行政从属性问题、集团责任问题的细致理论分析和灵活性受容，来解决未来领域的风险预防问题。在希尔施教授看来，通过立法新近包含于刑法领域的犯罪不全是异质物，刑法基本上适合于作为应对新犯罪发展的手段，适于应对新型犯罪的刑法与适于处理传统犯罪的刑法具有同样程度。当然，考虑到现代社会的复杂性，必须承认风险社会刑法的象征化和机能化在某种程度上是必然的。但是，迄今为止没有必要对刑法的要求和刑法的法治主义原则进行一般性修正，反而在新兴领域中也要遵守作为理性刑法产物的罪刑法定主义、罪责原则、比例原则、补充性原则等传统法治国刑法原理。对于希尔施教授立足于传统法治国刑法展开对新型犯罪类型的斗争这一基本立场，笔者深表认同。事实上，从当前的刑事立法来看，现代刑法对于新型风险领域的规制，基本上还都是在法治国刑法的框架下进行的，罕有完全脱逸于法治国刑法基本原理要求的前置化立法。既然如此，在普遍法益已经在刑法的法益保护上占据了相当部分且日益被重视的态势下，务实的做法不是再去争论是否应将普遍法益作为刑法的保护法益，而是强化对法益关联问题的细分化研究，即对轮廓被充分抹除的利益以何种尺度进行测量的问题，以及如何通过对刑法前置化立法的灵活与限制解释，实现刑法法益保护与人权保障机能的有效平衡。

综观德国刑法理论上关于刑法前置化的正当化界限的讨论，如何化解并恢复普遍法益概念导致的法益论的立法机能危机，一直是其中的焦点和主战场。无论是哈塞默教授所提出的"人格法益论"，还是希尔施教授所主张的对法益关联问题的细分化分析，均是为了重新发挥法益概念的立法限制与批判机能。通过将普遍法益的刑法保护限制在与人类利益具有密切关联性的必要领域，从而避免刑法保护的过度前置化。基于此，笔者将上述见解统称为"以法益侵害原则为核心的刑法前置化制约理论"。

以德国为代表的大陆法系国家刑法理论之所以如此重视法益概

念，是因为其历来被赋予了难以替代的体系批判机能。这种"法益情节"的存在，即使是普遍法益概念也必须毫无例外地遵循。德国刑法理论的主流观点认为，一个批判立法的法益概念可以为刑罚处罚划定合法边界，这对于刑事立法犯罪化与司法适用而言具有重要意义。① 从正面来看，法益保护原则要求刑法必须将严重侵犯法益或者侵犯重大法益的行为规定为犯罪，以尽可能地保护法益。从反面来看，法益保护原则要求刑法只能将侵犯法益的行为规定为犯罪，从而限制国家刑罚权。"刑法只允许保护法益"，这一法益保护原则之要求对于限制刑事可罚性发挥了非常重要的作用。如果某一罪刑规范的保护目的并非在于个人自由发展及其实现条件，那么其便不具备合法性与正当性。如此便对国家刑罚权划定了基本界限——不得对没有损害他人发展可能性的行为施加刑罚处罚。

然而，随着刑法保护的不断前置化、预防化，法益概念也随之抽象化、精神化，其立法批判机能受到极大的折损。尤其是随着无所不包的"普遍法益"概念的提出，法益理论在很多场合不仅难以发挥其限制刑罚处罚范围的立法批判机能，反而成为为不断扩张和前置化的刑事立法背书的政策工具。② 为了扭转这种局面，许多法益理论的倡导者开始致力于重建法益论的立法机能，以期为刑法保护的前置化划定正当化边界。上述"人格法益论"以及法益关联性的细分化主张，即是其中的代表性尝试。

除此之外，罗克辛教授作为法益理论的集大成者，不仅从一些极具争议性和现实性的罪刑实例出发，集中阐释和证明了批判立法之法益概念对于判断现实罪刑规范合法性问题所具有的重要意义，而且还列举出了法益保护原则的九项具体准则。具体包括：（1）恣意的、纯粹建立在意识形态之上的刑法条文没有保护任何法益；（2）违反公

---

① 参见［德］克劳斯·罗克辛《刑法的任务不是法益保护吗?》，樊文译，《刑事法评论》2006 年第 2 卷。

② 参见舒洪水、张晶《法益在现代刑法中的困境与发展——以德、日刑法的立法动态为视角》，《政治与法律》2009 年第 7 期。

民基本权利的刑法条文与法益原则相抵触；（3）单纯不道德的或者值得谴责的行为本身，不具备法益侵害的犯罪化根据；（4）侵犯自身人格尊严的行为，不属于侵害他人的法益；（5）只有在因为胁迫而产生了现实的恐惧时，我们才能认为，对感情的保护是对某种法益的保护；（6）对他人有意识的自陷风险予以协助或者支持的行为，并没有侵犯（他人的）法益；（7）在绝大多数情况下，象征性的刑法规范不具有法益保护的功能；（8）禁忌并非法益；（9）若保护的对象抽象得无法让人把握，则该对象也不能被看作法益。① 为了尽可能地将法益保护原则具体化，以便为其立法批判机能的发挥提供更为具体性和程式化的解决方案，海因里希（M. Heinrich）还提出了"法益保护的三阶层模式"："对于任何一条在合法性方面存在疑问的具体罪刑规定，都必须精确地考察，它保护的应该是什么，它保护的应该是谁，以及它所抵御的又应该是什么。"只有经过上述三个阶段的分析，才能最终认定该构成要件行为是否具有法益侵害及其危险性。当然，刑法不可能保护琐碎的利益。因此，从属性原则也能对刑事立法提出限制刑罚处罚的基础性批评。从属性原则是法益保护原则不可或缺的补充，其对刑罚手段之适用进一步提出了合比例性要求，即刑罚手段应当具有最后性、片断性和补充性。② 将刑法的任务定义为"辅助性的法益保护"，在本质上源于宪法比例原则之要求。

　　总之，上述有关法益概念的立法批判与限制机能的见解，虽然并不一定直接针对刑法前置化立法提出，但是，其目的都是化解现代刑法中普遍法益概念所导致的法益论危机，都是通过法益概念来为刑法的前置化、预防化走向划定正当化边界。因此，完全可以也有必要将其一并纳入"以法益侵害原则为核心的刑法前置化制约理

---

　　① 参见［德］克劳斯·罗克辛《对批判立法之法益概念的检视》，陈璇译，《法学评论》2015 年第 1 期。

　　② 参见［德］克劳斯·罗克辛《德国刑法学　总论（第 1 卷）：犯罪原理的基础构造》，王世洲译，法律出版社 2005 年版，第 23 页。

论"体系之中。

（二）英美法系以危害原则为核心的刑法前置化制约理论

在英美法系国家刑法中，危害原则（harmprinciple）是"为惩罚提供正当化根据"并为刑事立法者划定最低边界的核心原则。[①]危害原则的思想直接来源于边沁，其最先被英国哲学家约翰·密尔在《论自由》一书中提出。密尔认为，只有当公民个体的行为对他人造成危害时，对其施加刑罚惩罚才具有正当性基础。反之，如果一个人的行为没有对他人的利益造成任何危害，那么国家就不应对其进行强制干预。密尔之后，在英国法哲学家赫伯特·哈特与帕特里克·德夫林勋爵关于同性恋、卖淫等关乎性道德行为的可罚性问题的论战中，危害原则得到了进一步的发展和传播。这场论战以哈特的胜利而告终，哈特通过援引密尔的危害原则，提出国家应尊重公民个体的自由发展权利，除非公民的行为对他人造成危害，否则国家不得通过强力干预公民的自己决定权。因此有人说，这场论战亦是危害原则胜利的标志。

在密尔和哈特提出的危害原则的法理基础上，美国法哲学家乔尔·范伯格在其巨著《刑法的道德限制》中，对危害原则进行了系统的、细致的研究，从而使其正式成为犯罪化正当根据的构建性基础。范伯格认为，危害原则应当成为刑法的道德准则，其为刑法干预公民个体自由设立了基本边界；只有为了阻止公民对他人和公众的危害，国家动用刑法强制干预公民个体自由才具有正当（良好）理由。[②]换言之，危害原则是刑事可罚性的起点，没有危害他人的行为不应当受到刑法干预。

冯·赫希（Von Hirsch）与斯密斯特（Simester）在《犯罪、危害及不正当：犯罪化之原则》一书中，进一步细化和发展了危害原

---

① James Edwards, "Harm Principles", *Legal Theory*, Vol. 20, No. 4, 2014, p. 253.

② See Joel Feinberg, *The Moral Limits of the Criminal Law*（Vol. Ⅰ）: *Harm to Others*, New York: Oxford University Press, 1984, p. 15.

则。通过将"危害"概念细化为直接危害（direct harm）、遥远危害（remote harm）与回应危害（reactive harm），其中，遥远危害包括抽象危险、介入型行为与累积型行为导致的遥远危害三个类别。[①] 他们提出了遥远危害行为犯罪化的一般与特殊原则，与范伯格提出的危害原则的标准分析范式相应，其中关于遥远危害行为犯罪化的特殊原则也被称为"扩展的危害分析范式"，从而使危害原则的内涵更为丰富且更具适用性。

贝克（Baker）通过对危害原则的分析，创造性地提出"不被犯罪化的权利"，并主张将该权利宪法化。[②] "不被犯罪化的权利"以危害原则为基础，其适用也依赖于危害原则，其宪法化的建议表示贝克高度重视对个人自由、尊严、发展和自主的保护，认为此类价值追求应作为刑法的内在要求，并通过宪法加以保障，以实现刑法的正当性，从而极具借鉴意义。贝克对危害的考察是全方位的，他认为无论是处于飞镖盘靶心的真正危害，还是处于飞镖盘边缘的似乎算作危害又似乎仅仅属于冒犯的行为，其危害性的判断都必须考察环境因素、条件因素、社会因素和经验因素，唯有全方位的考量，方能明确认定行为的危害性及其程度。[③] 可以说，贝克"不被犯罪化的权利"的提出进一步发展了危害原则，形成了更为全面、直观的危害性判断途径，也解决了范伯格理论无力解释人类肆意危害动物行为之不正当性的局限性问题。

危害原则历经一百多年的发展，如今已成为一项宪法性限制原则，英美法系刑法也早已将其作为公认的犯罪化核心标准。对于危害原则可从两个意义维度上去理解：

---

① See A. P. Simester and Andreas Von Hirsch, *Crimes, Harms, and Wrongs：On the Principles of Criminalisation*, Oxford：Oxford University Press, 2011, p. 35.

② See Dennis J. Baker, *The Right Not to be Criminalized—Demarcating Criminal Law's Authority*, Ashgate Publishing Limited, 2011, p. 78.

③ See Dennis J. Baker, *The Right Not to be Criminalized—Demarcating Criminal Law's Authority*, Ashgate Publishing Limited, 2011, p. 3.

　　一是在限制国家刑罚权的维度上，危害原则要求只有当个人行为对他人利益造成不法侵害时，国家才能动用刑罚强制干预个体自由。限制国家刑罚权对个人自由的干预，保证个人享有自由发展的权利，这是危害原则的核心要意。根据危害原则，只要行为人对自己的危害没有对他人（包括社会、国家）的利益造成危害，那么便不应将其视为犯罪，同性恋、吸毒、自杀、安乐死等行为都属于行为人的自我决定权内容，国家不应对此加以强制干预，即便其出发点是为了个人的"善"。因此，危害原则反对刑法家长主义。同理，危害原则反对惩罚没有对他人利益造成任何危害的单纯不道德行为，并积极主张对"没有危害后果"的不法行为（如持有型犯罪）除罪化。① 尽管危害原则并不足以成为犯罪化的全部根据和理由，但是，其为刑事立法犯罪化设置了道德底线和边界。根据危害原则，人们可以有效质疑国家刑罚权的正当化根据，由此使其成为一项具备立法批判功能的犯罪化原则。

　　二是在界定公民个体自由范围的维度上，危害原则要求公民个人不得实施危害他人（包括国家、社会）利益的行为，否则国家就存在正当理由动用刑罚强制干预个人自由。只要"不危害他人利益"，行为人享有一切行动自由和自主权，国家不得动用刑法加以强制干预；一旦行为人的行为超出了危害原则所设立的道德底线，那么国家便获得了刑法干预的正当化理由。

　　当然，危害原则的核心旨意仍然在于限制国家刑罚权，以保障公民个人的自由和发展。可以说，危害原则自诞生之初便流淌着自由主义的血液，其最终的法哲学意义便在于限定国家刑罚权的发动边界，以帮助个体抵抗国家刑罚权的巨大威胁，从而为个体的自由发展和自主决定权的实现提供可能。正如有学者所指出的，"危害原则是自由主义者手中值得信赖的武器"，其在本质上是服务于个体自

---

① See Andrew Von Hirsch and Andrew Ashworth, *Proportionate Sentencing: Exploring the Principles*, Oxford: Oxford University Press, 2005, p. 86.

由保障、追求尊严和自主发展的。①

危害原则在英美法系刑法中的属性和地位，大致等同于法益侵害原则之于德日等大陆法系国家刑法，以及社会危害性原则之于苏联和中国刑法。② 不过，也与法益侵害原则和社会危害性原则一样，单纯依靠危害原则不可能实现对国家刑罚权具体界限范围的准确界定。危害原则作为刑事立法的道德底线，必须将其与其他因素一并纳入犯罪化考量，才能具体合理地划定犯罪化的界限。对此，正如我国有学者所指出的，危害原则只能为犯罪化提供良好的理由，只能解决何种行为可以被犯罪化的问题，而不能解决何种行为应当被犯罪化的问题，只有在结合对其他制约因素的充分考量之后，才能最终得出是否应当将某一行为宣布为犯罪的结论。③

在英美法系刑法理论中，对危害原则的质疑和批评也从未停止过。其中，最为核心的批判在于：危害原则过于宽泛、抽象而无法为刑事立法提供实际依据。④ 尽管危害原则的后续支持者们对其进行了具体化完善，比如范伯格便对危害原则中的"危害""利益"以及其他衡量因素进行了补充，力图使危害原则成为切实可用的刑事立法原则。但是，就如同法益理论在当代所遭遇的困境一样，危害原则实际上也没有为限制国家刑罚权之过度扩张做出实质性的贡献。尤其是"遥远危害"概念的提出，使得尚未造成危害结果的，而仅具有造成危害可能性的风险行为，也可以在危害原则提供的正当化根据下被犯罪化，从而大大扩张了刑法对于危险行为的惩罚范围。在这个意义上，危害原则已经偏离了其保障个体自由发展的初衷，

---

① See Steven D. Smith, "Is the Harm Principle Illiberal?" *The American Journal of Jurisprudence*, Vol. 51, 2006, pp. 41 –42.

② 参见姜敏《"危害原则"的法哲学意义及对中国刑法犯罪化趋势的警喻》，《环球法律评论》2017 年第 1 期。

③ 参见王晓晓《"遥远危害"与预防型犯罪化》，《刑法论丛》2019 年第 1 卷。

④ 参见方泉《犯罪化的正当性原则——兼评乔尔·范伯格的限制自由原则》，《法学》2012 年第 8 期。

而成为刑法保护社会和维护秩序的有力工具。对此，正如我国有学者所评价到的，危害原则似乎已从对犯罪化的限制根据转变为积极的入罪原则，这是探索将它构建为入罪标准的必经之路，但已然违背了提出危害原则的初衷，即限制国家刑罚权的恣意发动。① 不可否认，危害概念的裂变与扩张，的确使危害原则的限制机能失去意义。② 有学者甚至直言不讳地指出，危害原则在当代社会语境下的嬗变，已经使其出现了崩溃的表象，其作为自由保障工具的理想已经落空。③ 对此，我国有学者辩护道，风险行为犯罪化对危害原则的不断挑战甚至突破，并不意味着危害原则本身失去价值，相反，这恰恰说明，我们更应当重申危害原则所蕴含的保障个人自由的法哲学意义，更应当致力于发挥其限制国家刑罚权的机能。④

（三）综合性的刑法前置化制约理论

1. 道格拉斯·胡萨克（Douglas Husak）的过罪化限制框架理论

美国著名刑法学者道格拉斯·胡萨克立足于近年来美国联邦和州刑事司法制度所显示出的实体刑法的巨大扩张和刑罚使用的急剧增长的过度犯罪化现实，尝试提出了与过罪化问题作斗争的限制刑事制裁限度的犯罪化理论框架。

胡萨克所构建的犯罪化限制框架理论一共包含七个一般性原则，这七个犯罪化限制原则在宏观层面上可分为犯罪化外部限制原则与犯罪化内部限制原则两大类。⑤ 其中，犯罪化外部限制原则依赖于从刑法之外引入的一些具有争议性的规范性理论，具体包括三个限制

---

① 参见王晓晓《危害原则的发展与犯罪化标准的构建》，《刑事法评论》2018 年第 1 卷。

② 参见劳东燕《危害性原则的当代命运》，《中外法学》2008 年第 3 期。

③ See Bernard E. Harcourt, "The Collapse of the Harm Principle", *Journal of Criminal Law and Criminology*, Vol. 90, No. 1, 1999, pp. 193 – 194.

④ 参见姜敏《英美刑法中的"危害原则"研究——兼与"社会危害性"比较》，《比较法研究》2016 年第 4 期。

⑤ See Douglas Husak, *Overcriminalization: The Limits of the Criminal Law*, New York: Oxford University Press, 2008, pp. 55, 66, 82 – 100, 128 – 129.

原则或限制要素：（1）重大利益限制：刑法立法的目标应当是保护重大利益；（2）实效性限制：刑法立法应当有助于直接提升重大利益；（3）必要限度限制：为了实现国家的目的，制定的法律不能超过必要的限度，其要求刑法立法只能在必要和不超过必要限度的情况下实现其目的。犯罪化内部限制原则则通过刑法本身来对刑事立法进行限制，具体包括四个限制原则或限制要素：（1）重大危害或邪恶限制：刑法规范必须以禁止重大危害或重大邪恶为目的，否则不能施加刑事责任；（2）不法性限制：痛苦和耻辱只能强加给在某种意义上具有不法性的行为，否则不能对此行为施加刑事责任；（3）该当性限制：当且仅当行为人应受刑罚惩罚，且在该当的度内施加刑罚时，才具有正当性；（4）举证责任约束：主张施加刑事制裁的主体应当承担举证责任，即刑事立法者应当证明某个犯罪对应的刑法规范符合犯罪化标准。当然，胡萨克同时指出，上述犯罪化内部限制原则与外部限制原则之划分具有人为性，二者在很大程度上存在着交叉重叠，诸多不公正的刑法规范既违背了内部限制原则，也违背了外部限制原则；但犯罪化理论的重要意义绝不在于相关限制原则的类型化，只要刑事立法需要受到某个限制原则的约束且实际遵循了这个限制原则，从而使刑事立法的增加趋于缓慢，那么这里的犯罪化限制框架理论就具有重要意义。

在胡萨克的犯罪化内部限制原则体系中，最为核心的几个概念当属"重大危害与罪恶""不法性""该当性"和"不受刑罚惩罚之权利"，其所要表达的核心旨意在于：只有当刑法的目标是预防（或避免）严重的危害行为或罪恶时，对相关行为施以该当的刑罚才是正当的。① 具体而言，胡萨克首先从刑法总则的犯罪论出发，以总则性刑法规范和抗辩事由（包括正当化事由和宽恕事由）为渊源，推演出"重大危害或邪恶"与"不法性"两项犯罪化内部限制原则，

---

① 参见姜敏《刑法修正案犯罪化及限制》，中国法制出版社 2016 年版，第 243—244 页。

从而在犯罪化限制理论与犯罪论之间建立起了重要联系，使其提出的犯罪化限制原则能够在刑法理论体系中找到归属。这里需要指出的是，美国刑法中的不法性内涵似乎要广于德日刑法"三阶层"犯罪论体系中的不法性概念。在美国刑法中，行为的不法性（排除正当化事由，如正当防卫、紧急避险、职务行为等）也被视为宽恕事由的前提条件，如果被告的行为存在正当化事由，那么就不需要宽恕事由来进行抗辩了。但是，在犯罪成立的整体层面上，宽恕事由又属于"不法性"的一个附属要件，即用于判断行为人作为或不作为的不法性是否应当作为犯罪处理。对此，正如霍尔德（Holder）所指出的，宽恕事由"是对所为的违法行为的解释，该种解释使得至少对犯罪行为而言看似全部违法而应定罪的行为，抹上了道德的面纱"①。其次，胡萨克从刑罚论出发，以刑罚的正当性根据为重要理由来源，提出了犯罪化内部限制的第三个原则——"该当性"原则。该当性原则与不法性原则既有不同之处，也有重叠之处，它既包含了宽恕事由的合法抗辩内容（如果被告存在宽恕事由，那么对其施加刑罚便不符合该当性原则），也包含了罪刑均衡原则的基本要求（如果刑罚超过一定的限度，那么其亦不符合该当性原则）。最后，胡萨克以"公民享有不受刑罚惩罚的权利"为根据，认为刑罚本身所具有的剥夺性与谴责性特征决定了，其必然影响并潜在地侵犯行为人的不受国家惩罚之权利，因而刑事立法者应当承担证明相关刑法规范符合犯罪化原则和标准的举证责任。应当说，尽管举证责任限制原则本身并不能证明具体的刑法规范是否具有正当性，但是由于其对刑事立法者提出了具体的证明责任和义务，这无疑能够有效约束刑事立法者对拟创设的刑法规范进行充分的正当化考量，也为民众监督和质疑刑事立法提供了重要途径和依据。

胡萨克的犯罪化外部限制原则体系以"国家干预公民不受刑罚

① 参见［美］道格拉斯·胡萨克《过罪化及刑法的限制》，姜敏译，中国法制出版社 2015 年版，第 111—112 页。

惩罚之权利的正当性"为中心展开，其主张采取中度审查标准来判断刑事立法（犯罪化立法）是否具备合宪性与正当性。胡萨克认为，公民享有宝贵的不受刑罚惩罚之权利，该项权利虽然不属于宪法明确规定的基本自由，不宜适用严格审查标准来判断刑法干预正当与否，但鉴于其受到刑罚固有的严酷和谴责特征的重大影响，因而也不能仅仅以一个合理依据标准来对干预不受惩罚权利的刑事立法进行审查。整个刑法领域都应当采取更高的标准来审查刑法干预的正当性，这个审查标准的强度应当介于严格审查标准与合理依据标准之间，因为不受刑罚惩罚之权利的重要性介于基本自由与非基本自由之间，其属于一项"非常重要但非基本自由"的权利，这个审查标准就是所谓的中度审查标准。胡萨克以众所周知的森特勒尔·哈德森标准（Central Hudson Test）为参考，将其作为适用于所有犯罪的犯罪化理论基石。森特勒尔·哈德森标准是法官普遍适用于审查干扰商业言论自由权的法律是否合宪时所采用的准则，为了维护受到质疑的行政规范，法官必须首先判断国家制定法律保护的利益是否重大，其次判断该法律是否能直接实现保护目的，最后判断该法律手段是否超过必要限度。根据该标准，当所干预的权利应当受到中级程度的保护时，国家要保护的利益必须符合重大利益要件，这比国家保护的利益是合理的要求更高，但比紧迫性国家利益要件要求要低；并且，法律直接实现政府利益要件也高于法律与该利益具有合理关联性要件，但比进一步实现该利益必须非常具有必要性要件要低；最后，法律要实现该利益不能超过必要限度之要件，要优于法律是获得该利益的合理手段之要件，但劣于法律要进一步实现该利益也必须经过严格审查标准之要件。很显然，森特勒尔·哈德森标准是胡萨克所主张采取的中度审查标准的极佳蓝本，正是在此标准的基础上，其提出了犯罪化外部限制的三原则体系。胡萨克本人也认为，该标准在其理论体系中居于中心地位。在胡萨克看来，要惩罚一个有害行为，首先必须找到被犯罪化的危害行为所要保护的确定的、合法的、重大的国家利益，这就要求刑事立法者必须提出能够被认可的立法目的；其次还需要判断该刑法规范是否直接提升了该项重大国家利益，这就要求刑事立法者提出相关实证证据作为立法理由来说明该规范确实能实现其目的；最后必须证明相关犯罪化立法没有超过实现其目的的必要限度的范畴，这就要求刑事立法者必须做好评估其实现目标的手段的准备，其要求"与受到质疑的规范有同等效力的规范的范畴，不会比受到质疑的规范的范畴更广泛"。

以上述犯罪化限制的一般理论为基础，胡萨克还专门针对"预防风险犯罪"提出了具体的限制原则体系。胡萨克主张运用四项不同的原则限制国家惩罚那些导致危害风险而非实际危害的行为人的权力：①（1）重大风险限制要件。根据犯罪化限制的一般理论，刑法规范应当具有促进国家重大利益的目的，禁止微小危害不能成为国家干预他人免受惩罚之权利的正当化依据，同理，预防和阻止微小风险更不能为犯罪化提供合理根据。事实上，几乎所有行为都会制造不同程度的风险，因此，为了避免过多的社会活动面临刑事责任的威胁，除非惩罚某种行为是为了降低重大风险，那么犯罪化理论应该排除预防风险的犯罪。简言之，只有为预防重大风险的犯罪才具有正当性。（2）预防风险限制要件。犯罪化一般理论要求刑法规范应当能够直接促进国家利益的实现，相应地，当该项中度审查标准适用于风险预防犯罪时，就要求刑法中的禁止性规范必须能够实际减少最终危害发生的可能性。如果预防风险犯罪的设定不能降低最终危害发生的概率，那么国家就不得再以预防危害为由通过风险预防犯罪限制公民自由。（3）"完成危害"限制要件。该项限制原则要求，除非国家禁止故意、直接地导致同样危害的行为，否则国家不得为了减少某种危害的风险而禁止某项行为，因为故意、直接地导致同样事件状态的行为，远比引起不期望事件状态风险的行

---

① See Douglas Husak, *Overcriminalization: The Limits of the Criminal Law*, New York: Oxford University Press, 2008, pp. 161 – 180.

为更恶劣。换言之，如果某种行为能导致某种不期望事件的风险，那么犯罪化理论不能使禁止该种行为的风险预防犯罪具有正当性。（4）可归责性限制要件。根据该要件，只有当被告对最终危害造成风险具有主观罪责时，创设一个犯罪预防最终危害的风险才具有正当性。如果行为人虽然实施了被禁止的行为，增加了最终危害发生的可能性，但其缺乏最低可归责性，那么没有足够的理由对行为人施加惩罚。美国学者一致认为，除非被告对发生最终危害的危险至少具有轻率的主观意思，否则不能仅仅根据客观行为对未完成形态行为施加刑事责任。胡萨克认为，风险预防犯罪必须至少具有疏忽的罪过要件。胡萨克提出的有关风险预防犯罪的四个限制原则，是从源于宪法中级审查标准的犯罪化限制的一般理论演化而来，具有一定的独创性。这些限制原则在允许国家实现未完成形态犯罪的一般目的的同时，即在危害出现之前惩罚危害风险，从而减少危害出现的可能性，也在很大程度上限制了预防风险犯罪的过度增长和膨胀。

2. 乔尔·范伯格（Joel Feinberg）的危险行为刑法干预理论

美国著名法哲学家乔尔·范伯格在其巨著《刑法的道德界限》第一卷"对他人的危害"（Harm to Others）中，系统阐述了以危害原则为核心的刑事立法犯罪化准则。范伯格的危害原则认为，只有当行为人的行为对他人（包括国家、社会、公共）的利益造成"不法"侵害（包括对利益的阻碍、阻止和损害）时，国家发动刑罚权强制干预公民个体自由才具备合法性基础。① 根据危害原则，范伯格提出了一系列具体可适用的刑事立法指导原则。比如，不能把对自己的危害行为视为犯罪（反对刑法家长主义），不应惩罚没有危害的行为（反对刑法道德主义），等等。

其中，对于尚未造成实际危害而仅具有"间接危害"的危险行

---

① See Joel Feinberg, *The Moral Limits of the Criminal Law*（Vol. Ⅰ）: *Harm to Others*, Oxford: Oxford University Press, 1984, p. 15.

为的可罚性问题，范伯格为了贯彻危害原则，提出了十分严格、缜密的"调和原则"（mediating principles），从而发展出了著名的"危害原则的标准分析范式"。① 范伯格指出，危害原则中的"危害"不仅包括实害结果（状态），也包括造成实害的可能性和危险。不过，对于这种仅具有危险性的行为动用刑法干预，应当尤为慎重和严格，否则极有可能违背危害原则所追求的法治精神和道德正义。由此，范伯格提出了三项"调和原则"进行综合考量。

具体而言：（1）危险行为可能造成损害的利益越具有重要性，该项利益越值得动用刑法加以保护，相应地该危险行为越有可能被犯罪化。反之，如果危险行为可能造成损害的利益不具有重要性，那么该危险行为被犯罪化的可能性和根据就越不足。（2）危险行为的利益损害结果的实现可能性越高，其越有可能被犯罪化。反之，如果某种危险行为连最低的危害可能性都不具有，那么就没有必要将其予以犯罪化。针对危险行为的危害性和可能性之间的关系，范伯格还提出了具体的"平衡规则"（rules of thumb）：a. 危险行为的危害性越重大，禁止这种行为时，越不需要考虑该危害实现的可能性；b. 危害实现的可能性越大，禁止这种行为时，越不需要考虑该危害的严重性；c. 危险行为的风险越高，并且风险既严重又有可能发生时，那么对于该危险行为进行刑法干预越具备充分的正当性与合法性根据。（3）危险行为本身对于行为人和社会越具有价值，禁止该行为的代价越昂贵，那么容忍该危险行为的风险就越具备社会合理性，相应地对其动用刑法干预的可能性越小。②

范伯格提出的上述危险行为刑法干预理论，迄今已得到广泛的认可，并且成为危险行为犯罪化的标准教义模式。在英美刑法中，出于预防和减少危害的目的，将预备行为、未遂行为既遂化的预防

---

① 参见［美］乔尔·范伯格《刑法的道德界限（第一卷）：对他人的损害》，方泉译，商务印书馆2013年版，第241—242页。

② See Joel Feinberg, *The Moral Limits of the Criminal Law* (Vol. I): *Harm to Others*, Oxford: Oxford University Press, 1984, pp. 215–216.

性犯罪化立法受到广泛认可和实践。我国近年来的刑法修正案犯罪化立法表明，以预备行为实行化、帮助行为正犯化以及其他抽象危险犯立法为主要形式的刑法保护前置化、早期化趋势和格局也已经形成。在这样的时代背景下，范伯格提出的危险行为刑法干预的基本教义无疑具有很大的参考价值。尽管动用刑法干预尚未造成实害结果的危险行为是危害原则（实际上也是法益侵害原则与社会危害性原则）的题中之义，但"间接危害"概念的提出对于危害原则所追求的立法限制和自由保障目的而言，是一个极为危险的跨越，用之不当反而会使危害原则成为刑事立法的扩张工具。[①] 因此，对于危险行为的刑法干预，采取更为严格、精细化的综合性限制理论实有必要。除了犯罪化与否的基本考量，对于危险行为的犯罪化立法，还应当尤为关注相关犯罪构成要件的明确性、刑罚配置的合比例性等方面的问题，以确保危险行为的刑法干预符合法治精神。

3. 斯密斯特（A. P. Simester）与冯·赫希（Andreas von Hirsch）的遥远危害行为犯罪化原则

虽然范伯格提出的"危害原则的标准分析范式"能够为遥远危害的犯罪化提供一般的原则性指导，但在具体判断时仍缺乏明确的标准。尤其是针对介入型和累积型的遥远危害行为，能否以及在多大程度和范围内可以刑法禁止该行为，仍是"标准分析范式"所无法解决的犯罪化难题。鉴于此，斯密斯特和冯·赫希在范伯格的基础上，有针对性地提出了具有可操作性的"扩展的危害分析范式"。

依照斯密斯特和冯·赫希的观点，在对遥远危害行为的犯罪化进行判断的过程中，首先应适用危害原则来考察行为的不正当性，然后对拟被犯罪化的遥远危害进行"标准的危害分析"，并依据遥远危害的一般原则探寻犯罪化的正当性依据，最后针对属于遥远危害类型的行为进行特殊的"扩展的危害分析"，并依据遥远危害的特殊

---

① Andrew Ashworth and Lucia Zedner, *Preventive Justice*, Oxford：Oxford University Press，2014，p. 95.

归咎原则，最终判断特定行为的犯罪化是否恰当。其中，遥远危害行为犯罪化的一般原则基本沿用了范伯格提出的"危害原则的标准分析范式"，在此不赘述。而遥远危害行为犯罪化的特殊原则，则是专门针对抽象危险行为、介入型行为、累积型行为三类遥远危害行为分别提出的具体犯罪化原则。与范伯格的"标准的危害分析范式"相对应，这些关于遥远危害行为犯罪化的特殊原则被称为"扩展的危害分析范式"。

　　具体而言：（1）抽象危险行为犯罪化的具体原则。在抽象危险行为本身欠缺合理性，具有导致最终危害发生的可能性时，运用"标准的危害分析"进行判断即可。反之，若禁止的抽象危险行为具有一定的合理性，则需要进一步判断，该行为的实施目的是否在于给他人造成危害，或至少在受害人享有不被危害的权利的场合，该行为是否侵犯了受害人的权利或损害了受害人享有权利的资源。就此而言，抽象危险行为的犯罪化在一定程度上涉及司法实践的公平与效率问题。（2）累积型行为犯罪化的具体原则。在累积型行为的语境下，只有在大量类似行为共同发生的情况下，最终危害才会发生，以此为基础的犯罪化才具有良好的理由。（3）介入型行为犯罪化的具体原则。介入型行为犯罪化的关键难题在于：在何种情形下，才能为了预防因介入行为导致的最终危害而禁止之前的风险行为？对此，斯密斯特和冯·赫希认为，只有当前行为人规范地牵涉到最终危害行为中时，才能对其公平归责。这种规范性牵涉包括以下几种方式：①教唆、煽动他人实施最终危害行为。②前行为引起他人模仿自己而实施最终危害行为。范伯格将这类行为归纳为"模仿型伤害"，但斯密斯特和冯·赫希将这类规范的牵涉限制在涉及儿童的情形。③为他人实施最终危害行为提供物品。在此情形下，物品的主要作用对于判断前行为人是否规范地牵涉到最终危害行为中显得尤为重要。④为他人实施最终危害行为提供建议。如出版、发行详细说明故意杀人每一个步骤的"杀人指南"的书籍，是不正当的、应当禁止的。①

　　对于冯·赫希及斯密斯特提出遥远危害行为的"扩展的危害分析"，达夫（R. A. Duff）和马歇尔（S. E. Marshall）在《"遥远危害"与两个危害原则》一文中将其评价为有害行为原则［Harmful Conduct Principle，即如果（只有当）某类行为对他人有害时，对其犯罪化才具备良好理由］。他们指出，正是在有害行为原则的基础上，冯·赫希及斯密斯特识别出了遥远危害及其公平归责问题，然而，他们却没能辨识出危害预防原则［Harm Prevention Principle，即如果（只有当）某类行为的犯罪化能够有效预防行为人对他人的危害时，对其犯罪化才具备良好理由］与有害行为原则之间的差异，从而对于遥远危害的性质进行了错误认定，并依此得出了过于复杂的解决路径。事实上，有害行为原则并非独立的原则，而是危害预防原则的一个特殊含义或是对危害预防原则的具体适用。②

二　国内的主要制约理论

（一）以社会危害性原则为基础

　　"什么是犯罪"这个问题既是对犯罪概念的追问，也直接关涉刑事立法上罪与非罪的界限标准。关于犯罪概念的定义，存在形式定义、实质定义与混合定义三种类型。其中，犯罪的形式定义仅从行为的外部特征即违反刑法规定、应受刑罚处罚方面来描述犯罪的特征，而不涉及犯罪的实质内容，因而其无法回答某种行为被刑法规定为犯罪的内在根据是什么，显然无法为立法者提供犯罪化与否的标准，而只能为刑事司法罪与非罪的判断提供法定界限。而犯罪的实质定义则是对犯罪本质特征的揭示，是立法犯罪化的根本标准之

---

① See A. P. Simester and Andreas Von Hirsch, *Crimes, Harms, and Wrongs: On the Principles of Criminalisation*, Oxford: Oxford University Press, 2011, pp. 70 – 88.

② See R. A. Duff and S. E. Marshall, "'Remote Harms' and the Two Harm Principles", in A. P. Simester and Antje Du Bois-Pedain, eds., *Liberal Criminal Theory*, Oxford and Portland, Hart Publishing, 2014, p. 207.

所在。传统通行的观点认为，社会危害性是犯罪最本质的特征。因此，刑事立法犯罪化应当以社会危害性原则为根本指导原则。

社会危害性原则对刑事立法犯罪化的指导意义在于：（1）对于没有任何社会危害性的行为，不能予以犯罪化。这就要求刑事立法者在将某一行为犯罪化时，必须说明该行为对社会存在的危害，以此作为立法根据和理由。按照我国《刑法》第13条之规定，所谓社会危害性的内容，大体是指对于国家主权、国家制度、社会秩序、公私财产、公民权利等社会利益和社会关系的危害。据此，对于没有危害上述利益和关系的行为，不能将其予以犯罪化，已经犯罪化的也应当予以非犯罪化。（2）由于所有违法行为均具有不同程度上的社会危害性，因而为了区分行政违法行为与犯罪行为，只能将具有严重社会危害性的行为加以犯罪化。作为犯罪本质特征的社会危害性既是一个定性概念，也是一个定量概念。这就要求立法者在考虑将具有社会危害性的行为犯罪化时，必须经过一定的比较和权衡，对于仅与行政违法行为的社会危害性相当的行为，动用行政手段可以有效规制的，便不能将其规定为犯罪。只有行为的社会危害性程度严重，超出了行政制裁手段的有效规制范围，值得动用刑罚手段加以规制的，才可以将其加以入罪化。

对于行为的社会危害性及其程度，应当结合行为时的政治、社会、经济、文化以及环境等方面的背景去进行动态的理解和把握。某一行为可能在立法时具备社会危害性的实质根据，但随着社会情势的变化，其可能已经属于被社会广泛认可的甚至对社会有益的行为（如旧刑法中的"投机倒把罪"）。此外，行为的社会危害性既可表现为实害，也可表现为危害可能性（危险）。随着刑法保护法益、维持秩序的功能越加显现，将仅具有一定社会危险性的行为规定为犯罪的刑法保护前置化趋势越加突出。因此，社会危害性原则面临的真正挑战在于，如何依此限制对仅具有社会危害性的危险行为加以犯罪化，以保证相关犯罪化立法在实质上始终遵循社会危害性原则设立的处罚边界。

不过，社会危害性原则在犯罪实质概念中的根本性地位也受到很多学者的质疑，他们认为其根本无法单独承担起决定犯罪化与非犯罪化标准的任务，而必须与犯罪的其他特征一起，才能作为刑事立法犯罪化与否的原则和标准。的确，从上述关于社会危害性原则对于刑事立法犯罪化的指导意义可以看出，其仅具有否定方向的意义，即其只能说明没有（严重的）社会危害性的行为不能认为是犯罪。而或有意或无意地回避了肯定的方面，即没有回答具有（严重的）社会危害性的行为是否一定可以将其规定为犯罪，这不得不说是一个极大的不足。从刑事立法实践来看，除了社会危害性，立法者在犯罪化时还有其他考量因素。从这个角度来说，社会危害性原则确实无法单独承担起作为决定犯罪化与否的立法标准的任务。尽管如此，我们也绝不能完全否定社会危害性概念，因为无论如何，社会危害性必然构成犯罪的基本特征之一，其在犯罪化标准理论中永远都会占据着一席之地。

（二）以刑法谦抑原则为补充

除了将犯罪的基本特征——社会危害性作为犯罪化的核心原则，国内刑法理论上通常还在其基础上附加了一个补充性原则，那就是主张通过刑法的最后手段性原则（也即刑法谦抑原则）来进一步限制刑事立法对具有一定社会危害性行为的犯罪化。

众所周知，刑法所要规范的事项，是对法秩序侵害最为严重的犯罪行为。此类行为不仅具有严重的社会伦理非难性，而且其对国家、社会和公民利益造成的侵害也是最为严重和最难以被社会所容忍的。对其采取一般的法律手段（民事、行政手段）根本无法起到有效维持法秩序的作用，只有通过刑罚手段，方足以有效保护法益、防卫社会和维持秩序。这说明，刑法乃整体法秩序中正式社会控制手段的最后手段，在刑法之后已无其他法律规定和制裁手段的存在，刑法是社会防卫的最后界限。刑法对于犯罪的抗制，采用最为严厉的刑罚手段，其是剥夺犯罪行为人基本权利（生命、自由、财产等）的制裁性手段。刑罚一经发动，通常会造成无法回复的后果。因此，对于国家刑罚权的发动，应当尤为审慎。面对具有法益侵害及其危险性的行为，如有较为轻缓、柔性的法律手段足以规范时，刑法不宜径直介入，只有当其他更为轻缓的规制手段不足以维持法秩序时，才能考虑动用刑罚手段。这就是所谓的刑法谦抑原则，也称刑罚最后手段性原则。

刑法谦抑原则虽然并非刑法规范上的基本原则，却早已成为中外刑法理论上的基本共识。近年来，有不少学者以刑法谦抑原则为根据，对刑事立法的过度犯罪化现象提出批判，认为当前许多犯罪化立法有违刑法谦抑理念。且持相同观点和立场的学者还不在少数。刑法谦抑原则的基本观念是"慎刑"，它强调刑罚的最后性、片断性、补充性和经济性等价值追求，要求在刑罚适用"可替代""无效果""太昂贵"的情况下不应发动刑罚权。可见，刑罚最后手段性原则在一定程度上是宪法比例原则在刑法领域的体现，二者的基本理念和价值追求具有一定程度的相似性。

不过，刑罚最后手段性原则（刑法谦抑原则）终究只属于一种"刑法宣示性的基础理念"①，对此种原则理念的违反，并不像违反刑法上的罪刑法定原则与宪法上的比例原则那样，会直接产生违法甚至违宪的强制性法律后果。因此，刑罚最后手段性原则对于刑事立法犯罪化只能起到一种软约束作用，而不能强制要求立法者遵循此项原则，这也正是为何在刑法理论尤为强调刑法谦抑性的同时，刑事立法的空前泛滥和司法解释的任意扩大仍如此盛行的原因。② 况且，刑罚最后手段性原则作为一项刑法基础理念，其内容是十分抽象甚至空洞的，该原则并不存在一个具体可行的量化衡量标准。刑法谦抑理念的贯彻尚需借助其他的原则和理论体系，如严重的社会危害性原则、刑罚目的理论等。否则，刑法谦抑理念永远只是存在

---

① 柯耀程：《刑法释论Ⅰ》，（台北）一品文化出版社 2014 年版，第 79 页。

② 参见姜涛《追寻理性的罪刑模式：把比例原则植入刑法理论》，《法律科学》2013 年第 1 期。

于刑事立法者心中的一种抽象观念，这种观念不仅因人而异，而且没有强制约束力，可以被人们或有意或无意地突破。

因此，理论上有学者尝试为刑罚最后手段性原则建构出一套实质且具体的标准，借以充足这项原则应有的结构与内涵，同时也正好用以说明刑罚正当性的界限之所在。该学者指出，"刑罚最后手段性原则"作为国家发动刑罚权的正当性基础，到底在什么样的情形才算是"最后"？什么样的时间点才算是国家对特定行为动用刑罚制裁的正确时机，始能确实符合宪法上的比例原则？一般来说，国家对于特定行为选择是否动用刑罚予以制裁，必须考虑到以下两项先决问题：（1）针对什么样的行为是我们需要处罚，或是根本不需要处罚的？此乃行为是否具备"应刑罚性"的议题；（2）处罚这个行为究竟是为了什么？也就是说，为了什么样的目的，需要国家针对这样的行为特别动用到刑罚予以制裁。此乃行为是否具备"需刑罚性"的议题。由此，可以大致确立出一套检验国家刑罚手段正当性的评价体系，即"行为应刑罚性"与"行为需刑罚性"之二阶评价体系。① 显然，该论者所称的"应罚性"与"需罚性"二阶评价体系，实际上相当于我国传统刑法理论中的以社会危害性为基础、以刑法谦抑性为补充的犯罪化理论体系。应当说，这种具体化尝试，对于刑法谦抑原则的实践贯彻无疑是十分有益的。

（三）综合性的刑法前置化制约理论

可能是受到域外犯罪化理论的综合化发展影响，抑或是对我国近年来刑事立法快速前置化、预防化的深刻反思，当前我国刑法学界也出现了诸多旨在为刑法前置化、预防性犯罪化立法寻找正当化界限的综合性限制方案。以下笔者仅择其要者加以梳理评析。

1. 刑法前置化的应罚性与需罚性限制理论

作为我国刑法学界首部以刑法前置化为论题的博士学位论文，

---

① 参见古承宗《刑法的象征化与规制理性》，（台北）元照出版有限公司 2017 年版，第 5—7 页。

李晓龙博士在《刑法保护前置化趋势研究》一文中，通过借鉴德国刑法学界的相关讨论，根据刑法保护前置化的两个核心表现——法益保护前置化与刑法处罚前置化，分别提出了二者的限制路径。其中，针对法益保护前置化问题，主张通过"充实前置于实定法的法益内容、充足体系内的立法者说明责任、考虑法益侵害方式和具体类型"三个方面来补足和充实法益概念的立法批判机能；针对刑事处罚早期化问题，主张通过具体危险性犯、预备犯、累积犯等行为类型的攻击样态进行限制。① 应当说，这是到目前为止，我国刑法理论上专门针对刑法前置化问题的唯一一个较为体系化的限制方案。

不过，笔者认为，这一限制方案本身仍存在较大的局限性，无法将其作为应对刑法前置化问题的有效制约框架。事实上，李晓龙博士提出的刑法前置化限制方案的核心就是主张通过发挥法益概念的立法批判机能，来限制立法者将过于抽象、内容不明确的法益纳入刑法的保护范围。至于所谓的"行为类型攻击样态之限制"，一方面其只是法益概念立法批判机能的补充而已，因为在分析相应的犯罪构造时必须把对象法益作为评判的具体基准，法益是行为侵害、危险的对象，承担了作为分析犯罪类型基准点的作用；另一方面，在笔者看来，具体危险性犯、预备犯、累积犯等犯罪构造，本来就都属于刑事处罚前置化立法的典型体现，其大部分都可以归属于抽象危险犯的范畴（只是解释上的不同分类，在司法适用上没有任何区别），有的甚至还比抽象危险犯在处罚前置化上走得更远、更彻底，因而企图通过行为类型攻击样态来限制刑事处罚前置化，注定是徒劳无用的。这一限制理论最大的局限还在于，将刑法前置化问题的研究视角局限于刑法之内，企图仅仅通过刑法教义学的内部保障机制，来解决刑法前置化潜含的侵蚀自由的危险问题。实践证明，单纯依靠法益理论等刑法体系内部的保障机制完全无法承担起限制刑事立法前置化、预防化走向的重任。

---

① 参见李晓龙《刑法保护前置化趋势研究》，博士学位论文，武汉大学，2014 年。

值得关注的是，李晓龙博士在以其博士学位论文为基础出版的著作中对上述限制方案予以扩展，最终形成了刑法前置化的应罚性与需罚性限制框架。其中，刑法前置化的应罚性限制包括上述限制方案的全部内容，旨在将法益的侵害与危险作为基准发挥拘束刑事立法的限制机能。在应罚性的基础上，刑法前置化的需罚性限制则增加了定罪与量刑层面上的预防必要性之考量。"如果国家对于特定行为的规范有比以刑罚处罚更轻微的手段，并可预期有更良好的成效时，则刑罚即无动用的必要。"① 相较而言，应罚性与需罚性的限制框架无疑更具合理性。但是，笔者认为，除了在量刑层面提出的借鉴德国刑法中的"积极悔过"制度之构想，在定罪层面的预防必要性限制，实际上完全体现了刑法的最后手段性原则、刑法谦抑原则在刑事立法上的要求。如此一来，扩展后的刑法前置化的应罚性与需罚性限制理论仍旧还是在刑法体系内部的保障机制中打转，其局限性依然存在。

2. 立足犯罪概念和刑法体系的犯罪化理论

一是基于犯罪实体构造而构建的犯罪化界限。例如，有观点认为，厘清犯罪化之边界，首先应落脚于实体法规范意义上的犯罪构造范畴。基于犯罪构造的教义学共识，行为、法益侵害与责任构成了犯罪构造最为核心的内容。因此，从刑法教义学的犯罪构造到刑法立法学的犯罪化，映射出的"行为—法益—责任"框架，也就成为厘清犯罪化教义学边界的基本指向。犯罪化边界需要由行为、法益侵害与责任三要素加以确定，刑法立法的犯罪化应当遵循"行为是基础""法益侵害是本质"以及"责任是条件"三重边界要求。脱逸上述边界范围的犯罪化立法，难以获得刑法教义学基础知识的正名，有违科学立法要义，应予严格禁止。②

---

① 李晓龙：《刑法保护前置化研究：现象观察与教义分析》，厦门大学出版社2018年版，第149页。

② 参见满涛《我国犯罪化立法的教义学边界——以犯罪构造为中心》，《刑法论丛》2017年第4卷。

　　二是基于犯罪基本特征而构建的犯罪化界限。这方面的典型代表，当属我国学者夏勇教授提出的"社会危害性—应受刑罚性"对立统一的犯罪化标准理论。其根据唯物辩证法的一般原理指出，犯罪本质与任何事物的本质一样，不会只由一种单纯或单向的因素构成，而必然是一个对立统一的矛盾结构。社会危害性作为单纯或单向的因素，本来就不可能单独成为犯罪的本质特征。据此，社会危害性只能作为犯罪化的必要根据，而不是唯一根据。

　　夏勇教授认为，犯罪的本质特征应当是以（严重的）社会危害性为中心的并与应受刑罚性相对立统一的矛盾结构。其中，严重的社会危害性是对立统一两个方面中的主要方面，其在犯罪本质特征的矛盾结构中处于主导地位，是刑事立法犯罪化的直接根据和根本原因，从正面决定着犯罪的存在。① 没有社会危害性或者社会危害性程度较低的行为，不能将其予以犯罪化，已经犯罪化的也应当将其予以非犯罪化。相反，应受刑罚性则是与社会危害性相对立统一的另一个方面，它通过对不同因素的进一步考量，从反面限制着对某种行为的犯罪化。体现应受刑罚性的因素至少可以归纳出如下七个方面：（1）责任因素，（2）权利因素，（3）公平因素，（4）预防因素，（5）手段因素，（6）成本因素，（7）人道因素。这些应受刑罚性的考量因素，从不同方向上相应的朝内收缩，趋向于限制犯罪圈朝外扩张。②

　　通过将应受刑罚性与社会危害性置于相互并列且对立统一的地位，犯罪的本质特征便成为一个矛盾结构，矛盾的任何一方均无法单独为犯罪化提供全部根据，而必须经过矛盾双方的相互博弈才能最终确定某种行为是否可以和应当被犯罪化。当然，在犯罪本质特征的矛盾结构中，社会危害性属于矛盾的正面，处于中心地位，立

---

① 参见夏勇《和谐社会目标下"犯罪化"与"非犯罪化"的标准》，法律出版社 2016 年版，第 176—180 页。
② 参见夏勇《和谐社会目标下"犯罪化"与"非犯罪化"的标准》，法律出版社 2016 年版，第 240—247 页。

法者只能将具有严重社会危害性的行为犯罪化，而不能将没有社会危害性或者社会危害性程度较低的行为犯罪化。但并非所有具备严重社会危害性的行为都有必要予以犯罪化，还应当进一步考量应受刑罚性的因素，否则，容易导致刑法干预的过度化。应当说，"社会危害性—应受刑罚性"对立统一的犯罪化标准，充分运用并体现了"双向思维"和"位阶思维"，有助于充分平衡犯罪化的现实需求（"要不要"的问题）与价值追求（"能不能"的问题）。刑事立法犯罪化与非犯罪化在运用犯罪本质特征的矛盾结构标准时，应当以考虑社会危害性因素为先，应受刑罚性因素在后；社会危害性是正面决定犯罪的因素，应受刑罚性是反面限制犯罪的因素，前者是中心，倾向于向外扩张犯罪圈，后者是外围，倾向于向内收缩犯罪圈，从而在由内向外和由外向内的双向运动和作用中形成刑法的犯罪圈。

除此之外，还有观点主张以犯罪概念的三大基本特征为基础构建阶层性的犯罪化立法原则体系。具体而言，将社会危害性作为犯罪化的逻辑起点，将应受刑罚惩罚性作为犯罪化的应然补充，但应受刑罚惩罚性自身有循环定义之嫌，可以从刑罚的必要性、有效性、经济性对其做进一步的说明，将刑事法定性作为犯罪化的最终归宿。如此沿着从事实到规范层层递进的思维路径，方能合理划定刑法的界限。[①]

三是基于刑法学科体系而构建的犯罪化界限。例如，有学者指出，刑法学是研究犯罪、刑事责任与刑罚的科学体系，这三个方面构成了我们分析犯罪化与非犯罪化的基本维度。基于犯罪的有限价值论，犯罪化与非犯罪化应全面衡量犯罪待定行为的社会边际效用。在刑事归责上，待定行为的犯罪化与非犯罪化应意识到任何一种行为都有从主观到客观不断发生、发展变化的过程，被予以犯罪化或非犯罪化的行为只是其中的某一或某几个阶段；并且，犯罪化与非

---

① 参见吴永辉《从事实到规范：犯罪化立法原则层次论》，《西南政法大学学报》2017 年第 3 期。

犯罪化应当坚持一项基本的原则：只有当行为由主观阶段转化为客观阶段时才能被犯罪化。在刑罚上，待定行为的犯罪化与非犯罪化离不开对是否值得运用刑罚的权衡，以刑制罪的思想在此具有一定的合理性。在这三者之间，对犯罪的认识是行为犯罪化与非犯罪化的开端；进而通过对刑事责任归责论的认识，具体确定行为犯罪化与非犯罪化在行为发生过程中的起点或终点；最后，通过对刑罚目的的考虑以纠偏具体的犯罪化与非犯罪化。①

应当说，无论是基于犯罪概念的实体构造、基本特征，还是基于刑法学科体系而构建的犯罪化限制理论，都体现了对"以社会危害性为基础，以刑法谦抑性为补充"的犯罪化基础理论的进一步发展。尤其是夏勇教授提出的"社会危害性—应受刑罚性"对立统一的犯罪化标准理论，更是尝试将成本效益、人道主义、公平等刑法哲学的考量因素引入应受刑罚性的判断中，进一步丰富了其基本内涵和要求。不过，此类综合限制方案的不足之处也十分明显，那就是其仍旧主要局限于刑法内部的保障机制，充其量仅属于刑法之内的综合限制方案，而没能跳出刑法体系，真正从刑法之上、刑法之外共同构建起刑法前置化的综合性限制理论。

3. 融合宪法制约机制的综合限制方案

面对当前我国刑法体系的预防走向，理论上有学者开始反思传统刑法基本原理的困境与不足，进而提出了融合比例原则等宪法制约机制和原则的预防性刑法立法的综合限制措施。

（1）何荣功教授通过借鉴美国学者胡萨克的犯罪化内部限制与外部限制原则体系，提出应当首先在刑法内部寻找预防刑法的限制原则和体系，其次再从宪法中发展出制约预防性国家行为的原则和机制。

具体而言，首先，在宪法框架下，刑法应当被视为负责协调原则、价值和思维方式的社会制度，有必要坚守司法法的基本属性，

①　参见李正新《犯罪化与非犯罪化的根据思考》，《政法论坛》2017 年第 1 期。

而预防性刑法具有明显的行政化色彩，因而其只能是国家在面临特定的法益侵害危险时才可以例外采取的立法形式。基于宪法比例原则的要求，刑法作为以刑罚为制裁手段的最严厉的法律制度，其必然要遵循最后手段性原则（刑法谦抑主义）。这就要求在面对任何具有法益侵害危险性的行为时，国家即便需要采取预防性措施，也必须先考虑民事或行政性的预防措施，只有在更为轻缓的措施无法起到预防作用时才能考虑使用刑罚措施，如此方符合宪法的原则和精神。

其次，在刑法体系内部，由于刑法的根本任务在于保护法益，因而预防性犯罪化立法也必须围绕法益保护而展开，这就要求将法益侵害的危险作为预防刑法的限度。据此，预防性刑法只能将存在导致法益侵害危险的行为规定为犯罪，这种危险行为具有造成法益侵害的确定性，只不过侵害结果尚未实际发生而已（危险要件）。不仅如此，这种危险行为造成的法益侵害还应当具有重大性，除非惩罚某种危险行为是为了降低重大的法益侵害危险，否则预防刑法不应当将其规定为犯罪（危险重大性）。当然，还应当注重预防性刑事立法的有效性问题，如果将某种危险行为加以犯罪化并不能降低相应危害结果发生的概率，那么这样的预防性刑法规定便是无效果的，其便缺乏正当性基础（预防有效性）。[①]

（2）姜敏教授通过借鉴美国学者道格拉斯·胡萨克的犯罪化理论，以系统论为视角和根据，提出了刑法修正案犯罪化的外部限制与内部限制原则框架。具体而言，在外部限制原则方面，由于刑法修正案犯罪化构成对"公民不受刑罚惩罚权"的限制，因而应当将"合宪性原则"作为刑法修正案限制此项基本权利的法律依据，同时将"侵害事实"作为现实根据，以确保国家对此项基本权利的限制具有正当性，在此基础上还要求犯罪化应当有助于促进刑法目的的实现，并且不能有违必要限度原则。在内部限制原则方面，刑法修

---

① 参见何荣功《预防刑法的扩张及其限度》，《法学研究》2017 年第 4 期。

正案犯罪化之行为应当具备"重大危害或邪恶"与"不法性"的基本特征，在刑罚配置上要实现刑罚的该当之度，并且国家应当承担证明犯罪化合法的举证责任。[①]

此外，还有学者较为宏观地指出，我国未来的预防性犯罪化立法，必须以宪法为引领，以刑法的基本原则为遵循，并采取多轨制的刑法立法模式。在宪法引领方面，预防性犯罪化立法必须符合宪法对于刑法功能定位的要求，必须符合宪法自由、民主的内在价值，必须符合宪法比例原则的要求，并且应当在立法实践层面完善合宪性备案审查制度。[②] 另有观点认为，可以从集体法益扩张下的关联性、比例原则约束下的适当性和实质违法坚守下的补充性三个层面，为预防性犯罪化立法划定合理的边界。[③]

笔者认为，上述见解均体现了我国刑法学界将宪法保障机制引入刑法体系作为刑事立法限制手段的宝贵尝试。尤其是何荣功教授的预防刑法限制理论综合了宪法和刑法两种法教义学体系，从刑法之外与刑法之内两个方面对预防刑法进行限制，其基本思路值得提倡。不过遗憾的是，在具体展开时，其并未能始终坚持预防刑法的宪法控制的分析路径，而最终还是转向了通过刑法谦抑原则来限制刑法体系的预防走向，这实际上仍是一条通过刑法自身的体系资源来限制预防刑法的内部路径。不仅如此，其对于"危险行为"设置的限制处罚要件，或有意或无意地回避了危险行为的可罚性起点问题，这便有可能使得距离法益侵害十分遥远的、但最终的行为目的是侵犯重大法益的犯罪预备行为也会被预防刑法规定为犯罪。至于

---

① 参见姜敏《系统论视角下刑法修正案犯罪化限制及其根据》，《比较法研究》2017年第3期；参见姜敏《刑法修正案犯罪化及限制》，中国法制出版社2015年版，第269、275、280、288、305页。

② 参见王志祥、张圆国《预防性犯罪化立法：路径、功能、弊端与完善》，《河北法学》2021年第1期。

③ 参见张永强《预防性犯罪化立法的正当性及其边界》，《当代法学》2020年第3期。

姜敏教授以系统论为视角提出的刑法修正案犯罪化综合限制理论，主要沿袭了美国学者道格拉斯·胡萨克的过罪化限制框架理论，尚有待理论上的细致化以及实践上的本土化。总之，对于当前学界提出的宪法—刑法双重限制理论还需要进一步加以纠偏和完善。

4. 基于法益保护原则构建的综合限制方案

晚近以来，法益概念在我国刑法学界大有取代社会危害性概念而成为犯罪论的主流概念之趋势。在此背景下，有不少学者以法益保护原则为基础，对我国刑事立法犯罪化的根据、界限（尤其是预防性刑事立法的限制）等问题表达了基本观点。

例如，张明楷教授以法益保护原则为中心，构建了一个系统性的刑事立法犯罪化综合标准。该综合标准考量的因素除了行为在客观上的法益侵害性外，还至少包括比例原则、刑罚目的、利益衡量、社会相当性等几个方面的权衡。具体而言，刑事立法犯罪化应当遵循"谦抑的法益保护原则"，即在行为具备法益侵害性的前提下，还应当具备如下条件才能被规定为犯罪：（1）这种行为不管从哪个角度而言，对法益的侵犯性都非常严重，而且大多数人主张以刑法进行规制；（2）适用其他制裁方法不足以抑制这种行为，不足以保护法益；（3）运用刑法处罚这种行为，不会导致禁止对社会有利的行为，不会使国民的自由受到不合理的限制；（4）对这种行为能够在刑法上进行客观的认定和公平的处理；（5）运用刑法处罚这种行为能够获得预防或抑制该行为的效果。此外，张明楷教授还特别从反面列举了四类不宜被规定为犯罪的情形。具体包括：（1）对于国民行使宪法权利的行为，不要仅因违反程序规定便以犯罪论处；只有在不当行使权利的行为对法益的侵犯非常严重和高度现实时，才宜以犯罪论处，否则必然违反宪法精神。（2）对于低度的、并不紧迫的危险行为，不宜规定为犯罪。（3）对于国民容忍或认可的行为，即使由于社会发展变迁使得该行为具有法益侵害的性质，也不宜轻易规定为犯罪。（4）对于极为稀罕的行为，即使法益侵害较为严重，也没有必要规定为犯罪。通过正反两个方面的限制，大体为刑事立法犯罪化提供了一个基本的界限。①

5. 基于危害原则构建的综合限制方案

近年来，我国有个别学者开始主张引入英美法系的危害原则，将其作为我国刑法犯罪化的正当化根据，以限制刑法的过度犯罪化立法。比如，姜敏教授指出，犯罪化根据应体现法治精神，且从刑法立法的最终意旨是保护公民自由和为公民谋求幸福提供条件的角度看，其应体现的是"盾牌"式法治精神而非"利剑"式法治精神。与（严重）社会危害性原则相比，危害原则的内涵、价值诉求、自由主义血统，决定了其更符合法治精神；同时，与法益保护原则相比，其作为前（元）法律原则所具有的批判精神能限制刑法立法，因而更适合作为刑法立法语境中的犯罪化根据。②

在危害原则的基础上，姜敏教授以范伯格的"危害原则标准分析范式"为基础，构建了间接危害行为犯罪化的一般限制原则体系。具体而言，（1）坚守"危害原则标准分析范式"。对间接危害行为犯罪化应当分"三步走"：第一步考虑最终危害的严重程度及其可能性，严重程度与可能性越大，其犯罪化的可能性就越大。第二步权衡和评估没有犯罪化前行为的社会价值以及犯罪化将对行为人自由选择的侵犯程度，行为的社会价值越高，或者犯罪化产生的刑法禁令对自由的限制越大，则不应犯罪化的理由就越充分。第三步考量某些将会阻却犯罪化的边际约束。对于"介入干预型"犯罪和某些累积型犯罪，单凭危害原则标准分析范式无法圆满解决问题，因而还必须进行如下判断加以限制。（2）被禁止的行为本身应具有不法性。根据不法性要件，行为人无意中实施的某个风险行为，虽引起了严重后果，但不能把这种风险行为犯罪化。同样，从客观上看，行为人的行为本身是合法行为，或是可容忍行为，虽然具有诱发严重犯罪的可能，但亦不宜犯罪化。（3）阻止的最终危害必须是重大

① 参见张明楷《刑法学》，法律出版社 2016 年版，第 66 页。
② 参见姜敏《论犯罪化的根据》，《中国刑事法杂志》2019 年第 3 期。

危害。以限制自由的方式早期化干预公民没有实害结果的行为，阻止的最终危害必须是重大危害，才能使这种早期化干预具有正当性。基于此，把恐怖犯罪领域、公共安全犯罪领域、食品安全犯罪领域和国家安全犯罪领域的间接危害行为犯罪化，是有根据的。（4）被禁止的间接危害行为，应与拟阻止的严重犯罪具有规范性联系。对间接危害行为的犯罪化必须将其限于与后续严重犯罪具有牵连的情形之中，并且该牵连关系不是任何牵连关系，而是规范性卷入关联关系，其始终包括客观和主观两方面的因素。前者如"帮助""教唆""计划"和"鼓励"等行为，后者如"明知"和"特定目的"等。①

第二节　当前主要制约理论之反思

一　纯粹刑法内部保障机制之困境

当前，刑法理论界主要是基于上述主流的与犯罪化相关的刑法教义学理论对刑法保护前置化展开讨论和批判，以期将预防性刑事立法拉回到古典刑法理论体系之中。例如，我国学者刘艳红旗帜鲜明地指出，今后我国的刑事立法应当倡导刑法谦抑精神，停止进一步的犯罪化立法，并实行有条件的、适当的非犯罪化。② 在有关风险刑法议题的理论争论中，绝大部分学者也都是基于刑法的谦抑性思想、刑法的最后手段性原则、法益保护原则、罪责原则、罪刑均衡原则以及系统的刑法教义学理论体系，主张限制刑法体系的预防走向。

然而，无论是德日刑法以法益侵害原则为核心的犯罪化限制理

① 参见姜敏《间接危害行为犯罪化一般限制原则研究》，《政治与法律》2019 年第 5 期。

② 参见刘艳红《我国应该停止犯罪化的刑事立法》，《法学》2011 年第 11 期；参见刘艳红《"风险刑法"理论不能动摇刑法谦抑主义》，《法商研究》2011 年第 4 期。

论，还是英美刑法以危害原则为核心的犯罪化限制理论，抑或是我国刑法中的社会危害性理论，以及其他具体的刑法教义学理论，如刑法的谦抑性、刑法基本原则、责任主义原理、因果关系与客观归责理论等，均只是立足于刑法之内，企图依赖刑法体系自身的保障机制来限制刑法处罚范围的过度扩张。事实证明，这种纯粹刑法体系内部的保障机制是无法担起限制刑法过度扩张和处罚前置化之重任的。相反，许多刑法内部的保障机制要么被预防性刑事立法逐步瓦解，要么被预防刑法直接规避，从而在刑法体系的预防走向面前彻底失去了抵抗能力。

比如，批判立法之法益概念曾被刑法学者赋予厚望，认为其是约束刑事立法者的有力武器。但随着预防刑法对法益保护的前置化，法益概念也走向了抽象化与精神化，法益内容越来越空洞，被处罚的犯罪行为距离现实的法益侵害及其危险越来越遥远，这直接导致法益理论立法批判与限制机能的崩塌，甚至使其沦为立法者用来论证刑事立法正当性的理论工具。再如，英美刑法中的严格责任、客观责任，直接与古典刑法中的罪责原则相抵触，从而堂而皇之地形成了一种"原则—例外"的刑事立法模式。又如，预防刑法普遍采取行为犯、抽象危险犯、累积犯等立法形式，从而抛弃了传统刑法犯罪构成要件中的一个重要要素——结果要素，只要行为人实施了符合刑法规定的行为，即宣告犯罪成立（既遂），而无须等待和考察行为的实害以及现实危险等危害结果是否发生。通过刑法介入的早期化，预防刑法完全规避了因果关系、客观归责、主观归责等方面的限制机制，使刑事责任的追究变得更加简单。

当然，古典刑法理论体系在预防性刑事立法面前的式微，并不代表这些刑法内部的保障机制没有价值。相反，正如张明楷教授所指出的，近年来刑事立法中出现的处罚早期化、法益概念的抽象化、重刑化等趋势，恰恰说明需要重新发挥法益概念的立法批判机能。①

① 参见张明楷《法益保护与比例原则》，《中国社会科学》2017年第7期。

的确，自启蒙思想以来，古典刑法学围绕着刑法的自由保障机能精心构建起了一整套的刑法理论体系。在过去的两百多年时间里，古典刑法理论体系在人权保障和权力限制方面已经被证明是成功的，其对于法治国家而言是不可或缺的。正因为此，在当今刑事政策不断冲击刑法体系的情势下，刑法理论上的共识仍是，"主张放弃体系的想法是不严肃的"①。因此，必须将刑事政策思想纳入刑法体系，而不是放弃刑法体系，任由刑事政策无节制、无规则地指导刑事立法。

既然不能放弃古典刑法理论体系，相反在预防性刑法极度扩张的当下更应当注重发挥刑法教义学体系的批判和约束作用，那么，问题便转化为：如何有效发挥刑法体系内部的保障机制对于预防性刑事立法的约束作用？对此，德国刑法学界的主流观点是将法益概念宪法化，从而以宪法性的法益概念来发挥批判和限制刑事立法的功能。罗克辛教授所倡导的批判立法之法益概念就是源自宪法的，其从正反两个方面划定了刑事立法的边界。应当说，这是法益概念的一次自我救赎和重生。在美国刑法学界，胡萨克教授所提出的刑法的内部保障与外部保障相结合的犯罪化限制框架理论，也得到了广泛的赞许，其在危害原则之外，还发展出了一系列的制约理论，从而在不同方向和考量上限制刑事立法的犯罪化。

笔者认为，当前刑法体系的预防走向步伐迅速，而单纯依靠刑法内部的自由保障机制来约束刑事立法者的路径已被实践证明效果甚微。面对如此困境，必须将目光投向刑法之外、刑法之上的理论体系资源，通过刑法内部与刑法外部保障机制的综合作用，来约束预防性刑法的非理性扩张。中外刑法理论上与犯罪化有关的综合性制约理论，就是结合刑法内部与刑法外部的保障机制来限制刑事立法的有益尝试。当前，综合性犯罪化限制理论的倡导者们普遍认为，

---

① ［德］克劳斯·罗克辛：《刑事政策与刑法体系》（第二版），蔡桂生译，中国人民大学出版社 2011 年版，第 9 页。

必须从刑法之外的整个宪法法律体系中发展出犯罪化和刑法前置化的限制理论，否则刑法的无限扩张将是一个无解的难题。笔者对此深表赞同。事实上，预防刑法只是预防性国家行为的一小部分，其在根本上受制于国家所处的社会基础和政治条件，刑法自身是无法应对国家行为的预防走向的，相反其必然受到预防性国家行为扩张的影响。只要认识到这一点，我们就会知道，企图单纯依靠刑法内部的保障机制来限制刑法体系乃至其背后整个国家行为的预防走向，几乎是不可能实现的任务。因此，只有从法治国宪法层面发展出相应的保障机制，为国家干预行为划定基本边界，以及限制国家干预行为行使的方式与强度，在此基础上结合刑法体系内部的保障机制，才能对预防性刑事立法构成有效约束。

值得庆幸的是，在我国刑法学界与宪法学界，已经有个别学者从这个方向展开了相关研究。比如，劳东燕教授指出，我们应当在正视预防刑法的前提下，来思考如何有效控制预防性刑事立法的正当性界限问题，以防止刑法体系的预防走向会对公民自由造成过度侵蚀。可以肯定的是，刑法内部既有的保障措施（包括以法益保护原则为核心的古典刑法教义学理论、原理）对预防刑法会有一定的约束作用，但这不仅仅是一个刑法问题（如前所述，在本质上涉及预防性国家行为的问题），如果缺乏相应的宪法性制约机制，对预防性国家行为根本无从约束。[1] 因此，我们要立足于整体宪法法律体系，发展出相应的制约框架：一方面，强化刑法教义学体系内部的保障机制，包括法益保护原则、罪责原则、行为刑法原理、罪刑法定主义、罪刑均衡原则等；另一方面，加强刑法体系的合宪性控制，强调宪法基本权利、宪法设定的国家任务等宪法规范、原则、理念对预防性刑法乃至预防性国家行为的约束作用。[2] 我国宪法学者张翔

---

[1]　参见劳东燕《风险社会中的刑法：社会转型与刑法理论的变迁》，北京大学出版社 2015 年版，第 70—72 页。

[2]　参见［德］迪特儿·卡林《宪法视野下的预防问题》，载刘刚编译《风险规制：德国的理论与实践》，法律出版社 2012 年版，第 122—129 页。

也从构建具有宪法关联性、以基本权利为核心的批判立法之法益概念和对刑罚制度的调整进行比例原则审查两个方面，提出了刑法体系的合宪性调控的基本思路。① 刑法学者姜涛提出，应当将宪法比例原则植入刑法，以弥补刑法谦抑性对立法者约束力不足的缺陷。② 刑法学者陈晓明也专门论述了宪法比例原则在刑法领域的具体应用，指出其对于规范刑事立法和司法的作用。③ 尤其是在刑修九颁布之后，预防性刑法问题更是得到了理论界的充分关注，许多刑法学者纷纷提出了预防刑法的制约观点，其中不乏主张结合刑法与宪法两个层面的教义学机制共同制约刑法体系的预防走向者。比如，刑法学者何荣功明确表示赞同美国学者胡萨克提出的犯罪化的刑法内部与外部双重制约机制之思路，认为"预防刑法只是预防性国家行为的规范表现"④，限制预防刑法需要从宪法和刑法两方面进行。

应当说，在讲求刑法的宪法控制、刑法体系的合宪性、宪法的部门法化之当下，结合宪法的规范、原则、精神之要求与刑法的内部保障机制之要求，共同约束刑事立法和刑事司法，已经成为刑法和宪法学界的基本共识，这也是世界各国刑法发展的基本趋势。实践已经证明，纯粹依靠刑法体系内部的保障机制，是无法有效约束刑事立法的预防性走向的。离开宪法层面上的限制机制，刑法内部的保障机制要么会被预防性刑法瓦解和击破，要么则被其规避和搁浅，完全无法有效发挥其本来具有的自由保障与权力约束机能。为了避免刑法内部保障机制的机能弱化和失灵，必须寻求更能统领全局的、强有力的且能够与刑法教义学理论体系充分兼容的制约机制，这当然非宪法莫属。刑法的谦抑精神、罪刑法定主义、法益保护原

---

① 参见张翔《刑法体系的合宪性调控——以"李斯特鸿沟"为视角》，《法学研究》2016年第4期。

② 参见姜涛《追寻理性的罪刑模式：把比例原则植入刑法理论》，《法律科学》2013年第1期；姜涛《比例原则与刑罚积极主义的克制》，《学术界》2016年第8期。

③ 参见陈晓明《刑法上比例原则应用之探讨》，《法治研究》2012年第9期。

④ 参见何荣功《预防刑法的扩张及其限度》，《法学研究》2017年第4期。

则等刑法体系的支柱性理论，均与宪法的原则和理念（如公民基本权利理论、比例原则、法治国原则等）息息相关，其在本质上是宪法精神在刑法领域的具体化。因此，结合宪法对国家行为的制约理论来限制刑法体系的预防走向，是一条可行的必由之路。

二　纯粹立法层面限制框架之不足

正是基于纯粹刑法内部保障机制之困境，刑法学者才纷纷将目光转向了刑法之外、刑法之上的宪法层面，从而逐渐构建起刑法内部与刑法外部限制机制相结合的综合性犯罪化理论。比如，胡萨克提出的犯罪化内部限制原则与外部限制原则框架理论，我国学者姜敏在胡萨克教授基础上提出的系统论视角下刑法修正案犯罪化限制理论，我国学者何荣功在胡萨克教授基础上提出的预防刑法限制理论，以及张明楷教授提出的系统化的犯罪化条件理论，均包含了刑法与宪法两个层面上的限制机制。当然，也有一些综合性犯罪化理论仅是对刑法内部保障机制的结合，而尚未扩展到宪法上的限制机制，如我国学者夏勇提出的"社会危害性—应受刑罚性"对立统一的犯罪化标准理论，不过，如果对"应受刑罚性"要素做更为宽泛的考量，其也可将刑法之外的限制因素纳入进来。

综合性犯罪化限制理论的优势在于结合了刑法与宪法甚至其他刑法之外的限制机制来约束刑法体系的预防走向，但是，其也存在一定的不足之处，即其对于预防刑法的司法适用并无实质的、具体的指导作用和价值，而仅仅止步于预防性刑事立法层面。尤其是对于我国刑事立法而言，在当下探讨综合性的犯罪化限制理论难免多少有些"马后炮"的意味。因为在我国，预防性刑法并非只还处于"山雨欲来风满楼"的阶段，预防性刑法已经实实在在地存在于我国刑法典之中，甚至可以说，预防性刑法已经在不知不觉中完成了对传统刑法的侵袭。在这方面，我国刑法理论实际上走到了刑事立法的后面。刑法理论的"后知后觉"使许多预防性刑事立法尚未经过刑法教义学和宪法教义学的严格审查，便直接出现在了刑法典之中。

这些完全受刑事政策主导的预防性刑事立法，是否符合刑法内外的自由保障机制之要求，尚需详细检验。从当前我国刑法中的预防性刑法规定来看，其中不乏违背刑法教义学基本原理的立法。这意味着，如果我们仍只将目光停留在刑事立法层面，那么，对于已经进入刑法典的那部分预防性刑法规范而言，这些所谓的综合性犯罪化制约理论顶多也只能说是起到"亡羊补牢，为时不晚"的作用而已。

　　例如，美国学者胡萨克提出的综合性犯罪化限制框架理论就是仅仅针对刑事立法层面，而无法指导相关预防性刑法规范的司法适用。尤其是对于所谓的"过函性的刑法规范"（又称"过函性的犯罪"，是指犯罪的正当化理论只适用于该犯罪禁止的一部分行为而不是该犯罪禁止的所有行为之情形。当某个刑法规范实际上可能包含不值得科处刑罚的（或者没有造成法益侵害及其危险的）但又该当了犯罪构成要件的行为时，其就属于"过函性的刑法规范"），胡萨克教授认为，"在犯罪化理论中，反对过函性的刑事立法是很重要的，而且这在很大程度上能约束刑法的规模和范围"。但是，"为了实现立法目的，过函性的立法或许不可避免"。因此，只有当"重大利益难以通过其他方式实现的时候，才能考虑过函性立法"。[①] 既然过函性刑法规范在立法上具有不可避免性，那么，如何从司法上限制其处罚范围应当是更具现实意义的问题。不过令人遗憾的是，胡萨克教授始终并未针对过函性刑法规范在司法适用上的限制问题提出相应的解决方案。

　　笔者认为，既然当前预防性刑事立法已经大量存在于现行刑法之中，那么，我们就不能忽视如何在司法适用上有效限制预防性刑法规范的处罚范围问题。应当说，对预防性刑法规范进行相应的司法限缩，是一个十分迫切且极具现实意义的重要问题。其可以有效避免诸如"过函性刑法规范"等预防刑法过分扩大处罚范围，从而

---

　　① 参见［美］道格拉斯·胡萨克《过罪化及刑法的限制》，姜敏译，中国法制出版社 2015 年版，第 238—247 页。

导致不正当的刑罚处罚的问题。

截至《刑法修正案（十一）》，我国刑法已经在恐怖主义犯罪、信息网络犯罪等领域设立了大量的前置化处罚规范。比如，恐怖主义犯罪领域增设的准备实施恐怖活动罪，宣扬恐怖主义、极端主义、煽动实施恐怖活动罪，非法持有宣扬恐怖主义、极端主义物品罪等罪名，直接将持有、宣扬、煽动以及准备恐怖活动等具有预备性质的行为加以正犯化，以实现对恐怖主义犯罪全方位的提前预防和打击。信息网络犯罪领域增设的帮助信息网络犯罪活动罪、非法利用信息网络罪等罪名，直接将传统犯罪的网络中立帮助行为以及非法利用信息网络预备行为加以正犯化，从而实现处罚的前置化和责任范围的扩大化。环境犯罪领域新修正的污染环境罪，更是直接引入了累积犯的构成要件行为类型，从而将严重违反行政管理规定的污染行为直接纳入刑法处罚范围。这些预防性刑法规范使刑法介入的节点大大提前，许多预备行为、中立帮助行为、抽象危险行为甚至连抽象危险性都不具备的累积犯行为，均被纳入预防刑法的处罚范围，从而使得刑法处罚范围极度扩张，容易导致处罚不当罚的行为。

预防性刑法规范往往表现为抽象危险犯（暂且将累积犯归为其中）、实质预备犯（包括持有型犯罪）、帮助型犯罪等犯罪类型，而不同的犯罪类型在司法适用上又会遇到不同的具体问题，对此无法一概采用刑法教义学的基础理论加以解决，而必须利用更为精细化、具体化的刑法教义学原理和机制来指导不同犯罪类型的司法适用。比如，对于抽象危险犯的预防性刑法规范，是否需要对符合构成要件的行为之抽象危险性进行具体判断？如果需要，那么具体如何进行判断？是否允许被告人进行反证以推翻立法上的抽象危险性之推定？这些问题都是抽象危险犯之司法适用所遇到的独特而具体的问题，需要进行个别化探讨，不可能直接根据指导立法的刑法教义学基础理论就能得出具体的解决方案。又如，对于实质预备犯的预防性刑法规范，预备行为的可罚性起点何在？如何对预备行为进行定型化和类型化？如何避免对距离法益侵害十分遥远的预备行为进行处罚？这些问题都是实质预备犯所遇到的独特议题。再如，对于帮助型犯罪中的中立帮助行为正犯化立法，中立帮助行为的可罚性根据和界限何在？如何在构成要件符合性判断上区别日常中立行为与可罚的中立帮助行为？这些都是需要借助中立帮助行为理论才能妥善解决的问题。

因此，对于刑法保护前置化之制约，不能仅停留在刑事立法层面，而应当将刑事司法层面上的预防性刑法规范之具体适用也纳入制约框架中。刑法保护前置化的立法制约框架理论，包括刑法内部的保障机制，如法益保护原则、罪责原则、罪刑法定原则、罪刑相适应原则、行为刑法原理等，以及宪法层面的保障机制，如基本权利理论、比例原则、法治国原则等，并不能直接对刑法前置化立法的司法适用起到指导和限制作用。不同类型的刑法前置化立法的司法适用，均有其各自的特征和逻辑，其虽然在本质上均离不开刑法教义学基础理论的指导，尤其是法益理论对于刑法解释的指导作用，但是，在具体个案的司法适用中，不同类型的刑法前置化立法的认定重心以及遇到的核心问题均有所不同，这就需要将刑法教义学的基础理论进一步应用到具体犯罪类型中去。抽象危险犯理论、累积犯理论、实质预备犯理论、中立帮助行为理论等具体的刑法教义学机制，是专门针对相应犯罪类型的司法适用而发展出来的保障机制，它们向上受到刑法教义学基础理论的指导，是刑法教义学基础理论在不同犯罪类型上的具体化；向下则可以直接指导相应犯罪类型立法的解释与司法适用，从而将刑法教义学的基本原理一以贯之地适用于不同的犯罪类型以及每一个司法案件。总之，对刑法保护前置化仅从立法层面上予以制约是远远不够的，刑法教义学要想避免"事后诸葛亮"的命运，就必须在刑法前置化立法的司法适用上也发挥相应的限制作用。只有分别在立法和司法两个层面上均构建起相应的制约机制，才能真正全方位地将预防性刑法规范的处罚范围限制在合法且正当的界限之内。

第三节　刑法前置化制约框架之构建

鉴于现有的刑法前置化制约理论大多要么仅局限于刑法内部的保障机制，要么仅止步于预防刑法的立法层面，因而存在较大的拓展空间。综合相关理论的优势与不足，笔者认为，刑法前置化制约框架之构建应当从两个维度上展开：第一，从预防刑法的制定与适用维度上来看，刑法前置化的制约框架应当包括立法层面上的制约与司法层面上的制约；第二，从制约机制的法律位阶维度上来看，刑法前置化的制约框架应当包括宪法层面上的制约与刑法体系内部的制约。由于刑事立法主要受到刑事政策的影响，而刑事政策外在于但又影响着刑法体系，对其需要从宪法中发展出相应的制约机制，因而在刑事立法上，应当对刑法前置化立法进行宪法与刑法的双重制约。指导刑事司法则主要是刑法教义学的任务，因而在刑事司法上，应当对刑法前置化立法予以相应的具体刑法教义学机制制约。

一　立法层面：宪法与刑法的双重制约

从本质上来看，刑法前置化在立法层面主要涉及预防性犯罪化问题。通过设立预防性刑法规范，刑法介入社会生活的节点被提前，刑法的处罚范围也由此被扩大。如前所述，对于预防性犯罪化之限制，中外刑法理论已经发展出了诸如法益保护原则、危害他人原则、社会危害性原则、刑罚最后手段性原则等核心的犯罪化理论，另有部分学者在这些核心的犯罪化理论之基础上，还提出了综合性的犯罪化理论。尽管这些犯罪化理论是针对一般的刑事立法犯罪化而被提出来的，但无疑同样适用于预防性犯罪化立法。因此，在刑事立法层面，既有的犯罪化理论理应是构建刑法前置化制约框架的重要资源。

问题的关键在于，如何找到以及合理安排刑法内部的保障机制与宪法层面的保障机制对刑法前置化予以立法制约的连接点和作用方式。对此，美国学者胡萨克提出的方案是：将犯罪化理论的七个一般性原则划分为两类，即犯罪化外部限制原则与犯罪化内部限制原则，其中，犯罪化外部限制原则依赖于从刑法自身之外引入的宪法性规范理论（实际上是源自宪法关于国家公权力行使的正当性理论），犯罪化内部限制原则则通过刑法本身的保障机制（包括重大危害或邪恶原则、不法性原则与该当性原则等）来对刑事立法进行限制。① 笔者认为，胡萨克教授的方案最大的问题在于，人为割裂了刑法内部保障机制与源自宪法的规范理论之间的内在联系，从而要么造成刑事立法的重复审查，要么容易导致内部与外部限制原则之间的冲突和不协调。事实上，连胡萨克教授自己也指出，犯罪化的内部限制原则与外部限制原则在很大程度上存在着交叉重叠，诸多非公正的法律既违背内部限制原则，亦违背外部限制原则，当发现刑法中存在非公正的规范时，亦很难明确地指明究竟何种限制发挥了作用。② 这充分说明，胡萨克教授的犯罪化内部限制原则与外部限制原则在本质上存在诸多的共通性，二者对国家刑罚权这项公权力的制约是相通的。实际上，刑罚权也是国家公权力的重要组成部分，既然如此，宪法层面上对国家公权力的制约理论当然同时可以适用于国家刑罚权。③ 相应地，刑法体系内部的制约机制在本质上也是宪法层面的制约理论在刑法领域的具体化，二者在本质上是一种派生与被派生、一般与具体的关系。

因此，笔者并不赞同胡萨克教授关于犯罪化外部限制原则与内部限制原则的人为划分，而是主张以宪法层面的国家公权力制约理

①　参见［美］道格拉斯·胡萨克《过罪化及刑法的限制》，姜敏译，中国法制出版社 2015 年版，第 84—85、188—190 页。

②　参见［美］道格拉斯·胡萨克《过罪化及刑法的限制》，姜敏译，中国法制出版社 2015 年版，第 88 页。

③　张翔：《刑法体系的合宪性调控——以"李斯特鸿沟"为视角》，《法学研究》2016 年第 4 期。

论、原则为统领，结合与之相对应的刑法内部的保障机制、原则，使二者共同发挥刑法前置化的立法控制作用。只有将刑法内部的保障机制与宪法层面的制约理论相结合，才能充分利用现有刑法学理论两百年来精心构建的教义学资源，才能重建被冲击或被规避的刑法教义学理论、原理的立法批判与限制机能，才能不放弃我们所熟悉的刑法学研究话语体系，才能真正践行并实现刑法体系的合宪性控制，从而相应地推进宪法在刑法领域的实施，才能避免刑法教义学与宪法教义学的相互区隔，不至于造成各说各话的分离局面。

法治国宪法所确立的基本规范、原则及精神，如法治国原则、公民基本权利理论、比例原则等，对于确立刑法的目的和任务、限制国家刑罚权而言，具有重要的、根本性的意义。据此，一方面，对于刑法的任务和目的设定，应当源自宪法上的国家任务和目的设定，而不能与之相悖，尤其是"宪法基本权部分中之原则及价值设定"[1]，决定了刑事立法的目的是否具备正当性基础。另一方面，对于国家刑罚权的发动，也自然离不开宪法上比例原则的审查，刑事立法只有满足比例原则所确立的适当性、必要性与相当性要求，才具有合宪性。来自宪法层面的上述限制，在刑法体系内部也存在相对应的制约机制：一方面，法益保护原则确立了刑法的目的和任务；另一方面，刑法谦抑精神、刑罚最后手段性原则以及罪刑均衡原则等共同限制了国家刑罚权的发动。这意味着，刑法内部既有的保障机制与宪法层面的保障机制的连接点就在于此。

因此，一方面，应当将宪法上的基本权利理论以及所确立的国家任务和目的，与刑法上的法益保护原则相结合，用宪法的规范、原则与精神来充实刑法的法益理论，以避免法益概念走向稀薄化、空洞化，从而重构法益保护原则的立法批判与限制机能。另一方面，应当将宪法上的比例原则，与刑法上的谦抑性原则、最后手段性原

---

[1] ［德］卡尔·拉伦茨：《法学方法论》，陈爱娥译，商务印书馆 2003 年版，第 216 页。

则及罪刑均衡原则等相结合，既可利用比例原则的宪法位阶性、规范性、综合性与程序性优势，来弥补刑法谦抑性原则与最后手段性原则对立法者约束力不足的局限性，又能利用刑法罪刑均衡原则来拓展和丰富比例原则中的相当性原则的内涵。

至此，在立法层面，刑法前置化的宪法与刑法双重制约框架大体成型，笔者直接称为"刑法前置化立法的合宪性制约"。刑法前置化立法的合宪性制约主要包括如下两个方面的内容：（1）法益保护的宪法关联审查。法益概念是宪法与刑法的基本连接点之一，法益在本质上应当体现并符合宪法的规范、原则和精神，而不能与之相悖。在刑法保护前置化的趋势下，法益保护自然也不断前置，法益概念不可避免地走向抽象化、精神化与稀薄化，这也是为何法益理论在预防刑法面前节节败退的根本原因。为了重构法益理论的立法批判机能，强化法益保护原则对刑事立法的约束力，必须构建具有宪法关联性并且以宪法的基本权利为内核，符合宪法原则、理念和精神的法益概念，从而对刑事立法进行合宪性控制。刑法前置化立法（预防刑法）的规范目的必须在于保护法益，并且这个法益概念应当是宪法性的，任何违背宪法规范、原则和精神的目的利益都不是法益，都不符合法益保护原则，应当被禁止。由此，通过对刑法前置化立法的保护法益进行宪法关联性审查，法益保护原则的立法批判与限制机能得以重构和补强，宪法的原则和精神也得以在刑法上被贯彻，法秩序一致性的价值在预防刑法中自始也得以实现。（2）刑事处罚的比例原则审查。上述"法益保护的宪法关联审查"仅仅对刑法前置化立法的目的正当性与否进行了判断，这还远远不够。刑罚权作为国家公权力的重要组成部分，其发动还应当受到宪法比例原则的审查和约束。宪法上的比例原则在刑法上具体体现为刑法谦抑原则、最后手段性原则和罪刑均衡原则，这是刑法与宪法的另一个重要连接点。根据比例原则的三项子原则所确立的审查标准和步骤，只有当刑法前置化立法所采取的刑罚手段能够有效达成法益保护之目的，且刑罚手段具有不可替代性和最后性以及刑罚手段造成的损害与保护利益相均衡时，预防性刑事立法才被认为是合宪的。

应当说，合宪性是对刑法前置化立法的最基本要求。换言之，只有当刑法前置化立法的目的在于保护宪法性法益（目的正当性），并且刑法前置化立法的方式和手段符合比例原则的适当性、必要性与相当性要求（手段正当性），刑法前置化立法才具备正当性基础。在此前提下，刑法前置化立法才被允许从刑事政策上的正当性考量进一步走向刑法体系上的具体技术与细节性考量。

除了宪法与刑法的双重制约（合宪性制约），在立法层面，刑法前置化还需受到其他刚性的刑法教义学原理之限制，笔者称为"刑法前置化立法的教义学制约"。与法益保护原则、刑法谦抑原则、刑罚最后手段性原则等理念性原理不同，这部分刑法教义学原理基本源自刑法上的明文规定，因而具有规范性的强制效力，是刑事立法必须遵循的刚性准则，其无须借助宪法的规范、原则和精神予以补强而可以直接约束刑事立法，刑事立法如果违反此类刚性教义学机制，则直接违背了刑法的罪刑法定原则，当属无效。这部分刑法教义学原理包括（但不限于）：行为刑法原理（根据我国《刑法》第13条"犯罪定义"的规定可以得出）、罪刑法定原则（尤其是实质侧面的刑法明确性原则）、罪责刑相适应原则（以及其所体现的责任主义原则和刑罚正当化根据理论）、平等适用刑法原则以及其他刑法的总则性规定（刑法前置化立法应当符合刑法总则关于共同犯罪、犯罪预备、刑法溯及力等的规定）和与刑法前置化立法相关的分则罪刑规定（刑法前置化立法不能与现有的刑法规范相冲突或重复）。这些刑法教义学原理、机制对刑事立法的约束，既有理念性的引领，又有技术上的引导，二者虽然分别在不同层面发挥作用，但在约束效果上是一致的：刑法前置化立法无论是违背刑法教义学的立法理念，还是在技术层面上不符合刑法教义学的要求，其结果都是禁止立法。只有当刑事立法既符合刑法教义学确立的立法理念，又符合相关立法技术要求时，其才是被允许的。当然，在立法理念的引领上，有些刑法教义学原理需要结合宪法教义学的力量才能发挥实质作用，前述法益理论与宪法权利理论、国家理论的结合以及刑法谦抑精神、最后手段性原则与宪法比例原则的结合即是如此，因此，将这些刑法教义学原理内化到"刑法前置化立法的合宪性制约"之中更为合适。

综上所述，在立法层面，刑法前置化的制约框架包括两个大的方面：一是刑法与宪法相结合的"合宪性制约"，具体又包括"法益保护的宪法关联审查"与"刑事处罚的比例原则审查"两个方面；二是刑法内部的"教义学制约"，具体又包括"刑法教义学对立法理念的引领"与"刑法教义学对立法技术的引导"两个方面。这个立法制约框架既包括对刑法前置化立法的目的正当性审查，也包括对其手段正当性的审查；既从立法理念上引领和约束刑法前置化立法，又从立法技术上引导和限制刑法前置化立法。倘若能够依此对刑法前置化立法予以全方位地审查和检验，那么便可以有效避免预防性刑事立法对法治国刑法体系的过度冲击，以及由此导致的刑罚处罚的合法性与正当性问题。

二　司法层面：具体教义学原理的制约

在我国刑法中，刑法前置化立法主要表现为抽象危险犯（其中还涉及累积犯、持有犯的犯罪类型）、实质预备犯（即预备行为实行化、犯罪化）和帮助行为正犯化（包括极具争议的中立帮助行为正犯化）等犯罪类型。伴随着新近几个刑法修正案犯罪化的推进，这些预防性、前置化的刑法规范现已广泛存在于恐怖主义犯罪、信息网络犯罪、环境犯罪、危害公共安全犯罪以及其他扰乱社会管理秩序犯罪等领域。刑法前置化立法使刑法介入的节点大大提前，许多预备行为、中立帮助行为、抽象危险行为，甚至连抽象危险性都不具备的累积犯行为，均被纳入预防刑法的处罚范围，从而使得刑法处罚范围极度扩张，容易导致处罚不当罚的行为。因此，对于我国刑法中既存的预防性、前置化立法，必须根据其类型化特征，利用相应的精细化、具体化的刑法教义学原理和机制，对其分别进行教义学限缩，从而避免处罚不当罚的行为。

（1）对于抽象危险犯立法。抽象危险犯是刑法前置化立法的最基本形式。理论上有学者指出，法益保护前置化主要就是采用抽象危险犯的立法方式。[①] 从广义上来看，所谓的"单纯行为犯"、累积犯、适格犯以及持有犯，均属于抽象危险犯的范畴。而且，绝大部分预备犯以及部分帮助型犯罪，实际上也是抽象危险犯，只不过由于其与一般的抽象危险犯相比，具有明显的独特性，因而有必要将其独立出来进行专门探讨。对于一般的抽象危险犯，由于犯罪构成要件没有规定结果要素，因而其更加偏向于行为犯，而非结果犯。在法益保护原则看来，行为犯是不被允许的，所有犯罪都应当是结果犯，包括实害、具体危险和抽象危险三种结果形态。由此，抽象危险犯司法适用的关键问题在于，如何理解构成要件行为的抽象危险性。具体包括：行为的抽象危险性是否需要司法上的具体判断？如果需要又将如何判断？行为的抽象危险性是否允许行为人进行反证予以排除？抽象危险犯是否还需要进行更为细致的划分？如果需要那么适格犯与真正的抽象危险犯之间的区别何在？等等。这些问题都是抽象危险犯的核心议题，必须运用抽象危险犯的刑法教义加以具体解决。

（2）对于实质预备犯立法。由于实质预备犯的构成要件行为在本质上属于目标犯罪的预备行为，因而其必然面临预备行为的可罚性根据问题。对何种犯罪预备行为加以处罚才具有实质正当性（具备刑事可罚性的不法内涵）？这实际上涉及预备行为实行化（犯罪化）的合法界限问题，即"究竟出于什么理由以及在何种范围内可以在法益侵害或者危害行为的预备阶段就采用刑法进行保护，并且不至于使刑法变成预防风险的警察法或者潜藏的安全保障措施？"[②]

---

① 参见姚贝、王拓《法益保护前置化问题研究》，《中国刑事法杂志》2012年第1期。

② ［德］乌尔里希·齐白：《全球风险社会与信息社会中的刑法：二十一世纪刑法模式的转换》，周遵友、江溯等译，中国法制出版社2012年版，第201—202页。

这既是实质预备犯在立法层面需要考虑的问题，也是实质预备犯立法在司法适用上必须进行实质解释和判断的问题。此外，由于我国刑法总则还规定了对所有犯罪预备行为的处罚条款，这种总则性的形式预备犯规定，原则上适用于所有分则条文，因此，在形式预备犯与实质预备犯相互叠加时应当如何处理以及如何限制实质预备犯的预备行为的处罚范围，是我国刑法所面临的一个独有问题。再者，由于预备行为往往难以被定型化，因而现行刑法中有的实质预备犯立法采取了兜底性条款的立法方式，如此一来，如何限制兜底性规定的处罚范围也是需要探讨的问题。以上问题都是实质预备犯的核心议题，需要运用预备犯的刑法教义加以具体解决。

（3）对于帮助行为正犯化立法。帮助行为正犯化将原本属于其他犯罪的帮助行为直接加以构成要件化，从而使其独立成罪。因此，帮助行为正犯化立法之司法适用可能牵涉共犯理论中的共犯处罚根据问题。具体而言，尽管帮助行为已经被正犯化，但是，其在本质上仍属于其他犯罪的帮助行为。既然如此，倘若帮助行为原本便具有充分的不法根据，那么对其独立进行处罚并不存在正当性疑问，但如果帮助行为本身不具备充分的不法根据，而需要结合被帮助者的正犯行为才具备可罚性根据，那么若不存在相应的正犯行为，是否还能直接处罚该帮助行为呢？简言之，对于有些帮助行为正犯化立法，是否还需要遵循共犯理论中的共犯处罚根据理论即共犯的从属性原理呢？此外，我国刑法还存在将中立帮助行为予以正犯化的情形，这便牵涉极具争议且极为复杂的中立帮助行为的可罚性问题。可以说，帮助行为正犯化立法之司法限制是一个十分费解的难题，由于不同类型的帮助行为本身的不法根据及其程度存在重大差异，因而相应的帮助行为正犯化立法的可罚性根据与范围也存在重要区别：有的可以独立于正犯行为被处罚，有的仍需从属于正犯行为的法益侵害性才能被处罚（共犯的从属性原理），有的原则上还不具有可罚性（中立帮助行为理论）。如此等等问题，均是帮助行为正犯化立法之司法制约所要解决的核心议题，这当然离不开法益保护原则、共犯的从属性原理以及中立帮助行为理论等教义学机制的指导。

第四节　本章小结

刑法前置化的制约理论根植于传统刑法的犯罪化理论。然而，无论是德日刑法中以法益侵害原则为核心，还是英美刑法中以危害他人原则为核心，抑或是我国刑法中以社会危害性原则为核心的犯罪化限制理论，以及刑法教义学体系中的其他保障机制，比如刑法的谦抑性（最后手段性原则）、罪刑法定主义的实质侧面、责任主义原理等，均只立足于刑法之内，企图让刑法进行"自我约束"。事实证明，纯粹刑法体系内部的保障机制是无法担起限制刑法过度扩张和处罚前置化之重任的。

综合性犯罪化限制理论的主要不足在于，其对刑法前置化立法的司法适用并无实质的、具体的指导价值，而仅仅止步于立法限制层面。这对于我国刑法中的前置化立法而言，难免有些"马后炮"的意味。事实上，对刑法前置化仅从立法层面予以制约是远远不够的，刑法教义学要想避免"事后诸葛亮"的命运，就必须在前置化罪刑规范的司法适用上也发挥相应的限制作用。只有分别在立法和司法两个层面上均构建起相应的制约机制，才能真正全方位地将刑法前置化限制在合法且正当的界限之内。

鉴于现有的刑法前置化制约理论要么仅局限于刑法内部的保障机制，要么仅止步于预防刑法的立法层面，因而存在较大的拓展空间。本书构建的刑法前置化制约框架从两个维度上展开：第一，从预防刑法的制定与适用维度上来看，刑法前置化的制约框架应当包括立法层面上的制约与司法层面上的制约；第二，从制约机制的法律位阶维度上来看，刑法前置化的制约框架应当包括宪法层面上的制约与刑法体系内部的制约。

在立法层面，刑法前置化的制约框架包括两个大的方面：一是刑法与宪法相结合的"合宪性制约"，具体又包括"法益保护的宪法关联审查"与"刑事处罚的比例原则审查"两个方面；二是刑法内部的"教义学制约"，具体又包括"刑法教义学对立法理念的引领"与"刑法教义学对立法技术的引导"两个方面。这个立法制约框架既包括对刑法前置化立法的目的正当性审查，也包括对其手段正当性的审查；既从立法理念上引领和约束刑法前置化立法，又从立法技术上引导和限制刑法前置化立法。

在司法层面，对于我国刑法中既存的前置化立法，必须根据其类型化特征，利用相应精细化、具体化的刑法教义学原理和机制，对其分别进行教义学限缩，从而避免处罚不当罚的行为。比如，对于抽象危险犯立法的处罚范围，需要运用抽象危险犯的刑法教义加以具体限制。对于实质预备犯立法的可罚性起点，需要运用预备行为的刑法教义加以具体解决。对于帮助行为正犯化立法的解释与适用，则离不开法益保护原则、共犯的从属性原理以及中立帮助行为理论等具体教义学机制的指导。

第 四 章

刑法前置化的立法制约

在立法层面，刑法前置化的制约框架包括两个大的方面：一是刑法与宪法相结合的"合宪性制约"，具体包括"法益保护的宪法关联审查"与"刑事处罚的比例原则审查"两个方面；二是刑法内部的"教义学制约"，具体包括"刑法教义学对立法理念的引领"与"刑法教义学对立法技术的引导"两个方面。这个立法制约框架既包括对刑法前置化立法的目的正当性审查，也包括对其手段正当性审查；既根据法益保护原则、行为刑法原理、刑罚的正当化根据等刑法教义学基本原理从立法理念上引领和约束刑法前置化立法，又凭借构成要件的明确性、法定刑配置的均衡性、刑法体系的协调性（禁止重复立法、矛盾立法与总论虚置）等刑法教义学具体机制从立法技术上引导和限制刑法前置化立法。

第一节　刑法前置化立法的合宪性制约

一　法益保护的宪法关联审查

法益保护前置化是刑法前置化的实质特征，其主要表现为刑事立法将集体法益作为个体法益的前阶加以保护，从而使法益概念向超个人层面扩张。法益保护前置化对法益理论影响深远，尤其是集体法益或普遍法益概念的引入，导致了法益概念的精神化与抽象化。[①] 在现代刑法中，集体法益作为一个无所不包的法益概念，其似乎可以成为任何刑事立法的保护法益，从而为刑事立法的目的正当性背书。由此，法益概念的立法批判与限制机能基本上得不到发挥，相反，法益理论还被刑事立法者当作用以论证立法正当性的工具。然而，刑法理论不能放弃批判立法的法益概念，必须基于宪法重建法益概念的立法批判机能，使其既能在一定程度上满足刑法回应社会治理的需要，又能为刑事立法划定不可逾越的边界，从而使刑事立法的前置化始终运行在正当性、合宪性轨道上。

（一）批判立法之法益概念的宪法性

法益概念是刑法理论的基石。在刑法体系中，法益概念的核心机能被认为有两种：一是立法批判机能（也称刑事政策机能）；二是构成要件解释机能。法益概念所具有的不同机能，与其所处的体系性位置紧密相关。在不同阶段和理论范畴内讨论法益，其概念内涵与功能均有所不同。比如，在刑事司法上，对具体犯罪构成要件的解释与适用，离不开法益理论的指导。因为任何罪刑规范均有其保护法益，相应地，只能将实际上侵害了该法益的行为认定成立本罪，而不能将形式上"符合"犯罪构成要件，但实质上并未侵犯其保护法益的行为入罪。所以，应当以保护法益为指导原则，对于犯罪构成要件进行实质解释和最终的合目的性解释，从而将不值得科处刑罚、不符合罪刑规范法益保护目的的行为排除在构成要件之外。显然，在刑事司法上，具有构成要件解释机能的法益概念与具体罪刑规范的保护目的紧密相关，其实际上就是刑法规范的保护客体，因而是一种"后刑法法益概念"[②]。这种法益概念虽然可以发挥解释论上的机能，但却无法对刑事立法产生批判力和约束力。

————————

① 参见舒洪水、张晶《法益在现代刑法中的困境与发展——以德、日刑法的立法动态为视角》，《政治与法律》2009 年第 7 期。

② 参见刘孝敏《法益的体系性位置与功能》，《法学研究》2007 年第 1 期。

　　刑事立法先于刑事司法，其属于罪刑规范的创设活动。因此，具备立法批判与限制机能的法益概念必然是先于刑法规范而存在的。这意味着，批判立法之法益概念不可能是一种"后刑法法益概念"，而只能是一种刑法之前、刑法之外、刑法之上的法益概念。根据法益与实定法、宪法之间的关系，先于刑法而存在的法益概念有两种：一是"先法性法益概念"，即先于实定法存在的一切个人的、社会的利益，其不依赖于法律而独立存在，法律只能发现而不能创造它。① 二是"宪法性法益概念"，即在刑法之前、宪法之后，根据法治国宪法理念、原则与体系加以建构的法益概念。根据当前理论上对于法益概念的通行理解，"法益必须与法相关联"，脱离实定法（包括整个宪法法律体系）保护的利益，无论如何也不能称为法益。② 因此，所谓"先法性法益概念"，实际上仅意味着法益的内容利益本身可以存在于实定法之前，如财产、生命健康、行动自由等，而并不意味着可以脱离宪法法律体系来讨论法益概念。不仅如此，事实上法益并不限于先于实定法现实存在的利益，其还包括立法者基于一定保障目的而进行的目标创设，所以"先法性法益概念"实际上也并没有完全揭示法益的全部内容。

　　据此，能够发挥刑事立法批判与限制机能的法益概念必然只能是"宪法性法益概念"。罗克辛教授正确地指出，能够真正限制刑事立法者的只有宪法，因此，能够批判和限制立法的法益概念也只能源自宪法。③ 罗克辛教授对批判立法之法益概念的定义也是宪法性的，其将批判立法之法益概念定义为：所有对于个人的自由发展、基本权利的实现和建立在这种目标观念基础上的国家制度的功能运

---

　　① 　参见［德］弗兰茨·冯·李斯特、［德］埃贝哈德·施密特《德国刑法教科书》，徐久生译，法律出版社 2000 年版，第 202 页。

　　② 　参见张明楷《法益初论》，中国政法大学出版社 2000 年版，第 162 页。

　　③ 　［德］克劳斯·罗克辛：《德国刑法学　总论（第 1 卷）：犯罪原理的基础构造》，王世洲译，法律出版社 2005 年版，第 15 页。

转所必要的现实存在或者目的设定。① 这个宪法性法益概念在世界各国各地区的刑法理论上均得到了广泛认同和接受。这种从法治国宪法原理推导出法益概念，以批判刑事立法、划定刑事立法者行使国家刑罚权的合法边界的做法，也开始逐渐为我国学者所采纳。比如，我国刑法学界法益理论的重要倡导者张明楷教授认为，法益概念必须与宪法相关联，刑事立法的保护法益必须具有宪法根据、符合宪法原理。② 我国宪法学者张翔也指出，将法益概念与宪法相关联，对于发挥法益概念的刑事政策机能与解释论机能均具有重要意义，而这也将有助于"李斯特鸿沟"的贯通。③

基于宪法性的法益概念，可以得出一个对于限制刑事立法权而言至关重要的命题，即刑法只能是法益保护法，其应当排除对宗教、道德和其他行为价值观的保护，因为它们对于个人自由与自我负责的社会生活而言并非必要。由此，刑事立法者的立法形成自由被限定于从宪法可能容许的法益中挑选，并具体规定其在实际上应享有的刑法保护，包括个人法益与超个人法益。

值得指出的是，法益概念的宪法性并不只是当代法治国宪法理念中的刑法所独有的特征，从法益理论的发展史来看，任何一种政治思想对于犯罪实质定义和法益概念的影响均极为重大。换言之，法益概念自始至终均具有宪法性（或者说"政治性"），但其并没有特定的政治思想，什么时期有什么样的政治思想就有什么样的法益概念。④ 无怪乎有学者指出，刑罚权发动的界限不是来自法益概念，而应该是从在宪法秩序内定立的刑事政策的诸原理中导出的表示社

---

① 参见［德］克劳斯·罗克辛《刑法的任务不是法益保护吗?》，樊文译，《刑事法评论》2006 年第 2 卷。

② 参见张明楷《法益初论》，中国政法大学出版社 2000 年版，第 167 页。

③ 参见张翔《刑法体系的合宪性调控——以"李斯特鸿沟"为视角》，《法学研究》2016 年第 4 期。

④ 参见钟宏彬《法益理论的宪法基础》，（台北）春风煦日学术基金 2012 年版，第 293 页。

会的必要性的现实基盘。① 该观点道出了批判立法之法益概念的实质，即能够对刑事立法者产生约束力的只有宪法，宪法是法益概念的力量源泉，实质法治国的宪法精神、原理赋予了原本形式性的法益概念约束立法者的实质力量。因此，与其说是法益理论具备批判与限制刑事立法之机能，还不如直接说是法益概念所体现的法治国宪法思想、原则直接约束了立法者。只有将法益概念与当代法治国宪法相联结，从法治国宪法理念为刑法设定的任务和目标出发，才能推导出国家刑罚权和刑事立法的合法界限。

当然，源自法治国宪法的法益概念只是刑法的任务和目的设定，其仅解决了刑事立法的目的正当性（合目的性）问题，此外还有国家用于追求法益保护所采取的手段是否正当、合法的问题，这一般交由宪法上的比例原则加以审查和判断。根据比例原则的要求，从属性原则（或称附属性、补充性原则）是对法益保护原则必要的限定。在法治国宪法理念下，所有国家行为的任务和目的可以说均服务于法益，尤其是国家干预性立法（包括行政法、刑法等）更是直接以法益保护为任务。当某种法益受到侵害时，国家必然面临着采取何种手段来对抗侵害法益行为的问题。刑罚作为国家对个人所能采取的最为严厉的制裁措施，其应当具有最后手段性、片断性和补充性的性质，即只有在其他干预手段无法有效保护法益时，动用刑罚手段才是必要的。对于国家刑罚权的限制而言，比例原则与法益原则同等重要。因此，更为准确地说，根据源自法治国宪法的批判立法之法益概念和比例原则，刑法的任务应当在于"从属性的法益保护"。

（二）宪法对法益概念的正面定义与负面排除

宪法性的法益概念可以对刑事立法产生约束力和控制力，立法者不能再根据自己的喜好和观念任意将某些所谓的利益或价值纳入

---

① 参见［日］伊东研祐《法益概念史研究》，秦一禾译，中国人民大学出版社2014年版，第350页。

刑法保护范围，因为这样的刑法规范可能不具有合宪性。问题在于，符合法治国宪法精神、原则和理念的法益概念及其内容到底是什么。

1. 宪法对法益概念的正面定义及其抽象性与有限性

在法治国家，所有法领域的立法和司法活动都应当以宪法的价值秩序为指引。刑法作为国家干预手段最严厉的公法，无疑最需要宪法上的支持。根据法治国宪法，刑法作为保护法，被赋予保护某些客体免于侵害、危害或扰乱的任务。依据宪法为国家设定的任务，这些客体就是"共同生活的基本价值""人民自由发展的必要条件"，或者简单地说就是"法益"。

基于法治国宪法对于国家刑法的任务和目的（法益保护）之设定，我们可以对法益概念作如下解读：（1）法益的价值面是"个人自我实现的基本条件"。由此也可以得出，犯罪在本质上应是"特具社会损害性的"行为，其应当对"个人自我实现的基本条件"构成侵害或者威胁。（2）法益的存在面是被评定为有保护价值的、可能被犯罪行为侵犯的真实事物。法益必须是真实存在，因此可能被毁损，也才可能谈论保护的事物。只有将法益定义为"受因果法则宰制的真实事物"，刑法保护才具有目的正当性。当然，法益的存在面并不仅指某个事物的本身，其还包括其他状态，只要这种状态是真实可能受改变的，且被认定为有保护价值的。综上所述，法益是指被评定为"有保护价值的真实存在"。①

因此，法益概念在宪法上的定义是：法益的价值面是人类和平共同生活的基本条件，存在面是可能受到因果侵害和改变的真实事物。这是从法治国宪法理念中推导出来的法益概念，根据这个法益概念，刑法并不保护纯粹理念上的"价值"或"利益"，能够受到保护的应是"有价值的真实"或"有利益的真实"。法益的本质虽是价值或利益，但法益还必须具有存在面，即价值或利益所附着的

① 参见钟宏彬《法益理论的宪法基础》，（台北）春风煦日学术基金 2012 年版，第 175—179 页。

对象（真实存在、真实基础、真实事物），二者缺一不可。

然而，以上关于法益概念的宪法定义无疑是十分抽象的，究竟哪些真实事物会被认定为人类和平共同生活的基本条件，仍不能从法益概念的宪法定义中找到答案。比如，日本学者伊东研祐教授认为，"法益是指：所在国家的宪法构成（应该）的社会内，作为该社会构成成员的共同生活的存立必不可少的条件，而且是由纯粹规范所保护（应该）的因果性变更可能的对象"。① 该法益概念的宪法定义虽然兼顾了法益的价值面与存在面，但我们仍然无法从中得出法益类型的详细清单。再如，德国学者罗克辛提出的著名的并受到普遍认可的法益概念也完全是宪法性的，但其同样十分抽象。

难道是这些法益概念的定义方法有问题吗？答案显然是否定的！事实上，正如罗克辛教授所指出的，一个具有涵摄力的源自宪法的批判立法之法益概念必然具备抽象性，法益保护原则作为刑事立法的指导原理，需要在具体立法问题上将其加以具体化展开。② 更何况，法益的内容会随着时代的变迁、社会形势的改变而改变，不同时期的立法者对保护法益的立法形成必然存在一定的自由空间。因此，不可能从正面定义法益概念的具体内容，更无法穷尽列举法益类型的具体清单。换言之，宪法对法益概念的正面定义必定是抽象性的。

法益概念正面定义的抽象性决定了，其对刑事立法的正面限制必然也是非常有限的。除了法治国宪法明确规定或者可以确切推导出来的属于刑法"核心范围"的共同生活基本价值，在大多数情况下，对于某种共同价值或公共利益是否属于应由刑法保护的"重大""基本"的公益范畴，刑事立法者享有独立的评价空间，这属于立法者对保护法益的"立法形成自由"。只要刑事立法在实质上并不违背

---

① 参见［日］伊东研祐《法益概念史研究》，秦一禾译，中国人民大学出版社2014年版，第348页。

② 参见［德］克劳斯·罗克辛《对批判立法之法益概念的检视》，陈璇译，《法学评论》2015年第1期。

法治国宪法精神、原则和理念，违宪审查机构便不能对立法者的形成自由进行干预。其中缘由在于：宪法与刑法作用在不同的平面，宪法只建构出国家活动的抽象框架，刑法的规制对象是人民而不是国家，立法者在将宪法为国家所设的方针转化成对人民的规范时，具体内涵和手段必然要由其评估、决定与塑造，因而要给予并尊重立法者宽广的判断空间和评估特权。①

2. 宪法性法益概念的负面排除功能

有鉴于此，法益概念的宪法定义对刑法任务和刑事立法之约束主要起到负面排除的功能。综观援引宪法作为法益理论基础的刑法学者便可发现，他们主要是从负面来排除和限缩刑法的保护法益范围。例如，德国学者罗克辛在提出宪法性法益概念的正面定义之后，便用大部分篇幅从负面论述"什么不是法益"。② 当前支持法益理论的刑法学者和宪法法院达成的共识是：宪法基本上只是为立法者架构一个空间，让他在其中进行合宪的立法活动，除了负有"刑法保护义务"的处于共同生活基本价值核心范围的事项，宪法表达的大多是负面的"什么不是法益"，而非积极确认"什么是法益"。③

根据德国基本法关于尊重与保护人性尊严和人格自由发展权之规定，以及德国联邦宪法法院在相关判例中发展出的理论，宪法性法益概念对刑法任务和刑事立法的负面排除主要表现在如下几个方面：④

（1）由于宪法将对人性尊严的尊重与保护设定为国家行为的唯

---

① 参见钟宏彬《法益理论的宪法基础》，（台北）春风煦日学术基金 2012 年版，第 187—188 页。

② 参见［德］克劳斯·罗克辛《刑法的任务不是法益保护吗？》，樊文译，《刑事法评论》2006 年第 2 卷。

③ Roland Hefendehl, *Kollektive Rechtsgüter im Strafrecht*, Köln: C. Heymann, 2002, S. 47. 转引自钟宏彬《法益理论的宪法基础》，（台北）春风煦日学术基金 2012 年版，第 188 页。

④ 参见钟宏彬《法益理论的宪法基础》，（台北）春风煦日学术基金 2012 年版，第 189—224 页。

一正当性基础，因此，如果任何法律的目的不在于实现人性尊严，则其必然违宪。换言之，国家、国家的目标以及国家用于实现目标的法律，都不能是为自我价值、自我目的的实现，也不能用于追求人类以外的目的。据此，单纯的忤逆神灵、敌视宗教等所谓宗教犯没有侵犯任何法益，因为刑法不保护"神"。另外单纯的规范本身、规范效力、规范共识以及规范效力之信赖也不具有法益资格，因为刑法不能只为了稳定规范本身（效力、信赖或共识）而施加惩罚。

　　这里值得指出的是，一个罪刑规范实际上包含两种规范：行为规范（禁止规范）和制裁规范（裁判规范）。其中，制裁规范的目的在于保护行为规范，也即刑罚的目的和功能总是在于稳定行为规范的效力。而行为规范则不同，其应当追求特定的法益保护目的。只有行为规范的目的正当，制裁规范的目的才有可能正当。换言之，对规范效力之维持，应当建立在该规范是服务于法益保护的基础之上。不能只为了稳定规范而稳定，在稳定规范之外还要对人类有益，即追求规范本身之外的正当目的（保护法益）。规范及其效力、信赖不能为了自我目的，而必须服务于法益保护，否则便违背宪法尊重和保护人性尊严的基本精神。从这个意义上来说，规范保护论的立场只能适用于刑罚制裁规范层面（而这又是不言自明的），在行为规范层面上应当自始至终采取法益保护论的立场。不过，也有学者认为，刑法所规定的罪刑条文并没有完全揭示相应的行为规范，客观上符合犯罪构成要件的行为不一定违反了行为规范，所以虽然行为规范的目的在于保护法益，但刑法的目的只能在于保障行为规范的效力。①

　　（2）由于宪法明确规定保障公民的人格自由发展权（包括一般行为自由和一般人格权），因此，一般人格权保护每个个人有一个私生活形成的自主范围，在其中发展与维护个人的独特性，尤其是对

---

　　① 参见［德］乌尔斯·金德霍伊泽尔《法益保护与规范效力的保障：论刑法的目的》，陈璇译，《中外法学》2015年第2期。

于"私生活形成的核心领域"，国家公权力不得加以干涉，所以，刑法不得处罚单纯不道德行为，包括同性性行为、近亲性交、兽奸、成人同意秘密聚众性行为等。一般行为自由是一个全面性的自由基本权，保护个人的任何作为与不作为，而不在乎行为对于人格发展的重要性如何，因为这是由个人自己判断、自我负责、自由发展，所以，国家不得为了"改善"而限制公民自由（包括禁止以优生观点作为近亲性交的刑罚基础，不得以保护乱伦禁忌来维持婚姻家庭，不得以维护大众道德感或羞耻心来处罚具有一定间接影响的不道德行为等），也不得处罚个人自我危害行为（刑法不允许父权思想，只要自我危害行为没有侵害他人与公众的法益，刑法就不得介入，包括成人吸毒、卖器官、自残、从事危险活动等）。

（三）刑法中集体法益的宪法关联性审查

如前所述，以集体法益为保护目的的刑法前置化立法的大量创设，不可避免地导致法益概念的抽象化与精神化，使得法益理论的立法批判机能逐渐被瓦解。所谓集体法益或者超个人法益、普遍法益，与传统的个人法益（如生命、身体、行动自由、财产、名誉等）相比，其法益的存在面或者内容更加空洞化、稀薄化，因而难以被人们从经验和感官上加以把握。德国学者克鲁格（Kruger）将法益保护前置化的现象总结为"法益概念的去实质化"，即在传统的个人法益之外，保护那些内容广泛而不明确且没有实体内容的公共利益，这对传统刑法的保障原理构成严重威胁。的确，一个可以无所不包的、模糊的集体法益概念，必然无法对刑事立法形成有效约束和限制，相反，其还会被立法者加以利用，成为"刑法介入正当化的论证工具"①。

因此，对于刑法前置化立法中的集体法益，应当根据法益概念的宪法定义予以审查和限制。集体法益也是源自宪法的法益概念，

---

① 参见［德］Winfried Hassemer《现代刑法的特征与危机》，陈俊伟译，《月旦法学杂志》2012 年第 8 期。

只有宪法性的集体法益概念才有助于发挥法益理论的立法批判与限制机能，而不至于让集体法益摧毁整个法益理论。当然，集体法益与个体法益又存在明显的不同，尤其是在法益的存在面上，集体法益更加难以把握，这也是其始终存在过度扩张风险的主要原因。集体法益在价值面上具有哪些功能体系，在存在面上又有何相应的基本构造？对于不同类型的集体法益应当设置何种构成要件行为（实害犯、危险犯或累积犯）？我国刑法中的集体法益是否经得起批判立法之法益概念的合宪性审查？对这些问题的持续追问和探讨，有助于集体法益概念的宪法化、类型化和具体化，有助于重建法益概念的立法批判与限制机能，有助于刑法体系预防走向的合宪性控制，从而使刑法前置化立法在有效回应社会治理需要与保障公民自由之间找到合理的平衡点。

1. 集体法益的基本架构：形式要件、价值面与存在面①

（1）集体法益的形式要件：不可分配性与非排他性

从"个人优先于集体"这个宪法命题可以得出，如果某个法益能够明确地归属于个人享有，便不得将其设定为集体法益。因此，集体法益应当无法归属或分配于个人。换言之，任何人都可以利用它，而不可能被排除在外。对此，德国学者科里亚斯（Koriath）建议以"不可分配性"作为集体法益之基本性质，黑芬德尔（Hefendehl）则援引经济学上的"公共财"概念来诠释集体法益的特性，认为其还具有非排他性与非敌对性。

（2）集体法益的价值面：基于法益功能的体系化

德国学者黑芬德尔根据法益对于个人的功能（法益的价值面），对集体法益进行体系化建构。其先将集体法益分为两大类上位功能，再于其下辨识出各个具体功能：

①　Roland Hefendehl, *Kollektive Rechtsgüter im Strafrecht*, Köln: C. Heymann, 2002, S. 113, 141, 274. 转引自钟宏彬《法益理论的宪法基础》，（台北）春风煦日学术基金2012年版，第252—259页。

①为个人之自我实现创造自由空间的集体法益。具体包括：第一，对社会直接呈现，对个人持续潜在的集体法益。包括但不限于经济金融制度、文书制度安全等。此类集体法益持续存在，可在任何需要的时候立刻供人们使用。第二，提供社会干扰发生时的反应手段，如司法或其他与公务员的接洽。这类集体法益通常被归为国家法益，人们使用"国家"机会比使用经济、文书制度等的机会要少得多。

②保护国家架构条件的集体法益。这个大功能从抽象到具体包括三个层次：保护国家的存续，保护宪法机关的运作以及保护国家具体活动执行不受干扰。越是抽象的层次，越难以被个人的行为动摇，因此犯罪成立的要求也就越严格。

尽管黑芬德尔构建的集体法益的功能体系并不是唯一正确的，但是，从法益的功能（价值面）出发对集体法益进行体系性建构的方法无疑是正确的。它避免了超个人"主体"概念可能带来的法益之自我目的诠释，使我们更容易掌握和判断某个集体法益是否具备宪法上的正当性根据。

（3）集体法益的存在面

根据上述集体法益的功能体系，与集体法益的价值面相对应，集体法益的存在面如下：

①为个人创造自由空间的集体法益之存在面。此类法益于存在面上有两种形态：可能耗尽的社会重要资源（主要是指自然资源）和制度信赖。制度信赖依据对象又可分为对社会制度的信赖与对国家的信赖。在黑芬德尔看来，对制度的信赖是制度的建构性元素，制度信赖是制度运作的重要基础，因为信赖是缩减复杂与意外的前提条件。对于为个人创造自由空间的制度而言，现在的信赖是制度被使用、发挥功能的必要条件。对制度的信赖是人类的心灵现象，其是真实的、可能受到行为影响的事实。对制度信赖的攻击可能来自制度内与制度外，制度内的攻击指的是制度角色担任者违反期待的行为，制度外的攻击指的是非制度角色担任者试图影响制度角色

的行为，使其不符期待。因此，制度信赖具备法益资格。

②保护国家架构条件的集体法益之存在面。此类法益于存在面上也有两种形态：可能耗尽的国家资源以及国家运作或国家功能。国家制度作为社会制度之一，其真实面在于"人事时地物"，由于时空是无法被改变的，因而想要侵害此类法益一般需要从国家制度的人与事下手（"物"属于可耗尽的国家资源）。如果不从人与事下手，又要攻击国家运作，大概只有内乱、外患、战争等非一般的手段。这些手段的发动难度更高，其攻击的法益也是国家运作条件中最高、最抽象层次的集体法益——国家存续、国家本身。

2. 集体法益的真实损害性方式与相应的构成要件行为类型

"对于集体法益而言，单是致力于寻找保护法益，乃于事无补，必须加强探索构成要件行为与保护法益之间的关系，才能有助于刑事立法的宪法审查与刑法释义学。"① 这是因为，从集体法益的价值面与存在面来看，只要是具有为个人创造自由空间以及保护国家架构条件之功能的真实存在，包括自然资源、制度信赖、国家资源、国家运作（又包括国家存续）等具体形态，都具备法益资格。就此而言，除了人们老生常谈的一些典型的不具有法益资格的情形，如单纯的伦理道德、禁忌等，还是无法确定现行刑法中的罪刑规范所保护的集体法益是否具备宪法上的正当性。甚至可以说，现行刑法中的罪刑规范在目的正当性方面均不存在较大问题。因为根据法益概念的宪法定义，其主要对立法者起到负面排除的作用，只要刑事立法不违背法治国宪法的基本原理，其便是合宪的。既然如此，探讨集体法益的特征、功能、形态等问题的意义又何在呢？

笔者认为，分析集体法益的基本构造，最实质的意义在于为分

---

① Ioanna Anastasopoulou, *Delikstypen zum Schutz kollektiver Rechtsgüter*, Munchen: Verlag C. H. Beck, 2005, S. 211 ff. 转引自钟宏彬《法益理论的宪法基础》，（台北）春风煦日学术基金 2012 年版，第 250—251 页。

析集体法益的可能侵害方式以及相应犯罪构成要件的设计提供依据。换言之，对于以保护某种集体法益为规范目的的刑法规定，其究竟是否具备目的正当性与合宪性，关键在于立法者所设定的犯罪构成要件行为，是否对所要保护的集体法益构成真实的侵害或者威胁，即构成要件行为的法益侵害性表现在何处。不同形态的集体法益，其受到真实损害性的方式是有所不同的，有的只能基于实害而受到侵犯，有的是基于现实危险或者抽象危险而受到侵犯，有的（典型的如"对制度的信赖"）仅仅基于行为存在一种"真实的累积效应"便受到真实侵犯。只有立法者规定的犯罪构成要件行为，对其所要保护的集体法益构成真实损害时，刑事立法才具备目的正当性基础，才能够进一步对相关刑法规定进行比例原则审查。

德国学者黑芬德尔在其教授资格论文《刑法中的集体法益》中提出的集体法益的检验步骤如下：[①]（1）先从价值面开始，检验制度或社会资源（环境）对于人类自我实现有何功能，功能便是法益的价值来源。（2）再从存在面分析，若要达成这功能，必须具备何等事实条件：人、物，还有严格要件下才受保护的集体心理现象——制度信赖，等等，以它们作为实际上被犯罪侵害的客体。（3）然后分析个别行为与这些客体之间的侵害历程如何发生，是实害犯、危险犯还是累积犯。（4）最后还要检验，使用刑法会不会造成过度限制行为自由，刑罚与法益侵害是否衡平，也即比例原则尤其是狭义的合比例性的审查。从中可以看出，在总体上确定了具备法益资格（价值面、存在面）的集体法益的基本形态之后，紧接下来便是要考察具体犯罪构成要件行为是否对以及如何对（实害、危险或者真实的累积效应）集体法益造成侵犯。这个步骤很关键，因为其审查的内容是行为与法益的连接点，也即行为是否真的具备立法者所声称

---

　①　Roland Hefendehl, *Kollektive Rechtsgüter im Strafrecht*, Köln: C. Heymann, 2002, S. 237. 转引自钟宏彬《法益理论的宪法基础》，（台北）春风煦日学术基金 2012 年版，第 288 页。

的法益侵害性。我们有理由相信，在绝大部分情况下，立法者的出发点和目的总是好的，其总是意图通过刑事立法保护某些法益，但立法实践又表明，我们不能完全排除立法者"好心办坏事"的情况，也即实际上处罚了一些不应当处罚、不值得处罚、欠缺法益侵害不法内涵的行为。

很显然，集体法益不同于个体法益，集体法益不仅对于保障个人人性尊严与人格自由发展而言至关重要，而且通常具有不可替代性、不可再生性以及难以恢复性。因此，对于集体法益的刑法保护不可能像个体法益那样以实害犯或者危险犯（尤其是具体危险犯）的形态设定犯罪构成要件。换言之，集体法益的重大性、抽象性和难以恢复性等特征决定了，实害犯、具体危险犯的犯罪构成要件通常都不是合适的保护手段。因为不管是实害犯还是具体危险犯，其对于集体法益的保护均难言有效。所以，用来保护集体法益的犯罪类型通常是抽象危险犯（有学者直接将抽象危险犯的犯罪类型诠释为"行为犯或举动犯"[①]），以及甚至连抽象危险的程度都不及的犯罪类型——累积犯。当然，也并不排除以实害犯的构成要件行为设定来保护一些相对不那么抽象的集体法益（如可能耗尽的国家资源）。

笔者认为，对于不同存在形态的集体法益，根据其真实损害性的方式，大体上可以对其构成要件行为作如下设计：

（1）对于可能耗尽的社会重要资源，其在当前刑法中仅指自然资源，累积犯的构成要件行为结构是合适的保护手段。由德国学者库伦（Kuhlen）首倡的"累积犯"概念，就是从德国《刑法典》第324条关于水污染犯罪之规定的诠释而来。在环境犯罪领域，有必要通过禁止微小的污染行为来保护生态环境和自然资源。德国学者黑芬德尔也一直倡议，将累积犯应用到环境犯罪以外的构成要件。不过，值得注意的是，累积犯的应用应当建立在此种行为存在"真

---

① 参见林钰雄《新刑法总则》，（台北）元照出版有限公司2006年版，第101页。

实的累积效应"之基础上，而并非任意猜测有累积可能性即可设立累积构成要件。因此，只有当此类行为"真的可能"会被大量实行时，累积犯才被认为是正当的。

（2）对于制度信赖，累积犯的构成要件行为结构也是合适的保护手段。由于信赖是一种主观的心理现象，其不同于制度的安全性与功能性等客观事实，因而对信赖法益的侵犯必然建立在"真实的累积效应"之基础上。个别的构成要件行为（如伪造货币、虚假文书、受贿等）远远不足以对社会制度的信赖以及安全性、功能性造成实害或危险，必须得同类行为大量累积之后才可能动摇人们对制度的信赖以及影响制度的正常运作。因此，只要此类行为具备真实的累积效应，那么对其设定累积犯的构成要件便是合乎目的性（比例原则的适当性）的。

（3）对于可能耗尽的国家资源，如税收、国家合法的执行机关及其行为所动用的资源等，实害犯的构成要件行为结构是合适的保护手段。这里的"实害"要从广义上来理解，其既包括手上现有资源的减损，如公民的反抗行为（外部）以及公务员的贪污、渎职行为（内部）使得国家所付出的资源被抵销，也包括潜在资源的损失，如逃避税收、兵役。

（4）对于国家运作条件或国家功能法益，从抽象到具体包括国家本身之存续（国家政权、领土完整、主权、国防安全等）、宪政机关的意志形成与意志活动（选举制度、特定国家机构之安全等）、执行机关的运作能力（与前述"可能耗尽的国家资源"相关联，在此便不赘述）。其中，对于前两个阶层所保护的制度或机关都只与人民有间接的接触，没有直接接触的契机，也就很少像第三类国家法益那样，有着攸关个人的利害冲突，以致可能出现为了己利反抗公务的行为。所以要保护前两个阶层的国家运作条件，一般而言只需要做到尊重且不去干扰即可，相应地，这些犯罪的构成要件应当有意图地设定为"积极攻击行为"。这些积极攻击行为对于国家法益要么具备直接的客观风险（如暴动内乱、泄露国家秘密、分裂国家等），要么具备间接的、透过沟通传达的危险因素（如煽动分裂国家、煽动颠覆国家政权、侮辱国旗和国徽等）。当然，由于此类国家法益具有重大性和不可逆性，不可能等到这些积极攻击行为已经对国家运作条件造成实害或者具体危险时才予以处罚，因此，抽象危险犯（或者直接称为行为犯、举动犯）的构成要件行为结构对于保护此类较为抽象的国家法益而言是较为合适的。

3. 我国刑法集体法益之合宪性审查：以扰乱国家机关工作秩序罪为例

行文至此，笔者已经深入剖析了集体法益的价值面与存在面，并从功能出发对集体法益进行了体系化建构，明确了不同存在形态下集体法益的真实损害性方式及其相应的犯罪构成要件行为类型。据此，理论上我们可以对我国刑法中的集体法益保护条款逐一进行检验，以审查相关立法的目的是否具备正当性以及相应构成要件行为是否具备真实的法益侵害性。不过，对于本书有限的篇幅而言，这种做法显然有些不切实际，也没有必要。

在这里，笔者仅以我国《刑法修正案（九）》新增设的扰乱国家机关工作秩序罪为对象，进行示例性分析。本罪的保护法益显然就是"国家机关工作秩序"，这个集体法益属于前述国家运作条件或国家功能法益，同时也属于可能耗尽的国家资源的法益形态，因此，其具备集体法益的价值面与存在面，是一个合格的宪法性法益类型。然而，本罪的构成要件行为是"多次扰乱国家机关工作秩序且拒不改正"的行为，按照立法草案说明，主要是指公民个人的缠访、闹访且屡教不改的行为。问题在于，公民个人的缠访、闹访行为是否确实侵犯了国家运作条件与国家功能法益。按照法治国宪法精神，国家不是为了自我目的，其必须服务于个人人性尊严保障与人格自由发展。因此，对于公民行使宪法赋予的基本权利的行为，即便其存在一定的程序瑕疵，也不能将其规定为犯罪，除非该行为同时构成对宪法所保护的其他利益的严重侵害。对此，有学者从理论上正确地指出，公民个人的缠访、闹访行为往往涉及基本权利的行使，解决、回应这些诉求应当是国家机关工作秩序或国家功能的一部分，如果将这些诉求行为视为对国家机关工作秩序的扰乱，那么其显然站到了公民基本权利的对立面，而不再符合法治国宪法对国家机关及其功能的目标设定。[①] 如此一来，本罪所声称的对国家机关工作秩序的保护，实际上便沦为对国家机关的建筑物以及公职人员行使公权力的不受干扰性和自在安宁性的保护。[②] 此外，笔者还认为，公民个人的缠访、闹访行为恰恰表明了行为人对国家制度的信赖，相反，国家处罚这种行为反而会损害行为人对国家制度的信赖。因此，只要这种行为没有对国家机关的运作条件造成现实侵害或者危险（对国家机关的工作人员与职务行为造成侵犯），其便没有损害国家运作条件这个集体法益。比如，只有当缠访、闹访行为确实阻碍国家机关工作人员行使职务活动，或者对国家机关工作人员进行攻击，才真正对具体的国家运作条件和功能法益造成了侵犯。如果行为人只是采取拉横幅、静坐、频繁上访、越级上访等和平手段，则不可能侵犯国家机关的正常运作。可以说，在本罪中，立法者是将国家机关所在场所的安宁与秩序视为国家机关工作秩序和运作条件而加以保护的，而实际上，在大多数情况下，国家机关所在场所的秩序并不能等同于国家机关工作秩序。因此，本罪的构成要件行为实际上包含了大量的没有真实的法益侵害性，或者说不符合罪刑规范保护目的的行为，需要根据法益概念的宪法定义对其进行限缩解释与合目的性解释。这就需要司法机关在适用本罪时，严格把握本罪中的"造成严重后果"这一整体限制要件，将一些后果轻微的缠访、闹访行为予以出罪化（确实违反《治安管理处罚法》的，可以依法予以行政处罚）。

---

① 参见张翔《刑法体系的合宪性调控——以"李斯特鸿沟"为视角》，《法学研究》2016 年第 4 期。

② 参见车浩《刑事立法的法教义学反思——基于〈刑法修正案（九）〉的分析》，《法学》2015 年第 10 期。

二 刑事处罚的比例原则审查

面对刑法体系的前置化、预防化走向，传统刑法学理论所推崇的刑法谦抑原则、法益保护原则等具有立法批判和限制机能的教义学机制表现得并不尽如人意。相反，在极度活跃的预防性刑法立法的冲击下，不仅刑法的谦抑性早已被搁浅，而且法益概念的抽象化、精神化以及法益内容的空洞化、稀薄化，也直接导致其赖以立足的立法批判与限制机能趋于崩塌。为此，刑法理论上开始出现寻求其他理论资源以替代或者弥补刑法体系内部的限制机制之不足的声音。

在日本刑法学界，井田良教授主张将比例原则作为法益保护原则的替代，以发挥其批判和限制刑事立法的机能。在我国，也有越来越多的学者主张通过比例原则来补充法益保护原则的立法限制机能的不足，甚至也支持以比例原则替代法益概念的立法限制机能。比如，学者陈晓明认为，比例原则分别从"目的导向""手段选择""价值取向"上规范刑法目的与刑罚手段之间的关系，其三项次原则（适当性、必要性与相当性原则）可以依次解决刑法上行为应罚性、需罚性的入罪化问题以及合理罪刑关系（罪刑均衡）之确立问题，因此，比例原则为刑法运用的正当性提供了一个客观评判标准，其对于限制刑事立法和规范刑法适用具有重要意义。[1] 学者姜涛认为，比例原则以其目的性、规范性和具体性，在限制国家刑事立法权方面有着重要担当，其能够有效弥补刑法基本原则无法防止立法泛滥以及刑法谦抑原则对刑事立法不具有强制约束力的缺陷。[2] 学者程红认为，面对刑事立法活性化对传统刑法理论（尤其是法益理论、刑法谦抑原则）的冲击，仅仅修正法益概念并不能真正解决问题，要从根本上化解当前刑法学遭遇的危机只能寻找其他理论替代法益概

---

[1] 参见陈晓明《刑法上比例原则应用之探讨》，《法治研究》2012 年第 9 期。

[2] 参见姜涛《追寻理性的罪刑模式：把比例原则植入刑法理论》，《法律科学》2013 年第 1 期。

念，宪法中限制国家公权力的比例原则可以有效替代法益概念作为批判和限制刑事立法的指导原则。① 对此，张明楷教授虽然认为法益保护原则无法被比例原则所替代，但是，比例原则无疑可以作为法益保护原则的有效补充，从方法论等方面保障法益概念的立法批判与限制机能之发挥。② 我国宪法学者张翔也指出，所谓的"李斯特鸿沟"（刑法体系与刑事政策的区隔）实际上具有宪法意义，刑事政策并非外在于实定法，而是内在于整个宪法法律体系。因此，一方面，应当重构刑法中的法益概念，使其在功能上（价值面）符合宪法关于基本权利的设定，从而充分发挥法益概念的立法批判和限制机能；另一方面，刑罚制度的政策性调整也应当接受比例原则的审查，从而保证刑罚的目的与手段具有合比例性，宪法学和刑法学两个学科应当共同承担着对刑法体系的合宪性调控的任务。③

应当说，尽管学界对于宪法上的比例原则能否替代刑法体系内部的法益保护原则尚存争议，但是，将比例原则引入刑法以发挥其（或者帮助法益概念发挥其）立法批判与限制机能，显然已成为刑法学界和宪法学界的基本共识。尤其是在"刑法宪法化"的国际性刑法思潮下，加强宪法与刑法的沟通和融合，强化刑法体系的合宪性控制，从而在重视刑法打击和预防犯罪目的的同时，维护刑法的人权保障机能，已经成为世界各国刑法发展和改革的基本方向。因此，笔者认为，将宪法上的比例原则引入刑法，以弥补当前刑法体系的内部保障机制（核心是法益概念的立法批判机能）对于预防性刑事立法限制之不足，既是刑法理论与实践的客观需要和必然选择，也是宪法秩序的必然要求。

---

① 参见程红、吴荣富《刑事立法活性化与刑法理念的转变》，《云南大学学报法学版》2016 年第 4 期。

② 参见张明楷《法益保护与比例原则》，《中国社会科学》2017 年第 7 期。

③ 参见张翔《刑法体系的合宪性调控——以"李斯特鸿沟"为视角》，《法学研究》2016 年第 4 期。

（一）比例原则的内涵界定

在现代法治国家中，比例原则（the Principle of Proportionality）是具有宪法位阶的、旨在约束国家公权力以保障公民基本权利不受其过度干预的法治国原则之一。不仅如此，现如今比例原则甚至正在从国内法走向国际法，其已经被《欧共体条约》第 5 条所吸收，成为一项国际法上的原则。[①] 违反比例原则的法令，会因为违宪而无效。

大体上，比例原则的核心旨意在于要求国家对于公民基本权利的干预不得超过公益目的所需的必要限度。因此，比例原则也被称为"过度禁止"原则。作为一种综合的、广义上的指涉，比例原则蕴含适当性、必要性和均衡性三个基本维度上的要求。通过这三个方面的审查基准，比例原则为国家公权力干预公民基本权利划定了基本边界，以此指导国家公权力的正当化运行，从而有效防止国家公权力的滥用和过剩现象。比例原则既然作为一项宪法性原则，则其必然可以且应当适用于所有涉及国家公权力行使的公法领域，不仅包括警察行为等国家行使行政权的公权力行为，还包括惩罚犯罪（立法、司法、执行）等国家行使刑罚权的公权力行为。因此，比例原则无疑也能用于约束国家行使刑罚权的干预行为，其理应成为平衡刑法法益保护与自由保障机能的强制性上位法资源。

关于比例原则的具体内容，通说认为其包含三项子原则：[②]（1）适当性原则，也称适合性原则、妥当性原则。该项子原则是一种目的导向之要求，即国家干预公民基本权利的措施必须确实能达成其法定目的。可见，适当性原则处理的是手段与目的之间的关系，其强调的是手段之于目的的有效性、适当性。如果某种国家干预手段完全无助于甚至有碍于其所追求的目的之实现，那么该手段便不具有

---

① 参见姜涛《追寻理性的罪刑模式：把比例原则植入刑法理论》，《法律科学》2013 年第 1 期。

② 参见陈新民《宪法学释论》，（台北）三民书局 2011 年版，第 177—179 页。

适合性和有效性，其必然是违反比例原则之要求的。根据适当性原则，国家制定的侵犯公民基本权利的法律规范，必须符合相应的立法目的。典型的如刑法规范，其必须有助于实现相应的法益保护目的方符合适当性原则。（2）必要性原则，即必须选择对于公民基本权利造成最少侵害、最温和的有效措施，故该项子原则也被称为"最小侵害原则"。德国学者弗莱纳（F. Fleiner）曾以"不可以炮击麻雀"的法谚，形象地形容必要性原则的基本意旨。要求采取最温和手段的必要性原则，其考虑的焦点在于各种手段间的取舍，因此，对于刑罚这种最为严厉的国家干预措施，唯有在最后关头，即非用"最后手段"不可时，方得为之。必要性原则实为比例原则最早之概念雏形，也是使比例原则成为德国警察法最重要原则之功臣。（3）相当性原则，也被称为相称性原则、均衡性原则、狭义的比例原则。该项子原则建立在利益衡量的基础之上，其旨在处理手段的结果与目的之间的关系，要求公权力对基本权利的损害不得大于其所追求的公共利益。相当性原则的本质是一种天秤式的利益衡量，其将公益目的所追求的价值内容与国家公权力所损害的公民基本权利，在天平上进行相互比较权衡，要求国家公权力的行使不能给公民造成过度的负担。相当性原则不以目的为导向，而是一种抽象的价值衡量判断，如果损害明显大于收益，那么即便该项措施有助于达成公益目的，国家也应当放弃对此公益目的的追求，否则便会因违反相当性原则的基本要求而违宪。古谚有云："不得杀鸡取卵"，此为相当性原则的最佳写照，即不能为了追求价值较小的公益目的而对公民基本权利予以过度侵犯。德国学者科普（Mayer Kopp）曾改编弗莱纳的那句名言——"不可以炮击麻雀"来形容狭义的比例原则："警察为了驱逐樱桃树上的小鸟，虽无鸟枪，但也不可以用大炮打小鸟。"因为大炮攻击的后果与其所追求的小鸟被驱走的目的，明显不成比例。在刑法上，相当性原则意味着犯罪的法定刑配置及其司法适用要做到罪刑均衡，不得对轻罪处以重刑（刑罚不得过剩），也不得采用不人道、残虐的刑罚手段，否则便对公民基本权利造成过度侵害，有损刑法保障人权的基本价值。

理论上存在的分歧在于，比例原则是否包括目的正当性之审查。对此，我国台湾地区有学者认为，比例原则的适用包含"公益目的"与"必要性"两个阶段的审查。该学者指出，比例原则要求只有在保护公益的必要范围内，国家才被允许限制人民的基本权。因此，宪法上比例原则之适用，要求"两阶段审查"：第一阶段，公益目的审查。比例原则要求限制人民基本权所追求的目的，必须符合"特定的公益目的"。否则，比例原则在第一审查阶段将因欠缺"起始点"，而无法通过合宪性要求。第二阶段，必要性审查。具体依次包括通常所称的适当性、必要性与狭义的合比例性三个下位标准。① 可见，在该学者看来，比例原则的审查分为两个阶段，第一个阶段是目的正当性审查，第二个阶段是手段的适当性、必要性与相当性审查，这两个阶段的审查分别有不同的依据和基准。显然，由于该学者将目的正当性审查单独出来作为第一个阶段，因而在第二个阶段中的适当性原则审查中，无须再考虑目的正当性问题，只需直接审查手段是否有助于达成公益目的即可。

也有学者表达了虽略有区别但本质相同的看法。比如，我国台湾地区学者李惠宗认为，应当将目的正当性审查纳入比例原则的第一个子原则——适当性原则的审查内容之中，即在适当性原则的审查中，首先要审查国家公权力所要实现的目的是否具有正当性（是否符合公益目的），其次再审查国家所要采取的干预措施是否有助于达成此正当目的。② 不过，尽管二者均主张将目的正当性审查纳入比例原则的审查体系，但目的审查的体系位置有所不同，前者是将目的审查独立于比例原则的三个子原则之外先行审查，而后者并没有将目的正当性审查独立于比例原则的三个子原则的审查体系之外，而是将其直接内含于比例原则的第一个子原则——适当性原则之中

---

① 参见许育典《宪法》，（台北）元照出版有限公司 2013 年版，第 65—68 页。

② 参见李惠宗《宪法要义》，（台北）元照出版有限公司 2015 年版，第 120—121 页。

进行考量。①

　　与之相对，另有观点认为，比例原则本身并不包括目的正当性之审查，其仅仅强调手段的正当性，而不重视、不关注目的是否正当。② 比如，我国台湾地区有学者指出，一是"目的上"之必要性，即立法者只有在公益的考量下，认为唯有侵犯或限制人权时，才能制定法律限制，否则，不能为了非公益目的限制人权；二是限于"绝对必要性"的范围内方可限制人权，此一要求即是源自德国警察法的公法学上的最重要的比例原则。③ 可见，在上述论述看来，"目的上之必要性"并非比例原则的审查内容，其只是在比例原则之外应当予以考量的，比例原则仅仅审查手段的必要性。对此，张明楷教授也指出，缺乏目的正当性之审查乃比例原则的首要缺陷。④

　　笔者认为，比例原则理应包含目的正当性审查，并且，目的正当性审查在比例原则的体系位置应属于其第一个子原则——适当性原则的审查内容。换言之，在比例原则的第一项子原则——适当性原则的审查过程中，首先应当对国家公权力行使目的的正当性进行审查，在得出肯定结论的基础上再审查国家公权力所采取的手段是否有助于正当目的之实现。

　　主要理由如下：第一，目的正当性是一切国家公权力正当行使的逻辑起点，抛开目的正当性，比例原则对国家公权力的正当性限制便无从谈起。"目的是全部法律的创造者。"⑤ 法律的正当性基础在于，它是"达到正确目的的正确手段"⑥。因此，作为旨在约束国家公权力、保障公民基本权利的比例原则，其首要的、必然的要求

---

　　① 持相同观点的论述可参见李铭义等《宪法与人权》，（台北）新学林出版股份有限公司 2011 年版，第 52—53 页。

　　② 参见刘权《目的正当性与比例原则的重构》，《中国法学》2014 年第 4 期。

　　③ 参见陈新民《宪法学释论》，（台北）三民书局 2011 年版，第 177 页。

　　④ 参见张明楷《法益保护与比例原则》，《中国社会科学》2017 年第 7 期。

　　⑤ ［美］E. 博登海默：《法理学：法律哲学与法律方法》，邓正来译，中国政法大学出版社 1999 年版，第 109 页。

　　⑥ ［德］施塔姆勒：《正义法的理论》，夏彦才译，商务印书馆 2016 年版，第 49 页。

便在于国家公权力所追求的目的具有正当性，否则，比例原则根本无法实现其保障人权的基本价值和精神。第二，在比例原则的第三项子原则——相当性原则中，审查的内容就是手段之后果与目的利益之间的均衡关系。此一要求本身即意味着，国家公权力的行使必须出于追求正当性目的，否则，手段及其与目的之间的适当性、必要性与均衡性等根本无从谈起。第三，在比例原则的第一项子原则——适当性原则中，如果不包括目的正当性审查，那么其便无存在的实际意义，而仅仅沦为一句空话。因为适当性原则所采取的审查基准在比例原则的三项子原则中是最为宽松的，即适当性原则所要求的手段的有效性，只要是部分有效（或多或少有些效果）即可。如此一来，几乎任何立法措施多少皆可达到立法目的，适当性原则即无太大之保障人权的功能，比例原则的三项子原则之审查体系难免就会蜕变为二项子原则审查体系。① 因此，将目的正当性审查纳入比例原则的第一项子原则——适当性原则的审查内容之中，是维持比例原则目的与手段关系论述体系逻辑完备性的应有之义和必然要求，绝不能认为比例原则缺乏目的正当性之审查。

（二）比例原则的主要优势

刑法作为最古老和最精细的法学，其教义学体系本身已经十分完备。尤其是对于刑事立法和司法适用之限制而言，刑法谦抑原则、法益保护原则、罪刑法定原则、罪刑相适应原则等刑法体系内部的保障机制均能在不同程度上发挥作用。既然如此，将比例原则引入刑法体系是否还有必要呢？这实际上涉及比例原则相较于刑法体系的内部保障机制而言所具有的独特优势问题。对此，笔者认为，比例原则作为一项具有宪法位阶的国家公权力限制理论体系，其实质内容虽与刑法体系内部的保障性原则和机制存在一定的相通与重合之处，但在规范性、效力性、全面性以及方法论的体系性等方面，比例原则具备明显优势。比例原则能够为刑事立法之正当性限制提

---

① 参见陈新民《宪法学释论》，（台北）三民书局2011年版，第181页。

供一个刑法之外、刑法之上的规范性视角，从而有效弥补当前刑法体系内部的保障机制之不足。基于比例原则所具有的独特优势，将其引入刑法体系用以限制刑事立法无疑具有重要意义。

1. 比例原则的规范性与强制性

在现代法治国中，比例原则作为一项宪法性原则，具有最高的效力位阶。任何涉及国家公权力行使的公法领域，尤其是行政法、刑法领域，均应当遵循比例原则。许多国家或地区均在宪法中明确规定国家行使公权力应当遵循比例原则，即便没有直接的明文规定，比例原则也被公认为宪法学体系的基本原则之一。在违宪审查制度下，国家公权力行为如果不符合比例原则，便会被违宪审查机构判定违宪而强制无效。由此可见，比例原则是一项具有宪法位阶的规范性和强制性原则，其可以对国家公权力构成强有力的约束和限制。

在刑法理论体系中也存在旨在限制刑事立法处罚范围的保障原则，此即刑法的谦抑性原则。谦抑性要求刑法应当处于整体法秩序的最后手段位置，刑罚发动应当具有不可避免性。[1] 相反，如果对某种危害行为施加刑罚并不能达到预防和抗制之效果（"无效果"），或者运用其他更为轻缓的法律或社会手段便足以达到预防和抗制效果（"可替代"），以及通过刑罚手段所得到的效益要小于其所产生的消极作用（"太昂贵"），那么根据刑法谦抑原则就不能动用刑罚手段。之所以强调刑法应当谦抑，是因为"刑罚是国家对人民所施加最为严厉且最直接的暴力"[2]，其是所有社会治理体系的最后一道防线，是国家公权力所能采取的最后手段，其对公民基本权利所造成的损害也最为严重（刑罚的恶害不仅包括刑罚本身的痛苦性、剥夺性，还包括刑罚的副作用）。[3] 可见，刑法谦抑原则与比例原则之

---

① 参见陈兴良《刑法哲学》（上），中国政法大学出版社 2009 年版，第 8—9 页。

② 王皇玉：《刑法总则》，（台北）新学林出版股份有限公司 2017 年版，第 57 页。

③ 参见林钰雄《新刑法总则》，中国人民大学出版社 2009 年版，第 9 页。

要求存在一定的契合之处。若将比例原则应用于刑法，那么其亦能实现刑法谦抑性的基本要求。首先，适当性原则要求刑罚手段必须是达成法益保护目的之有效手段；其次，必要性原则要求刑罚手段必须是为达成刑法目的而采取的最小侵害手段，即不存在其他有效的但更为轻缓的干预措施（如行政、民事、道德等手段）；最后，相当性原则要求刑罚或保安处分对公民基本权利的损害程度不得大于其所欲达成的目的利益。①

　　尽管比例原则与刑法谦抑原则均具有限制刑事立法处罚范围的价值，但二者仍存在重大区别：（1）比例原则是一项具有宪法位阶的法治国原则，其适用于所有公法领域，而刑法谦抑原则属于刑法体系内部的基本原则之一，其仅适用于刑法领域。（2）比例原则是现代法治国家宪法明文规定的约束公权力的基本原则，其具有客观的规范效力，而刑法谦抑原则并没有被刑法规范明确规定，其仅仅是作为一种主观的理念和精神被人们所倡导。（3）比例原则对国家公权力的约束和限制具有强制性，任何违反比例原则的公权力行为均属违宪而无效，而刑法谦抑原则对国家刑罚权的限制则不具有强制性，加之不同的人对刑法谦抑性的理解和把握不尽相同，使得刑法谦抑原则难以对刑事立法和刑事司法形成强有力的约束。（4）比例原则具有相应的救济渠道，对于违反比例原则的公权力行为可以通过宪法审查机构认定其违宪，从而宣告其无效，而刑法谦抑原则缺乏相应的救济机制，其只能靠行使国家刑罚权的立法者、裁判者的自我约束加以贯彻，这对于限制刑事立法和司法权的扩张无疑十分有限。（5）比例原则在审查方法的体系性、审查内容的全面性等方面，也具有刑法谦抑原则无可比拟的优势，这一点容后详述。

　　综上可见，比例原则不仅蕴含了刑法谦抑原则的基本内容和要求，而且还比其具备更高的位阶性、更强的效力性以及明确的规范性。因此，将比例原则引入刑法，将会有效弥补刑法谦抑原则对刑

① 参见林山田《刑法通论》（上），北京大学出版社 2012 年版，第 50—51 页。

事立法处罚范围之限制的软弱和无力状态。①

2. 比例原则的体系性与程序性

从审查内容上来看，比例原则中的适当性原则旨在审查国家公权力所追求的目的是否正当以及国家公权力所采取的手段是否有助于达成正当目的；必要性原则旨在审查国家公权力所采取的手段是否属于多种可选择的手段中对公民基本权利损害最小、最温和的手段；相当性原则旨在审查国家公权力所采取的手段对公民基本权利的损害程度与其所追求的公益目的之间是否具有正当、合理的比例关系。因此，比例原则内涵了一整个逻辑完备的目的与手段关系的论述体系。从审查步骤上来看，比例原则的三项子原则实际上就是对国家公权力行为进行合宪性审查的三个阶段或步骤。比例原则的审查乃"依序"为之，分阶段完成。只有前一个阶段的审查通过，方考虑进行下一阶段的审查，直至依次经过三项子原则的审查，相关立法才正式通过比例原则之审查。可见，比例原则有助于实现科学立法和精确立法。② 综合比例原则的审查内容与审查步骤可知，比例原则具备相当完备的体系性与精细的程序性。

比例原则的体系性与程序性优势，可以对既存的刑法体系内部保障原则和机制形成有效补充、强化和整合，从而使其更好地发挥刑事立法和司法适用的指导与限制机能。

具体而言，首先，法益保护原则的实质性要求可以完整融入比例原则的目的正当性审查之中，从而既有助于法益概念立法批判机能的发挥，又有助于比例原则在刑法领域的具体贯彻。在刑法体系内部，法益保护原则一直被认为是刑事立法和刑法解释的基本指导原理。"刑法的目的和任务在于保护法益，犯罪的本质是侵害法益。"刑事立法只能将具有法益侵害性的行为规定为犯罪，司法解释也应

---

① 参见姜涛《追寻理性的罪刑模式：把比例原则植入刑法理论》，《法律科学》2013 年第 1 期。

② 参见张明楷《法益保护与比例原则》，《中国社会科学》2017 年第 7 期。

当将不具有法益侵害性的行为排除在刑法规定的犯罪构成要件之外。法益概念所具有的立法批判与限制机能，使其成为刑法理论体系的基石性概念。然而，随着近年来刑事处罚的不断前置化、早期化与重刑化，法益概念的立法批判机能受到学界的广泛质疑。在预防性刑事立法的影响下，法益概念本身无可避免地走向抽象化、精神化与空洞化，从而导致法益保护原则难以对刑法体系的预防走向提供有效约束和限制。尽管如此，刑法学界的主流观点仍然坚持认为，"法益思想具有批判立法的功能"①。不过，学者们也同时认识到，单纯凭借法益概念本身是无法对立法者产生约束力的，真正能够约束和限制立法者的只能是宪法，宪法上的比例原则才是判断某一罪刑规范是否合宪的决定性标准。当然，这并不意味着可以将比例原则代替法益保护原则。德国学者罗克辛指出，作为批判立法的法益概念，其应当从属于宪法上的比例原则，二者在功能上是相互补充的。② 比例原则的审查是以存在值得保护的利益为前提的，这在刑事立法上便涉及刑罚权的目的正当性问题，显然，法益理论可以为刑事立法提供实质的正当化根据。因此，应当将法益保护原则与比例原则连接在一起，从而将法益理论的实质性要求完整地植入到宪法比例原则的审查中去。从另一个角度来看，法益保护原则的贯彻也需要借助宪法比例原则的规范性、强制性和程序性等优势。综上可见，在刑法领域，法益保护原则与比例原则可以说是一种实质与形式、实体与程序相互结合、相互补充的关系，其中，法益保护原则可以为比例原则的目的正当性审查提供实质根据，从而使比例原则能够具体应用到刑事立法领域，而比例原则可以通过发挥其体系性与程序性等优势，将法益保护原则的实质性要求切实贯彻到刑事立法和刑事司法中去。

---

① ［德］克劳斯·罗克辛：《对批判立法之法益概念的检视》，陈璇译，《法学评论》2015 年第 1 期。

② 参见［德］克劳斯·罗克辛《对批判立法之法益概念的检视》，陈璇译，《法学评论》2015 年第 1 期。

其次，比例原则作为一种综合性的指涉，其实际上内含了刑法的基本原则（罪刑法定原则、罪刑相适应原则与刑法平等原则）以及刑法的谦抑性、经济性与人道性等基本精神的部分内容和要求。不仅如此，比例原则通过三个阶段的审查程序以及违宪审查的救济制度，可以将刑法基本原则和精神的内在要求全面、有序、强制性地加以贯彻，从而有效预防刑事立法和刑事司法对刑法基本原则和精神的抵触和突破。比如，如前所述，比例原则与基于刑法谦抑精神的刑法最后手段性原则存在一定重合，但比例原则以其宪法规范性和强制性可以有效弥补刑法谦抑精神约束力不足的问题。再如，比例原则中的适当性原则首先包含国家公权力行使的目的正当性要求，这与罪刑法定原则的实质侧面所要求的禁止处罚不当罚行为具有相同的旨趣。又如，比例原则中的相当性原则对于国家公权力所采取手段的损害后果与其所保护的利益之间的均衡性要求，实际上就是罪刑相适应原则以及罪刑法定原则的实质侧面——"禁止不均衡、残虐的刑罚"的基本要求。不同的是，比例原则将上述刑法基本原则与精神的内在要求按照一定顺序和阶段，置于同一个审查标准体系之中，从而使上述刑法基本原则和精神能够相互配合、相互联系地起到限制刑事立法和刑事司法的作用。并且，与比例原则相配套的违宪审查机制，还能够有效弥补刑法基本原则和精神缺乏有效的、制度性的救济途径之弊端，当刑事立法和司法解释违背刑法基本原则和精神时，可以通过违宪审查而宣告其无效，这便有效强化了刑法基本原则和精神的约束力。

（三）比例原则对刑事立法的合宪性审查

刑事立法是国家行使刑罚权的首要形式，其是一项重大的国家公权力行为。美国学者道格拉斯·胡萨克甚至认为，除了发动战争，一个国家所做的任何决定都不如决定将哪些行为通过刑法予以禁止以及该行为应受到多大刑罚重要。① 由于刑事立法在本质上涉及国家公权力与公民基本权利和自由的博弈，因而其必然要受到宪法比例原则的约束和限制，比例原则能够有效克服乃至避免"刑罚过剩"现象。一般而言，"刑罚过剩"在两种意义上存在：（1）一种行为如果运用行政或经济手段等就可以实现立法目的的话，则没有必要运用刑罚手段。刑罚动辄剥夺他人自由、生命，因此应该充当最后一道防线的角色，不可以越位。否则，就会带来犯罪圈的极度膨胀，超出司法应有的承载能力。（2）对于一种行为，刑法有必要对其规定为犯罪，但是在较低惩罚的情况下，就可以满足民众的报应情感或实现预防犯罪之目的时，则没有必要动用死刑或长期自由刑。否则，就会导致较轻罪行受到严重刑罚惩罚的罪刑不均衡现象，这样的刑罚不具有正当性和经济性。② 比例原则作为"保护人权的护身符"，其也理应对以限制和剥夺公民基本权利和自由为主要手段的刑事立法权予以更为严格的合宪性审查。在运用比例原则对刑事立法进行合宪性审查时，应当注重充分利用刑法体系内部既有的保障原则（如法益保护原则、罪刑相适应原则、刑法的最后手段性原则等），避免简单机械的套用和转换，从而最终构建一个内部保障与外部保障相结合的刑事立法审查和制约机制。

根据比例原则的审查内容和程序，对于刑事立法的合宪性审查至少应当依次从如下四个方面展开：

1. 刑事立法的目的是否在于保护法益？

根据比例原则的第一项子原则——适当性原则之要求，国家公权力的行使手段应当有助于公益目的之实现。适当性原则首先包含国家公权力行使的目的正当性审查，在此基础上再对国家公权力行使的手段是否有助于正当目的之达成进行评判。相应地，对于国家

---

① 参见［美］道格拉斯·胡萨克《过罪化及刑法的限制》，姜敏译，中国法制出版社 2015 年版，第 5 页。

② 参见姜涛《比例原则与刑罚积极主义的克制》，《学术界》2016 年第 8 期。

行使刑事立法权而言，适当性原则要求动用刑罚或保安处分手段制裁犯罪行为应当有助于法益保护目的之实现。因此，适当性原则实际上对刑事立法提出了两项要求：一是刑事立法的目的只能是保护法益，其只能将侵害法益的行为规定为犯罪（目的正当性）；二是刑罚或保安处分应当有助于实现法益保护目的（手段有效性、适当性）。只有同时具备目的正当性与手段有效性，刑事立法犯罪化才具备正当性基础。刑事立法的正当性首先取决于其所追求的目的具有正当性，否则，刑事立法是不可能贯彻比例原则的。因此，笔者特意将适当性原则中的目的正当性审查独立出来，作为刑事立法合宪性审查的第一步，也是最为关键的一步。

适当性原则对刑事立法之审查的核心应当在于犯罪行为的实质标准（应罚性）之判断，刑法只能将具备犯罪实质根据的行为规定为犯罪，否则便会因违背适当性原则而违宪。适当性原则对刑事立法的这一要求，被我国台湾地区学者归结为"恣意刑罚之禁止"①。

刑法的目的在于保护法益，犯罪的本质是侵害法益。② 不符合法益保护目的要求的罪刑规范在实质上是错误的，立法者应当对其加以限制或改革。③ 因此，法益概念实际上告诉了立法者合法刑罚处罚的界限，即只有侵犯法益的不法行为才具备刑罚处罚的实质根据，这就是刑事立法应当遵循的基本原理——法益保护原则的核心旨意。

然而，如前所述，法益保护原则由于太过抽象，以至于其根本无法对刑事立法进行有效限制。尤其是随着法益概念的抽象化、精神化以及法益内容的空洞化，法益概念的解释力和涵摄力被大大提升，法益成为一个无所不包的概念，从而导致法益保护原则的立法批判与限制机能难以有效发挥。当然，刑法理论并不能因此放弃法

---

① 李惠宗：《宪法要义》，（台北）元照出版有限公司 2015 年版，第 125 页。

② 参见［德］克劳斯·罗克辛《刑法的任务不是法益保护吗？》，樊文译，《刑事法评论》2006 年第 2 卷。

③ 参见［德］乌尔斯·金德霍伊泽尔《法益保护与规范效力的保障：论刑法的目的》，陈璇译，《中外法学》2015 年第 2 期。

益概念，法益保护原则的真正危机在于其对刑事立法者不能产生强制约束力，而法益概念本身所具备的立法批判机能并不存在真正意义上的危机。现如今已将法益保护原则纳入比例原则之中，使其成为适当性原则中刑事立法目的正当性之审查的实质标准，所以，法益保护原则便不再只是存在于刑法理论上的、无法对刑事立法者产生约束力的"教授们的观点"①，而是披上了宪法规范外衣且具有强制约束力的比例原则的重要审查内容和标准，如此一来，违反法益保护原则的刑事立法终会因为违反宪法上的比例原则而违宪。

鉴于法益内容的抽象性以及法益侵害样态的多样性，在对刑事立法的目的正当性进行合宪性审查时，应当注意如下两个方面的内容：

（1）罪刑规范保护何种法益？

刑事立法是一种目的性活动，任何一项罪刑规范均有其立法目的。根据法益保护原则，只有以保护法益为目的的罪刑规范才具有正当性。因此，在对刑事立法进行目的正当性审查时，首先应当确定其保护法益。不过，如前所述，法益概念的正面定义极具抽象性，尤其是集体法益，涵盖性极强。因此，单纯确定罪刑规范的保护法益并不是目的，其也无法起到过滤作用。寻找罪刑规范的保护法益，是为分析相应构成要件行为是否具备法益侵害性做准备。

（2）构成要件行为是否具备法益侵害性？

考虑到构成要件行为的法益侵害性可以表现为不同的样态，而不同的法益侵害样态实际上反映了行为的法益侵害关联性程度的不同，因此，即便刑事立法以保护法益为目的，也需要考察其所禁止的行为与保护法益之间的关联性程度（现实侵害、具体危险或抽象危险）。

行为的法益侵害关联性判断在实害犯和具体危险犯中并不存在

---

① ［德］克劳斯·罗克辛：《对批判立法之法益概念的检视》，陈璇译，《法学评论》2015年第1期。

较大争议，但是，在抽象危险犯的刑法规定中，尤其是涉及刑事处罚前置化、早期化的实质预备犯与帮助型犯罪等立法，行为的法益侵害关联性判断便显得尤为重要。比如，对于预备行为的处罚，最关键的问题便是预备行为的可罚性起点如何把握。犯罪预备行为大多表现为社会生活中的日常行为，预备行为虽然以侵害法益为目标，但是其距离现实的法益侵害与危险还十分遥远，因此，整体上预备行为的法益侵害关联性十分薄弱。不过，对于某些意图侵害重大法益的犯罪预备行为，且预备行为本身已经显现出明确的犯罪意图和犯罪关联，应当认定其具备法益侵害的关联性。恐怖主义犯罪的预备行为即是如此，恐怖主义犯罪侵害的法益具有重大性，因而有必要提前动用刑罚加以处罚和预防，并且恐怖主义犯罪的特定预备行为明显区别于具有社会相当性的日常行为，具备明显的犯罪意义关联性和法益侵害关联性，因此，准备实施恐怖活动、宣扬恐怖主义、资助恐怖主义等犯罪的设立具有合理性。再如，对帮助行为独立处罚，一定要考察其本身是否侵犯相关法益。倘若该帮助行为属于中立的日常行为，那么，便不能脱离被帮助者的正犯行为对其单独予以刑罚处罚。因为，如果不存在正犯行为，那么该中立帮助行为实际上并没有任何的法益侵害及其危险性。以此来看，《刑法修正案（九）》增设的非法利用信息网络罪与帮助信息网络犯罪活动罪的部分构成要件行为，并不具有独立的法益侵害性，需要对其构成要件进行限缩解释。

2. 刑事处罚能否有效保护法益？

刑事立法必须以保护法益为目的，这是适当性原则中目的正当性审查的首要要求。在此基础上，适当性原则还要求审查刑法所采取的手段（刑罚和保安处分措施）是否有助于实现法益保护的目的。刑法所采取的手段在本质上是一种痛苦，其会限制甚至剥夺公民的生命、自由、财产、名誉等基本权利。因此，绝对不能为了惩罚而惩罚。既然刑法手段的有效性在于其合乎法益保护的目的（合目的性），那么，在刑罚手段的有效性审查中，必然包含两个方面的内容：一是罪刑规范的保护法益是什么（或者说，构成要件行为侵害的法益是什么），二是刑罚或保安处分措施能否有助于控制、预防此类行为对法益的侵害。对于刑事立法保护法益的审查，在上一个审查阶段"目的正当性"审查中已经论述过了，只有在肯定刑事立法存在法益保护的目的后才能进入手段有效性的审查，否则，如果刑事立法欠缺所要保护的法益，那么刑法手段的运用便不具有合目的性，更不用谈有效性了。

关于刑法手段的有效性问题，即刑罚或保安处分措施能否有助于控制、减少或预防相应行为对法益的侵害及威胁，人们通常对此予以默认。[1] 笔者认为，预设刑法手段具备有效性的传统做法并不可取。理由如下：（1）如果预设刑法手段均有助于法益保护目的的达成，那么，适当性原则的审查内容实际上就只剩下目的正当性审查，手段的有效性、合目的性与适当性审查便被虚化、搁置。这意味着，只要某种行为具备法益侵害性，那么对其施加刑罚处罚都是符合适当性原则的。这种做法显然会助长国家刑罚权的过度扩张，最终导致社会治理的"过度刑法化"[2]。（2）预设刑法手段具备有效性是刑法万能主义的体现。不得不承认，即便是在当今社会，刑法万能主义的观念仍旧十分盛行。[3] 尤其是在政治当局看来，动用刑法手段制裁违法行为，可以在最短的时间内起到威慑违法行为人、安抚社会民众的效果，并且还能向国民宣示政治当局积极进行社会治理的立场和姿态。然而，事实上，刑法并非"万能"，甚至不是"自足"的治理工具。[4] 刑法万能主义不仅会导致非理性的刑事立法以及重刑化、泛刑化等不良后果，而且还会挤压社会治理创新的空间，不利

①　参见陈晓明《刑法上比例原则应用之探讨》，《法治研究》2012 年第 9 期。

②　参见何荣功《社会治理"过度刑法化"的法哲学批判》，《中外法学》2015 年第 2 期。

③　参见于志刚《刑法修正何时休》，《法学》2011 年第 4 期。

④　刘宪权：《刑事立法应力戒情绪——以〈刑法修正案（九）〉为视角》，《法学评论》2016 年第 1 期。

于多元化社会治理格局的形成。（3）预设刑法手段具备有效性还将导致刑事立法的象征化。象征性刑事立法不仅不能服务于法益保护目的，而且还反过来助长了法益概念的抽象化与法益内容的空洞化，进而使法益概念的立法批判机能陷入危机。由于象征性刑事立法作为一项"规范申明"仅具有宣示性意义，立法者并不关注其是否具备实用性和实效性，因而其极大地损害了刑法的实用主义功能，并且折损了刑法的权威。① （4）预设刑法手段具备有效性不符合刑事立法科学化之要求。"科学立法"是党的十八届三中全会作出的《关于全面推进依法治国若干重大问题的决定》提出的一个基本要求，刑事立法作为关系国家治理、公民基本权利和自由的重要事项，理应优先践行科学立法。科学立法要求刑事立法应当建立在立法事实的基础之上，这种立法事实需要立法者经过充分的观察和分析才能得出，而绝不能仅仅凭借预设得出。倘若面对具备法益侵害性的行为，立法者就先验性地预设刑法手段的有效性，那么，刑事立法将只能建立在缺乏事实根据的任意性之上，这种缺乏立法事实的刑事立法是一种"假想式立法"，其未必能合理回应社会治理的客观需求。

笔者认为，对于刑法手段有效性之审查，应当建立在刑事立法事实的全面实证调查研究的基础之上。在立法科学化的时代要求下，刑事立法应当遵循"以事实为根据"的基本准则。② 尊重立法事实，尽可能地追求客观真实，从而排除情绪、臆断、偏好等非理性因素的影响，使刑事立法能够真正反映现实社会需要，这样的刑事立法才是理性的、科学的立法。因此，立法者应当充分挖掘刑事立法的相关立法事实，通过对相关立法事实的实证分析作出理性判断。至于立法者如何获取和确定立法事实，显然不能仅靠逻辑推理或直觉

---

① 参见刘艳红《象征性立法对刑法功能的损害——二十年来中国刑事立法总评》，《政治与法律》2017 年第 3 期。

② 参见姜涛《立法事实论：为刑事立法科学化探索未来》，《法制与社会发展》2018 年第 1 期。

判断，更不能直接进行先验性预设，而是需要通过实证调查得出结论。这种实证调查并不是指与司法机关人员的简单座谈，而是要就相关问题进行全面、准确的统计，依据统计数据作出决策。[①] 实证调查并不仅仅只适用于刑法手段的有效性问题，其还应当贯彻到整个刑事立法的审查过程中去。这里值得一提的是，尽管比例原则的适当性原则仅要求手段有助于达成目的即可，而不必达到完全有效的程度，但是，对于刑事立法而言，由于其所采取的手段是最为严厉的刑罚或保安处分措施，因而与行政手段相比，对其手段有效性程度的要求也理应更为严格一些，这也是比例原则审查基准类型化的应然要求。[②]

3. 刑事处罚是否具有不可替代性？

必要性原则要求国家公权力所采取的有效手段，必须是对公民基本权利侵害最小的手段。由于刑事处罚无疑是所有公权力手段中最为严厉的一种，因此，只要存在同样有效的可替代性手段，那么刑事处罚就是不必要的。在这一点上，比例原则中的必要性原则与刑法体系内部的刑法最后手段性原则（刑法谦抑原则）的基本要求是完全一致的。根据必要性原则之要求，这个阶段的审查内容为，是否存在同样有效（甚至更为有效）的非刑罚手段。

因此，必要性原则的审查核心在于刑罚手段与非刑罚手段在达成目的的效果上的比较。如果通过非刑罚手段也能有效达成刑罚手段所要达到的规制或保护目的，那么就不应使用刑罚手段。只有在其他非刑罚手段（如行政手段、民事手段、社会自治、道德手段等）无法有效达成规制或保护目的时，即"别无他法"时，才有必要动用刑罚手段。若依此标准来审查我国刑法中的刑罚手段就会发现，对于贪污受贿犯罪规定终身监禁的刑罚措施不具有必要性，终身监

---

① 参见张明楷《法益保护与比例原则》，《中国社会科学》2017 年第 7 期。

② 参见蒋红珍《论适当性原则——引入立法事实的类型化审查强度理论》，《中国法学》2010 年第 3 期。

禁的刑罚目的完全可以通过其他非刑罚手段有效达成。诚然，对犯贪污受贿犯罪的人处以终身监禁的刑罚，无疑可以有效预防其再犯相关犯罪（特殊预防），并且对潜在的犯罪人也具有一定的威慑作用（一般预防）。但是，在我国刑法中，贪污受贿犯罪属于典型的职务犯罪，其犯罪主体只能是国家工作人员这个特殊群体。根据我国《公务员法》以及相关国有企事业单位、社会团体的行政性规定（如政审程序、"无犯罪记录证明"等要求），曾因犯罪受过刑事处罚的人是不可能再次成为贪污受贿犯罪的行为主体的。换言之，既有的刑事处罚（有期徒刑、无期徒刑、死刑）以及与之相配套的行政手段完全足以有效消除行为人再犯罪的条件，因而没有必要再规定终身监禁这种最为严厉的刑罚手段。所以，《刑法修正案（九）》增设的终身监禁，不符合比例原则中的必要性原则，因而是违宪的。①

4. 刑事处罚的损害与保护法益是否具有相当性？

相当性原则旨在对国家公权力手段（给社会、个人）造成的损害与其所追求的公益进行利益衡量，其要求国家公权力手段给公民个人和国家社会造成的损害不得大于所追求的利益，否则国家公权力的行使将失去价值和正当性基础。值得指出的是，由于行政法和刑法所采取的手段对公民基本权利的损害程度不同，因而相当性原则对刑罚手段的利益衡量应当要求更为严格。在刑法上，如果刑罚手段造成的损害与保护的法益相当，那么刑罚目的就没有实现。② 因此，相当性原则体现在刑事立法上意味着，刑罚手段给社会和个人造成的不良影响和损害，应当明显小于其所要保护的法益。相当性原则对刑事立法的要求主要体现在三个层面上：一是在国家和社会层面上，刑罚手段造成的不良影响应当明显小于其所带来的利益；

---

① 参见张翔《刑法体系的合宪性调控——以"李斯特鸿沟"为视角》，《法学研究》2016 年第 4 期。

② 参见张明楷《法益保护与比例原则》，《中国社会科学》2017 年第 7 期。

二是在具体个罪层面上，刑罚配置应当与犯罪的严重程度以及刑罚目的相适应，此即罪刑相适应原则之要求；三是在量刑制度层面上，刑事责任的裁量方式应当有利于实现惩罚和预防相统一的罪责刑相适应原则的要求。

（1）社会层面上损益是否具有均衡性？

尽管刑罚惩罚的对象是自然人或法人等个体，但是刑罚的适用同时会对国家和社会带来不良影响，包括刑罚适用的经济成本、刑罚适用的自由萎缩后果等，这些不良影响对国家和社会而言均是一种不利和负担。因此，刑事立法者应当对刑罚手段给国家和社会造成的不良影响与其带来的利益进行充分衡量，从而避免太昂贵、副作用太大的刑事立法。

比如，在经济领域，刑事立法对国民经济行为的干预必然会导致经济自由的萎缩，从而有可能会阻碍社会经济的发展。我国刑法中的"口袋罪"——非法经营罪即是适例。该罪中的兜底性条款，给相关司法解释扩大该罪处罚范围提供了空间，使得许多源自计划经济时代的经济行为管制要求被不合理地适用于当下的市场经济行为，这严重阻碍了社会经济的自由发展。因此，应当从刑事立法上严格限定非法经营罪的处罚范围，使其仅适用于那些真正扰乱市场经济秩序的不良经济行为，而不是成为单纯维护市场垄断、政府监管利益的工具性立法。此外，有关非法吸收公众存款罪的刑法规定及司法解释，也存在遏制民间融资、阻碍民营企业发展等不利效果，该罪的存废问题值得研究。再如，在互联网领域，《刑法修正案（九）》针对网络服务提供者增设了一系列罪名，这些刑事立法是否对网络服务提供者强加了过重的义务，从而有可能会限制互联网产业的发展，这都是需要立法者进行具体衡量的。

（2）个罪层面上罪刑是否具有均衡性？

相当性原则对具体罪刑规范的合理设置之要求，应当转化为刑法罪刑相适应原则对刑事立法之要求。因为刑法罪刑相适应原则的内涵要大于相当性原则对于刑事立法的罪刑均衡之要求。罪刑相适应原则不仅要求刑罚的设置应当与犯罪行为的严重程度相适应（相当性原则所要求的罪刑均衡、罪刑相当），还要求与一般预防、特殊预防的刑罚目的相适应。这意味着，在具体个罪的法定刑配置时，应当综合考虑犯罪行为的严重程度、一般预防的必要性以及特殊预防的可能性等因素。当然，基于责任主义原则，刑罚的配置首先应当以犯罪行为的法益侵害程度为根据，在此限度内才能考虑一般预防与特殊预防的刑罚目的要求，否则，便有可能突破责任刑所决定的报应正义限度。

罪刑均衡之要求不仅体现在个罪内部的法定刑配置应与相应犯罪的严重程度相均衡上，还体现在相关罪名之间的法定刑配置应当相互协调上。因此，刑事立法在增设或修改刑法条文时，应当注意增设或修改的罪名的法定刑与其他相关罪名的法定刑之间的协调，否则便会出现侵害法益程度相同的犯罪行为的刑罚配置严重失调的不公平现象。此外，在根据犯罪行为的严重程度配置法定刑时，应当充分考察相应构成要件行为的法益侵害性程度可能存在的范围域，如果配置的法定刑幅度过于狭窄，那么其便无法对所有相关的构成要件行为做到罪刑均衡。比如，修正前的盗窃罪中"盗窃金融机构的，处无期徒刑和死刑"的刑罚配置，就难以满足罪刑均衡原则之要求。因为该构成要件行为对应的法定刑幅度过于狭窄，完全无法适用于实践中存在的各种各样的法益侵害严重程度不一的"盗窃金融机构的"行为，极具争议的"许霆案"之困境主要就是由这个不合理的刑罚配置所导致的。

刑罚的正当化根据在于报应的正义性与预防的必要性相统一，只有"因为有犯罪并为了没有犯罪而科处刑罚"（并合主义），才是正当的。因此，刑事立法对于法定刑的配置还应当考虑刑罚目的的实现。刑罚的预防目的应当是综合的，各种预防目的之间完全可以并存不悖。不过，在不同的阶段，应当侧重于不同刑罚目的的实现。在刑事立法上，刑罚的设置应当侧重考虑一般预防目的的实现。通常而言，"一般预防的必要性越大法定刑就可能越重"①。在刑罚设置上考虑犯罪行为的一般预防必要性大小，是罪刑相适应原则"刑须制罪、刑足制罪"的内在要求，② 其有助于实现刑罚目的，充足刑罚的正当化根据。对于特殊预防，虽然主要是在刑事司法过程中的刑罚裁量以及刑罚执行应当着重考虑的问题，但是，在刑事立法上，也应当注意要为特殊预防目的之实现创造条件和依据。比如，刑法关于累犯、自首、坦白等刑罚制度的规定就是如此。相反，《刑法修正案（九）》关于贪污受贿犯罪终身监禁的刑罚设置，不符合特殊预防目的的需要，因为其没有为在刑罚裁量和刑罚执行中贯彻特殊预防目的留下任何空间。从这个角度来说，终身监禁刑罚制度的设立在相当性上也存在重大疑问，其有违宪法比例原则和刑法罪刑相适应原则的内在要求。

（3）量刑制度的设计是否具有合理性？

对于刑法前置化立法所采取的诸多犯罪类型，罪责刑相适应原则不仅意味着个罪的法定刑配置要与犯罪行为的严重程度相适应，还意味着法定刑的适用制度——刑事责任裁量制度也要有助于准确合理反应行为人的刑事责任大小（尤其是特殊预防目的的实现），如此方能在个罪的司法实践中真正实现罪责刑相适应原则。

由于刑法前置化立法大多采取抽象危险犯、实质预备犯、累积犯、持有犯、帮助行为正犯化等犯罪类型，其将许多原本应当作为未遂犯、预备犯或者帮助犯评价的危险行为直接提前加以独立化、既遂化处罚。这一方面使得原本可以通过中止制度促使犯罪人从犯罪中后撤的可能性被彻底排除了，由此导致早期化处罚的预防目的不仅没有达到，反而有可能助长犯罪人继续实施并加深被害的现象发生。另一方面使得刑法总则关于犯罪预备、犯罪未遂以及帮助犯从轻、减轻甚至免除处罚等刑事责任裁量上的宽宥制度，也无法得

① 张明楷：《法益保护与比例原则》，《中国社会科学》2017 年第 7 期。
② 参见陈兴良《刑法哲学》（下），中国政法大学出版社 2009 年版，第 619—622 页。

到适用。对于后者，由于实际上涉及具体个罪法定刑配置的合理性，及其与相关犯罪法定刑之间的协调性、均衡性问题，因而解决的办法比较简单，即对新增设的前置化罪名配置相对较轻的法定刑，并且注意一定要轻于与之相关的实害犯和具体危险犯。但是，如何使犯罪人在危险行为实施既遂后、实害结果发生前也能享受刑罚预防的制度激励，如何对努力不使被害人发生进一步实害的犯罪人也能给予一定的量刑优待措施，便成为刑法前置化立法应当考虑的问题。

笔者认为，考虑到我国刑法总则中的中止犯等刑事责任减免制度在刑法前置化立法中适用的范围和可能性被大大压缩，有必要在刑法总则中明确规定与中止犯类似的"既遂后中止"从宽制度，并在刑法分则关于刑法前置化立法的个罪法定刑及其适用制度中，规定相应具体的"既遂后中止"的刑罚减免事由。具体而言：首先，可以在我国《刑法》第61条之后增加一条，作为第61条之一，规定"对于认罪认罚，或者犯罪既遂后积极主动防止危害结果发生的犯罪分子，可以从宽处罚"。如此规定，一方面与我国《刑事诉讼法》中的认罪认罚从宽制度相衔接，为其提供实体法上的依据；另一方面也在犯罪中止从宽制度之外，新确立了针对"既遂后中止"的从宽制度和原则，从而在整体上完善了我国的量刑宽宥制度。

其次，可以参照《德国刑法典》中的"积极悔过"制度，在我国刑法分则中的前置化立法中规定具体的"既遂后中止"从宽处罚条款。在德国刑法中，广泛存在具有"既遂犯成立后的中止犯"性质的"积极悔过"制度，该制度普遍被视为前阶段犯罪化或者刑事可罚性前置化的重要正当化途径。通过该制度，一个处罚范围过于宽泛的刑事处罚前置化至少能在一些场合被限制。德国刑法中的"积极悔过"制度主要针对预备犯、企行犯、危险犯等刑法保护前置化立法类型。在这些犯罪场合，行为本身距离法益的实害尚存在相当的距离，通过行为人的"既遂后中止"还存在逆转和救助法益侵害的可能，因而与刑法总则中的犯罪中止具有一定的共通性。如果不对这种前置化处罚下的"既遂后中止"给予刑罚减免，那么不仅性质相同的行为无法得到类似评价，反而还不利于保护法益，从而背离了法益保护前置化的立法初衷。鉴于此，我国有必要借鉴德国刑法中的"积极悔过"制度，当行为人在特定的前置化处罚犯罪已经既遂后，但在法益的实质侵害发生之前积极主动实施逆转和补救行为，从而阻止了法益侵害结果发生的，规定可以从轻、减轻或者免除处罚。

事实上，在我国刑法分则中，早已存在与德国刑法"积极悔过"制度相类似的有关犯罪既遂后中止减免处罚的规定，并且，此类规定在最新的立法动向中呈现出明显增加的趋势。比如，我国1997年《刑法》第351条第3款就规定，"非法种植罂粟或者其他毒品原植物，在收获前自动铲除的，可以免除处罚"。第390条第2款规定，"行贿人在被追诉前主动交待行贿行为的，可以减轻处罚或者免除处罚"。《刑法修正案（九）》修订后的第383条第3款规定，"在提起公诉前如实供述自己的罪行、真诚悔罪、积极退赃，避免、减少损害结果的发生，有第一项规定情形的，可以从轻、减轻或者免除处罚；有第二项、第三项规定情形的，可以从轻处罚"。《刑法修正案（十一）》修正后的第270条第3款规定，"在提起公诉前将挪用的资金退还的，可以从轻或者减轻处罚。其中，犯罪较轻的，可以减轻或者免除处罚"。以及第176条第3款规定，"在提起公诉前积极退赃退赔，减少损害结果发生的，可以从轻或者减轻处罚"。上述有关犯罪既遂后中止从宽的规定，实际上可以视为中国版的"积极悔过"制度，只不过其尚有待进一步的发展完善。对此，正如我国有学者所指出的，在刑事立法预防性转向的趋势中，作为预防逻辑基本表达的刑法保护前置化是无法避免的，但这并不意味着刑法就此走向纯粹功能主义，相反如果能够在各个前置处罚类型上，依据不同行为类型的事实特征，设置具体的既遂逆转和损害回复要求，作为过度前置化处罚和过剩前阶段立法的抵抗，那么就多多少少能够贡献于刑法保护前置的正当化。①

第二节　刑法前置化立法的教义学制约

法教义学的体系、机制和原理对立法者具有约束作用，刑法教义学亦不例外。刑法教义学所具有的指导和约束刑法前置化立法的功能，主要表现为刑法教义学基本原理对立法理念的引领，以及刑法教义学具体机制和要求对立法技术的引导。经过刑法教义学指导的刑事立法，能够有效避免新法与旧法之间的矛盾和冲突，保持刑法体系应对社会治理需要的及时性和有效性（允许刑事政策思想进入），以及保证刑法体系的自由主义机能不受刑事政策的随意冲击。

一　刑法教义学的立法批判与指导机能

（一）法教义学可以约束立法者吗？

对于我国刑法学乃至法学而言，"（刑）法教义学"概念是一个舶来品。在新近以来的相关论著中，法教义学概念出现的频率越来越高，其甚至已经成为我国刑法学研究的主流范式。那么，究竟何为法教义学？法教义学的本质特征有哪些？法教义学的功能和价值是什么？这些问题并非不言自明，而是需要进行专门的探讨。

大体上，法教义学是指将现行实定法作为深信不疑的基础和前提，对其概念、原则等进行解释与体系化的规范科学。② 法教义学研究以及信奉的对象是现行有效的实定法，其致力于对法律概念的描述、法律规范的解释及其体系化，并用以指导法律的具体理解与适

---

①　参见李晓龙《刑法保护前置化研究：现象观察与教义分析》，厦门大学出版社2018年版，第159—160页。

②　参见白斌《论法教义学：源流、特征及其功能》，《环球法律评论》2010年第3期。

用。对此，正如德国学者阿列克西（Rober Alxy）所指出的，法教义学是如下三个层次活动的统一体：（1）对现行有效的法律进行概念描述和逻辑分析；（2）将这种描述、分析进行体系化；（3）将这种体系化的结论用于指导法律的具体适用。[①] 不难看出，法教义学实际上就是我们所熟知的法律解释学、法律释义学等概念和称谓，其是法学的本体。[②] 正因如此，我国学者张明楷指出，所谓的刑法教义学原本就是刑法解释学，刑法学的本体就是刑法解释学或称刑法教义学。[③] 法教义学的本质特征可以归结为如下几个方面：第一，法教义学以法律规范为研究对象，其践行法律实证主义，属于规范性科学；第二，法教义学相信现行法律秩序的合法性和合理性，其不会以法律秩序之外的标准来批判法律（如自然法、道德、法经济学、法社会学等）；第三，法教义学的主要工作是对现行法律的解释和体系化。

　　法教义学作为一门对现行法律进行解释与体系化的规范科学，其最大的价值在于保障和落实法的明确性、安定性与一致性等形式法治上的基本要求。[④] 法教义学的工作建立在对法律不加怀疑的基础之上，其鲜有批判精神。这种法律实证主义的研究立场和方法，使得法教义学能够在最大程度上为贯彻形式法治提供技术保障。法教义学将现行有效的法律视为"信条""教义"，对其不加批判地进行解释和体系化，就如同宗教信徒对待宗教教义那样，这有助于维护法律的权威性。不仅如此，法教义学通过更深层次的体系化工作，使法律能够有效而统一地适用于千姿百态的具体案件，从而避免了

---

　　① 参见［德］罗伯特·阿列克西《法律论证理论》，舒国滢译，中国法制出版社 2002 年版，第 311 页。

　　② 参见［德］卡尔·拉伦兹《法学方法论》，陈爱娥译，商务印书馆 2003 年版，第 72 页。

　　③ 参见张明楷《也论刑法教义学的立场：与冯军教授商榷》，《中外法学》2014 年第 2 期。

　　④ 参见张翔《形式法治与法教义学》，《法学研究》2012 年第 6 期。

司法恣意，确保了法律的稳定性与体系一致性。

既然法教义学主要是对现行法律进行解释和体系化，那么，这是否意味着法教义学完全不能批判现行有效的法律及其司法适用呢。答案是否定的。法教义学首先具有指导具体案件尤其是疑难案件之法律适用的功能，这表明，倘若在某个具体案件中，法官适用法律有违体系化的规则、原理，法教义学当然可以对其进行批判，并提出基于相应教义学体系的司法建议。至于法律规范本身，包括具有规范效力的司法判决，法教义学也应当具有批判机能。只不过，法教义学对于现行法律规范的批判属于一种"体系内的自我批判"，其目的在于追求和维护法的安定性价值，从而有别于基于法社会学、法经济学以及自然法学等体系外的因素对现行法律展开的根本性批判。①

因此，不能仅仅将法教义学视为立法的附庸，不能认为法教义学必须为任何立法提供正当性论证，法教义学亦有其独立的品格，亦能从现行法秩序体系出发对不符合教义学原理的立法进行内部批判，以维护法律的稳定性、体系性与统一性。历史上曾有人否定法教义学的独立性与立法批判机能，认为法教义学是无用的，其只是"立法者的婢女"，只要"立法者修改三个字眼，全部的法律藏书就变成了一堆废纸"。不过，这种观点早已被证明是错误的，其只留意到法律规定的实证性，即仅将之视为"已经被制定"的规定，而未视之为"在正当秩序的指导思想下，对于——因人际关系中可能或必然的情况而生之——法律问题的可能解答"②。在现代法治国宪法法律体系下，宪法教义学以及各个部门法教义学已经构建起了相当稳定的、相互融通的法教义学体系、机制，其对于立法者创设新的法律规范具有极强的整合能力和约束效力。换言之，在法教义学体

---

① 白斌：《论法教义学：源流、特征及其功能》，《环球法律评论》2010年第3期。

② ［德］卡尔·拉伦兹：《法学方法论》，陈爱娥译，商务印书馆2003年版，第118页。

系下，立法者并不能为所欲为，其受到法教义学的体系、机制和原理的约束，这方面尤以宪法教义学体系中的限制性机制为甚。①

（二）刑法教义学的立法指导机能

长期以来，人们也都只是在解释学的意义上理解刑法教义学。通过对现行刑法规范的解释和体系化，理论上构建起一个又一个精细化的刑法教义学机制，最终形成我们现在所认识的刑法（教义学）体系。这个刑法体系主要承担着刑法的法治国自由保障机能，即明确刑法规范的处罚范围，贯彻罪刑法定原则之要求，确保刑法适用的平等性、稳定性、统一性和可预见性，从而避免司法上的偶然、专断和恣意。而对于刑事立法，人们则理所当然地将其归于刑事政策的管辖范围。如何合理地组织对犯罪的反应，如何安排刑法的具体任务，如何将刑法融入整个社会治理体系，这些都是刑事政策需要考虑的问题。由此，刑事政策指导刑事立法，刑法教义学体系指导刑法适用，二者各司其职、互不干涉，这就是所谓的"李斯特鸿沟"。② 德国刑法学家李斯特的那句名言——"刑法是刑事政策不可逾越的屏障"，道出了刑法（教义学）体系与刑事政策（刑事立法）之间紧张而又相互疏离的关系。正所谓"上帝的归上帝，凯撒的归凯撒"，刑事立法归于刑事政策，刑法解释与适用则归于刑法教义学体系。相应地，刑事政策也止于刑事立法，其目标设定和价值选择不允许进入刑法教义学体系；刑法教义学体系也只能在现行刑法条文上发挥解释与体系化功能，而无法为刑事政策指导下的刑事立法提供帮助和指导。

不过，随着刑法教义学的不断深入发展，所谓的"李斯特鸿沟"已经被证明是不合理的，由此，贯通"李斯特鸿沟"早就成为刑法

---

① 参见白斌《论法教义学：源流、特征及其功能》，《环球法律评论》2010 年第 3 期。

② 参见［德］克劳斯·罗克辛《刑事政策与刑法体系》（第二版），蔡桂生译，中国人民大学出版社 2011 年版，第 3—5 页。

教义学研究的共识和努力方向。"李斯特鸿沟"虽然有利于保证刑法体系的明确性、稳定性等法的安全性价值，却无法保证刑法教义学体系所得出的结论合乎实际需要、符合个案正义以及满足刑事政策的目标设定和价值选择。相应地，由于人为地割裂了刑事政策与刑法体系，从而导致许多在刑事政策上是正确的东西，却在进入刑法之后与刑法教义学体系格格不入。因此，人们早已达成共识，应将刑事政策纳入刑法体系之中。①"李斯特鸿沟"的贯通至今已取得颇为丰硕的成果，其使刑法教义学体系成为一个兼具法的安全性与合目的性的有效益的体系。②

"李斯特鸿沟"的贯通使刑法教义学获得了指导刑事立法的资格。如前所述，法教义学本来就具有体系内的批判功能，其可以对立法、司法解释、法院判决提出批评和意见，法教义学的这种体系内批判无疑可以间接促进立法者和司法者反思、改进他们的工作。但对于刑法教义学而言，这还远远不够。刑事立法作为仅次于发动战争的重大国家行为（这是美国著名刑法学者道格拉斯·胡萨克所作的比喻），③ 其对于公民基本权利的损害以及对于整个国家社会的负面影响是巨大且难以恢复（甚至不可恢复）的。因此，刑事立法应当受到更为严格和直接的刑法教义学体系的约束，否则，不合理甚至不正确的刑事立法所导致的代价是国家、社会以及公民完全无法承受的。

融入了刑事政策思想的刑法教义学对刑事立法的指导机理是这样的：当存在某种刑事政策上的立法犯罪化以及其他刑法修正需求时，该立法政策便会与现行刑法条文展开比对，并接受其背后的刑

---

① ［德］克劳斯·罗克辛：《刑事政策与刑法体系》（第二版），蔡桂生译，中国人民大学出版社 2011 年版，第 15 页。

② 参见［德］克劳斯·罗克辛《德国刑法学　总论（第 1 卷）：犯罪原理的基础构造》，王世洲译，法律出版社 2005 年版，第 124 页。

③ 参见姜敏《系统论视角下刑法修正案犯罪化限制及其根据》，《比较法研究》2017 年第 3 期。

法教义学理论体系的检验，倘若该立法政策与现行刑法条文及其背后的教义学理论相吻合，那么便可允许通过正式立法程序使其成为刑法教义学体系的一部分；反之，便需要对该立法政策和刑法理论进行反思、修正及完善，从而促使相关立法既满足刑事政策上的目的和价值需求又符合刑法教义学体系要求。① 很显然，刑法教义学理论体系指导下的刑事立法，能够有效避免新法与旧法之间的矛盾和冲突，其既能保持刑法体系应对社会治理需要的及时性和有效性（允许刑事政策思想进入），又能保证刑法体系的自由主义机能不受刑事政策的随意冲击。或许可以这么认为，没有什么能比刑法教义学更了解刑法，即便是立法者也应当求教于刑法教义学，受其指导，唯有如此，才能真正推进刑事立法的科学化。②

二　刑法教义学对立法理念与技术的指导

刑法教义学对刑事立法的指导表现在两个方面：一是对刑事立法理念的引领，这主要是基于刑法教义学的基础理论而展开，具体包括法益保护原则、刑法谦抑原则、责任主义原理、行为刑法原则等刑法基本原则和理念；二是对刑事立法技术的引导，这主要是基于刑法教义学的具体原理和机制而展开，包括但不限于刑法构成要件的明确性、法定刑配置的均衡性、重复立法与虚置立法之禁止（刑法体系的协调性）等立法技术要求。以下笔者将结合典型的刑法教义学基础理论和具体原理、机制，简要阐述刑法教义学对刑事立法理念与技术的具体要求。

（一）刑法教义学对立法理念的引领

一般而言，刑事政策作为刑事立法的指挥棒，其关注的重心在于"如何有效地与犯罪作斗争"③。因此，在控制理论占据犯罪学主

---

① 参见车浩《刑事立法的法教义学反思——基于〈刑法修正案（九）〉的分析》，《法学》2015 年第 10 期。

② 参见张明楷《刑法理论与刑事立法》，《法学论坛》2017 年第 6 期。

③ 梁根林：《刑事政策：立场与范畴》，法律出版社 2004 年版，第 7 页。

流的当下，刑事政策总是倾向于发动刑罚权、扩大刑罚处罚范围。与之相对，刑法教义学注重的则是刑法的安全性与自由保障机能。在刑法教义学内部，已经发展出了许多成熟的保障机制，这些自由保障机制有的属于整个刑法教义学体系，有的专门服务于具体的、特定类型的立法，他们相互结合，从而在总体与具体、理念与技术层面上构建起全方位的刑事立法制约和指导体系。在立法理念层面，刑法教义学对刑事立法的指导主要是基于基础理论而展开，其在总体上要求刑事立法不能偏离刑法教义学基础理论所设定的目的、任务以及其他自由保障机能的原理，否则这种立法从一开始便是不正当的、违宪的。

笔者认为，能够引领刑事立法理念的刑法教义学基础理论应当包括但不限于法益保护原则、刑法谦抑原则与比例原则、行为刑法原理、责任主义原理以及刑罚的正当化根据理论。

1. 法益保护：刑事立法的目的正当性要求

法益保护原则确立了刑法的目的和任务在于保护法益，因而刑事立法只能将侵害法益的行为规定为犯罪，而不能服务于法益保护之外的其他目的，如单纯的政治或道德信仰、宗教教义、意识形态或感情等。法益保护原则有利于纠正实践中的刑法工具主义倾向，遵循法益保护原则能够有效避免社会治理的过度刑法化。

根据法益保护原则，在对刑事立法的目的正当性进行合宪性审查时，首先应当确定罪刑规范的保护法益。这一点虽然重要但意义不大，基本无法起到排除作用，因为立法者具有立法形成自由，不可能动辄否定立法目的的正当性。所以，确定罪刑规范的保护法益并不是最终目的，其主要是为后面分析相应构成要件行为是否具备法益侵害性做准备。笔者认为，对于构成要件行为的法益侵害性判断，需要从如下两个方面分别展开：

其一，构成要件行为是否真正侵害或者威胁了法益？

这主要是为了判断构成要件行为是否存在法益侵害关联性极弱甚至法益阙如的情形。由于构成要件行为的法益侵害性可以表现为不同的样态，而不同的法益侵害样态实际上反映了行为的法益侵害关联性程度的不同，因此，即便刑事立法以保护法益为目的，也需要考察其所禁止的行为与保护法益之间的关联性程度（现实侵害、具体危险或抽象危险）。行为的法益侵害关联性判断在实害犯和具体危险犯中并不存在较大争议，但是，在抽象危险犯的刑法规定中，尤其是涉及刑事处罚前置化、早期化的实质预备犯与帮助型犯罪等立法，行为的法益侵害关联性判断便显得尤为重要。比如，对于预备行为的处罚，最关键的问题便是预备行为的可罚性起点如何把握。犯罪预备行为大多表现为社会生活中的日常行为，预备行为虽然以侵害法益为目标，但是其距离现实的法益侵害与危险还十分遥远，因此，整体上预备行为的法益侵害关联性十分薄弱。不过，对于某些意图侵害重大法益的犯罪预备行为，且预备行为本身已经显现出明确的犯罪意图和犯罪关联，应当认定其具备法益侵害的关联性，恐怖主义犯罪的预备行为即是如此。恐怖主义犯罪侵害的法益具有重大性，因而有必要提前动用刑罚加以处罚和预防，并且恐怖主义犯罪的特定预备行为明显区别于具有社会相当性的日常行为，具备明显的犯罪意义关联性和法益侵害关联性，因此，准备实施恐怖活动、宣扬恐怖主义、资助恐怖主义等犯罪的设立具有合理性。再如，对帮助行为独立处罚，一定要考察其本身是否侵犯相关法益。倘若该帮助行为属于中立的日常行为，那么，便不能脱离被帮助者的正犯行为对其单独予以刑罚处罚。因为，如果不存在正犯行为，那么该中立帮助行为实际上并没有任何的法益侵害及其危险性。以此来看，《刑法修正案（九）》增设的非法利用信息网络罪与帮助信息网络犯罪活动罪中的部分构成要件行为，并不具有独立的法益侵害性，因而今后有必要对其构成要件进行教义学限缩。

其二，构成要件行为是否同时维护了权益？

这主要是为了判断构成要件行为在法益衡量下是否应当阻却刑事违法性的情形。毫无疑问，绝大部分犯罪行为都是一种单向侵害或者威胁法益的行为，但是，不能排除刑事立法将某些意在维护权益、行使权利的不当行为规定为犯罪，此时便有必要通过法益衡量来判断该构成要件行为是否具备实质的违法性（法益侵害性）。如果该不当维权行为所保护的利益与所侵害的法益明显失衡，那么应当肯定其具备法益侵害性，对其加以犯罪化符合法益保护的刑法目的。反之，如果该不当维权行为所保护的利益与所侵害的法益相当甚至更优越，特别是在其所保护的利益具有充分的法律根据，而被侵害者又存在过错的情形下，则应当根据法益衡量原理阻却行为的刑事违法性。

　　例如，从法益衡量的角度来看，《刑法修正案（十一）》增设的催收非法债务罪，便存在处罚不具有实质违法性（法益侵害性）行为的疑问。尽管本罪在立法目的上旨在保护非法债务相对人的合法权益不受不当侵犯，但是，其构成要件却包含了不当罚的维权行为，因而并不完全符合法益保护原则的要求。在此之前，司法实践通常将债权人对债务人采取跟踪、纠缠、恐吓、辱骂等方式实施的讨债行为认定为寻衅滋事罪，而催收非法债务罪的增设实际上就是对这种做法的立法认可。尽管增设新罪可以使其免受罪刑法定原则的责难，但是，对于催收高利放贷等产生的非法债务中的合理债务部分，按照本罪来处理仍旧同样会导致违反刑法的公平正义性以及法秩序统一性原理等处罚正当性问题。正如张明楷教授所指出的，"既然行为人实施的是维权行为，就表明相对方存在违法乃至犯罪行为；因此，维权人的利益优越于相对方的利益；不能仅因维权行为存在瑕疵或者不当，就直接将其作为犯罪处理，更不能将完全合法的维权行为当作犯罪处理，否则就不可避免侵害合法权益、助长违法犯罪"。[①] 根据法益衡量原理，不当的维权行为构成犯罪的实质条件应当十分严格和苛刻，当催收的非法债务中存在相当一部分合理债务时，即便债权人采取了恐吓、跟踪、骚扰等具有轻微法益

---

　　① 参见张明楷《妥善对待维权行为　避免助长违法犯罪》，《中国刑事法杂志》2020 年第 5 期。

侵害性的行为，也会因其同时保护了相当的甚至更为优越的利益，而应当否定行为的实质违法性，否则便有违法益保护的目的正当性要求。

2. 谦抑主义：刑事立法的手段正当性要求

刑法谦抑原则和宪法比例原则共同确立了刑法的最后手段性、经济性、适当性、必要性和相当性等基本理念和要求，任何刑事立法均应当接受合宪性审查，这既是宪法比例原则的基本要求，也是刑法谦抑精神的当然之义。刑法作为国家对公民所能采取的最严厉和最后的制裁手段，理应保持足够的克制、谦抑和理性。立法者应当排除刑法万能主义的激进思想，力戒情绪性立法，[①] 不到万不得已、别无他法的地步不能轻易动用刑罚权。据此，对刑事立法进行手段正当性审查的核心在于：是否存在同样有效（甚至更为有效）的非刑罚手段。如果通过非刑罚手段也能有效达成刑罚手段所要达到的规制或保护目的，那么就不应使用刑罚手段。只有在其他非刑罚手段（如行政手段、民事手段、社会自治、道德手段等）无法有效达成规制或保护目的时，即"别无他法"时，才有必要动用刑罚手段。几年前理论上就有观点指出，对贪污受贿犯罪规定终身监禁的刑罚措施不具有必要性，终身监禁的刑罚目的完全可以通过其他非刑罚手段有效达成，因而其不符合比例原则对刑事立法的手段正当性要求。[②]

此外，笔者认为，《刑法修正案（十一）》增设的冒名顶替罪，在刑法谦抑性和比例原则看来也存在手段正当性疑问。本罪旨在处罚盗用、冒用他人身份，顶替他人取得的高等学历教育入学资格、公务员录用资格、就业安置待遇的行为。但是，第一，本罪在未来的实际适用空间将极为有限，有可能会沦为纯粹的象征性立法。直

---

① 参见刘宪权《刑事立法应力戒情绪——以〈刑法修正案（九）〉为视角》，《法学评论》2016 年第 1 期。

② 参见张翔《刑法体系的合宪性调控——以"李斯特鸿沟"为视角》，《法学研究》2016 年第 4 期。

接推动本罪立法的是近年来集中曝出的几起冒名顶替他人上大学事件，为了及时回应民众极为敏感和备受关切的受教育权以及社会公平正义问题，冒名顶替行为才得以"火速"入刑。从《刑法修正案（十一）》的制定过程来看，在草案最初的一审稿中并未出现本罪，而是鉴于相关代表委员的强烈建议才在二审稿中临时增设本罪，立法的仓促性、回应性可见一斑。即便如此，由于刑法的溯及力问题，本罪实际上根本无法被用来惩处在此之前的冒名顶替行为。事实上，冒名顶替现象与我国特定时期的社会环境有着密切关系。而在当前，随着信息网络时代的全面到来，冒名顶替的行为空间将不复存在，本罪料将不会有用武之地。第二，即便将来仍然会出现少量的冒名顶替行为，也完全无须通过增设新罪来予以规制。如果行为人为了实施冒名顶替行为而涉及其他相关犯罪的，直接按照相关犯罪从严处理即可；如果冒名顶替行为全程并未涉及其他犯罪行为，那么，通过相关的行政处罚、政务处理，并计入个人征信档案，限期或终身不得参加相关考试和录用，也足以能够起到一般预防和特殊预防的效果。因此，在刑法教义学看来，冒名顶替罪的增设可以说又是一项典型的象征性立法、回应型立法和现象立法，不仅实际效果存疑，而且有违刑法的谦抑性，值得反思。

3. 责任主义：刑事责任的主观正当化根据

责任主义原理确立了"没有责任就没有刑罚"的基本理念，[①] 这不仅是对刑事司法的要求，更是对刑事立法的要求。一方面，刑事立法应当禁止严格责任的罪刑规范，尤其是在风险社会理论盛行的当下，更应当坚守"没有责任就没有刑罚"的责任主义底线；另一方面，刑事立法在配置法定刑时，不得超出责任主义原则所确立的刑罚量（责任刑）上限，不能因为犯罪行为的一般预防必要性大或者行为人的特殊预防必要性大就设置超过责任刑上限的法定刑。由此可见，责任主义原理对于纠正当前刑事政策上的刑法工具主义

---

① 张明楷：《刑法学》，法律出版社 2016 年版，第 67—68 页。

和重刑主义思想意义十分重大。

责任主义原理对刑事立法的指导，在《刑法修正案（十一）》关于食品、药品监管渎职罪的修订过程中得到了生动的体现和诠释。最初公布的《刑法修正案（十一）（草案）》第28条修改了食品、药品监管渎职罪，从该条规定来看，本罪属于典型的复合罪过的犯罪类型，其既可能由故意构成，也可能由过失构成。具体而言，在该条规定的不同构成要件行为中，瞒报、谎报只能由故意构成，漏报一般由过失构成，即便是缺乏主观罪过的漏报，也可以通过"情节严重"这一入罪门槛过滤掉；对发现的严重食品药品安全违法行为未及时查处，对不符合条件的申请准予许可，以及依法应当移交司法机关追究刑事责任不移交的，通常也只能是出于故意，或者至少是业务过失（其罪过程度通常高于普通过失）。然而，细加比较就会发现，该条第三项关于"未及时发现监督管理区域内重大食品药品安全隐患的"处罚规定，却有严格责任、结果责任之嫌，可能导致食品、药品监督管理人员在缺乏故意或者过失的情况下，单纯就事故结果承担无过错的刑事责任，而不问监管人员是否已经履行了监管义务，这明显有违责任主义原理中的主观责任之要求。正因为此，在之后讨论公布的《刑法修正案（十一）（草案二次审议稿）》以及最终出台的《刑法修正案（十一）》中均删除了第三项的规定，代之以"其他"的兜底性规定，从而坚守了责任主义原理对刑事责任的主观正当化根据要求。

4. 行为刑法：刑事责任的客观正当化根据

行为刑法原理确立了刑法惩罚的对象和根据只能是客观行为，而不能仅根据行为人的危险人格、不良习性、坏的思想等人的因素施加刑罚这一法定规则。与行为刑法相对立的是行为人刑法和思想刑法（或称观念刑法、意志刑法）。其中，（1）行为人刑法属于特殊预防刑罚目的下的产物，其将行为人的危险人格作为刑罚处罚的对象和根据。① 应当说，在现代法治国宪法秩序下，行为人刑法存在的空间极为有限，世界各国刑法的基本底色都是行为刑法。在现代刑法中，行为人刑法必须依附于行为刑法而存在并发挥作用，比如，在行为人实施了特定构成要件行为的基础上，可以根据其社会危险性的反映因素（初犯、偶犯、自首、惯犯、累犯等）从重或者减轻处罚。换言之，行为人刑法反映的是特殊预防必要性的有无和大小，其可以在责任刑的限度内对行为人的刑事责任裁量产生影响，但其不能为刑事可罚性提供不法根据，因此绝不能脱离或者超越行为刑法的责任限度对行为人进行惩罚。（2）思想刑法、观念刑法或意志刑法也是行为刑法原理所绝对禁止的。将思想排除在犯罪之外，首先应归功于法律与道德的严格区分。道德的内在性与法律的外在性，产生了法律不介入人的内心的原理，任何人可能因为思想而受到道德上的谴责，但任何人不因思想受到法律的处罚。根据行为刑法原理，犯罪的实体只能是具有法益侵害性的客观行为，而不能只是纯粹主观的犯罪动机、犯罪意图、犯罪目的以及犯罪计划。因此，在客观行为本身没有任何法益侵害性的危险的情况下，不管行为人的主观犯意如何，都不能将这种行为规定为犯罪，否则便是处罚思想。②

　　行为刑法原理对于约束和指导预防性刑事立法而言，具有重大意义。预防性刑事立法主张对存在一定风险的行为进行早期化干预，从而防止风险行为对法益造成实害或者现实威胁，因此，预防性刑事立法通常对犯罪预备行为、未遂行为乃至仅具有抽象危险的风险行为和仅具有真实累积效应的累积犯进行犯罪化。但预防性刑法存在处罚没有客观的法益侵害危险性的行为之危险，从而极有可能滑向处罚思想的观念刑法的窠臼。为了在预防性刑事立法过程中贯彻

---

　　① ［德］克劳斯·罗克辛：《德国刑法学　总论（第1卷）：犯罪原理的基础构造》，王世洲译，法律出版社2005年版，第106页。

　　② 参见张明楷《刑法格言的展开》，北京大学出版社2013年版，第198—211页。

行为刑法原理，应当确立如下观念：坚持客观主义刑法立场，只有当风险行为、预备行为、未遂行为等在客观上具有真实的法益侵害危险性（或者在环境犯罪领域，该行为存在真实的累积效应）时，才能考虑将此类行为加以犯罪化；如果行为在客观上没有任何法益侵害危险性，那么无论行为人在主观上有多么恶劣、多么坚定的犯罪意图，都不能将其予以犯罪化。据此，预防性刑事立法不宜将距离法益侵害十分遥远的预备行为加以犯罪化，不宜将日常中立的帮助行为一律加以犯罪化，其对抽象危险性行为的犯罪化也应当建立在实证的、经验的真实风险基础之上，而非建立在臆想的、假设的风险之上（应当警惕和避免激情立法、案例立法、现象立法等典型的"假想式立法"[①]）。

值得指出的是，对于我国刑法而言，行为人刑法虽然不能作为扩张性的犯罪成立要件，却可以将其用来限制相关犯罪的处罚范围。比如，对于持有犯，可以将行为人的危险性格增设为犯罪成立条件之一，从而缩小打击范围。对此，域外的相关立法值得借鉴：为了限缩持有犯的预防性扩张，其通常仅针对那些被认为特别危险的特殊人群。德国刑法对于持有盗窃工具的禁止，仅适用于那些曾被判盗窃、接受被盗财物或者其他相似犯罪的人。美国加利福尼亚刑法仅禁止有重罪前科者持有可随身隐藏的武器，却不禁止从未犯过重罪者持有这种武器。以立法的方式规定特殊的、针对有重罪前科者的持有禁止，这是主观论多年累积沉淀的结果，即未完成犯罪的目的应当用于识别和剥离具有人身危险性的人。[②] 因此，针对我国刑法中的持有犯，在今后的刑事立法中，可以考虑在相关罪刑构造中增加特殊（危险）身份这一行为人刑法的限制要件，从而有效限缩处罚范围。此外，对于扒窃入刑，也可以考虑将惯犯、累犯

---

① 参见姜涛《立法事实论：为刑事立法科学化探索未来》，《法制与社会发展》2018 年第 1 期。

② 参见［美］乔治·弗莱彻《反思刑法》，邓子滨译，华夏出版社 2008 年版，第 147—149 页。

等行为人刑法因素作为入罪限制条件，纳入盗窃罪的相关构成要件之中。

5. 并合主义：刑罚的正当化根据理论

刑罚的正当化根据理论确立了报应的正义性与预防的功利性对立统一的并合主义刑罚观念，其不仅对于刑事立法犯罪化存在约束作用（刑罚的正当化根据理论要求，如果某种行为通过刑罚也不可能予以预防，或者适用刑罚可能导致更严重的法益侵害，那么就意味着不能将这种行为规定为犯罪），更对刑事立法关于犯罪法定刑的设置以及刑罚制度的修正之正当性起到指导和批判作用。[①] 刑罚制度的修正和法定刑的设置应当兼顾刑罚的报应正义与预防目的（包括一般预防与特殊预防），而不能有所偏废、只顾其一。就此而言，我国刑法中存在的绝对确定的法定刑以及贪污受贿犯罪终身监禁、累犯等死缓限制减刑等刑罚规定，由于不利于刑罚的特殊预防目的之实现，因而正当性根据存在疑问。

（二）刑法教义学对立法技术的引导

刑法教义学基础理论对刑事立法理念的引领，属于在整体和宏观层面上对刑事立法的约束与指导，其主要是判断刑事立法将某种行为予以犯罪化是否具有合目的性与实质正当性。不过，这仅仅完成了第一个阶段的审查。刑事立法尤其是犯罪化立法是一个系统性工作，它牵一发而动全身。在解决了行为的可罚性和需罚性问题后，还面临着在现行刑法中具体应当如何进行犯罪化立法的技术性问题。对此，刑法教义学无疑具有发言权。[②] 以下，笔者将择其要者来阐述刑法教义学的具体原理、机制对刑事立法的技术性指导功能。来自刑法教义学的技术性约束同样事关刑事立法的成败，而且还更具现实意义。

---

① 参见张明楷《刑法理论与刑事立法》，《法学论坛》2017 年第 6 期。

② ［德］沃斯·金德豪伊泽尔：《适应与自主之间的德国刑法教义学——用教义学来控制刑事政策的边界？》，蔡桂生译，《国家检察官学院学报》2010 年第 5 期。

1. 基于刑法明确性原则的制约

我们现在所熟知的刑法明确性原则，是罪刑法定原则实质侧面的重要内容之一。罪刑法定原则的实质侧面包含刑法的明确性与罪刑规范的适正性两项基本要求，二者均旨在限制刑事立法权，以保障刑事立法符合合理性与正当性的实质法治要求。在德日刑法以及英美法系刑法中，明确性原则具有宪法性地位，其是一项重要的法治原则。① 顾名思义，明确性原则要求刑事立法对于犯罪构成要件和法定刑的规定应当清楚、明白、确定，因此，模糊的构成要件和绝对不定期刑都应当为刑法所禁止。刑法明确性原则源自美国宪法判例所确立的"含混无效原则"，其在本质上反映了正当法律程序原则的要求。② 刑法的实体内容必须清楚明确，以至于必须使人们知道什么样的行为是被禁止的以及违反此一禁止规定会有什么样的后果，如此人们才会对自己的行为具有可预测性，自由才有可能受到保障。否则，如果刑法规定的犯罪构成要件模糊不清，那么，一方面，人们无法判断合法行为与非法行为的界限何在，行为自由必然受阻；另一方面，司法机关便获得了无限的自由裁量权，容易导致司法擅断。可见，刑法明确性原则是限制国家刑罚权、排除司法恣意、保障国民自由的基本要求。甚至可以说，在现代法治国刑法中，罪刑法定原则的真正危险并非来自类推，而是来自不确定的刑法规定（Welzel）。③ 正因如此，理论上一致认为，贯彻罪刑法定原则最为重要和关键的是贯彻明确性原则，④ 其有助于实现罪刑法定主义的司法化，⑤ "任何部门法理论都没有像刑法理论这样强调法律的

---

① 参见李梁《刑法中的明确性原则：一个比较法的研究》，《法学评论》2017 年第 5 期。

② 参见刘艳红《刑法明确性原则：形成、定位与实现》，《江海学刊》2009 年第 2 期。

③ 参见林山田《刑法通论》（上册），北京大学出版社 2012 年版，第 38 页。

④ 刘艳红：《刑法明确性原则：形成、定位与实现》，《江海学刊》2009 年第 2 期。

⑤ 陈兴良：《刑法的明确性问题：以〈刑法〉第 225 条第 4 项为例的分析》，《中国法学》2011 年第 4 期。

明确性"①。当然，作为罪刑法定原则的实质侧面，明确性原则既是一项立法原则，也是一项司法原则，刑事立法和司法解释、指导案例和法院判决等都应当遵循明确性原则。②

不过，要求刑法规定的犯罪构成要件明确到不需要解释的程度既是不现实也是不必要的。一方面，语言本身就具有多义性，作为罪刑规范的文本载体的成文刑法也必然具有概括性，这决定了任何刑法条文都离不开适用者的解释。另一方面，刑法应当兼具安定性和适应性，这就决定了立法者不可能针对每一种行为方式进行具体的精确性立法，而只能采取相对抽象的、类型化的立法形式，因而在理解和适用刑法条文时也必然离不开解释。就此而言，刑事立法的明确性应当是一种相对的要求，其应当是由刑事立法者、司法者甚至刑法学者、普通民众共同推进并实现的。

明确性原则对刑事立法的要求主要体现在两个方面：一是犯罪构成要件的明确性，二是法定刑的明确性。对于后者，实际上主要是禁止绝对不定期刑，而要求采取相对确定的法定刑，这一点在现代刑法中已然不存在太大问题。因此，在刑事立法上贯彻明确性原则，关键在于确保犯罪构成要件（犯罪成立条件）具备明确性。总体来说，犯罪构成要件的明确性的基本要求是，其应当清楚地告诉人们"什么是禁止的"③，根据犯罪构成要件的明文规定应当能够准确地确定罪与非罪的界限。④ 值得指出的是，明确性原则并非要求刑事立法越精细越好，因为过于精细化的刑法规定虽然明确却会导致刑法的适应性不足。应以类型思维来指导刑事立法尤其是犯罪构成

---

① 张明楷：《刑法学》，法律出版社 2016 年版，第 52 页。

② 参见张明楷《明确性原则在刑事司法中的贯彻》，《吉林大学社会科学学报》2015 年第 4 期。

③ ［德］约翰内斯·韦塞尔斯：《德国刑法总论》，李昌珂译，法律出版社 2008 年版，第 20—21 页。

④ 参见［意］杜里奥·帕多瓦尼《意大利刑法学原理》，陈忠林译，法律出版社 1998 年版，第 24 页。

要件的构建，从而在具体与抽象、事实与规范、明确性与适应性之间取得平衡。①

现如今，随着社会的复杂化，法定犯或行政犯日益增多，不明确的犯罪构成对国民预测可能性的侵害越来越严重。② 不仅如此，伴随着犯罪预防成为当前刑事立法的主流范式，法益概念变得越来越抽象化，刑法介入也越来越早期化，罪刑法定原则的实现机制在很大程度上不得不由以往的依赖于法益保护原则向依赖于刑法明确性原则转变。③ 因此，可以说，犯罪构成要件的明确性是现代罪刑法定原则的核心内容。

明确性原则对于指导和限制预防性刑事立法而言，具有重要的现实意义。刑法前置化立法主要采取累积犯、抽象危险犯、实质预备犯以及帮助型犯罪等构成要件形式，这些前置化立法形式由于通常缺乏侵害结果这一重要的犯罪构成要件要素，因而其构成要件行为的法益侵害性往往难以从直观上予以把握，这就导致相关犯罪构成要件难以起到区分罪与非罪的界限作用。再者，对于犯罪预备行为以及帮助行为（尤其是中立帮助行为），由于其在外形上往往与正常的社会生活行为别无二致，立法上难以对其进行定型化、类型化，因而容易造成处罚范围的扩大化。所以，在刑法前置化立法上贯彻明确性原则，对于限制刑法处罚范围而言具有重要意义。例如，准备实施恐怖活动罪本属于典型的预备行为实行化立法，是刑法分则中的实质预备犯。但是，在本罪中设置"其他准备行为"这一兜底性条款，使罪与非罪的界限变得模糊不清，从而无法确定预备行为的处罚边界和起点，这无异于再次退回到刑法总则规定的形式预备犯的模糊而危险地步。因此，准备实施恐怖活动罪的构成要件难言

① 参见陈伟、蔡荣《刑法立法的类型化表述及其提倡》，《法制与社会发展》2018 年第 2 期。

② 张明楷：《刑法学》，法律出版社 2016 年版，第 53 页。

③ 参见李梁《刑法中的明确性原则：一个比较法的研究》，《法学评论》2017 年第 5 期。

符合刑法的明确性原则。要想改变这一现状，必须删除本罪中的兜底性规定，从而将本罪的构成要件行为限定在准备凶器、参加培训、与境外联络、组织策划四种类型之内。当然，笔者并非一概否定兜底性条款存在的合法性与合理性。事实上，为了使刑法能够适应复杂多变的社会现实，并且同时保持刑法的稳定性、安定性和权威性，有必要对特定犯罪的行为方法设置兜底性规定，这并不违背刑法的明确性原则。但是，对于相对的兜底罪名（如以危险方法危害公共安全罪）以及对于行为方式的兜底性规定（如非法经营罪中的其他方式、准备实施恐怖活动罪中的其他准备行为等），在本质上确实存在有违明确性原则之虞。① 对此，除了适时对相关条文进行立法修正，在司法适用上还应当根据体系性解释、同类解释等方法尽量限制兜底性条款的处罚范围。②

2. 基于罪刑相适应原则的制约

罪刑相适应原则不仅是一项刑事司法原则，也是一项刑事立法原则。简单来讲，在刑事立法上，罪刑相适应原则要求立法者设置的法定刑种类与幅度应当与犯罪构成要件行为的严重程度相适应，不能轻罪重罚、重罪轻罚。罪刑相适应原则对刑事立法法定刑设置的这一要求，与前述宪法比例原则之相当性原则极为相似。甚至可以认为，罪刑相适应原则就是宪法比例原则之相当性原则在刑法领域的具体化体现。笔者在前文对比例原则之相当性原则进行系统阐述时，亦是主张将罪刑相适应原则作为相当性原则的实质替代，从而更加全面、合理地指导刑事立法。因此，关于罪刑相适应原则对刑事立法的基本要求，在此便不赘述。笔者仅想再次强调，罪刑相适应原则作为犯罪与刑罚基本关系之准则，其还存在超越比例原则之相当性原则的独特内涵，这对于指导和限制刑事立法而言亦是无

---

① 参见陈兴良《刑法的明确性问题：以〈刑法〉第 225 条第 4 项为例的分析》，《中国法学》2011 年第 4 期。

② 姜涛：《当代刑事立法应当遵循明确性原则》，《国家检察官学院学报》2018 年第 2 期。

法被忽视的。

根据罪刑相适应原则的独特内涵，其对刑事立法法定刑设置的"额外"要求还在于：

（1）由于所谓"罪刑相适应"应是一种以报应为主而兼顾功利的罪刑关系，因此，法定刑的设置不仅要与犯罪行为的严重程度相适应，而且还应当考虑功利目的即刑罚预防目的的实现需要。当然，刑罚个别化主要是刑事责任裁量的任务，刑事立法不可能提前实现。但是，罪刑相适应原则要求刑事立法在设置法定刑和修正刑罚制度时，应当为刑事司法过程中的刑事责任裁量实现刑罚个别化提供条件和空间，而不能在立法上扼杀刑罚个别化的实现可能性。因此，设置法定刑应当尽量避免绝对确定的刑罚（包括绝对确定的法定刑、绝对确定的刑罚制度，如终身监禁、死缓限制减刑等），从而为司法上的刑事责任裁量留有合理空间。

（2）罪刑相适应不仅是指个罪中的法定刑配置应与相应犯罪行为的严重程度相适应，其还要求本罪的法定刑要与其他相关犯罪的刑罚配置相互协调。从某种意义上来说，罪刑均衡实际上是比较下的产物，单独个罪的法定刑配置是否合理，往往要结合与之相关犯罪的法定刑幅度才能判断。一般而言，对于罪质相同的犯罪行为，故意犯的罪责程度要高于过失犯（如放火罪与失火罪），既遂犯的不法程度要高于未遂犯和预备犯（如交通肇事罪、以危险方法危害公共安全罪与危险驾驶罪），实害犯、具体危险犯的不法程度要普遍高于抽象危险犯。相应地，不法和罪责程度相对较高的犯罪，其法定刑配置也应当更重。否则，不协调的法定刑配置，要么会导致轻罪重罚、重罪轻罚的罪刑不均衡结果，要么会导致某个罪名因法条竞合、想象竞合等刑法适用原理而被刑事司法实践所规避和架空，从而成为所谓的"僵尸条款""休眠条款"。这一点，对于我国刑法轻罪制度的构建而言至关重要。今后在增设相关轻罪条款时，应当注意分别从横向和纵向上比较轻罪的法定刑与类似轻罪以及对应重罪的法定刑之间的协调性，避免出现刑罚配置严重失调的不公平现象。

3. 基于刑法体系协调性的制约

从系统论视角来看，"刑法是一个规范系统"①。在刑法系统中，每一个刑法规范都是其基本的组成要素，这些规范要素之间存在特定的关联和作用，形成了相对稳定的结构和层次，从而使得刑法系统能够有效运作并发挥功能。系统论既强调系统的整体性，也强调系统整体与局部、局部与局部的有机关联性以及系统组成要素的层次性。② 换言之，在系统论看来，任何一个系统均是由一系列组成要素构成的有机统一的整体，系统的组成要素虽有其独立性，但更是相互关联、相互作用的。因此，作为刑法系统的组成要素，刑法规范之间必然也是相互联系、相互作用的，任何一个组成要素都不能独立于刑法系统整体而单独存在和作用，刑法系统的各个规范要素应当形成一个协调统一的有机整体。

若就狭义的刑法体系而言，由于其主要是指刑法典的组成和结构，③ 因而刑法系统的组成要素便是刑法规范，包括刑法总则与刑法分则的每一个刑法条文。仅从形式上来看，每个刑法条文之间均存在着一定的逻辑关联。比如，刑法典分为总则与分则，分则又根据犯罪行为侵犯的法益不同分为不同章节。刑法典对于刑法条文的具体安排，实际上就是刑法规范之间的关联性和相互作用的直观体现。刑法作为一个由刑法规范组成的整体系统，为了维护和促进刑法系统功能的发挥，其必然要求每个刑法规范都有其特定的位置、发挥特定的作用以及与其他刑法规范之间相互联系。否则，刑法规范必将杂乱无章，难以形成一个可以发挥功效的有机统一体，这是刑法教义学所不允许的。刑法体系的协调性表明，刑法并不是以零散的单个或多个规范独立发挥作用，而是以一个规范体系、规范集合在发挥作用，刑法理应作为一个系统、一个体系而存在，不应将某个

---

① 周少华：《刑法规范的语言表达及其法治意义》，《法律科学》2016 年第 4 期。

② 参见姜敏《系统论视角下刑法修正案犯罪化限制及其根据》，《比较法研究》2017 年第 3 期。

③ 参见张明楷《刑法学》，法律出版社 2016 年版，第 27 页。

或某些刑法规范割裂开来单独予以适用或评价，这是片面的，甚至是错误的，不符合罪刑法定原则的本质要求。

因此，刑法系统的各个规范组成要素之间必须相互联系、相互作用、相互协调，如此才能形成一个体系、一个整体。这就要求立法者在增设、删减或修改刑法条文时，必须将该刑法条文置于整个刑法规范体系之中加以反复考量，以审查其是否会破坏既存刑法规范体系的协调性、和谐性，是否有碍于刑法规范之间的相互作用、相互联系。如果该刑法条文与现行刑法规范体系相冲突，那么便应当停止相应的刑事立法。由此可见，前述关于罪刑相适应原则对个罪之间法定刑配置的均衡性要求，实际上也是刑法体系协调性要求之体现。

理论上有学者指出，刑法立法的协调性既包括刑法内部的协调性（刑法规范之间的协调性，总则与分则、分则条文之间的协调性），又包括刑法外部的协调性（刑法与宪法、其他法律以及国际公约之间的协调性）。[1] 这是一种广义上的理解。实际上，从系统论视角来看，该学者所称的"刑法外部的协调性"，是将刑法这个整体系统又作为整个宪法法律（乃至国际法则）系统的子系统或组成要素加以看待，这应当是刑事政策论的立场和视角，虽然刑法教义学对此也可以进行批判和引领，但没有必要将触角伸得太远。对于刑法教义学而言，关注的重心应当在于"刑法内部的协调性"，即刑法规范之间的协调性、刑法总则与分则之间的协调性、刑法分则条文之间的协调性。至于单一刑法规范内部组成要素之间的协调性，虽然也属于刑法内部的协调性，但由于其主要涉及犯罪构成与法定刑之间的均衡关系，[2] 因而笔者已将其放在前文"基于罪刑相适应原则的制约"部分加以讨论。

---

① 参见熊永明《刑法立法协调性研究》，《河北法学》2011 年第 1 期。

② 参见周少华《刑法规范的语言表达及其法治意义》，《法律科学》2016 年第 4 期。

我国学者姜涛曾论证提出了"刑法教义学意义上的刑法立法阻却事由"这一概念命题,其认为:立基于立法面向的刑法教义学,立法者应当考察刑事立法对于犯罪和刑事制裁措施的设立是否存在规范意义上的刑法立法阻却事由,比如现行刑法是否已有相关规定、是否违背"无先而后"的逻辑规则、是否可经由刑法解释或指导性案例予以明确、是否属于行使宪法规定的基本权利、立法效益是否远低于立法成本等,如果存在某种刑法立法阻却事由,则应当立即停止相关刑事立法。[①] 应当说,该学者的观点十分具有启发性,尤其是区分事实层面的刑法立法根据与规范层面的刑法立法阻却事由的做法,真正凸显了刑法教义学的立法批判与指导机能。与此同时,我们也可以看出,该学者所提出的具体的刑法立法阻却事由,实际上可以归结为如下几类:一是基于宪法比例原则和刑法谦抑原则得出的具体要求,包括是否违背"无先而后"的逻辑规则与立法效益是否远低于立法成本,前者是比例原则之必要性原则与刑法最后手段性原则的基本要求,后者则是比例原则之相当性原则与刑法谦抑精神的本质体现;二是基于刑法法益保护原则得出的具体要求,主要是指是否属于行使宪法规定的基本权利这一事由,根据源自宪法的法益概念,处罚公民行使宪法基本权利的行为违背法益的价值面,不具有目的正当性;三是基于刑法体系的协调性得出的具体要求,包括是否存在相同的现行刑法规定与是否可以经由刑法解释和指导性案例予以明确,若如此不仅将徒增刑事立法成本和刑事司法负担,还会破坏现行刑法规范体系的协调性,故应当予以禁止。

根据当前我国刑事立法实践以及理论上学者们的总结,有违刑法体系协调性的刑法立法主要表现为:

(1)分则重复立法。分则重复立法主要是指某种行为已经为现行刑法规范所涵摄,但立法者仍就此种行为设立新的罪刑规范的情

---

① 参见姜涛《刑法立法阻却事由的理论界定与制度前景》,《中国法学》2015 年第 2 期。

形。比如，理论上有学者指出，《刑法修正案（八）》增设的危险驾驶罪，实际上已被刑法典中既存的交通肇事罪和以危险方法危害公共安全罪（未遂犯）所涵摄。[①] 重复立法是"最常见的刑法立法阻却事由"[②]，其不仅有违立法的经济性，还会导致司法适用上的混乱，最终损害刑法的权威性、统一性、安定性等价值。当然，如果存在值得特别予以保护的法益，那么进行个别特别立法也是可行的。现行刑法中同样存在许多特别法与普通法关系的法条竞合情形，不能认为此类立法都是有损刑法体系协调性的。

（2）冲突立法、矛盾立法。刑法体系的协调性决定了，各个刑法规范之间不应存在对立、冲突与矛盾，否则，对于相同行为有可能做出不同评价，这显然有损刑法适用的平等性与公正性价值。在我国刑法中，曾经存在的典型冲突立法当属嫖宿幼女罪。该罪将明知且得承诺的嫖宿幼女行为从强奸罪中独立出来，从而导致其与强奸罪中的"奸淫不满十四周岁的幼女的，以强奸论"这一法律拟制规定相矛盾和冲突。嫖宿幼女罪自设立伊始便受到了理论界和实务界的持续批判，当然，随着该罪被《刑法修正案（九）》所废除，这些批判之声终归于平息。但我们应当看到，刑法教义学在其中所发挥的贡献无疑是巨大的，这是刑法教义学批判和指导刑事立法的一次胜利。除了刑事立法，在我国具有准立法性质的司法解释也存在与刑法规范相冲突和矛盾的现象。比如，关于传播淫秽电子信息牟利行为的司法解释，将传播淫秽物品牟利犯罪行为的网络帮助行为也直接规定以正犯行为论处，这显然与刑法总则关于帮助行为成立正犯行为的共同犯罪（帮助犯）之规定相冲突，从而存在违背罪刑法定原则进行扩张解释之嫌。

（3）总论虚置与现象立法、情绪立法、应急立法。我国刑法总

---

① 参见冯军《论〈刑法〉第 133 条之一的规范目的及其适用》，《中国法学》2011 年第 5 期。

② 姜涛：《刑法立法阻却事由的理论界定与制度前景》，《中国法学》2015 年第 2 期。

则一般性地规定了对犯罪预备、未遂、共犯等的处罚，在此基础上，我国刑法分则同时存在大量的与总则一般性规定效果相同的个罪立法，由此，要么导致刑法总则的相关规定被虚置和架空，要么导致刑法分则中存在太多冗余的提示性、注意性规定，从而有损刑法立法的经济性并造成其他司法适用上的疑问。此类立法，大多是未经充分的刑法教义学考量的非理性立法，包括但不限于：专门针对近期某种不良社会现象的现象立法，满足政治当局社会治理需要的应急性立法，以及回应人民群众普遍和迫切要求的情绪性立法与舆论立法，等等。

　　比如，《刑法修正案（九）》关于组织考试作弊罪的共犯处罚规定，就属于典型的虚置总则共犯规定的冗余表达。再如，准备实施恐怖活动罪中的"其他准备行为"这一兜底性规定，显然也是不必要的，其不仅冲毁了本罪前四项构成要件行为建立起的刑法明确性界限，还无视和虚置了刑法总则关于犯罪预备行为的一般性处罚规定。类似的虚置总论的分则立法例还有许多。对此，正如我国学者车浩所评价的："忽视已经成熟的刑法理论和解释方法，热衷于现象立法而虚置总论，是一个普遍存在的立法技术问题，其所带来的问题是：第一，缺乏总则理论的原则性引导，刑法典就会变成一个松散的、无体系的法条集合体，处于无保障和不稳定的状态中。总则的规定和理论，对分则条文具有统摄和推演的功能。如果立法者忽略甚至漠视总论的功能，而只把眼光盯住具体现象，就不得不对每个具体问题都专门规定。这种现象立法的后果必然是刑法膨胀。第二，在缺乏理论原则统一引导的情况下，条文之间相互无法衔接、相互交叉和重叠甚至相互抵触的麻烦难以避免。第三，缺乏体系性观念的立法行为，也不利于甚至阻碍刑法理论的长远发展。"[①]

　　总之，对于重复立法、冲突立法、总论虚置立法等有违刑法体

　　[①]　参见车浩《刑事立法的法教义学反思——基于〈刑法修正案（九）〉的分析》，《法学》2015 年第 10 期。

系协调性的刑事立法，应当尽量予以避免乃至禁止，其轻则导致立法浪费，有损刑法体系的协调性和经济性，重则造成刑法适用的不平等、不公正，损害刑法的功能和价值。

值得称赞的是，刑法体系的协调性在最近的刑事立法中正越来越受到立法者的关注和重视，其立法指导机能也越来越得以发挥和落实。比如，《刑法修正案（十一）》增设的高空抛物罪的构成要件与体系位置之变化，就生动诠释了刑法体系协调性原理对于刑事立法技术的指导机能。最早公布的《刑法修正案（十一）（草案）》第1条将高空抛物罪规定在《刑法》第114条第2款和第3款，属于危害公共安全罪之一，与放火、以危险方法危害公共安全等犯罪并列。而在之后公布的二审稿以及最终出台的《刑法修正案（十一）》中，高空抛物罪被调整到扰乱公共秩序罪章节中，并且删去了"危及公共安全的"入罪要求，代之以"情节严重的"规定。笔者认为，一审稿与二审稿、定稿对高空抛物条款的体系位置调整与构成要件表述的变化，有效避免了重复立法和矛盾立法，使高空抛物入刑符合了刑法体系的协调性原理要求，这是刑法教义学指导刑事立法的又一个成功案例。在一审稿出台之后，关于高空抛物犯罪的刑法定位问题，理论界展开了热烈而充分的讨论，对当时的立法草案进行了较为深入的批判，并提出了诸多建设性的教义学方案。例如，有观点指出，由于高空抛物是"其他危险方法"的一种类型，将其单独成罪必然导致条款内容及罪名之间的冲突，也不符合我国刑法分则的立法逻辑；有必要在草案提出的立法框架基础上完善高空抛物的规定，将其理解为量刑情节而非独立罪名是相对合理的选择。① 还有学者建议将高空抛物犯罪的罪刑模式表述为"具体危险犯＋加重犯＋减轻犯"，从而贯彻刑法谦抑主义和罪刑相适应原则。② 尽管这

---

① 参见夏勇《高空抛物的刑法定位——关于〈刑法修正案（十一）（草案）〉第一条的理解和改进》，《法治研究》2020年第5期。

② 参见赵香如《论高空抛物犯罪的罪刑规范构造——以〈刑法修正案（十一）（草案）〉为背景》，《法治研究》2020年第6期。

些理论建议最终并未被立法者完全采纳，但是，其最大价值在于指出了当时立法草案中存在的教义学疑问，进而直接促成了立法者的反思和调整。正是为了避免出现理论上所指出的诸多疑问，立法者才最终决定将高空抛物罪定位为扰乱公共秩序罪，从而与危害公共安全犯罪形成有效衔接的前置性处罚。

第三节　本章小结

刑法前置化的立法制约框架主要包括如下几个方面的内容：

1. 刑法与宪法相结合的"合宪性制约"

合宪性制约具体从"法益保护的宪法关联审查"和"刑事处罚的比例原则审查"两条路径展开。其中，前者主要是对刑法前置化立法的目的正当性进行审查，后者则侧重对其手段正当性进行审查。

（1）"法益保护的宪法关联审查"。能够批判和限制立法的法益概念只能源自宪法，宪法性法益概念应当兼具价值面和存在面，其是一种"有保护价值的真实存在"。不过，宪法对法益概念的正面定义具有抽象性，这决定了其对刑事立法的正面限制必然非常有限。因此，宪法性法益概念对刑法任务和刑事立法之约束主要起到负面排除的功能。对于刑法前置化立法所声称保护的集体法益之审查，首先应当分析其基本架构（是否符合集体法益的形式要件、价值功能和存在形态分别是什么），在此基础上分析该集体法益的真实损害性方式（实害犯、危险犯、累积犯），最后再考察刑法规定的相应构成要件行为对该集体法益是否构成真实损害。据此，理论上可以对我国刑法中的集体法益保护条款逐一进行检验，以审查相关立法的目的是否具备正当性以及相应构成要件行为是否具备真实的法益侵害性。

（2）"刑事处罚的比例原则审查"。比例原则作为一项具有宪法位阶的国家公权力限制理论体系，其实质内容虽与刑法体系内部的保障性原则和机制存在一定相通与重合之处，但在规范性、效力性、全面性以及方法论的体系性等方面，比例原则具备明显优势。将比例原则引入刑法体系，能够为刑事立法之正当性限制提供一个刑法之外、刑法之上的规范性视角，从而有效弥补当前刑法体系内部的保障机制之不足。根据比例原则的审查内容和程序，对于刑事立法的合宪性审查至少应当依次从如下四个方面展开：第一，刑事立法的目的是否在于保护法益？具体需要审查罪刑规范保护何种法益以及构成要件行为是否具备法益侵害性。第二，刑事处罚能否有效保护法益？第三，刑事处罚是否具有不可替代性？第四，刑事处罚的损害与保护法益是否具有相当性？具体需要审查社会层面上损益是否具有均衡性以及个罪层面上罪刑是否具有相当性。

2. 刑法内部的"教义学制约"

法教义学的体系、机制和原理对立法者具有约束作用，刑法教义学亦不例外。刑法教义学指导下的刑事立法，能够有效避免新法与旧法之间的矛盾和冲突，其既能保持刑法体系应对社会治理需要的及时性和有效性（允许刑事政策思想进入），又能保证刑法体系的自由主义机能不受刑事政策的随意冲击。

刑法教义学对刑事立法的指导表现在两个方面：一是对刑事立法理念的引领，这主要是基于刑法教义学的基础理论而展开，具体包括法益保护原则、刑法谦抑原则、行为刑法原则等刑法基本原则和理念；二是对刑事立法技术的引导，这主要是基于刑法教义学的具体原理和机制而展开，包括但不限于刑法构成要件的明确性、法定刑配置的均衡性、重复立法与虚置立法之禁止（刑法体系的协调性）等立法技术要求。

第 五 章

刑法前置化的司法限制

对于刑法前置化立法的司法限制，应当根据其类型化特征，利用相应精细化、具体化的刑法教义学原理和机制分别进行教义学限缩，从而避免处罚不当罚的行为，如此方能实现个案与个罪、类案与类罪在刑事处罚上的正当化、协调化和体系化。其中，对于抽象危险犯立法，需要进一步区分真正的抽象危险犯与准抽象危险犯（适格犯），并对后者采取"个案认定、实质判断、允许反证"的司法适用逻辑。对于实质预备犯立法，根据预备行为的处罚正当性教义，需要确立实质预备犯的预备行为原则上不可罚、对实质预备犯的兜底条款应作同类解释、实质预备犯仅限保护重大法益等限制适用规则。对于中立帮助行为正犯化立法，应基于中立帮助行为的可罚性理论限制处罚范围；而对于其他帮助犯的相对正犯化立法，则应确立"以处罚犯罪实行行为的帮助为原则，以处罚犯罪预备行为的帮助为例外"的限制适用规则。

第一节　抽象危险犯处罚范围的司法限制

一　当前理论上的限制方案及其不足

鉴于抽象危险犯立法可能导致处罚不当罚的行为，因而理论上有许多学者主张在司法上限制抽象危险犯立法的处罚范围。综观当前各家观点，基本上都是基于法益理论、实质解释论、合目的性解释、我国《刑法》第 13 条"但书"规定等理论和立法依据，主张允许反证危险不存在而排除对没有法益侵害性的行为的刑罚处罚。

例如，理论上有观点认为，抽象危险犯应当允许通过反证在具体案件中并不存在相应危险而出罪。[①] 与之类似，张明楷教授也指出，对于抽象危险犯不宜仅作形式判断，而必须进行实质判断，倘若在具体情况下符合构成要件的行为并不存在任何危险性，那么不能认定其构成犯罪。[②] 该观点实际上同样肯定了对抽象危险犯应当允许进行反证。再如，黎宏教授站在结果无价值论的立场指出，抽象危险犯也应当以法益侵害为基本判断原则，故对其司法认定应当通过考虑有无法定的足以侵害法益的行为事实为标准予以间接判断，这实际上要求司法机关综合考察行为时的所有客观情况进行全面性的实质判断。[③] 理论上对于抽象危险犯允许反证排除以及进行实质解释等观点，目的均在于克服抽象危险犯司法认定过于形式化、表面化的弊端，从而对抽象危险犯的处罚范围进行实质的、合目的性的限缩。

但是，这种做法又不可避免地使抽象危险犯陷入了一个两难的困境：如果坚持传统的抽象危险犯概念，那么容易导致处罚范围的失当；如果为了限制抽象危险犯的处罚范围而允许司法上通过反证或者实质解释推翻立法预设的抽象危险，那么实际上也就推翻了抽象危险犯这个概念本身，从而使其无限接近具体危险犯的范畴，这将使抽象危险犯概念失去存在的价值。因为抽象危险犯中所谓的抽象危险本就是一种立法推定甚至拟制的危险，其旨在排除行为之外

---

① 参见付立庆《应否允许抽象危险犯反证问题研究》，《法商研究》2013 年第 6 期。

② 参见张明楷《刑法学》，法律出版社 2016 年版，第 168 页。

③ 参见黎宏《论抽象危险犯危险判断的经验法则之构建与适用——以抽象危险犯立法模式与传统法益侵害说的平衡和协调为目标》，《政治与法律》2013 年第 8 期。

的其他结果要素作为犯罪成立的限制条件。① 如果主张通过司法反证或实质判断限制处罚范围，那么就无异于将抽象危险犯当成了具体危险犯，这种在客观不法范围上的司法限缩显然与抽象危险犯的立法概念相抵触。

二　抽象危险犯的类型化发展与构建

鉴于抽象危险犯已经陷入了一个两难的困境，并且具体危险犯概念及其司法认定逻辑也与现行刑法立法及其司法适用不完全相符，因而域外刑法理论上有部分学者对传统危险犯二分法进行了反思，并对抽象危险犯予以类型化重构，从而在传统的抽象危险犯与具体危险犯二分法之外发展出了第三种独立的危险犯类型——适格犯或准抽象危险犯。对此，我国刑法学界也有少数学者注意到了域外抽象危险犯的类型化发展趋势，并主张引入适格犯或准抽象危险犯概念来解释和指导我国刑法相关罪名的适用。② 笔者认为，抽象危险犯的类型化发展与重构是刑法危险犯理论顺应刑事立法发展的必然要求，其能够有效改善和避免当前非此即彼的、粗犷的危险犯二分法之弊端和困境，从而使危险犯理论能够准确有效地指导与限制相关刑法立法的司法适用。

（一）抽象危险犯的类型化发展

1. 德国刑法中的适格犯概念

在德国刑法学界，学者们通过对传统抽象危险犯的处罚范围进行限缩解释，逐渐发展出了一种独立的、介于抽象危险犯和具体危险犯之间的危险犯类型——适格犯。从学术史上来看，适格犯是由具体危险性犯和抽象—具体危险犯的概念发展而来。起先，德国学

---

① 黄荣坚：《基础刑法学》（下），中国人民大学出版社 2009 年版，第 384 页。

② 参见李川《适格犯的特征与机能初探——兼论危险犯第三类型的发展谱系》，《政法论坛》2014 年第 5 期；陈洪兵《准抽象危险犯概念之提倡》，《法学研究》2015 年第 5 期；李婕《限缩抑或分化：准抽象危险犯的构造与范围》，《法学评论》2017 年第 3 期。

者赫希（Hirsch）认为，传统危险犯二分法并不符合立法规定，事实上，只有具体危险犯才属于危险犯，其他危险犯应属于危险性犯。在危险性犯中，抽象危险犯只属于其中的抽象危险性犯，而具体危险性犯则是一种新的独立的危险犯类型。具体危险性犯和抽象危险性犯虽然都是作为行为属性的危险，但是前者需要司法上的具体判断，而后者则属于立法拟制的抽象危险，无须司法上进行具体的个案判断。后来，德国学者施罗德（Schröder）根据德国刑法中的"足以"条款提出了"抽象—具体危险犯"的概念。与具体危险性犯一样，抽象—具体危险犯中的危险是一种作为行为属性的一般性的危险，比如，以"足以"致生危险表述行为危险性的情形即是如此，此类危险仍需要法官在个案中结合全部事实加以具体认定。最终，德国学者霍耶（Hoyer）在具体危险性犯与抽象—具体危险犯之基础上，提出了相对完整和成熟的适格犯概念。适格犯不仅包括明文规定"足以"致生危险的罪刑条款，而且还包括虽然没有明文规定但是暗含行为应当达到"足以"产生危险这一不法程度的犯罪类型。这便将抽象—具体危险犯的形式标准拓展到了兼具形式与实质意义的危险性犯范畴。与传统的抽象危险犯不同，适格犯在立法上并没有绝对拟制或推定行为的危险属性，而是为作为行为属性的危险是否存在留有司法判断的空间。因此，适格犯中的行为危险性需要司法机关结合个案具体情况进行实质判断，如果存在否定因素或者行为及其对象的危险性程度并未达到立法要求，那么行为并不成立适格犯的既遂。

适格犯概念的提出，使刑法中的危险犯可以分为三种类型：一是具体危险犯，这是将结果属性的现实危险状态规定为犯罪构成要件要素的可谓真正意义上的危险犯（狭义结果犯），其司法认定与实害犯没有本质差异；二是适格犯，这是将行为属性的具体危险性明确或者暗示规定为犯罪成立条件的风险犯（危险性犯），其需要司法上的具体个案判断；三是抽象危险犯，这是直接根据立法拟制或预设的行为属性的抽象危险性进行司法认定的行为犯（举动犯），其不需要司法上的具体判断。

2. 日本刑法中的准抽象危险犯概念

尽管日本刑法理论也将危险犯二分为具体危险犯和抽象危险犯，但是其通说采取的是一种实质的划分标准。根据日本刑法理论通说，具体危险犯以法益侵害的现实的、具体的危险的发生为必要，而抽象危险犯以抽象的危险发生为已足。① 在通说看来，具体危险犯和抽象危险犯均以实质的危险的发生作为犯罪构成要件要素，只不过，二者在危险程度方面存在差异，具体危险犯中的危险是一种高度的、紧迫的危险，而抽象危险犯中的危险则是一种比较缓和的危险。这种将危险程度作为划分具体危险犯与抽象危险犯的实质性标准，与前述形式上的区分标准存在重大差异。

实质区分标准下的抽象危险犯并非一个单一性概念，而是根据行为及法益的性质进一步区分了两种不同的抽象危险犯类型——拟制型抽象危险犯与准抽象危险犯。其中，拟制型抽象危险犯可谓真正的抽象危险犯，其构成要件行为存在的危险是由立法所拟制的，既无须司法上的具体判断，也不允许通过反证来推翻。而准抽象危险犯中的构成要件行为本质上是一种一般性、类型性地存在危险的行为，其在对构成要件行为的适用评价中，已经要求了某种程度的实质的危险判断，因此，若在具体的特殊情形下该行为并未导致实质危险的发生，则应当否定犯罪的成立（允许反证）。对此，正如西田典之教授所指出的，有别于具体的危险犯，抽象性危险犯一般可以分为两种情况：一是类型性地存在危险的场合，这种危险犯类型又可称为准抽象危险犯；二是存在拟制的危险的场合，这种危险犯类型属于抽象危险犯。② 山口厚教授、大谷实教授等学者亦持相同的观点，认为抽象危险犯既包括不以抽象危险的发生为要件的犯罪

---

① 参见陈家林《外国刑法理论的思潮与流变》，中国人民公安大学出版社、群众出版社 2017 年版，第 156 页。

② 参见［日］西田典之《日本刑法总论》（第 2 版），王昭武、刘明祥译，法律出版社 2013 年版，第 70—71 页。

（"拟制的危险"的情形），也包括从一般经验看，尽管完全不具有法益侵害危险的可能性极低，但也以发生某种法益侵害危险为必要的犯罪（"类型性地存在危险"的情形），后者可谓准抽象危险犯。

由此可见，在日本刑法理论中，危险犯二分法下的抽象危险犯概念实际上也是二元的，在具体危险犯和真正抽象危险犯之间，还存在需要司法机关对行为的危险性进行实质的具体判断的准抽象危险犯，这与德国刑法中的适格犯概念具有异曲同工之妙。根据准抽象危险犯概念及其司法认定逻辑，日本刑法学界得以对许多刑法条文并未明确规定"致生危险"这一限制性构成要件要素的抽象危险犯的处罚范围进行教义学限缩，从而最大限度地贯彻结果无价值论的基本立场。比如，《日本刑法典》第108条规定，放火烧毁现供人居住使用或现有人所在之建筑物、火车、电车、船舶或矿坑者，处死刑、无期惩役或五年以上惩役。该罪（放火烧毁现住建筑物等）立法虽然并未明确规定致生公共危险这一限制要素，但是，学界并未将其归属为抽象危险犯，从而在解释论上也放弃了实质危险的发生要件。相反，主流观点认为该罪应属于准抽象危险犯，因为放火烧毁现住建筑物等行为通常会一般性、类型性地延烧到其他房屋，危及多数人的身体、生命、财产，这种抽象危险并非出于立法的拟制，而是具体个案中的放火行为所必须真实具备的抽象的危险，因此，如果放火行为确实不可能危及人身安全且没有延烧的可能，则应认为不成立本罪。再如，第217条规定的遗弃罪亦是如此。与之相对，第230条规定的毁损名誉罪则被认为属于真正的抽象危险犯，因为本罪的保护法益不可能实际测量或具体把握其损害程度，必须通过立法拟制性地将"公然指摘事实，毁损他人名誉"的行为与法益侵害连接在一起，所以只要存在符合构成要件规定的行为事实，即可认定他人的社会性评价已经受到损害或降低而予以相应刑罚处罚。

（二）抽象危险犯的类型化构建

无论是德国刑法中的适格犯，还是日本刑法中的准抽象危险犯，均在传统的危险犯二分法之外为我们提供了危险犯的第三条分析路径。事实上，所谓的适格犯与准抽象危险犯只是称谓上的不同而已，二者在概念内涵和司法逻辑上并没有实质性区别。借助德日刑法中的适格犯或准抽象危险犯这一独立的危险犯类型，同样可以将我国刑法中的危险犯立法划分为具体危险犯、准抽象危险犯（适格犯）和抽象危险犯三种犯罪类型。其中，具体危险犯和抽象危险犯的概念内涵及认定逻辑与传统二分法相同，而准抽象危险犯则既包括原本被认为属于具体危险犯的刑法条文明确规定了"足以"致生危害的犯罪，又包括原本被认为属于抽象危险犯的刑法条文虽未明文规定但实质上暗含"足以"致生危害要求的犯罪（见图5-1）。后者的构成要件行为大多属于一般性、类型性地存在危险的行为，但这种抽象的危险并非出于立法拟制，而是仍然需要司法机关在个案中对行为的危险性进行具体的、实质的判断。

危险犯二分法	抽象危险犯		具体危险犯	
危险犯三分法	真正抽象危险犯	准抽象危险犯（适格犯）	具体危险犯	

图5-1　危险犯三分法对应的概念范围示意

危险犯三分法的关键问题在于，如何准确区分抽象危险犯与准抽象危险犯。对于刑法中已经明确规定"足以"致生危害之类的构成要件要素的危险犯，基本不存在分类难题。但是，对于刑法中没有明确规定"足以"致生危害之类的构成要件要素的危险犯，应当根据何种标准判断其是否暗含了行为及其对象的危险属性与程度需要达到"足以"致生危险的不成文构成要件要素之要求呢？

笔者认为，对此必须诉诸相关罪刑规范的保护法益。基于法益保护原则，任何犯罪的本质均在于侵害或者威胁法益，包括个人法益与集体法益。虽然个人法益与集体法益都是以个人为基础建构的，都是"人的法益"，二者在价值面上都服务于个人在社会中的自我实现和自由发展。但是，个人法益与集体法益在存在面上有着重要区别：个人法益主要包括生命、身体、自由、财产等存在面，其是具体的、实在的、客观的存在，个人法益受到侵害或者威胁的状态容易被人们所把握和感知；而集体法益则是所有个人的共同利益，其无法直接还原成个人法益，也无法确切限定为特定种类的个人利益，集体法益通常包括生态环境、社会制度与国家运作条件（包括国家本身）等存在面，具有不可替代性、不可再生性或无法迅速复原，因而不可能等到行为造成实害或者现实危险状态时刑法才进行干预，不仅如此，集体法益还具有抽象性、非实在性与主观建构性，因而对其损害的有无与程度根本无法进行具体、客观的验证和评定。①

个人法益与集体法益在存在面上的重要区别决定了，二者的真实损害性方式必然也存在重要区别。对于生态环境、社会制度、国家运作等集体法益的保护，不可能像保护个体法益那样，采取实害犯、具体危险犯以及准抽象危险犯等立法形式，这对于集体法益的保护而言均为时已晚，而通常只能采取真正的抽象危险犯，或者说行为犯（举动犯）、累积犯等立法形式，只要行为符合不法构成要件所描述的事实，即可直接认定其对相应罪刑规范所要保护的集体法益造成了损害或者危险（立法拟制的危险）。可见，由于不同性质的法益有其特定的真实损害性方式，因而刑法立法保护法益的性质和类型不同，相应行为成立犯罪的基本要求和认定逻辑必然也存在区别，这是传统抽象危险犯必然走向类型化的根本原因所在。

基于个人法益与集体法益在存在面以及行为对法益的真实损害方式上的本质区别，可以得出如下结论：倘若相关罪刑规范的保护法益属于集体法益，那么可以将其归属为真正的抽象危险犯；倘若相关罪刑规范的保护法益实际上仍属于个人法益的范畴，那么应当

---

① 参见钟宏彬《法益理论的宪法基础》，（台北）春风煦日学术基金 2012 年版，第 250—251 页。

将其归属为准抽象危险犯，以便对此类危险犯的处罚范围进行实质的、合理的限缩。如此一来，准确划分抽象危险犯与准抽象危险犯的关键便转化为，如何准确区分真正的集体法益与假象的集体法益。所谓假象的集体法益，是指那些实际上保护的是个人法益（如生命、健康、财产等），只不过鉴于相关个人法益的重要性以及行为的严重危险性，刑法保护的节点被大大提前，从而形成了一种旨在保护集体法益而非个人法益的假象。对于假象的集体法益，有必要"刺破集体的面纱"，将其还原为个人法益，进而通过以法益为指导的实质解释限缩相关罪刑规范的处罚范围，实现刑罚处罚的正当性与合理性。对此，正如德国学者许迺曼（Schünemann）所指出的："法益理论首先有一个重要任务，就是对实际上只是个人法益，却被认为是集体法益之假象的集体法益提出批评。它能透过简单的法律解释方式提出决定性的理由，对可罚性范围为合理的限缩。"[1]

例如，在交通犯罪领域，所谓"交通安全"等集合法益，只能看作一种为保护参与交通活动的不特定人的人身财产安全的个人法益类型，《德国刑法典》第316条规定的醉态驾驶罪，只是对个人法益的提前保护而已。这种对个人法益的提前保护，原则上可以通过"失控"理论来合理化，因为立法者要处罚的行为，是一种继续发展下去会产生意外而行为人已经无法控制该情况发展之行为。所以，该罪应该被解释为适格犯或者危险性犯（而非抽象危险犯），只有当"因服用酒类饮料或其他麻醉药品，致不能安全驾驶，仍驾驶交通工具参与交通活动"的行为，存在足以致生他人之身体、生命或贵重物品之危险时（如达到一定车速、可能随时出现其他交通活动参与者等），才能成立醉态驾驶罪。反之，如果在具体个案中，综合行为时的客观情况，醉态驾驶行为不存在任何导致他人危险的可能性，

---

① ［德］Bernd Schünemann：《法益保护原则——刑法构成要件及其解释之宪法界限之汇集点》，何赖杰译，载许玉秀、陈志辉合编《不移不惑献身法与正义——许迺曼教授刑事法论文选辑》，（台北）春风煦日学术基金2006年版，第244—246页。

那么不能成立该罪，由此便限缩了此类危险犯的处罚范围。除了"交通安全"以外，所谓的"公共安全"实际上也只是不特定多数人的生命、身体与公私财产安全，因而其也应被还原为个人法益。相应地，对于危害公共安全类危险犯，即便刑法条文没有明确规定"足以"致生危害之类的构成要件要素，也应当认为其实质上暗含了行为及其对象的危险属性与程度需要达到"足以"致生危险的不成文构成要件要素之要求，从而将其归属为准抽象危险犯的范畴。

综上所述，对于刑法中没有明确规定"足以"致生危害之类的构成要件要素的危险犯，我们可以根据该犯罪所侵害的法益类型来判断其是否暗含了"足以"致生危险的不成文构成要件要素。如果相关罪刑规范的保护法益是真正的集体法益，如生态环境、社会制度以及其他国家运作条件等，那么其通常并不要求行为达到足以致生危险的程度，因而可将其归为真正的抽象危险犯之范畴。如果相关罪刑规范的保护法益是个人法益，或者是应当被还原为个人法益的假象的集体法益，如公共安全、交通安全，那么根据法益保护原则，其通常仍然要求行为的危险性达到足以致生危险的程度，因而将其归为准抽象危险犯更为合适。

三 类型化视角下抽象危险犯的教义学限缩

刑法立法的明文规定以及相关罪刑规范的保护法益，可以为我们准确区分抽象危险犯与准抽象危险犯提供可靠的教义学标准。在此基础上，运用各自的司法认定逻辑来指导相关犯罪构成要件的解释与适用，从而实现危险行为刑罚处罚的合法性与正当性。

（一）真正抽象危险犯的教义学限缩

对于传统的真正抽象危险犯，其司法认定的基本逻辑并未改变，即行为只要符合不法构成要件所描述的事实，司法机关即可直接认定行为在客观上具有立法拟制的抽象危险，而无须再就个案审查具体行为是否真的具有法益侵害的危险性。① 这类抽象危险犯可谓真正意义上的抽象危险犯，其行为的危险性是直接通过立法加以拟制的，因而既不需要法官针对个案进行具体判断，亦不允许司法上通过所谓的反证危险不存在而否定犯罪的成立。从这个意义上来说，真正的抽象危险犯"在实际的作用上，和'单纯的行为犯'并没有两样"②，其"当属行为犯（举动犯）中的最重要范畴"③。这里需要附带指出的是，笔者所认同的单纯行为犯概念与行为无价值论立场下没有任何法益侵害及其危险性的形式犯或行为犯概念存在本质区别。单纯行为犯只是没有将对于对象的侵害这种自然意义上的结果作为构成要件要素，因而应当认为，行为所造成的法益侵害或者危险这种法律和价值评价意义上的结果仍然是成立犯罪所必需的，如非法侵入住宅罪中对住宅权的侵害、伪证罪中对审判产生误导作用的危险等。

从司法认定逻辑上看，理论上所谓的累积犯也可归属为抽象危险犯。对此，我国也有学者主张将累积犯归属为准抽象危险犯的范畴。④ 笔者认为，这种观点值得商榷，累积犯的司法认定逻辑与抽象危险犯完全相同，因而将其归属为抽象危险犯或者直接归属为行为犯（举动犯）更为合适。累积犯的概念来自 20 世纪 80 年代关于环境犯罪的讨论，其建立在行为存在真实的累积效应之基础上，亦即若从单个构成要件行为本身来看，其完全不足以对集体法益造成任何实害或者危险，但是，如果不禁止这种行为的话，其又真的会被大量反复实行，从而累积起来对集体法益造成不可恢复的损害。累积犯的行为通常连抽象危险的程度都不及，只是基于"真实的累积效应"（本质上是一种经验或理论上的假设，既无法被证实，也无法

---

① 参见林山田《刑法通论》（上册），北京大学出版社 2012 年版，第 158 页。

② 黄荣坚：《基础刑法学》（下），中国人民大学出版社 2009 年版，第 381 页。

③ 参见林东茂《刑法综览》，（台北）一品文化出版社 2016 年版，第 63 页。

④ 参见李婕《限缩抑或分化：准抽象危险犯的构造与范围》，《法学评论》2017年第 3 期。

被证伪）而存在较大的一般预防必要性，刑法才不得不提前进行干预。因此，对于累积犯，其司法认定逻辑与抽象危险犯一样，根本无须司法上对个案行为的具体危险性进行判断。此外，持有型犯罪也属于典型的抽象危险犯。

值得强调的是，对于包括累积犯、持有型犯罪等在内的抽象危险犯，尽管司法上无须就个案具体判断行为是否存在法益侵害的危险性，但是，这并不意味着相关立法采取了行为无价值论的立场，也不意味着相关立法属于所谓的形式犯。站在结果无价值论来看，包括抽象危险犯在内的所有犯罪均是结果犯和实质犯，因而对于所有犯罪的解释与适用都应当以其保护法益为实质指导标准。这就要求，对于抽象危险犯构成要件之解释与适用，也应当以其保护法益为指导，而不能形式地、机械地适用法律。尤其是要结合《刑法》第13条关于犯罪概念的"但书"规定，对抽象危险犯的构成要件进行实质解释，从而将形式上符合构成要件而实质上并不符合刑法规范的保护目的和法益的行为，排除在抽象危险犯的构成要件之外。

有关非法持有枪支罪的司法实践，正好说明了这一点。本罪作为持有型犯罪属于典型的抽象危险犯，但是，我们并不能依此对本罪作形式化的理解和适用。极具争议的"天津赵春华摆气枪摊入刑案"①，显然就是机械化、形式化适用非法持有枪支罪的结果。正是受到这个案件的影响，2018年3月30日最高人民法院、最高人民检察院联合发布《关于涉以压缩气体为动力的枪支、气枪铅弹刑事案件定罪量刑问题的批复》（法释〔2018〕8号），要求对于涉以压缩气体为动力的枪支、气枪铅弹案件的定罪量刑，应当根据案件情况综合评估社会危害性，坚持主客观相统一，确保罪责刑相适应，避

① 参见劳东燕《法条主义与刑法解释中的实质判断——以赵春华持枪案为例的分析》，《华东政法大学学报》2017年第6期。

免唯数量论。① 这意味着，对于非法持有枪支罪这个典型的抽象危险犯，其司法认定也不是简单地依据公安机关的枪支认定标准和司法解释规定的枪支数量标准即可直接入罪，而是需要对本罪的主客观构成要件进行综合认定，才能最终确定持有行为是否真正符合抽象危险犯的犯罪成立条件。笔者认为，在赵春华案件中，行为人在客观上确实持有了符合枪支认定标准和数量标准的非军用枪支，但是，其在主观上并没有刑法意义上非法持有枪支的故意，因为行为人自始至终均以为自己拥有的是"玩具枪"而不是刑法意义上的"枪支"，其对持有枪支行为的社会性质根本没有认识，所以其缺乏犯罪故意，不成立非法持有枪支罪。这就相当于，行为人客观上持有含有毒品成分的香烟（真枪），但其根本不知道这种香烟含有毒品（不知道这是真枪。应当注意的是，这里并不存在违法性认识错误问题，因为无论是真枪还是毒品，都是国家长期禁止持有的违禁品，行为人对此具有违法性认识的可能性），而自始至终地认为自己持有的是社会大众普遍认可的、国家也允许持有的香烟（玩具枪）。显然，持有毒品与持有含有毒品的香烟虽然在客观上均符合非法持有毒品罪的构成要件，但在主观上，行为人的故意内容完全不同，前者是持有毒品（真枪、枪支）的故意，是犯罪的故意，后者是持有香烟（玩具枪）的故意，缺乏犯罪故意。因此，行为人在主观上并不符合非法持有毒品罪的构成要件，不能认为是犯罪。只有当行为人在客观上持有了符合刑法规定的枪支，且行为人主观上对自己的持有行为存在认识（无论持有的目的是什么，只要其认识到自己持有的是法律禁止持有的"真枪"即可），其持有行为才可谓真正该当了非法持有枪支罪的犯罪构成要件。此时，才可以不论其持有行为是否真的足以危害公共安全，直接认定成立非法持有枪支罪。

---

① 参见最高人民法院研究室刑事处《〈最高人民法院、最高人民检察院关于涉以压缩气体为动力的枪支、气枪铅弹刑事案件定罪量刑问题的批复〉的理解与适用》，《人民法院报》2018 年 3 月 29 日第 3 版。

（二）准抽象危险犯的教义学限缩

对于准抽象危险犯或适格犯，其司法认定的基本逻辑在于，需要司法机关根据个案事实对行为本身是否具有危险性进行具体判断，只有行为本身的危险性达到了刑法规定的"足以"致生危害的程度，或者虽然并无明文规定但暗含了"足以"致生危险要求的实质标准，才能认定犯罪成立。准抽象危险犯的构成要件行为仅具有一般性、类型性的危险，而不像抽象危险犯那样属于立法拟制的危险，因而其离不开司法上的具体判断，尤其是对于暗含"足以"致生危险的不成文构成要件要素的准抽象危险犯，不能形式地理解其犯罪构成要件，更不能将其简单地作为抽象危险犯予以看待。有些准抽象危险犯立法之所以仅规定一定之行为要件，是因为立法者面对复杂的情势而能力有限，不得不放弃明确的危险的行为规定模式，而只规定行为危险属性的一般性特征，至于行为是否真的存在此种危险属性则仍然需要法官在个案中结合具体案件情况进行判断。

根据准抽象危险犯的概念及其司法认定逻辑，其实际上在具体危险犯和抽象危险犯之间设置了一道"缓冲带"。这将彻底改变传统危险犯二分法下对相关罪名进行非此即彼的简单划分之理论与实务弊端，即当下我们所看到的要么导致抽象危险犯的理论争议乃至危机，要么导致相关犯罪处罚范围的过分扩大或者限缩，甚至有违罪刑法定原则嫌疑的混乱、尴尬局面。详言之，将抽象危险犯进一步解构为真正的抽象危险犯与准抽象危险犯，在理论上可以彻底化解当前有关抽象危险犯是否应当允许反证、是否需要司法机关对个案行为是否具有抽象危险性进行具体判断的争议和分歧。因为真正的抽象危险犯在司法认定上和行为犯、举动犯并没有什么两样，其抽象危险是立法拟制出来的，根本不允许司法反证危险的不存在，自然也无须司法机关在个案中进行具体判断，而那些所谓的应当允许反证、需要司法机关作个案具体判断的危险犯，实际上理应归属到准抽象危险犯的范畴。如此一来，抽象危险犯概念的理论根基和司法认定逻辑便得以维系，相关理论分歧也得以消弭。更为重要和具有实践意义的是，准抽象危险犯概念的提出能够合理优化我国刑法中不同类型危险犯的处罚范围，实现危险行为刑罚处罚的合法性与正当性。一方面，对于原本被认为属于具体危险犯的、刑法明确规定了"足以"致生危害的危险犯而言，将其归属为准抽象危险犯实际上是将作为构成要件结果的危险转化为作为构成要件行为的危险，这便在很大程度上降低了此类犯罪的入罪门槛，更符合相关犯罪严密刑事法网的立法目的以及相关司法解释的立场，为司法机关准确适用法律提供了理论支撑。另一方面，对于原本被认为属于抽象危险犯的、刑法虽未明文规定但实质上暗含"足以"致生危害要求的危险犯而言，将其归属为准抽象危险犯实际上是将刑法拟制的抽象危险转化为一般性、类型性的抽象危险，这便为司法机关根据个案事实合理限制相关犯罪的处罚范围提供了理论依据和空间，从而避免假借抽象危险犯概念或有意或无奈地处罚实际上并不具有任何危险性的不当罚行为。

　　理论上有学者认为，在我国刑法中，属于准抽象危险犯或适格犯的危险犯立法主要有如下几种：1. 刑法明文规定的五个"足以"型危险犯。具体包括破坏交通工具罪，破坏交通设施罪，生产、销售不符合安全标准的食品罪，生产、销售不符合标准的医用器材罪以及非法采集、供应血液、制作、供应血液制品罪五个罪名。2. 破坏公用设施型危险犯。具体包括破坏电力设备罪，破坏易燃易爆设备罪，破坏广播电视设施、公用电信设施罪三个罪名。3. 危险物质型犯罪。具体包括非法制造、买卖、运输、储存危险物质罪，盗窃、抢夺危险物质罪，抢劫危险物质罪三个罪名。4. 暴力危及飞行安全罪，非法携带枪支、弹药、管制刀具、危险物品危及公共安全罪与污染环境罪。[①] 另有学者认为，除了上述危险犯立法，醉驾型危险驾驶罪、妨害传染病防治罪以及《刑法》第 114 条规定的放火罪、决水罪、爆炸罪、投放危险物质罪、以危险方法危害公共安全罪，也

---

① 参见陈洪兵《准抽象危险犯概念之提倡》，《法学研究》2015 年第 5 期。

都属于准抽象危险犯。①

对此，笔者认为，根据前文对准抽象危险犯的概念界定，将刑法条文明确规定了"足以"致生危害的五个"足以"型危险犯认定为准抽象危险犯应当没有争议。至于相关论者所称的其他危险犯立法以及《刑法修正案（十一）》增设的危险犯立法，则需要通过考察其具体的构成要件要素以及实际保护的法益类型进行综合判断。只有当相关罪刑规范的保护法益是个人法益，或者是应当被还原为个人法益的假象的集体法益，并且没有明文规定需对法益造成危险状态这一构成要件结果要素（罪状仅描述了构成要件行为，而未规定实害或具体危险结果），才能认为其属于"刑法条文虽未明文规定但实质上暗含'足以'致生危害要求"的准抽象危险犯。具体而言：

（1）我国《刑法》第 114 条规定的放火罪、决水罪、爆炸罪、投放危险物质罪，以危险方法危害公共安全罪，第 118 条规定的破坏电力设备罪、破坏易燃易爆设备罪，第 123 条规定的暴力危及飞行安全罪，第 124 条规定的破坏广播电视设施、公用电信设施罪，第 125 条规定的非法制造、买卖、运输、储存危险物质罪，第 127 条规定的盗窃、抢夺危险物质罪，抢劫危险物质罪，第 130 条规定的非法携带枪支、弹药、管制刀具、危险物品危及公共安全罪等罪名，虽然其保护法益属于假象的集体法益，但是，由于一方面在相应的犯罪构成要件中均明确规定了"危害公共安全""危及飞行安全""危及公共安全"的犯罪成立条件，另一方面结合"尚未造成严重后果的"罪状表述，以及"造成严重后果""情节严重"的则升格法定刑定罪处罚，可知其要求相应构成要件行为已经对不特定多数人的人身或者财产安全造成实际的侵害危险，而且这种侵害危险属于随时有可能现实化从而造成严重后果的结果属性的危险（而

---

① 参见李婕《限缩抑或分化：准抽象危险犯的构造与范围》，《法学评论》2017 年第 3 期。

非仅仅只是作为行为属性的危险），因此，应当将此类危害公共安全犯罪归属为具体危险犯的范畴。

值得特别探讨的是，我国《刑法》还规定了"危及公共安全""危及飞行安全"的"危及"型危险犯，此类犯罪的性质与上述危害公共安全型具体危险犯是否完全一样呢？这个问题尚未引起我国刑法学界的重视。对此，笔者持否定回答。据笔者统计，我国《刑法》共有 9 处使用了"危及"概念，涉及 6 个刑法条文，具体包括《刑法》第 20 条第 3 款关于无限防卫和第 277 条第 5 款关于袭警罪中"严重危及人身安全"之规定，第 123 条暴力危及飞行安全罪中"危及飞行安全"之规定，以及第 130 条非法携带枪支、弹药、管制刀具、危险物品危及公共安全罪、第 133 条之一第 1 款第 4 项"违规运输危险品型"危险驾驶罪、第 133 条之二妨害安全驾驶罪中"危及公共安全"之规定。尽管上述条文都使用了"危及"这一相同概念，但是由于各个犯罪的保护法益及成立条件、罪状表述存在较大区别，因而犯罪性质也存在较大差异。其中，袭警罪中的"危及人身安全"规定，显然针对的是侵犯个体法益的暴力袭警行为，因而无疑属于具体危险形态（同时是故意伤害等实害犯的未遂形态）。"危及飞行安全"与"危及公共安全"作为侵犯假象的集体法益的犯罪规定，其性质判断则较为复杂。

笔者认为，在我国刑法中，"危及公共安全"应当是与"危害公共安全"相对应的概念表述，不宜将二者等同视之，"危害公共安全"的犯罪均属于实害犯或者具体危险犯，而"危及公共安全"的犯罪原则上属于准抽象危险犯（暴力危及飞行安全罪除外）。第一，从相关犯罪的法定刑配置来看，立法者对危及公共安全的犯罪均采取了轻罪立法模式。其中，非法携带枪支、弹药、管制刀具、危险物品危及公共安全罪的法定最高刑为三年有期徒刑，危险驾驶罪和妨害安全驾驶罪的法定最高刑分别低至拘役和一年有期徒刑。如果将此类犯罪中的"危及公共安全"解释为"危害公共安全"（具体危险犯），那么必然会导致重罪轻罚的罪刑不相适应的情况出现。只有将相关犯罪中的"危及公共安全"解释为行为本身的危险性，才能使其符合作为轻罪的刑法体系定位，向上与《刑法》第114条规定的以危险方法危害公共安全罪等严重的具体危险犯区别开来，从而实现刑法之内罪名体系的轻重合理衔接，向下又能有效限制相关犯罪的处罚范围，从而实现《刑法》与《治安管理处罚法》的有效衔接与互补。第二，既然立法者在刑法条文中使用了"危及公共安全"的入罪条件，那么在解释上就不能将其完全忽视掉，不能简单地将其视为真正的抽象危险犯而不再去对个案中行为是否危及公共安全作具体判断。相反，根据罪刑法定原则的要求，在司法适用中必须具体真实地去判断相关构成要件行为的危险性是否达到了足以"危及公共安全"的程度。因此，至少对于作为我国《刑法》中典型轻罪立法的妨害安全驾驶罪与危险驾驶罪而言，对其"危及公共安全"这一犯罪成立条件的理解，应当定位为准抽象危险犯，而非具体危险犯或者抽象危险犯。[①] 第三，暴力危及飞行安全罪较为特殊。一方面其罪状表述同时使用了"危及飞行安全"和"尚未造成严重后果的""造成严重后果的"规定，另一方面其基础法定刑最高可达五年有期徒刑，与《刑法》第114条规定的以危险方法危害公共安全罪等具体危险犯的基准刑相当。综合来看，本罪更加接近具体危险犯的成立条件和不法程度。

---

　　① 对于《刑法修正案（十一）》增设的妨害安全驾驶罪的犯罪性质，当前理论上存在较大争议，这直接导致对本罪成立条件的解释差异。比如，陈兴良教授认为可以将其归属于具体危险犯（参见陈兴良《公共安全犯罪的立法思路嬗变：以〈刑法修正案（十一）〉为视角》，《法学》2021年第1期）。曲新久教授则认为本罪是抽象危险犯（参见曲新久《〈刑法修正案（十一）〉若干要点的解析及评论》，《上海政法学院学报（法治论丛）》2021年第5期）。笔者认为，造成这种分歧的原因，一方面在于学者们对立法上"危及公共安全"的规定理解不同，有的将其与"危害公共安全"相等同，有的则将其视为"造成危害公共安全后果的抽象危险"；另一方面则在于均采取了传统的危险犯二分法，未能跳出具体危险犯与抽象危险犯非此即彼的简单归类模式。倘若理论上能够接受并认可准抽象危险犯的概念及其司法认定逻辑，那么便可有效避免危险犯二分法所带来的牵强和分歧，从而有助于合理确定本罪的处罚范围，做到不枉不纵。

总之，在我国刑法中，对于"危及公共安全"这一犯罪构成要件的理解，应当将其与"危害公共安全"区别开来，尤其是当刑法对危及公共安全的犯罪配置了明显轻于危害公共安全的具体危险犯的法定刑时，便不宜将其视为具体危险犯，而应定位为准抽象危险犯。唯有如此，方能既避免将其视为具体危险犯而导致过分限制处罚范围且重罪轻罚的不合理现象出现，同时又化解了将其视为抽象危险犯而可能导致的过分扩大处罚范围且有违罪刑法定原则之嫌的弊端。

（2）污染环境罪虽然在罪状表述上采取了"严重污染环境的"入罪条件，但根据《最高人民法院、最高人民检察院关于办理环境污染刑事案件适用法律若干问题的解释》（法释〔2016〕29 号）第1 条第（一）至（七）项的规定，只要行为人实施了相应特定类型的污染行为，即可直接认定成立犯罪既遂，而无须再行判断污染行为是否对生态环境造成了严重污染，这显然属于真正抽象危险犯的行为类型。同时，该解释第 1 条第（八）至（十八）项的规定又采取了实害犯或结果犯的犯罪成立条件。因此，本罪实际上属于复合的犯罪类型，应当根据具体情形将其归属为抽象危险犯（此时的保护法益是生态环境这一真正的集体法益）或者结果犯（此时的保护法益实质上是生命、健康、财产等个人法益），而不宜将其归属为准抽象危险犯。

（3）妨害传染病防治罪作为危害公共卫生犯罪的一种，其保护法益简单来说就是公共卫生。问题在于，公共卫生的法益内涵和类型究竟是什么？对此，存在两种不同理解：一是认为公共卫生属于公共安全的范畴，其实际上指向的是人民群众的生命、健康安全。①按照这种理解，公共卫生实际上指的是公共卫生安全，也即不特定或者多数人的生命、健康安全，这显然属于一种假象的集体法益或

---

① 参见陆诗忠《论"以危险方法危害公共安全罪"中的"危险方法"》，《法律科学》2017 年第 5 期。

者可以直接说是个人法益的范畴。另一种观点则将公共卫生理解为一种制度或者秩序，它是"社会整体为实现能保障人群健康的各种条件而采取的措施"①。这种观点实际上是将公共卫生理解为公共卫生秩序，其属于真正的集体法益。对此，笔者认为，探寻某个罪刑规范的保护法益，不能仅仅依据其所处的体系性位置得出一个简单粗糙的结论，而是必须根据相应犯罪构成要件（核心是实行行为与危害结果）的具体内容，进行更为准确全面的判断。

根据《刑法》第330条之规定，妨害传染病防治罪是指"违反传染病防治法的规定，有下列情形之一，引起甲类传染病以及依法确定采取甲类传染病预防、控制措施的传染病传播或者有传播严重危险的"行为。从中可以看出，本罪的构成要件行为一方面必须违反传染病防治法的规定，也即侵犯了传染病防治法所确立的公共卫生制度或者秩序；另一方面还必须引起传染病传播或者有传播严重危险，也即对不特定或者多数人的生命、健康安全造成实际损害或威胁。前者是对实行行为的行政违法属性的要求，后者则是对实行行为所导致的危害结果的要求，二者之间应当是一种阶层递进的关系。如果相关行为仅仅是违反了传染病防治法的规定，而没有造成本罪构成要件规定的危害结果，那么其仍然仅属于妨害传染病防治的违法行为，并不成立本罪，对其按照《传染病防治法》的相关规定处理即可。换言之，只有当违反传染病防治法的行为，对公共卫生安全造成了实际侵害或者威胁的情况下，才该当了本罪的构成要件。新冠肺炎疫情发生以来，我国几乎所有以妨害传染病防治罪定罪处罚的案例，均是针对已经引起了新冠病毒传播的严重实害结果或引起传播的现实危险（通常表现为在公共场所有大量密切接触者）的行为。因此，本罪的立法和司法实践足以说明，其实质上保护的真正法益在于公共卫生安全，而不宜本末倒置地将公共卫生秩序作

————————

① Institute of Medicine, *The Future of Public Health*, Washington. DC: National Academy Press, 1988, p. 4.

为其保护法益。对于公共卫生制度或者秩序的确立与维护，应当属于《传染病防治法》的立法目的，刑法通过设立妨害传染病防治罪来处罚严重危害公共卫生安全的违法行为，只是同时起到了保障公共卫生秩序的连带作用和附随效果而已。

当然，笔者将妨害传染病防治罪的保护法益界定为公共卫生安全——一个本质上指向不特定或者多数人的生命、健康安全的假象的集体法益，并不意味着将本罪归属为准抽象危险犯。相反，笔者认为，本罪构成要件明确规定的危害结果表明，其至少属于具体危险犯的范畴。申言之，如果妨害传染病防治行为引起了传染病传播的，那么其显然属于实害犯；如果有传播严重危险的，则显然属于具体危险犯。但无论如何也不应将本罪归属为准抽象危险犯，否则便会过度扩大本罪的处罚范围。对此，正如有学者所指出的，妨害传染病防治罪的实行行为（尤其是《刑法》第 330 条第 1 款第 5 项规定的兜底行为）的范围非常宽泛，在某种程度上就是"违反传染病防治法的规定"的同义反复，难以据此限定本罪的成立范围，真正能限定本罪成立范围的是危害结果（包括实害结果与具体危险结果），因此，在判断实行行为之后还需要独立进行危害结果的判断，不能以实行行为的判断取代危害结果的判断。①

（4）危险驾驶罪属于危害公共安全犯罪的一种，其保护法益为公共安全，更确切来说是"道路交通安全"。如前所述，所谓的公共安全、交通安全，只是一种假象的集体法益，其实际上是对参与交通活动的不特定或者多数人的人身财产安全等个人法益的提前保护。既然如此，我们便没有理由将危险驾驶罪归属为抽象危险犯的范畴。

那么，危险驾驶罪究竟是属于准抽象危险犯还是具体危险犯呢？笔者认为，对此不能简单地一概而论，必须结合本罪的具体构成要件行为进行类型化分析。因为在我国刑法中，由最高司法机关确定

① 参见欧阳本祺《妨害传染病防治罪客观要件的教义学分析》，《东方法学》2020 年第 3 期。

的罪名与刑法规定的具体犯罪构成有时并非一一对应的关系，"多罪一名"是我国罪名体系的一个显著特征，所以，对于包含复杂构成要件行为的罪名，应当以"一个犯罪构成"而不是"一个罪名"为基本单元来判断其犯罪类型。① 危险驾驶罪即是如此。根据我国《刑法》第133条之一的规定，危险驾驶罪的构成要件行为共有四种：追逐竞驶、醉酒驾驶、超速超载、违规运输危险化学品。其中，仅有第四项对于违规运输危险化学品的行为规定了"危及公共安全"的构成要件结果要素（危险结果），其余三种危险驾驶行为均只规定了构成要件行为而无危害结果要求。如前所述，作为典型的轻罪立法，"违规运输危险品型"危险驾驶罪应当定位为准抽象危险犯。那么，这是否意味着没有明确规定"危及公共安全"要件的追逐竞驶、醉驾、超速超载型危险驾驶罪，则仍属于真正的抽象危险犯呢？笔者对此持否定回答。

以下笔者将以醉驾型危险驾驶罪为例，对准抽象危险犯的限缩性司法认定予以具体分析。根据《刑法》第133条之一的规定，在道路上醉酒驾驶机动车的，处拘役，并处罚金。如果仅从立法的形式规定来看，只要是醉驾就应当一律入刑，其属于典型的抽象危险犯，这即是一开始司法解释的立场以及一直以来司法实践的做法。根据2013年12月18日最高人民法院、最高人民检察院、公安部联合发布的《关于办理醉酒驾驶机动车刑事案件适用法律若干问题的意见》（法发〔2013〕15号），在道路上驾驶机动车，只要血液酒精含量达到80毫克/100毫升以上的，就属于醉酒驾驶机动车，应当依照《刑法》第133条之一第一款的规定，以危险驾驶罪定罪处罚。同时这也是许多权威学者所持的立场。但是，面对纷繁复杂的醉驾案件，如此简要的立法规定以及一刀切、形式化、机械化的司法解释规定，暴露出越来越多的问题，许多根本不存在任何危险性的醉驾行为亦被定罪处罚，这显然违背了法益保护原则，导致了不正当

---

① 参见丁胜明《以罪名为讨论平台的反思与纠正》，《法学研究》2020年第3期。

的刑罚处罚。这也正是有学者主张通过反证危险不存在来限缩本罪处罚范围的原因所在，但如此做法显然与抽象危险犯的概念及逻辑相悖。事实上，早在 2011 年 5 月 6 日，《最高人民法院关于正确适用刑法修正案（八）依法追究醉酒驾车犯罪案件的紧急通知》就已经指出，对醉驾行为具体追究刑事责任的，应当慎重稳妥，要正确理解并且可以适用《刑法》第 13 条关于"情节显著轻微危害不大的，不认为是犯罪"的规定，这实际上是对当时司法实践上"醉驾一律入刑"的观点和做法持否定态度。不过，该通知的精神和要求被之后出台的专项司法解释所取代。

　　鉴于此，2017 年 5 月 1 日起试行的最高人民法院《关于常见犯罪的量刑指导意见（二）（试行）》规定，对于醉酒驾驶型危险驾驶罪之定罪量刑，"应当综合考虑被告人的醉酒程度、机动车类型、车辆行驶道路、行车速度、是否造成实际损害以及认罪悔罪等情况，准确定罪量刑。对于情节显著轻微危害不大的，不予定罪处罚；犯罪情节轻微不需要判处刑罚的，可以免予刑事处罚"。据此，对于醉酒驾驶型危险驾驶罪这个曾被认为属于典型的抽象危险犯，其司法认定亦不再严格依据相关司法解释规定的血液酒精含量所确立的绝对入罪标准，而是要求法官综合具体案件事实进行实质判断。这足以证明，醉驾型危险驾驶罪理应属于准抽象危险犯或适格犯的范畴。

　　对于准抽象危险犯而言，不存在立法拟制的、绝对确定的行为的危险性，立法只规定了危险行为的一般性、类型性特征，至于个案中符合立法规定的行为是否真的存在这种危险性需要司法机关具体予以判断。有关醉驾型危险驾驶罪的量刑指导意见表明，对于形式上符合醉酒标准（血液酒精含量达到 80 毫克/100 毫升以上）的醉驾行为并不能一律入罪，司法机关还应当对行为人的驾驶能力（如醉酒程度、是否具备完备的驾驶能力、辨认能力和控制能力是否受到影响以及影响的程度等）、道路状况（行人、车辆状况是否复杂等）、车速是否在安全限速以内，以及是否存在其他违章行为等，进行综合性的、实质性的具体判断，从而认定行为人的醉驾行为是否真的具有危害道路交通安全的危险性（这实际上是一种发生具体危险的可能性）。当然，醉驾型危险驾驶罪作为准抽象危险犯，其犯罪成立并不要求醉驾行为造成法益侵害的现实危险状态（作为结果属性的危险），而只要求醉驾行为本身具备"足以"危害道路交通安全的危险性和可能性（作为行为属性的危险）。根据相关司法文件和指导性案例，追逐竞驶、超速超载型危险驾驶罪的司法认定逻辑亦是如此。例如，最高人民法院发布的指导案例 32 号关于"追逐竞驶，情节恶劣"的司法认定指出，追逐竞驶虽未造成人员伤亡或财产损失，但综合考虑超过限速、闯红灯、强行超车、抗拒交通执法等严重违反道路交通安全法的行为，足以威胁他人生命、财产安全的，属于危险驾驶罪中"情节恶劣"的情形。从中可以看出，司法实践早已否定了危险驾驶罪的抽象危险犯定位，而将相关犯罪构成限缩解释为暗含了"足以"致生危险的不成文构成要件要素的准抽象危险犯。

（5）高空抛物罪虽然在体系位置上属于扰乱公共秩序犯罪，但是结合本罪的规范保护目的以及"情节严重的"罪状表述，应当将其定位为准抽象危险犯而非抽象危险犯。具体而言，一方面，高空抛物罪的立法目的在于维护人民群众"头顶上的安全"，其本质上是对生命、身体、财产安全等个人法益以及公共安全这一假象的集体法益的前置化保护。高空抛物入刑并非旨在单纯维护"禁止高空抛物"的规范效力，否则便有违法益保护的刑法基本立场。因此，必须由表及里结合本罪的规范保护目的对其构成要件进行限制解释，将一些根本不具有任何致人伤亡危险性的高空抛物行为排除在处罚范围之外。另一方面，正是为了区分单纯民事与行政违法层面的高空抛物行为与刑事违法层面的具有致人伤亡危险性的高空抛物行为，刑法明文规定了"情节严重的"入罪门槛。这便要求司法机关在适用本罪时，必须对高空抛物行为本身是否具有致人伤亡的危险性进行具体判断。如果某一高空抛物行为根本不具有足以致人伤亡的危险性，那么对其施加刑罚处罚既不符合本罪的立法目的，更有违罪刑法定原则要求。例如，从高空抛掷报纸、衣服、抛洒生活污水等单纯扰乱公共秩序但没有致人伤亡危险（"扰民但不会伤民"）的行为，不应以本罪论处。

将高空抛物罪定位为准抽象危险犯，不仅可以适当限缩该罪的处罚范围，避免处罚不当罚行为，而且还能使其回归体系本位，充分发挥应有的立法功能。高空抛物罪属于典型的轻罪立法和扰乱公共秩序犯罪，这种刑法体系定位决定了，其向上应当与以危险方法危害公共安全罪、故意伤害罪等实害犯和具体危险犯相区分，向下应当与高空抛物民事行政违法行为相衔接。只有（向下比）"情节严重"（即具有足以致人伤亡的抽象危险）且（向上比）尚未对他人或者公共安全造成实际损害以及现实危险的高空抛物行为，才真正需要增设高空抛物罪专门加以规制。如此既发挥了本罪弥补刑法漏洞的兜底功能，同时又避免了刑法扩张所导致的单纯违法行为犯罪化的不合理现象。

总之，在刑法保护前置化背景下，抽象危险犯凭借其在风险预防、社会管控、刑事追诉等方面的巨大优势，成为当下刑事立法的主流技术和犯罪类型。如何合理限缩抽象危险犯的处罚范围一直是刑法教义学面临的重要课题。受传统刑法理论中的危险犯二分法制约，绝大多数学者均只在抽象危险犯的概念框架之内做文章，其结果非但没能发展出可靠有效的教义学限制标准，反而使得抽象危险犯理论越来越与实践脱节，并陷入一种无解的两难困境。正所谓"理论是灰色的，唯生命之树长青"，刑法中的危险犯理论要想顺应当下我国刑事立法的发展趋势，要想重新发挥准确有效指导相关罪刑规范的解释与适用之机能，就必须对传统的抽象危险犯概念予以类型化解构与重构。

应当说，准抽象危险犯概念的提出，不仅不会推翻传统的抽象危险犯概念及其理论逻辑，反而还能使其彻底摆脱在当前立法与司法实践中的尴尬境地。至此，理论上有关"是否应当允许抽象危险犯反证"等问题的争论亦可休矣。对于准抽象危险犯的教义学限缩，其实在本质上都可以归结到以法益保护原则为指导对相应犯罪构成要件进行实质解释从而合理限缩处罚范围的问题上去，即判断什么样的行为才是具有实质可罚性的犯罪行为；什么样的行为只是在形式上符合了客观构成要件，但实质上属于没有任何法益侵害危险性或者危险程度尚未达到应受刑罚惩罚性要求的不可罚行为。对于我国刑法中众多"打着保护集体法益之名，假借抽象危险犯之手，而行刑法处罚过度前置化、扩张化之实"的潜藏正当性危机的刑事立法而言，准抽象危险犯的基本教义将有助于"刺破假象的集体法益的面纱"，从而实现相关危险行为刑罚处罚的合法性与正当性，其意义不可谓不重要。

第二节　预备行为实行化立法的司法限制

关于我国刑法对预备犯的处罚，理论上一般认为，与立法规定普遍处罚犯罪预备相对，司法实践仅在极其例外的情形下才处罚预备犯。例如，有学者指出，在实际生活中，预备行为处罚的也就限于杀人、抢劫、强奸，等等。[①] 有学者认为，考虑到刑法总则中的"但书"规定，我国刑法对犯罪预备采取了例外处罚的态度。[②] 这种观点在一定程度上已经成为学术界的共识。照此来看，探讨如何在司法适用上限缩预备犯的处罚范围便显得有些多余了。

但是，现实中的司法实践情况并非如此。有学者通过对相关数据库中的处罚预备犯的案例情况进行统计分析发现，尽管实践中处罚预备犯的案件数量很少、占比很低（小于千分之三）且总体上限

---

① 参见陈兴良《口授刑法学》，中国人民大学出版社 2007 年版，第 280 页。
② 参见王志祥、郭健《论犯罪预备行为的处罚范围》，《政治与法律》2005 年第 2 期。

于少数几个罪名，但是，处罚范围和适用罪名却相当广泛，从刑法分则第二章到第七章的罪名，都存在可罚的预备犯；不仅如此，预备犯在司法适用上还存在恣意性和不合理性等问题，许多轻罪的预备行为也受到刑罚处罚。①

由此可见，虽然我国刑事司法基于实践理性并未机械、教条地适用刑法第 22 条关于预备犯的普遍处罚规定，而是通过各种路径对预备犯普遍处罚原则予以救济、限缩；②但是，由于刑法总则关于预备犯的处罚规定过于抽象、模糊，在赋予法官绝对的自由裁量权时又缺乏对司法实践的有效指导，因而其在本质上仍是一种"无法司法"，存在侵犯人权的巨大隐患。在此背景下，加之当前我国刑法分则中的预备行为实行化立法尚存在"形式预备犯（总则）与实质预备犯重复叠加""实质预备犯与形式预备犯（分则）在同一犯罪中共存"以及"预备行为犯罪化缺乏实质正当性根据"等一系列问题，因此，有必要基于预备犯的刑法教义对其处罚范围做出合理限缩，从而在最大程度上化解预备犯立法存在的新老问题。

一　实质预备犯的预备行为原则上不可罚

如前所述，我国刑法既在分则中设立了大量的实质预备犯，又在总则第 22 条以形式预备犯的立法形式规定对所有犯罪预备行为的普遍处罚原则，由此形成了总则形式预备犯与分则实质预备犯重复叠加的独特现象。对于实质预备犯的预备行为，从理论上来说可以再行适用刑法总则规定的预备犯普遍处罚原则，这意味着可以处罚"预备行为的预备行为"。

问题在于，处罚实质预备犯的预备行为是否具有妥当性。对此，理论上有如下几种观点：（1）肯定说。该说认为，实质预备犯作为

---

① 参见蔡仙《论我国预备犯处罚范围之限制——以犯罪类型的限制为落脚点》，《刑事法评论》2014 年第 1 卷。

② 参见梁根林《预备犯普遍处罚原则的困境与突围——〈刑法〉第 22 条的解读与重构》，《中国法学》2011 年第 2 期。

独立的实行行为，其预备行为当然可以构成其形式预备犯。① 根据文义解释，刑法第22条中的"为了犯罪"之"犯罪"显然包括所有的犯罪行为，没有理由把所有的为了预备犯罪的准备行为绝对的排除在犯罪之外。②（2）否定说。该说认为，实质预备犯本身仅存在侵害法益的危险性（抽象危险性），对其处罚已经属于刑事处罚的前置化和法益保护的早期化；至于其预备行为，距离法益侵害太过遥远，基本不具备处罚的正当化根据，因此实质预备犯的预备行为不应该受到处罚，否则便背离了刑法的谦抑性。③ 甚至有学者在此基础上认为，不仅不应再承认实质预备犯的（形式预备犯下的）预备犯的存在，而且对于实质预备犯的教唆、帮助行为也不能入罪处罚。④（3）折中说。该说认为，对此不能一概而论，而是需要做具体判断，即判断具体预备行为是否值得作为预备犯处罚。一般而言，只有当实质预备犯的准备行为对法益具有一定的抽象危险时，才可能认定为预备犯。⑤

　　笔者赞同否定说的观点，认为实质预备犯的形式预备犯下的预备行为原则上不具有刑事可罚性，因而不能再行适用刑法第22条关于普遍处罚所有犯罪的形式预备犯的规定定罪处罚。具体理由如下：

　　其一，既然预备行为原则上不可罚，那么对于"预备行为的预备行为"则更应严格贯彻这一准则。实质预备犯在本质上"是以其他犯罪的预备行为的意义而被规定为犯罪"⑥ 的立法类型，因此其

---

① 陈兴良主编：《刑法总论精释》（第二版），人民法院出版社2011年版，第439页。

② 参见刘艳红主编《刑法学总论》（第二版），北京大学出版社2006年版，第188页。

③ 参见蔡仙《论我国预备犯处罚范围之限制——以犯罪类型的限制为落脚点》，《刑事法评论》2014年第1卷。

④ 参见阎二鹏《预备行为实行化的法教义学审视与重构——基于〈中华人民共和国刑法修正案（九）〉的思考》，《法商研究》2016年第5期。

⑤ 参见张明楷《刑法学》，法律出版社2016年版，第335页。

⑥ 黄荣坚：《基础刑法学》（下），中国人民大学出版社2009年版，第309页。

构成要件行为（实行行为）实质上仍旧只是被类型化、定型化、限定化的预备行为，对于预备行为原则上不可罚，此乃当今世界刑法的基本共识和主流趋势。综观世界主要国家的刑法立法及司法实践，对预备犯的处罚仅限于极其例外的情形，即一般仅在刑法分则中规定处罚某些针对重大法益的少数严重犯罪的预备行为。比如，日本刑法中的放火预备罪、杀人预备罪、伪造货币预备罪、抢劫预备罪等。根据刑法分则的立法规定，实质预备犯本身显然属于上述极其例外的可罚的预备行为，但是，对实质预备犯的预备行为，如果没有相应的刑法分则立法明文规定，那么对其予以刑罚处罚便有违罪刑法定原则。不仅如此，实质预备犯立法本就属于刑事处罚和法益保护的前置化，在此基础上，如果还要处罚实质预备犯的预备行为，那么便意味着刑事处罚的"二次"前置化，这无疑将过分扩大刑法的处罚范围，使刑法成为纯粹的风险预防工具。

其二，形式预备犯下的预备行为因缺乏实行行为性而饱受诟病，实质预备犯的预备行为亦无法克服这一固有缺陷。在我国刑法中，对实质预备犯的预备行为予以刑罚处罚的规范根据是刑法第22条关于所有犯罪的形式预备犯的普遍处罚规定。这意味着，只能以形式预备犯的形式对实质预备犯的预备行为予以刑罚处罚，而形式预备犯下的预备行为缺乏限定性、定型性，不具有实行行为性，这是不争的事实。尽管通说以"修正的犯罪构成"理论来论证预备犯符合犯罪构成要件，但是其却忽略了预备犯与未遂犯、狭义共犯之间的核心区别。对于预备犯的处罚完全缺乏刑法分则中的罪状依据，因为预备行为属于构成要件之前的非实行行为。而对于未遂犯的处罚是有刑法分则中的罪状作为依托的，因为未遂行为属于构成要件行为（实行行为）。对于教唆犯、帮助犯等狭义共犯的处罚亦是如此，根据共犯的限制从属性理论，对于狭义共犯的处罚至少要求正犯者着手实行了相应犯罪的构成要件行为，因而对于狭义共犯的处罚也具有刑法分则中的罪状依据。由此可见，修正的犯罪构成理论对于解释未遂犯、狭义共犯是可行的，其"修正的只是分则中实行行为的程度"①，而其对于预备犯修正的却是实行行为的有无，这显然违背了罪刑法定原则之"法无明文规定不为罪"的基本要求。事实上，对于犯罪预备行为，只有在刑法分则立法中明确规定应当处罚的才能够对其处罚，而且根据刑法的明确性原则，最好采用实质预备犯的立法形式将其予以类型化、定型化、限定化。至于刑法分则规定的形式预备犯，虽然在处罚范围的明确性上不如实质预备犯，但与刑法总则规定的形式预备犯相比，其至少设置了一个模糊的罪状，比如，日本刑法第78条规定的"预备或者阴谋内乱者，处一年以上十年以下禁锢"，其中的"预备或者阴谋内乱"即属于预备与阴谋内乱罪的基本罪状，不至于违背罪刑法定原则之"法无明文规定不为罪"的最基本要求。因此，对于实质预备犯的预备行为，不宜适用刑法第22条定罪处罚，如果确有处罚必要，也只能在刑法分则立法增设了明确的处罚规定后才能依此定罪处罚。

其三，实质预备犯的预备行为通常距离现实的法益侵害十分遥远，缺乏刑法意义上的法益侵害关联性和危险性。以准备实施恐怖活动罪为例，行为人为了顺利实施"联络"行为，而去购买专用电话、办理新的电话卡，或者为了与境外恐怖活动组织、个人保持多方联系而建立通讯群组等，但由于行为人尚未着手实行本罪规定的"联络"行为，因而并不符合本罪的构成要件。那么，是否可以根据刑法第22条对上述行为以准备实施恐怖活动罪的形式预备犯定罪处罚呢？答案显然是否定的。因为上述准备行为从客观上看均属于普通的日常行为，难以明确征表行为人的犯罪决意。如果仅仅根据一个表面上完全符合社会相当性的行为来认定行为人存在主观上的犯罪决意，那么不仅"存有刑事证据上的盲点，而且存有故入人罪的危险"②。因此，根据预备犯的刑法教义，预备行为只有在客观上明

---

① 高艳东：《规范学视野中预备行为可罚性的反思与重构》，《现代法学》2005年第1期。

② 林山田：《刑法通论》（上册），北京大学出版社2012年版，第296页。

显创设了针对重大法益的不容许的危险时，才具备刑事可罚的正当性根据，而实质预备犯的预备行为大多是正常的社会生活行为，那种偏离社会相当性的准备行为一般早已被立法者拟制为实行行为，其并未创设法所不容许的危险，故而不具有刑事可罚性。承认可以根据刑法第 22 条对实质预备犯的预备行为进行处罚，无异于允许对行为人进行纯粹的主观归罪，继而形成处罚思想犯的行为人刑法和意志刑法，这在当今客观主义的行为刑法框架下是绝对不被允许的。

其四，实质预备犯所处罚的预备行为是立法者理性选择的产物，立法者从众多的预备行为中筛选出特定几种预备行为加以犯罪化，一来是明确此类预备行为的刑事可罚性，二来是明确划定预备行为的处罚范围，因此，为了尊重立法本意，不宜再行扩大处罚范围。实质预备犯的预备行为实际上具有双重目的属性，其不仅是实质预备犯的预备行为，而且也是终极目标犯罪的预备行为。仍以准备实施恐怖活动罪为例，本罪作为刑法分则规定的实质预备犯，显然属于终极的暴力恐怖活动犯罪的预备行为，至于准备实施恐怖活动罪的预备行为，同时也属于恐怖犯罪的预备行为。既然立法仅选择将其中几类预备行为加以犯罪化，说明在其看来，对于其他的预备行为尚不值得科处刑罚。在立法者已经做出理性选择的基础上，如果司法上再根据刑法第 22 条的规定处罚实质预备犯的预备行为，那么便有违立法者设立实质预备犯的立法本意。

不过，需要指出的是，否定实质预备犯的形式预备犯下的预备行为的刑事可罚性，并不意味着也否定实质预备犯的教唆、帮助行为的可罚性。形式预备犯的教唆、帮助等狭义共犯不具有可罚性，因为形式预备犯本身并不具有实行行为性，不符合共犯的从属性原理。但是对于实质预备犯，由于立法者已经将预备行为加以实行行为化，因而可以认为其具有实行行为性，只要正犯者已经着手实行实质预备犯中的预备行为，那么处罚相应的教唆行为、帮助行为便符合共犯的限制从属性原理。存在疑问的是，在准备实施恐怖活动罪中，既存在实质预备犯的立法模式（前三项以及第四项前半段中的列举式规定），又存在形式预备犯的立法模式（第四项中"其他准备"的兜底条款），在这种情况下如何处罚其狭义共犯呢？笔者初步认为，对此应当予以区别适用：如果行为人教唆、帮助的是实质预备犯立法模式下的预备行为，那么只要正犯者着手实行了相应的构成要件行为，则可以处罚相应的教唆犯、帮助犯；如果行为人教唆、帮助的是形式预备犯立法模式下的预备行为，那么尽管被教唆者、被帮助者实施了相应的预备行为，但仍不能处罚相应的教唆行为、帮助行为。因为根据共犯的限制从属性原理，形式预备犯中的预备行为并不具有实行行为性，无论正犯者有没有实施相应的预备行为、最终是否构成相应的形式预备罪，均不能处罚形式预备犯的教唆犯和帮助犯。

二　实质预备犯的兜底条款应作同类解释

《刑法修正案（九）》在恐怖活动犯罪领域增设了一系列实质预备犯，许多在本质上属于恐怖犯罪活动的准备行为被立法者筛选出来，并加以类型化、定型化为构成要件行为。综观相关实质预备犯立法，准备实施恐怖活动罪的立法规定显得十分特殊：其采取的是"列举式条款"与"兜底性条款"相结合的立法模式，从而使本罪成为我国首个在刑法分则中规定形式预备犯的立法条款。然而，准备实施恐怖活动罪中的兜底性条款不仅存在形式预备犯所固有的处罚正当性问题，而且其还潜含着瓦解本罪中列举式规定的危险，从而使本罪由实质预备犯转向形式预备犯。因此，有必要对准备实施恐怖活动罪中的兜底性条款进行限制解释，并在此基础上厘清其与刑法总则规定的形式预备犯之间的司法适用问题。

首先，本罪中的"其他准备"应定位为刑法第 120 条之二第 1 款的兜底条款，而不仅是该款第四项的兜底规定。如此一来，准备实施恐怖活动罪的构成要件行为便包括：（1）为实施恐怖活动准备凶器、危险物品或者其他工具；（2）组织恐怖活动培训或者积极参加恐怖活动培训；（3）为实施恐怖活动与境外恐怖活动组织或者人员联络；（4）为实施恐怖活动进行策划；（5）其他准备行为。因为该款前三项所列举的准备行为相对于第四项列举的"策划"行为而言，已属"其他准备"行为，此时如果仅将"其他准备"理解为第四项的兜底条款，则会使该款前三项的规定失去任何意义。"其他准备"作为刑法第 120 条之二第 1 款的兜底规定，意味着为实施恐怖犯罪活动所做的其他准备行为也都为准备实施恐怖活动罪所囊括。①

其次，对本罪中的"其他准备"行为应根据同类解释规则进行限制解释。有学者认为，本罪作为独立预备罪，对其处罚应以构成要件明确列举的准备行为为限。② 这种观点实际上否定了本罪兜底条款的适用可能性，从而过分限缩了本罪的处罚范围，笔者认为并不可取。事实上，立法规定本罪的目的在于扩大并加重对恐怖犯罪准备行为的打击。③ 因此，对于立法未明确列举的"其他准备"行为，不宜排除兜底条款之适用。

问题在于，"其他准备"行为的可罚性界限何在。笔者认为，应当以本罪明文列举的四种构成要件行为为参照标准，通过同类解释来限制"其他准备"行为的处罚范围。这四类预备行为均存在一定共同点，即行为本身已经明显异常于符合社会规范的日常行为，且可以确切征表行为人主观上的犯罪意思。换言之，此类预备行为已经清楚地指向了特定犯罪活动，与其明显存在着特定的关联性，属于"创设了显著的危险"的行为。④ 如前所述，本罪的立法目的是扩大并加重对恐怖犯罪活动准备行为的刑事处罚。事实上，要想实现上述立法目的，可以采取的最好的立法方式是形式预备犯，而非实质预

---

① 参见张明楷《刑法学》，法律出版社 2016 年版，第 705 页。

② 参见黎宏《〈刑法修正案（九）〉中有关恐怖主义、极端主义犯罪的刑事立法——从如何限缩抽象危险犯的成立范围的立场出发》，《苏州大学学报》（哲学社会科学版）2015 年第 6 期。

③ 张明楷：《论〈刑法修正案（九）〉关于恐怖犯罪的规定》，《现代法学》2016 年第 1 期。

④ ［德］乌尔里希·齐白：《全球风险社会与信息社会中的刑法：二十一世纪刑法模式的转换》，周遵友、江溯等译，中国法制出版社 2012 年版，第 217 页。

备犯，即立法上只要规定"准备实施恐怖活动的处……"，就可将所有恐怖犯罪活动的准备行为纳入处罚范围，而完全没有必要特别列举出四类预备行为。不过，立法上并未完全采取形式预备犯的立法模式，而是采取了实质预备犯与形式预备犯相结合的立法模式。这表明，立法者在扩大并加重处罚的目的下，同时还保留着理性处罚、限制处罚、谨慎处罚的立场。因此，对于可罚的"其他准备"行为，无疑应当与已经列举出来的四类预备行为相当，即行为本身具有明显的反社会规范性，且创设了不被允许的显著的危险。

根据这一标准，我们可以大致勾勒出"其他准备"行为的处罚范围：（1）对于立法上明确列举的四类预备行为的预备行为，不能作为"其他准备"行为予以处罚。由于立法已经明确列举出四类可罚的预备行为，这实际上是划定了此四类预备行为的处罚界限，因此，这四类预备行为的预备行为，显然不具有与被实行行为化的预备行为同等的可罚性根据，不能将其归为"其他准备"进行处罚。例如，行为人为购买凶器等工具而实施转账、汇款、取款等准备资金的行为，由于其不符合该项明确规定的构成要件行为，没有达到准备工具行为的可罚性程度，因而不能将其作为"其他准备"行为处罚。再如，行为人为联络而实施购买电话、获取对方联系方式等事前准备行为，也不能将其作为"其他准备"行为定罪处罚。（2）可罚的"其他准备"行为在客观上应当具有明显的反规范性，因而符合社会规范的日常行为应当被排除在外。预备行为只有在客观上具有明显的反规范性，才能确切征表行为人的主观不法。否则，如果仅根据纯粹的主观不法来处罚符合社会相当性的行为，那么即便有充分的证据来证明行为人具备主观上的不法意志（实际上也难以证明），也属于主观归罪，这种处罚思想的意志刑法容易导致恣意司法从而侵犯人权。比如，行为人计划通过破坏核电站设施来实施恐怖犯罪，其为了顺利进入相关核场所而伪装成工作人员的样子企图非法入侵，此时的伪装及非法进入核场所的行为应当属于可罚的"其他准备行为"。因为一方面行为人的准备行为已经违反了核场所的管理规定，具有明显的反规范性，另一方面鉴于核物质的极度危险性，行为人非法入侵的行为已经创设了针对重大法益的显著风险，所以该预备行为的法益侵害危险性较其他列举出来的预备行为有过之而无不及，无疑具备刑事可罚的正当性根据。事实上，英国反恐法就专门规定了非法侵入核场所犯罪，可见此类预备行为本身的危险性和可罚性已经得到广泛认可。相反，对于一些符合社会规范的日常行为，如合法乘车去往某个目的地，尽管行为人主观上存在实施恐怖活动犯罪的不法决意，但由于客观的准备行为尚无法确切征表行为人的不法意思，而且这种符合社会相当性的行为本身距离法益侵害及威胁十分遥远，因而还不具备刑事可罚的正当性根据。（3）可罚的"其他准备"行为应当能够明确征表行为人主观上"实施恐怖活动"的犯罪目的（当然，这种目的并不限于为自己将来的恐怖活动，也可以是为他人将来的恐怖活动），[①] 且在客观上与恐怖犯罪活动具有密切的关联性。为了满足上述要求，应当将可罚的其他准备行为尽可能地限制在与恐怖活动犯罪实行行为紧密联系的范围之内。预备行为离实行行为越接近，其可罚性根据越充足；预备行为离实行行为越遥远，其可罚性根据越不足。原则上，临界于恐怖活动犯罪实行行为的预备行为具有刑事可罚性，可以作为"其他准备"行为予以处罚。

最后，本罪应排除刑法第 22 条规定之适用。具体而言：（1）对于行为人实施的准备实施恐怖活动行为，直接适用本罪的相关规定定罪处罚，而不再适用刑法第 22 条的普遍处罚规定。（2）对于为实施本罪而实施的准备行为，即"预备行为的预备行为"，不能再行适用刑法第 22 条关于形式预备犯的普遍处罚规定定罪处罚。（3）当本罪与其他罪名成立想象竞合犯时，应从一重罪论处；当本罪行为同

---

① 参见黎宏《〈刑法修正案（九）〉中有关恐怖主义、极端主义犯罪的刑事立法——从如何限缩抽象危险犯的成立范围的立场出发》，《苏州大学学报》（哲学社会科学版）2015 年第 6 期。

时属于其他犯罪的形式预备犯时，无论二者的法定刑轻重如何，均只能以本罪处罚，从而排除刑法第 22 条之适用。比如，行为人为进入我国实施恐怖犯罪活动而偷越国（边）境的，就同时触犯了刑法第 120 条之二规定的准备实施恐怖活动罪和第 322 条规定的偷越国（边）境罪，对其应当以处罚较重的罪名（准备实施恐怖活动罪）定罪处罚。如果行为人为进入我国实施恐怖犯罪活动而组织他人偷越国（边）境的，就同时触犯了准备实施恐怖活动罪和组织他人偷越国（边）境罪，一般应以处罚较重的罪名〔组织他人偷越国（边）境罪〕定罪处罚。但是，倘若行为人的准备行为仅仅同时构成其他犯罪的形式预备犯，那么无论何者刑罚较重均只能以本罪论处（对此，也有学者持相反的观点，认为实施本罪行为同时构成其他犯罪及其相应的从属预备罪的，均依照处罚较重的规定定罪处罚①）。因为成立想象竞合犯的情形，要求一个行为必须触犯数个罪名，即在犯罪构成的评价上，该行为符合数个犯罪构成。但是，形式预备犯中的预备行为并不具有实行行为性，不符合相应犯罪的构成要件，其对相应犯罪的保护法益还没有造成现实的侵害及威胁。因此，这种情形并不成立想象竞合犯，其一不符合数个犯罪构成，其二没有造成多种法益侵害结果，只能以准备实施恐怖活动罪定罪处罚。更何况，本罪的最高法定刑可达 15 年有期徒刑（并处罚金或者没收财产），作为对犯罪预备行为的刑罚处罚，足以满足罪刑相适应原则的要求，完全不必为此而突破罪刑法定的刑法铁则。

三　实质预备犯的保护法益仅限重大法益

根据预备行为犯罪化的基本教义，只有在客观上针对重大法益创设了不被容许的危险的预备行为才具备处罚的正当化根据。然而，在我国刑法分则的实质预备犯立法中，却存在将一些仅针对纯粹违法行为的准备行为加以实行行为化的情况。比如，非法利用信息网

---

① 参见张明楷《刑法学》，法律出版社 2016 年版，第 706 页。

络罪即是如此。从文理解释的角度来看，根据本罪构成要件中的"违法犯罪活动""违法犯罪信息"之表述，在本罪处罚的预备行为中，显然包含了单纯违法行为的预备行为以及本身并未创设不容许的危险的预备行为。这使本罪徒具实质预备犯立法所要求的形式合法性外壳，而缺乏实质预备犯立法所要求的实质正当性内涵。因此，为了避免处罚不当罚的预备行为，有必要对非法利用信息网络罪的构成要件进行限制解释，使其符合预备行为的处罚正当性教义。

第一，应当对构成要件中的"违法犯罪活动""违法犯罪信息"进行限制解释，使其仅限于具有刑事违法性的"犯罪活动""犯罪信息"，从而将单纯违法行为的预备行为排除在可罚性范围之外。主要理由如下：

（1）预备行为因其侵害法益的间接性、非紧迫性而原则上不可罚，只有针对重大法益的严重犯罪的预备行为才例外地基于刑事政策需求予以刑罚处罚。基于此，处罚预备行为应以保护重大法益为目的，否则便缺乏处罚的正当化根据。所谓"重大法益"，既包括"重要法益"（包括物理性的重大侵害和心理性的重大侵害[1]），也包括"大量法益"，前者如生命健康、公共安全、国家存续等，后者如众多法益主体、多种法益类型集合而形成的大范围、大规模的法益侵害情形。因此，只有将本罪构成要件中的"违法犯罪"限制为"犯罪"，才有可能使本罪中的准备行为限定为针对重大法益的犯罪行为的预备行为。

（2）根据"入罪举轻以明重、出罪举重以明轻"的当然解释，倘若某种违法行为并不具有刑事可罚性，那么其预备行为就更不具有刑事可罚性，不能将违法行为的预备行为加以入罪化。根据我国《刑法》第22条关于预备犯的一般处罚规定，只有犯罪预备行为才具有刑事可罚性，对于违法行为的预备行为无论是采取刑法总则规

---

[1] 参见皮勇、杨淼鑫《论煽动恐怖活动的犯罪化——兼评〈刑法修正案（九）（草案）〉的相关条款》，《法律科学》2015年第3期。

定的形式预备犯还是刑法分则规定的形式预备犯或实质预备犯的立法模式，均不可能对其予以刑罚处罚。正如有学者所指出的，将违法行为的准备行为入罪化不仅有违比例原则，而且还与我国刑法总则的相关规定冲突。① 因此，必须将本罪构成要件中的"违法犯罪"限制解释为"犯罪"。

（3）根据体系解释，在我国刑法规定"违法犯罪"的其他条文中，其真实含义均仅限于"犯罪"或者"犯罪 + 其他违法行为"，而不包括单纯的违法行为。在我国刑法中，共有 9 处使用了"违法犯罪"的表述，它们分别是：第 285 条第 3 款关于提供侵入、非法控制计算机信息系统的程序、工具罪之规定（1 处），第 287 条之一规定的非法利用信息网络罪（3 处），第 294 条第 3 款规定的包庇、纵容黑社会性质组织罪（1 处）以及第 5 款关于黑社会性质组织特征的规定（3 处），第 362 条规定的特殊行业从业者成立的窝藏、包庇罪（1 处）。其中，对于第 362 条中的"违法犯罪分子"，根据刑法第 310 条关于窝藏、包庇罪的规定，显然仅限于"犯罪的人"，而不包括仅实施了单纯违法行为的人。对于第 294 条中的黑社会性质组织实施的"违法犯罪活动"，根据理论和实务上的见解，必须至少实施犯罪活动的，才可能被认定为黑社会性质组织。② 因此，其显然也仅限于"犯罪活动"或者"犯罪活动 + 违法活动"，而不包括单纯的违法行为。对于第 285 条第 3 款中的"违法犯罪行为"，根据相关司法解释的规定，只有当提供程序、工具行为的性质、次数、造成的经济损失以及提供者的违法所得达到一定数额时，才属于"情节严重"的情形。③ 此时，提供者的帮助行为足以为他人用来实施

---

① 参见欧阳本祺、王倩《〈刑法修正案（九）〉新增网络犯罪的法律适用》，《江苏行政学院学报》2016 年第 4 期。

② 参见石经海《黑社会性质组织犯罪的重复评价问题研究》，《现代法学》2014 年第 6 期。

③ 参见 2011 年 8 月 1 日最高人民法院、最高人民检察院《关于办理危害计算机信息系统安全刑事案件应用法律若干问题的解释》第 3 条之规定。

相关犯罪行为，从而使其帮助行为本身具备了侵犯重大法益的危险性。因此，本罪中的"违法犯罪行为"显然也至少包含了"犯罪行为"，难以想象一个完全不能被用来实行犯罪的帮助行为也被纳入本罪的处罚范围。综上，在我国刑法中，有关"违法犯罪"之表述的含义，要么属于"刑事违法犯罪"情形，要么属于"违法＋犯罪"情形，而不包括单纯的违法情形。正如有学者所指出的，由于立法者在使用"非法""违法"等概念时比较随意，因而刑法分则条文中的确存在一些多余的、重复的表述或者规定，对此只要有正确的理解和说明即可。① 因此，基于刑法的体系解释，对于非法利用信息网络罪构成要件中的"违法犯罪活动""违法犯罪信息"的解释结论，只能是将单纯的"违法活动""违法信息"排除在可罚性范围之外。

（4）从比较法的视角来看，域外亦不存在将网络违法行为的准备行为予以入罪化的立法例。比如，德国刑法第202c条规定的预备窥探和拦截数据罪，属于窥探数据罪和拦截数据罪的预备行为的实行行为化；第303a条也将变更数据罪的预备行为加以犯罪化。② 这些立法均在构成要件中明确规定，本罪仅限于处罚犯罪的预备或者帮助行为。这也从另一个侧面说明，对于我国刑法中的"违法犯罪"应当限缩解释为"犯罪"。由此可见，即便是在网络犯罪这一全新领域，各国刑法立法基本上还是坚持不处网络违法行为的预备行为和帮助行为，而仅将部分独立性强、危害性大的网络犯罪的预备行为、帮助行为加以犯罪化。因此，从比较法的角度来看，也应当将我国刑法第287条之一规定的"违法犯罪"限制解释为"犯罪"，从而将单纯违法行为的预备行为、帮助行为排除在外。

理论上有学者指出，网络空间中的帮助行为不同于传统犯罪的

① 参见张明楷《刑法分则的解释原理》，中国人民大学出版社2011年版，第564页。

② 参见皮勇《论欧洲刑事法一体化背景下的德国网络犯罪立法》，《中外法学》2011年第5期。

帮助行为,其具有如下两个方面的特征:一是网络帮助行为往往是"一对多"的帮助,其所提供的网络技术是突破网络犯罪技术阻碍的关键因素,因而其社会危害性已经远远超越实行行为;二是网络帮助行为及其行为人一般独立于实行行为及其行为人,二者之间并没有意思联络,因而其突破了传统帮助行为的从属地位,具备一定的独立性和主导性。① 并由此主张,将部分网络预备行为提升、独立化为实行行为,将部分网络共犯行为加以正犯化,是网络犯罪刑法制裁体系完善的重要理念和关键路径之一。② 笔者对此深表认同。我国近年来的刑事立法也表明,在信息网络犯罪领域,立法者越来越关注对网络预备行为、网络帮助行为的规制和处罚。比如,《刑法修正案(七)》增设的提供侵入、非法控制计算机信息系统的程序、工具罪,《刑法修正案(九)》增设的拒不履行信息网络安全管理义务罪、非法利用信息网络罪、帮助信息网络犯罪活动罪等,就是网络预备行为实行化、网络帮助行为正犯化之典型体现。不过,值得指出的是,立法上将某些网络预备行为、网络帮助行为予以犯罪化的深层理由和根据仍然在于,这些行为本身存在侵犯刑法所保护的重大法益的危险性。比如,如果任由某种网络预备行为发展,其将会对公私财产、社会秩序甚至公共安全造成难以挽回的重大侵犯;如果任由某类网络帮助行为存在,其将会对难以计数的、大范围内的"他人"实施违法犯罪活动提供关键帮助,从而导致严重的法益侵害后果。正因如此,从当前刑法立法及司法解释中我们可以看到,立法者和解释者均对可罚的网络预备行为和网络帮助行为进行了限制性描述,如网络技术的性质、帮助行为的次数、造成损失的程度、预备行为的情节严重程度等,从而确保被犯罪化的网络预备行为和帮助行为具备值得科处刑罚的违法性。因此,笔者认为,值得科处

---

① 参见于志刚《网络空间中犯罪帮助行为的制裁体系与完善思路》,《中国法学》2016 年第 2 期。

② 参见于志刚《网络犯罪与中国刑法应对》,《中国社会科学》2010 年第 3 期。

刑罚的网络预备行为、网络帮助行为必然是可能导致侵犯刑法保护法益的危险行为，换言之，对于完全不可能侵犯刑法保护法益的网络行为，应当将其排除在相关犯罪的处罚范围之外。所以，即便是在信息网络犯罪这一特殊领域，笔者主张仍要坚持纯粹违法行为的预备行为、帮助行为不可罚的刑事法理。

基于此，除了本罪明确列举的几类犯罪信息，具体包括实施诈骗，传授犯罪方法，制作或者销售毒品、枪支、淫秽物品等违禁品、管制物品等犯罪信息，对于"其他违法犯罪信息"也应当作相应的限缩解释。有司法工作者认为，对于发布招嫖等违法信息行为均可按本罪论处。[①] 对此，笔者认为，"其他违法犯罪信息"应当仅限于"犯罪信息"，而不包括单纯的"违法信息"。否则，必将过分扩大本罪的处罚范围。[②] 例如，卖淫属于单纯的违反治安管理处罚法的行为，如果卖淫女自己利用信息网络发布招嫖信息的，那么不能以本罪论处。总之，本罪仅将犯罪预备行为加以入罪化，发布单纯的违法信息不构成任何犯罪。

第二，应当充分发挥"情节严重"这一整体的评价要素，对非法利用信息网络罪的三种行为类型予以罪量上的整体限缩，使其仅限于针对重大法益的犯罪预备行为，从而将轻微犯罪的预备行为（情节并不严重的犯罪预备行为）排除在可罚性范围之外。

前面已经将单纯违法行为的预备行为排除在本罪范围之外，但这还远远不够。根据本罪的构成要件，立法者在三种行为类型中均设置了"情节严重"的整体评价要素。这表明，立法者在将刑法规制的环节前移以适应惩治网络犯罪需要的同时，[③] 又有意控制本罪的处罚范围。笔者认为，基于本罪实质预备犯的本质，应当将其构成

---

① 参见朗胜主编《中华人民共和国刑法释义》，法律出版社 2015 年版，第504 页。

② 参见张明楷《刑法学》，法律出版社 2016 年版，第 1050 页。

③ 参见全国人大常委会法工委刑法室编著《〈中华人民共和国刑法修正案（九）〉释解与适用》，人民法院出版社 2015 年版，第 157—158 页。

要件行为限制为针对重大法益的犯罪活动的准备行为。具体而言，可以从如下几个方面综合判断预备行为是否属于"情节严重的"情形：

（1）发布违法犯罪信息的内容、数量、次数、持续时间等。显然，如果行为人发布的违法犯罪信息内容越具有犯罪关联性和指向性，越有利于犯罪活动的顺利实施，那么其也就越有可能属于"情节严重的"情形。比如，行为人发布有关制作或者销售毒品、枪支的信息，内容之详尽可使一般人都能掌握相关方法，或者可使一般人随时能够通过其提供的渠道获得相关违禁品，此时其发布犯罪信息的行为便很有可能属于"情节严重的"情形。再如，行为人发布诈骗信息，其内容足以使一般人陷入错误认识进而处分财产，那么其也很有可能属于"情节严重的"情形。此外，发布信息的数量、次数、持续时间等因素，也可能影响情节是否严重之判断。一般而言，发布犯罪信息的数量、次数越多，持续时间越久（长期甚至定期发布），其被认定为"情节严重"的可能也就越大。

（2）发布信息的传播面、受众面。行为人发布犯罪信息的传播面、受众面越广，其"一对多"的网络行为特性便越发显现，因而可能导致的法益侵害范围、数量、程度均有质的提升，其被认定为"情节严重"的可能性也就越大。传播面、受众面的具体判断标准包括设立网站的访问数量，通讯群组的成员数量，发布链接的点击数量，犯罪信息的发布数量、频率以及设立网站、域名的数量，等等。以发布诈骗信息为例，倘若行为人发布"文章可以发表，请寄送期刊版面费1000元"的诈骗信息，尽管该诈骗信息单人单次只能骗取1000元，但如果行为人通过信息网络将该诈骗信息同时发给了多人（至少三人以上），则足以在客观上征表行为人实施诈骗犯罪的主观意思，其所发布的诈骗信息从客观上看也显然属于"犯罪信息"而不仅仅是"违法信息"，其发布诈骗信息的行为属于诈骗犯罪的准备行为。此时，从整体上看，行为人在主观上具有非法占有他人数额较大财物的故意（至少超过3000元），在客观上实际仅实施了一个诈骗行为，即利用网络行为"一对多"的侵犯模式，通过发布一个诈骗信息来使多人受骗（至于具体是谁受骗则完全不在意），从而非法占有他人财物。因此，其计划行为完全符合诈骗罪的基本构造。当然，如果行为人只将上述诈骗信息发送给一个或两个受骗人，那么其在主观上便没有实施诈骗犯罪的故意（最多只能骗取 2000 元），而仅具有实施违法行为的故意，不构成非法利用信息网络罪。由此可见，发布信息的传播面、受众面足以影响发布信息行为的客观属性（违法行为的预备行为或犯罪行为的预备行为）。

（3）违法所得数额。行为人通过非法利用信息网络而获取的非法利益，也是"情节严重"的重要判断标准之一。① 总之，"情节严重"作为本罪各个构成要件行为的整体评价要素，需要从行为的各个方面进行综合判断。只有当发布违法犯罪信息以及设立用于实施违法犯罪活动的网站、通讯群组的行为本身具备侵犯重大法益的危险性时，才能认定其符合本罪所要求的"情节严重"之成立条件。

第三，需要对本罪的第一种行为类型，即"设立用于实施诈骗、传授犯罪方法、制作或者销售违禁物品、管制物品等违法犯罪活动的网站、通讯群组，情节严重的"行为，进行特别限缩解释。此类网络预备行为在客观上属于具备社会相当性的中立行为，其不仅在客观上并未创设不被容许的危险，而且也难以明确征表行为人预备犯罪的主观决意。实际上，"设立网站、通讯群组"在行为阶段上应属于"发布信息"的预备行为（如果是"他人预备"则是帮助行为），所谓的网站、通讯群组仅仅是发布信息的平台和载体而已。从这个意义上来说，立法者将设立网站、通讯群组的行为与发布信息的行为同时列为可罚的预备行为在逻辑上是存在疑问的。在实践中，也难以想象在行为人尚未发布任何违法犯罪信息之前，就认定其设立网站或者通讯群组是为了实施犯罪活动。因此，对于此类预备行为，需要结合行为人的设立目的和设立后主要从事的活动两个方面

---

① 参见喻海松《网络犯罪的立法扩张与司法适用》，《法律适用》2016 年第 9 期。

综合判断。只有当行为人在主观上具有利用设立网站、通讯群组实施违法犯罪活动的目的，客观上其所设立的网站、通讯群组已经被用于或者主要用于实施诈骗、传授犯罪方法等犯罪活动时，才能处罚为自己或者为他人设立网站、通讯群组的行为。否则，对于行为人单纯具有主观犯罪目的，但客观上其所设立的网站、通讯群组尚未被用来实施犯罪活动的设立行为，不能以本罪处罚。

最后，关于本罪与其他犯罪之间的关系。在行为人为自己实行犯罪行为而非法利用信息网络的场合，如果行为人尚未着手实行相应犯罪，那么可以适用本罪对其予以前置化处罚，这也是立法者制定本罪的目的之所在。如果行为人已经着手实行相应的犯罪行为，那么根据吸收犯（共罚的事前行为）的原理，应当直接以相应犯罪（既遂、未遂）论处，而不再成立本罪（不再数罪并罚）。对于这种情况，还有学者认为，当行为人设立了网站进行诈骗犯罪，同时诈骗犯罪既遂时，可以将行为人前后行为划分为独立的两个行为，前者构成非法利用信息网络罪，后者构成诈骗罪，进而数罪并罚。① 笔者不赞同该观点，其实际上是将设立网站发布诈骗信息的行为既作为非法利用信息网络罪的构成要件行为加以评价，又作为诈骗罪中的"虚构或者隐瞒事实"这一构成要件要素加以评价，显然违背了刑法上禁止重复评价的法理，因而并不可取。在行为人为他人实行犯罪行为而非法利用信息网络的场合，无论他人是否着手实行相应犯罪，均可对其以本罪论处。当然，此时如果行为人与他人成立共同犯罪，且按照共同犯罪论处刑罚较重的，则应当根据想象竞合犯的原理，按照相应犯罪的共同犯罪论处，而不再以本罪论处。如果行为人实施的非法利用信息网络行为同时符合其他犯罪的构成要件，如传授犯罪方法罪、传播淫秽物品罪、贩卖毒品罪等，那么也应当按照想象竞合犯的原理，择一重罪论处。从这个意义上来说，本罪

---

① 参见张春《刑法修正案（九）第二十九条规定的网络犯罪问题研究》，《人民司法》2016 年第 19 期。

同时也属于帮助行为的正犯化立法。

第三节　帮助行为正犯化立法的司法限制

在我国刑法分则的帮助行为正犯化立法中，存在大量的将原本应以狭义的共犯（帮助犯）定罪处罚的犯罪帮助行为直接予以"相对正犯化"的情形。由于此类帮助行为本身的违法性程度普遍较低，并且其中相当一部分帮助行为在客观上属于中立的日常行为，因而直接将其提升为正犯予以独立化处罚很可能会导致处罚不当罚行为的问题。鉴于此，有必要根据中立帮助行为的可罚性理论和共犯的处罚正当化根据理论，对相关（中立）帮助行为的相对正犯化立法的处罚范围予以法教义学限缩，从而实现帮助行为正犯化立法前置化处罚的正当性与合理性。

一　基于中立帮助行为理论之限制

对于我国刑法中的中立帮助行为正犯化立法及司法解释，有必要在充分探讨中立帮助行为的可罚性范围之基础上，对其司法适用范围予以相应的教义学限缩，以实现相关刑法规定的明确性以及处罚范围的合理性。否则，如果仅仅依据"有利于实现刑罚积极的一般预防目的"等刑事政策说辞，全面处罚中立帮助行为，那么必然会导致立法者"任性立法"以及刑法工具化的不利后果。事实上，无论是信息网络犯罪中的网络中立帮助行为，还是其他领域的中立帮助行为，在本质上都"根植于传统的中立帮助行为理论"[1]，对其科处刑罚都应遵循中立帮助行为的基本教义。相应地，中立帮助行为的可罚性理论不仅可以限制传统中立帮助行为成立帮助犯的范围，

---

① 刘艳红：《网络中立帮助行为可罚性的流变及批判——以德日的理论和实务为比较基准》，《法学评论》2016 年第 5 期。

而且可以且应当成为限制中立帮助行为正犯化立法及司法解释处罚范围的理论渊源。

（一）中立帮助行为的可罚性标准探究

1. 中立帮助行为限制处罚理论的变迁及其评析

对于中立帮助行为，除极少数学者根据传统帮助犯的成立要件全面肯定其可罚性外，[①] 德日刑法理论通说和判例均采取限制处罚的基本立场。不过，尽管各国刑法理论一直以来均致力于为中立帮助行为的可罚性寻找一个可靠的限制标准，[②] 但令人遗憾的是，在刑法教义学内部，对于中立帮助行为的可罚性范围问题，至今还没有形成一种普遍认可的解决方案。面对林林总总的中立帮助行为限制处罚理论，稍加梳理不难发现，其整体发展大致呈现如下两条基本脉络：一是从主观限制路径过渡到客观限制路径，二是从单一的限制路径发展为综合的、类型化的限制路径。梳理中立帮助行为限制处罚理论的发展脉络，评析不同限制路径及其具体方案的优劣得失，有助于我们在正确的路径方向上充分整合既有经验和成果发展出更具合理性和有效性的限制理论。

（1）早期的主观限制路径及其缺陷

主观限制路径主张根据行为人的主观要素来确定中立帮助行为的可罚性范围。在具体限制方法上，存在"未必的故意否定说"和"促进意思有无标准"两种不同观点。前者认为只有出于确定的故意实施的中立帮助行为才具有可罚性，从而否定未必的故意成立帮助犯；后者则认为，只有当帮助者具有促进正犯实现相应构成要件行为的认识和意思时才能成立帮助犯。

主观限制路径受到诸多批评。一方面，将未必的故意排除在外，

[①]　参见［德］汉斯·海因里希·耶赛克、［德］托马斯·魏根特《德国刑法教科书》，徐久生译，中国法制出版社2001年版，第842—843页。

[②]　参见车浩《谁应为互联网时代的中立行为买单？》，《中国法律评论》2015年第1期。

既与刑法关于故意的规定相抵触，也会导致处罚范围的不当限缩。另一方面，过早地关注主观方面可能会将本来正当的行为因其具有反价值的意图而视为反价值的行为，从而导致心情刑法。可以肯定的是，仅从主观方面来判断中立帮助行为是否具备可罚性是片面的、错误的。因此，主观限制理论当前很少得到支持。

（2）晚近的客观限制路径及其不足

客观限制理论主张从客观方面来判断中立帮助行为的可罚性。根据具体进路的不同，主要存在社会相当性说、利益衡量说和客观归责理论三类观点。

①社会相当性说及其不足

该说主张通过社会相当性理论来判断中立帮助行为的可罚性，认为中立行为所进行的帮助，通常属于历时形成的日常生活秩序范围之内，因而不成立可罚的帮助，只有偏离社会相当性的帮助行为，才成立帮助犯。社会相当性说从客观方面来限制中立帮助行为可罚性范围的出发点无疑是正确的，但由于社会相当性的判断标准具有天然的暧昧性和不明确性，因而其无法准确指导司法实践。

为了弥补社会相当性说存在的多义而模糊的缺陷，德国学者哈塞默提出了职业相当性说这一更加具体化、精细化的限制理论。该说主张根据各种职业领域的具体规范来判断中立帮助行为是否具有相当性：一个中立的、为社会所允许的、遵守规则的业务行为，是具有职业相当性的行为，不应成立帮助犯。职业相当性说存在如下疑问：一方面，对职业行为进行特殊对待，有违刑法平等原则；另一方面，将职业规范视为职业行为的"免罪牌"，会导致所有披着职业行为外衣的犯罪帮助行为均面临不可罚的不合理局面。

②利益衡量说及其不足

立法论上的利益衡量说主张通过对自由保障与法益保护之间的利益衡量，从立法构成要件上对中立帮助行为的可罚性进行限制。如果正犯行为侵犯的法益越重大，那么对于潜在共犯者的行为自由的制约强度也相应越大，中立帮助行为成立帮助犯的范围和可能性也就越大。① 该说最大的问题在于其判断标准过于抽象，如何衡量两种不同性质利益的优越本身就有困难，因此其难以在实践中发挥作用。

解释论上的比例原则主张刑法之适用必须同时符合适当性、必要性与相当性要求，据此，远离正犯行为的中立帮助行为，对于法益的侵犯没有那么危险，鉴于其保全了没有被侵犯的优越法益，应当否定其可罚性。② 该说不仅同样存在利益衡量标准模糊的问题，而且还完全忽视了帮助者的主观认识要素之限制作用，因而有违主客观相统一原则的基本要求。

③客观归责理论的具体方案及其不足

其一，"接近构成行为"准则。德国学者舒曼（Schumann）认为，帮助者自身的行为是否与正犯行为具有连带性，对于帮助犯的成立而言非常重要。据此，"与正犯行为之间的距离"是决定日常行为是否构成帮助犯的重要标准。③ 只有在犯罪实施阶段中至少是对接近构成行为的帮助，才具备刑事可罚性根据；而"在还算合法的预备阶段中"提供自己的贡献时，由于并没有与主行为及实行人形成连带性，因而不具有刑事可罚性。

普珀（Puppe）明确表示支持"接近构成行为"准则，并在其基础上通过"自由买卖物"与"非自由买卖物"之区分，对中立帮助行为的可罚性进行了区别对待。对于那些由于危险性而不能自由出售的物品（如枪支、麻醉药品或者毒药），在知道犯罪性使用目的后仍提供的，就应当具备刑事可罚性；与此相反，在提供通常能够得到的物品时，就应当取决于接近构成行为的程度，如果这个构成行为还没有直接临近，那么即使在知道实行人用于犯罪的意志时也不具有可罚性。

---

① 转引自陈洪兵《中立的帮助行为论》，《中外法学》2008年第6期。
② 转引自姚万勤《中立的帮助行为与客观归责理论》，《法学家》2017年第6期。
③ 参见陈家林《外国刑法理论的思潮与流变》，中国人民公安大学出版社2017年版，第622—623页。

"接近构成行为"准则被批判"不具有正确的说服力"。对此，正如罗克辛所质疑的，为什么时间对于帮助的存在会是决定性的。[①] 事实上，"帮助犯构成要件的核心就在于帮助行为对正犯的实行行为的促进和危险增加的效果，而不是看帮助行为是否在正犯着手前或着手后，这样的认定有违帮助犯的根本性质"。[②] 普珀的区别对待方案将出售危险性物品的帮助独立出来，可能导致处罚距离法益侵害十分遥远的预备阶段的中立帮助行为，这显然过分扩大了处罚范围。

其二，溯及禁止说。德国学者雅科布斯主张根据溯及禁止原则来隔绝中立帮助行为与正犯行为之间的关系，从而否定对其客观归责。其指出，行为的社会意义不应为行为人的主观所左右，而应从客观社会背景中规范地进行把握。[③] 一个自身无害的行为，即便被正犯作犯罪性的关联，也不能将其视为犯罪组织的一部分，不能追究帮助者罪责。只有在参与行为与正犯行为形成客观一体化时，即形成与犯罪特别适合的关联时，才应当肯定其可罚性。

由于该说主张在一般意义上将日常生活中习以为常的交换业务免除刑罚，这必将导致大量促进法益侵害行为及其结果的中立帮助行为不受处罚，其中包括许多存在明显犯罪意义关联的帮助行为。在知道他人犯罪意图仍加以支持、促进时，帮助者已经表达了对规范的漠视，其行为已经丧失了"中性的"日常交易的特征而变成了对法益的攻击，此时仍不对其加以处罚不具有合理性。此外，雅科布斯所提出的可罚的参与行为应与正犯行为具有"共同性"，其判断标准基本等同于共同正犯下位概念的当罚的"共同组织"，这显然过于严苛，也不符合刑法规定的共犯处罚要件。

其三，犯罪的意义关联说。德国学者罗克辛以"故意二分法"

---

① 参见［德］克劳斯·罗克辛《德国刑法学　总论（第 2 卷）：犯罪行为的特别表现形式》，王世洲等译，法律出版社 2013 年版，第 158 页。

② 孙万怀、郑梦凌：《中立的帮助行为》，《法学》2016 年第 1 期。

③ 参见［德］格吕恩特·雅科布斯《行为　责任　刑法——机能性描述》，冯军译，中国政法大学出版社 1997 年版，第 94 页。

为基础，将"确定的故意"与"未必的故意"作为界定可罚的帮助与不可罚的中立行为的原则性标准。① 由于犯罪的意义关联说以故意二分理论为基础，因而其同时属于综合限制理论。

一方面，在帮助者确切认识到正犯者的犯罪意图或者计划时，帮助行为原则上具备刑事可罚性。在该场合，罗克辛教授主张以帮助行为是否具备"犯罪的意义关联性"为判断基准，进一步认定中立帮助行为是否可罚。所谓"犯罪的意义关联性"，是指帮助行为是正犯者所计划犯罪的前提条件，而且帮助者有意识地支持这种具有犯罪性质的行为。即便帮助行为本身从客观上看完全合法，但帮助者实施帮助行为的唯一目的仅仅在于使犯罪行为变成可能或者使之变得容易时，也同样存在这种犯罪的意义关联性。

另一方面，在帮助者并不确切知道正犯者的犯罪意图或者计划，而仅仅意识到自己的帮助行为被用于犯罪的可能性时，原则上应根据信赖原则否定其成立可罚的帮助。当然，此时如果正犯者在客观上具有"可以看出的构成行为倾向"，那么帮助者就能够由于一种以有条件故意实施的帮助而对这个构成行为承担责任。在德国，罗克辛教授所提出的对"可靠地知道实行人的构成行为决定"与"单纯地估计到这样一种可能性"两种情况进行区分的观点，无论是在文献中还是在司法判决上均得到了广泛的支持。

罗克辛的限制方案受到的核心批判在于，其自始至终都是站在主观主义的立场来解决中立帮助行为的可罚性问题，这种思路存在根本性的缺陷。对此，正如日本学者小岛秀夫所指出的，"犯罪的意义关联"以及信赖原则的适用实际上是重视帮助者对正犯者犯罪决意的认识，是根据故意来解决中立帮助行为的可罚性问题，这在本质上已经脱离了以客观归责论为基础的轨道。罗克辛认为，"并不存在不言而喻的日常行为，相反，一个行为的特征是由其所服务的目

---

① 参见［德］克劳斯·罗克辛《德国刑法学 总论（第2卷）：犯罪行为的特别表现形式》，王世洲等译，法律出版社2013年版，第161页。

的来确定的"，"行为的目的决定了行为的性质"。以此为逻辑起点，其指出，离开行为的目的仅仅着眼于行为的客观面议论日常行为，对于区分具有刑事可罚性的帮助与允许性行为的界限而言没有意义，这便对试图从行为的客观面解决中立行为问题的客观说进行了根本性的批判。尤其是在确定的故意的场合，尽管罗克辛要求以帮助行为具有"犯罪的意义关联性"为处罚条件，但该判断基本依赖于帮助者对正犯者犯罪意图或者计划的主观认识，只要帮助者认识到了正犯者的犯罪目的而实施中立帮助行为，那么其帮助行为便具备犯罪的意义关联性，属于可罚的帮助。这实际上完全放弃了对中立帮助行为客观面的判断，而仅仅将其可罚性根据诉诸行为人的主观不法，这无疑是一种主观主义刑法。

　　综上所述，晚近的中立帮助行为客观限制理论，尽管分别主张从不同侧面来限制中立帮助行为的可罚性范围，其所得结论也在一定程度上存在差异，但是，这些观点并"不处于相互排斥的关系"①。笔者认为，客观限制理论从违法构成要件层面判断中立帮助行为是否可罚的基本立场值得肯定。对此，正如我国学者所指出的，"要否定中立帮助行为的可罚性，只能从否定帮助犯的客观构成要件即违法性入手"②。中立行为帮助的可罚性问题可以归结为是否具有侵害法益危险性（帮助行为性）的判断问题，并且这种判断只能是一种客观的判断，而不能掺入主观归责的因素。③ 应当说，中立帮助行为的客观面是决定其可罚性的首要标准和界限，帮助者的主观罪过只能在此范围内被加以考量，否则便容易导致主观归罪。

　　（3）新近的综合性和类型化限制路径及其通病

　　中立帮助行为限制处罚理论在日本和我国的新近发展，均表现出明显的综合化和类型化趋势。不过，综观这些综合限制方案，大

---

　　① ［日］松原芳博：《刑法总论重要问题》，王昭武译，中国政法大学出版社2014 年版，第 356 页。

　　② 陈洪兵：《论中立帮助行为的处罚边界》，《中国法学》2017 年第 1 期。

　　③ 参见陈洪兵《中立的帮助行为论》，《中外法学》2008 年第 6 期。

都是以上述主观和客观限制处罚理论为基础加以展开的，其在本质上并未超出现有的理论框架。并且，绝大部分综合限制方案（包括罗克辛的"犯罪的意义关联说"）均存在一个通病，即在具体展开路径和结论上最终都偏向了主观限制路径，至于中立帮助行为本身的社会相当性、客观可归责性等客观限制条件，则被放到主观判断之后，极其有限地用以限制出于未必的故意实施的中立帮助行为的处罚范围。

比如，日本学者曲田统主张根据印象理论来划定中立帮助行为的可罚范围，当中立的帮助引起了一般人认为对社会生活共同体存在一定危险性的印象时，其便具备客观归责的根据。借助"故意二分法"，其进一步指出，基于确定的故意实施的中立帮助行为，原则上符合印象理论的要求，具有可罚性；而在不确定的故意的场合，原则上不可罚。该观点实际上是以印象理论为基础的主观限制理论，除了解释基础的不同，其与未必的故意否定说没有本质区别。

再如，日本学者山中敬一主张对中立帮助行为的事例做详尽的类型化，以具体解决其是否成立帮助犯的问题。具体而言，可罚的中立帮助行为包括：实行阶段的帮助，有意思联络的预备阶段的帮助，基于确定的故意实施的帮助，对可明确预测的正犯的帮助，提供犯罪构成之物和违禁品的帮助，提供超出通常业务范围的劳务帮助等。不可罚的中立帮助行为则包括：在对正犯行为和意图没有明确认识的情况下，提供日常生活物品的帮助；提供遵循制度化的日常交易模式的劳务帮助等。① 山中敬一的事例类型说仍然是原则上以故意二分理论为标准判断中立帮助行为的可罚性，至于客观归责的判断，仅在未必的故意场合发挥辅助性作用。因此，该说在本质上也属于主观限制理论。

---

① 参见［日］山中敬一《刑法总论》，（东京）成文堂 2015 年版，第 976—978 页。

2. 以客观归责论为基础的综合限制路径之证成与展开

通过对中立帮助行为限制处罚理论的梳理和评析，可以发现，单纯的主观限制理论早已被抛弃，取而代之的主流方案是结合客观归责理论与故意二分理论所发展出的综合限制理论，但其又各自存在一定的不足之处。不过不可否认的是，在客观判断上，相比于利益衡量与社会相当性标准，利用客观归责论限制中立帮助行为的可罚性范围无疑具有明显的优势。① 鉴于此，本书主张通过以客观归责论为基础的综合限制路径来划定中立帮助行为的可罚范围，从而克服当前主流的本质上以故意二分理论为基础的综合限制路径存在的主观归罪之通病。

（1）以客观归责论为基础的综合限制路径之理论证成

新近发展的综合性和类型化的限制理论，虽然在形式上主张主观与客观要素兼顾，但在具体路径的展开时却采取了主观归责的立场。尤其是德国学者罗克辛提出的极具代表性和影响力的以"故意二分理论"为基础的"犯罪的意义关联说"，在本质上仍应归属于一种主观限制路径。② 此类综合限制理论真正关注的重心是帮助者的主观意图，而帮助行为的客观归责要素则"退居二线"，沦为一种辅助性的判断标准。

以罗克辛教授为代表的综合限制方案之所以会倒向主观主义刑法立场，根本原因在于其偏离了阶层递进式的犯罪构成理论体系所要求的"从客观到主观"的犯罪认定路径。犯罪的实体是不法与责任。帮助犯作为一种特殊的犯罪形态，其犯罪构成亦要求"客观上必须有帮助行为，主观上必须有帮助故意"③。因此，对于中立帮助行为可罚性问题的讨论，必须在兼顾主观与客观犯罪要素的前提下展开。再者，根据犯罪成立的阶层体系，不法是责任的前提，责任

---

① 参见姚万勤《中立的帮助行为与客观归责理论》，《法学家》2017 年第 6 期。

② 参见陈洪兵《论中立帮助行为的处罚边界》，《中国法学》2017 年第 1 期。

③ 黄荣坚：《基础刑法学》（第三版），中国人民大学出版社 2009 年版，第 556 页。

是对不法的非难可能性，认定犯罪必须从客观到主观、从不法到责任，而不能相反。"所谓的'主客观相统一'，并不是只要具有主观要素和客观要素即可，而是要在行为符合构成要件且违法的前提下考察责任要素。所以，必须先讨论行为的客观不法，后考察行为人的有责性。"① 据此，对于中立帮助行为可罚性范围之限制路径，理应先行考察中立帮助行为的客观方面，在得出其存在客观不法的基础之上，再行考察帮助者的主观方面，只有兼具客观不法与主观责任的中立帮助行为才具备刑事可罚性根据。

不难看出，罗克辛教授所主张的建立在"故意二分法"基础上的"犯罪的意义关联说"，以及新近发展的其他综合限制方案，完全有别于"从客观到主观、从不法到责任"的犯罪认定路径。他们虽然声称采取主观与客观要素兼顾的限制方案，但其基本思路完全相反：其是以"行为的目的决定行为的性质"为逻辑起点，从行为人的主观故意出发认定帮助行为的犯罪的意义关联性，进而肯定帮助行为的可罚性。这显然是一种"从主观到客观、以罪责定不法"的犯罪认定路径，在这一思路下，行为人的主观不法不可避免地会影响甚至替代对帮助行为的客观不法的独立判断，从而容易导致处罚客观上没有任何不法内涵的日常中立行为的主观归罪后果。正如有学者所指出的，"撇开中立帮助行为违法性本身的评价，直接借助有责性来解决中立帮助行为的可罚性问题，有悖于从违法到有责认定犯罪的规律，属于典型的'客观不够主观补'的整体思维模式"②。理论上对罗克辛教授等人的综合限制方案的批评，要害就在于此。

笔者认为，基于"从客观到主观、从不法到责任"的犯罪认定规律，应当倡导一种以客观归责论为基础的综合限制路径。这种"先客后主"的认定思路可以有效克服当前主流限制理论所隐含的主

---

① 张明楷：《刑法学》，法律出版社 2016 年版，第 104 页。
② 陈洪兵：《论中立帮助行为的处罚边界》，《中国法学》2017 年第 1 期。

观归罪的通病，从而将中立帮助行为的可罚性限制在合理范围之内。以客观归责论为基础的综合限制路径所依赖的核心判断标准，在于中立帮助行为本身的客观可归责性。只有通过了客观归责的筛选判断，才能再去考察帮助者的主观认知状况，进而最终认定该中立帮助行为是否属于同时具备客观不法和主观罪过的可罚的帮助。可见，在以客观归责论为基础的综合限制路径中，帮助者的主观要素主要是作为出罪化事由起作用，而不是作为独立的入罪化事由。这一点，构成了本书观点与本质上以"故意二分理论"为基础的"犯罪的意义关联说"及其他综合限制理论的根本性区别。

（2）以客观归责论为基础的综合限制路径之具体展开

以客观归责论为基础的综合限制路径大体是刑法中的"三阶层"犯罪论体系在帮助犯领域的具体化运用，其遵循"从客观到主观、从不法到责任"的犯罪认定基本思路。

①在客观上，只有当中立帮助行为本身"制造了不被允许的危险"，且该危险最终通过正犯行为被实现时，才具备客观不法根据。

这里值得强调的是，在对中立帮助行为进行客观判断时，要警惕受到帮助者主观不法的干扰，否则便会回到以"犯罪的意义关联说"为代表的主观主义折中方案的老路上去。例如，理论上有学者指出，对于中立的帮助行为而言，原则上应根据客观归责论进行纯客观判断，但在帮助者存在特殊认知时，则需例外地考虑主观故意。[①] 乍一看，该学者采取的也是客观归责论和主观故意相结合的折中方案，但实际上其与罗克辛教授的折中方案基本相同。该观点将客观归责论作为"原则规则"，而将主观故意作为"例外规则"，二者在判断中立帮助行为的可罚性时必须"同时考虑"。这意味着，如果帮助行为在客观上不具有可归责性，但行为人在主观上存在帮助故意，那么仍可根据"例外规则"认定其可罚性。可见，该学者的观点仍旧是以"行为的目的决定行为的性质"这一主观主义立场为

---

① 参见林钰雄《新刑法总则》，中国人民大学出版社 2009 年版，第 362—363 页。

逻辑起点的，其在对中立帮助行为的客观方面进行可归责性判断时，同时考虑了帮助者的主观故意，从而不可避免地使主观不法对客观归责的判断产生影响甚至替代作用。因此，该学者的观点在本质上采取的仍是主观归罪的立场。"这在法治国原则看来，是不合理的。"① 为了彻底堵住对中立帮助行为进行主观归罪的通道，必须将帮助者的主观故意置于中立帮助行为客观不法的判断之后加以考虑，而不能像罗克辛教授的折中方案那样将帮助者的主观故意置于帮助行为客观不法的判断之前加以考虑，或者将二者作为一种"原则与例外的关系"同时加以考虑。只有当中立帮助行为在客观上具备可归责性时，才可以进而考察主观故意；否则，便应当直接得出不可罚的结论，没有必要也不应再去考察帮助者的主观内容。换言之，帮助者的主观罪过必须依附于帮助行为的客观不法，其不具有独立存在的刑法意义。

"客观归责理论在学理上是一个精确的命题，即使在个案的适用上，它当然始终取决于具体相关的行为规范和这些规范的目的构造。"② 根据客观归责论，对中立帮助行为的客观判断，除了要考察帮助行为的因果关系，还需进一步从帮助行为的社会意义、规范意义层面综合判断其"是否制造了法所不允许的危险"。因此，不能仅孤立地考察因果关系，而必须综合考察帮助行为时存在的其他所有客观情况，如此方能准确、合理地判断中立帮助行为是否属于"制造了法所不允许的危险"的可归责行为。对此，正如德国学者金德霍伊泽尔所指出的，"如果采用客观标准来区分日常行为是可罚还是不可罚，则不得孤立地考察支持性行为，因为这种行为通常被描述成'日常'行为，这样看起来它就是有意义（且无害）的。例如，

---

① ［德］冈特·施特拉腾韦特、［德］洛塔尔·库伦：《刑法总论 I——犯罪论》，杨萌译，法律出版社 2006 年版，第 336 页。

② ［德］许迺曼：《关于客观归责》，陈志辉译，载许玉秀、陈志辉合编《不移不惑献身法与正义：许迺曼教授刑事法论文选辑》，（台北）新学林出版股份有限公司 2006 年版，第 558 页。

借斧子就可以理解成为邻里之间的帮助。但是，如果还有附加信息，比如因和他人的肢体冲突需要用斧头，那么任何日常的行为都可以具备帮助的性质"①。笔者完全赞同以上论述。中立帮助行为的首要特征便是其外形上的中立性、日常性或者职业性，因此，仅仅孤立地考察行为本身，并无意义。只有综合考察帮助行为时存在的所有客观情况（金德霍伊泽尔教授所称的"附加信息"），才能对中立帮助行为的客观可归责性作出认定。

对于如下两个案例：店主甲知道顾客计划购买刀具以择日杀死其仇人而仍向其出售刀具的，店主乙向正在其店门口打架斗殴的人出售刀具的。如果仅从帮助行为本身来看，二者均属于中性的销售行为，没有任何区别。但是，如果综合考察帮助行为时存在的所有客观情况，二者之间的区别便非常明显：店主甲的销售行为在客观上属于"平稳的交易活动"②，由于对方尚处在远离构成要件行为的预备阶段，因而其帮助行为的法益侵害危险性远未达到值得科处刑罚的程度。在客观归责论看来，店主甲的销售行为所制造的仅是"可容许之风险"而已，不能据此对其进行客观归责。相反，店主乙是将刀具出售给正在实施犯罪的行为人，倘若揭开交易活动的外衣，店主乙的销售行为在客观效果上无异于将一把刀递给正在实施犯罪的人。可见，店主乙的销售行为对正犯行为的帮助具有重要性，其"明显提高了正犯在具体情况下实现构成要件的成功机会"③。从整体客观情况来看，店主乙的销售行为明显制造了法所不允许的危险，且该危险最终在构成要件结果中实现，故可以对其进行客观归责。对于此类情形，我国有学者称为"中立帮助行为过当"，从而将其与

---

① ［德］乌尔斯·金德霍伊泽尔：《刑法总论教科书》，蔡桂生译，北京大学出版社2015年版，第455页。

② ［日］松宫孝明：《刑法总论讲义》（第4版补正版），钱叶六译，中国人民大学出版社2013年版，第219页。

③ ［德］乌尔斯·金德霍伊泽尔：《刑法总论教科书》，蔡桂生译，北京大学出版社2015年版，第455页。

不可罚的中立帮助行为相区别。①

因此，笔者认为，在对中立帮助行为进行客观归责的判断时，应当综合考察中立帮助行为本身的合规范性、正犯行为侵害法益的危险性、帮助行为的作用大小等客观因素。

其一，孤立地看，中立帮助行为本身在外形上应当是符合社会规范的日常行为、职业行为，因此，如果帮助行为超出了中立性和必要性限度，那么其便不再属于中立的帮助行为，而应属于一般的犯罪帮助行为，据此可以对其进行客观归责。比如，同样是提供物品、信息或服务的行为，倘若帮助者提供的物品、信息或服务不管在任何时候使用均具有专供犯罪行为的帮助手段的特性，那么其实际上已经不属于中立的帮助行为，而是具有典型的反规范性的一般帮助行为。

其二，如果根据中立帮助行为时的客观情况，正犯行为具有法益侵害的紧迫危险性，那么一般也可以对中立帮助行为进行客观归责。对此，舒曼教授提出的"接近构成行为"准则具有一定的参考意义。只有在犯罪实施阶段中至少是对接近构成行为的帮助，才具备刑事可罚性根据；而"在还算合法的预备阶段中"提供自己的贡献时，由于并没有与主行为及实行人形成"团结性"，因而不具有刑事可罚性。换言之，由于犯罪预备行为原则上不可罚，因而对其提供帮助当然也不具有可罚性，更何况还是中立的帮助行为；而对于犯罪实行行为以及接近实行行为的可罚的预备行为，由于其在客观上具有明显的反规范性以及对法益的侵害具有紧迫性，因而从整体客观情境来看，对其实施的中立帮助行为显然制造了不被允许的危险。比如，相比于将螺丝刀出售给一个形迹可疑的顾客，将螺丝刀出售给附近正在斗殴的人或者马上要利用这些工具入室盗窃的人，无疑制造了法所不允许的危险。②

---

① 参见马荣春《中立帮助行为及其过当》，《东方法学》2017 年第 2 期。
② 参见林山田《刑法通论》（下册），北京大学出版社 2012 年版，第 78—79 页。

其三，如果中立帮助行为是正犯行为"不可或缺的重要手段"，其对正犯及其结果起到了重要的促进作用，做出了实质性的贡献，那么一般也可以对其进行客观归责。反之，如果中立帮助行为提供的只是一种"任意的影响"，那么其便不具有客观的可归责性。对此，雅科布斯提出的溯及禁止说具有一定的参考意义。可罚的中立帮助行为必须存在特别适合的犯罪关联性，其应与正犯行为在客观上形成一个整体，二者具有规范上的"共同性"。比如，相比于为斗鸡赌场稳定供应饭菜的饭店老板，为其稳定提供用于赌博的公鸡的养殖户老板无疑对赌博、开设赌场犯罪行为提供了更为实质和重要的帮助作用，因而后者在客观上可以评价为制造了法所不允许的危险。

②在客观判断得出肯定结论的基础上，还需进一步对帮助者的主观要素进行判断。

在此需要讨论的问题是，对于帮助者的主观认识是否需要进行程度上的划分，以及是否要求其具备促进的意思。对于促进意思，当前理论和实践均采取了不要说，因为没有理由在帮助故意中增加额外的主观目的要素，这被认为是有违刑法规定的不当限缩。对于认识程度，理论上有学者指出，帮助者只需对正犯意图或行为有所认识即可，无须划分不同的认识程度，当然，由于确定的故意与未必的故意在主观恶性上存在区别，因而其可能会影响量刑。[①] 笔者对此表示认同。"帮助犯皆是故意犯。"[②] 根据我国《刑法》第 14 条的规定，只要行为人"明知"自己的行为及其后果，就具备了认识因素，至于其在意志上是希望还是放任，不影响故意的成立。可见，成立故意犯罪并不要求必须是所谓的"确定的故意"，"未必的故意"也符合"明知"的条件，也能成立故意犯罪。因此，在中立的帮助行为中，只要帮助者明确认识到自己的行为会对他人的犯罪行

---

① 参见孙万怀、郑梦凌《中立的帮助行为》，《法学》2016 年第 1 期。

② 林钰雄：《新刑法总则》，中国人民大学出版社 2009 年版，第 361 页。

为形成帮助即可，而无须明确认识到对方详细的犯罪计划、准确的犯罪目的（但对于正犯的犯罪意图或者意图犯罪应当有明确认识）和犯罪对象等具体细节。

值得指出的是，在片面的帮助犯中，由于对方是否存在犯罪意图并不确定，因而对于帮助的故意的认定就应当特别慎重。绝不能仅凭帮助者存在某种单纯的猜测便认定其具备帮助的故意，其还应对能佐证对方存在犯罪意思的具体凭证存在认识。[①] 对于有明显迹象表明正犯者的犯罪意图或者有确实的事实根据表明存在犯罪目的的高度可能性等完全可以从客观上推定帮助者存在概括的主观认知的场合，也可以肯定帮助故意的存在。但是，作为一种纯粹主观面的判断，在司法实践中，帮助者的主观认知必然面临证明难题。因此，对于帮助者主观认知的判断，还应当结合行为时的所有客观情状综合进行。质言之，行为时的客观情状可以影响并帮助我们对行为人的主观认知进行判断。在正犯者的正犯行为具有法益侵害的紧迫危险性的场合，在正犯行为发生在帮助者的视听范围之内的场合，以及在正犯者明确告知帮助者其犯罪意图的场合等，都有可能认定甚至直接推定帮助者在主观上对正犯行为有所认识。

（二）基于以客观归责论为基础的综合限制路径之限制

以客观归责论为基础的综合说在一般理论层面上建构了中立帮助行为可罚性范围的限制路径和标准，其对于限制传统中立帮助行为成立帮助犯的范围具有直接的教义学意义。接下来需要探讨的问题是，如何利用中立帮助行为的可罚性理论对我国刑法中的中立帮助行为正犯化立法及司法解释进行相应的教义学限缩，从而使相关犯罪的处罚范围符合中立帮助行为的基本教义、具备实质的正当性根据。

---

① 参见［日］松原芳博《刑法总论重要问题》，王昭武译，中国政法大学出版社2014年版，第356页。

1. 我国刑法中立帮助行为正犯化的规范特征

在我国刑法中，属于将中立帮助行为予以正犯化的立法主要有第 285 条第三款规定的提供侵入、非法控制计算机信息系统程序、工具罪（仅指"明知他人实施侵入、非法控制计算机信息系统的违法犯罪行为而为其提供程序、工具，情节严重的"情形），第 286 条之一规定的拒不履行信息网络安全管理义务罪以及第 287 条之二规定的帮助信息网络犯罪活动罪。此外，在具有"准立法"性质的司法解释中，也存在将利用互联网等传播淫秽物品犯罪的中立帮助行为加以正犯化的规定。尽管这些立法和司法解释已经将原本属于中立的帮助行为提升为正犯行为、实行行为加以处罚，但是"在归责上也需将'中立的帮助行为'理论贯彻至其构成要件的解释中"[①]。

值得注意的是，我国刑法关于中立帮助行为正犯化的立法和司法解释几乎全部集中在信息网络犯罪领域。换言之，立法者仅对某些网络中立帮助行为予以正犯化，对于其他形式的中立帮助行为一般仍以狭义的共犯（帮助犯）定罪处罚。这绝非偶然，而是由网络中立帮助行为所具有的独特的内在属性决定的。"信息技术支持是网络犯罪实施必需的、也是最为重要的因素，网络空间中大量的帮助行为的社会危害性已经远远超过了实行行为的危害性，为犯罪行为提供网络技术帮助的行为越来越重要，已经逐渐占据了主导地位，开始突破帮助行为在犯罪中的从属地位，并主导犯罪和引领犯罪。"[②] 因此，从本质上来看，网络中立帮助行为本身已经具备了独立的严重的社会危害性，对其予以正犯化符合刑法法益保护原则的根本要求。不仅如此，将网络中立帮助行为正犯化在很大程度上还出于立法的功利目的考量。在司法实践中，信息网络犯罪往往呈现出"一对多""多对多"的侵害形式，犯罪分工、环节、链条比较

---

① 阎二鹏：《法教义学视角下帮助行为正犯化的省思——以〈中华人民共和国刑法修正案（九）〉为视角》，《社会科学辑刊》2016 年第 4 期。

② 于志刚：《网络空间中犯罪帮助行为的制裁体系与完善思路》，《中国法学》2016 年第 2 期。

复杂，被害人具有不特定性，帮助者与被帮助者之间往往没有明确的意思联络，实行犯罪的人往往因隐蔽性强、地域分散而难以被查获，这使得司法机关难以对网络犯罪实行有效打击、控制和预防。为了扭转这种局面，立法者决定增设帮助信息网络犯罪活动罪等罪名，将相关网络中立帮助行为直接予以正犯化，以解决此类网络中立帮助行为的定性与刑事责任裁量问题。①

由于网络中立帮助行为既根植于传统的中立帮助行为理论，又具有一定的特殊性。因此，有必要在传统中立帮助行为可罚性理论的指导下，结合网络中立帮助行为的独特属性，对其可罚性范围进行整体上的限制，并在此基础上对我国刑法中的网络中立帮助行为正犯化立法进行相应的限制解释，如此方能从狭义共犯（帮助犯）的认定和具体罪名的适用两个层面将可罚的网络中立帮助行为限制在合理范围之内。

2. 网络中立帮助行为可罚性范围之整体限制

一般认为，网络帮助行为具体包括网络连接服务和网络平台服务两种类型。前者比如，中国电信、中国网通、中国移动、中兴通讯、华为公司等网络连接服务商提供的互联网接入、服务器托管、通讯传输等基础联网服务。后者比如，各大门户网站、互联网企业等网络平台服务商为用户提供的网络存储、网络搜索、信息发布、共享、交流、支付结算等平台服务。显然，网络连接服务和网络平台服务存在重大区别，前者属于更为基础性、早期化的网络中立帮助行为，后者则是与利用信息网络实施的犯罪行为距离更近、关联更紧的网络中立帮助行为。因此，在客观归责时，应当对网络连接服务和网络平台服务予以区别对待，分别确定不同程度的限制标准。

根据以客观归责论为基础的折中说对中立帮助行为可罚性范围之限定，只有客观上制造并在构成要件的保护范围内实现了法所不

---

① 参见郎胜主编《中华人民共和国刑法释义》，法律出版社 2015 年版，第 505—506 页。

允许的危险，且行为人主观上具有帮助故意（对正犯者的犯罪意图、实行行为及其可能造成的危害结果存在认识）的中立帮助行为，才具有刑事可罚性。若将此限制标准适用于网络技术中立的帮助行为，则可对其可罚性范围作如下限定：

（1）对于提供网络连接服务的中立帮助行为，原则上应当否认其可罚性。

理由如下：①网络连接服务是一切网络活动开展的基础和前提，其重要性、公益性、基础性不言而喻。由于网络连接服务"所要争取的相对利益越大，越容许冒险"①，因而其原则上应当属于"容许风险"的范畴，不能对其进行客观归责。②网络连接服务的基础性决定了，其即便在客观上对犯罪行为起到了帮助作用，但这种帮助充其量也只是一种预备阶段的帮助而已（甚至只能算是"预备行为的预备行为"）。由于为用户提供网络连接服务的行为与用户利用信息网络实施的犯罪行为之间距离十分遥远，不存在法益侵害的紧迫危险性，一般情况下也不具有犯罪意义的关联性，因而不能对其进行客观归责。③网络连接服务商既没有相应的审查和保证义务，也没有这种全面甄别、审查的能力。② 因此，对于缺乏作为义务和作为可能性的网络连接服务商的中立帮助行为，不能进行客观归责。④从因果关系的角度来看，网络接入服务与正犯结果之间通常不存在可归责的因果关系，因而不具有可罚性。③ ⑤从比较法的角度来看，美国和欧洲的相关立法并没有规定网络连接服务商的信息监控义务，相关判例也均在原则上否定网络连接服务商提供的网络连接服务的刑事可罚性。

不过，如果网络连接服务商实施的网络连接服务行为本身不符合相关的国家规定、行业规范或者其他业务要求，也即其偏离了日

---

① 黄荣坚：《基础刑法学》（上），中国人民大学出版社 2009 年版，第 194 页。
② 参见周光权《网络服务商的刑事责任范围》，《中国法律评论》2015 年第 2 期。
③ 参见张明楷《网络时代的刑事立法》，《法律科学》2017 年第 3 期。

常的社会规范、超越了网络中立行为本身的中立性和必要性限度，那么其便不再属于中立帮助行为（正常的业务行为）的范畴，而可归属于具有反规范性的一般的犯罪帮助行为，对于此类提供网络连接服务的帮助行为当然可以进行客观归责。比如，明知用户接入网络是为了从事网络赌博犯罪活动，而采用虚假的身份信息为其提供互联网接入服务的，显然成立开设赌场罪的帮助犯。再如，网络连接服务商并不是从事正常的经营活动，而是采取逃避监管、虚构用户信息、收取高额利润等方式，专门或者主要为他人提供非法网络接入以谋取利益的，其非法提供网络连接服务的行为显然具有可罚性。

（2）对于提供网络平台服务的中立帮助行为，通常情况下也不具有可罚性，但是，如果其在整体上符合"全面性考察"标准，或者在具体情境下制造了法所不容许的危险，或者因处于保证人地位而符合不作为犯的成立条件，那么其便成立可罚的帮助。

①在整体上符合"全面性考察"标准成立可罚的帮助的情形

网络中立帮助行为的特殊性集中表现在其"一对多"的帮助形式上。对于网络中立帮助行为与传统中立帮助行为的这种区别，可以通过如下事例加以形象地说明：传统中立帮助行为一般都是"一对一"的帮助，如店主将刀具出售给一个意图犯罪的顾客，其帮助对象和范围均是特定的；而网络中立帮助行为则一般呈现"一对多"的帮助形式，如软件开发者将其开发的某种具备资源缓存共享功能的视频播放器挂在网上供他人下载使用，由于该软件可能被他人用来实施传播淫秽物品等犯罪行为，因而软件开发者在客观上可能为无数不特定的人提供了帮助。可见，网络中立帮助行为的帮助对象和范围均是不特定的，其类似于在传统的中立帮助行为中，店主一次性将数量不确定的刀具出售给相应人数不确定的顾客，而其中可能有人意图利用刀具实施犯罪行为的情形一样，根本无法对其中某个单独的"一对一"帮助的情形进行审查，而只能从整体上对所有受助者的使用情况进行全面考察，以判断是否可以对该帮助行为进行客观归责。网络中立帮助行为"一对多"的特性决定了，在对其进行客观归责时，不能再像传统的中立帮助行为那样，仅单独考察"一对一"的帮助即可，而需要从整体上对"网络中立帮助行为的所有受助者如何使用该帮助行为进行全面性的评价"，进而判断其是否属于制造并在构成要件的保护范围内实现了法所不允许的危险的可罚的帮助。① 这便是所谓的"全面性考察"标准。

根据"全面性考察"标准，只有同时符合如下两个条件的网络中立帮助行为才具有可罚性：一是帮助者认识到并容忍其所提供的网络中立帮助行为已被利用实施犯罪；二是从整体状况来看，不能称为例外的多数人利用该帮助实施犯罪的盖然性很高。② 从中可以看出，"全面性考察"标准主要适用于具有两面性——有用性和法益侵害危险性——的价值中立的网络软件提供行为的可罚性判断。符合"全面性考察"标准的网络软件提供行为，实际上是为网络犯罪制造了一个"危险中心"，这显然属于制造了不被允许的危险，因而具备可归责性。

"全面性考察"标准在日本的实务判例中已经得到较为全面的适用和阐释。比如，著名的、极具争议的"Winny 案"便运用并详细阐述了"全面性考察"标准。该案的基本案情为：X 开发出某种软件（Winny 文件共享程序），通过该软件可以轻易侵入他人网址链接他人信息，实施有违著作权的行为。X 将该软件挂在网上，任何人均可上网下载，对于实际利用该软件实施侵权行为的利用者，判例已经判定成立侵犯著作权罪。那么，X 是否构成侵犯著作权罪的从犯（片面的帮助犯）？对此，一审宣告有罪，二审以缺乏劝诱意图宣告无罪，再审则以欠缺认识、容忍宣告无罪。③ 该案一审判决成立帮

---

① 参见刘艳红《网络中立帮助行为可罚性的流变及批判——以德日的理论和实务为比较基准》，《法学评论》2016 年第 5 期。

② 参见［日］前田雅英《刑法总论讲义》（第 6 版），曾文科译，北京大学出版社 2017 年版，第 337 页。

③ 参见［日］松原芳博《刑法总论重要问题》，王昭武译，中国政法大学出版社 2014 年版，第 358—359 页。

助犯，主要理由为：X 对于文件共享程序已以侵犯著作权的形式被广泛利用这一现实存在认识、容忍。对此，日本学者西田典之也持相同观点，其认为，在该案情形下，软件开发者当然可以预想到，该软件会被他人违法利用，因而至少可以认定存在未必的故意，并由此认定成立概括的帮助犯。① 二审则以提供者欠缺劝诱他人利用该软件实施违法犯罪行为的意图为由宣告无罪。对此，再审（上告审）认为，二审将可罚的帮助限于提供并劝诱违法使用是错误的。要认定提供软件的行为成立帮助犯，同时又避免给软件开发行为造成过度的萎缩效果，A. 要么是正试图利用软件实施具体的著作权侵害行为，或者，B. 在得到了软件的人之中，不能称为例外的多数人利用该软件侵犯著作权的盖然性很高，提供者也认识、容忍了这一点。本案虽客观上属于 B 情形，但考虑到提供者曾在互联网上警告不得用于违法行为，可以认为其对 B 情形不存在认识或容忍，因此，不能对其予以处罚。本案被告人 X 开发并提供 Winny 文件共享程序的行为属于典型的网络中立帮助行为，一审、二审及再审均意识到，对于此类中立行为，有必要另外附加某种限制处罚条件。其中，在客观归责上，一审以该软件"已以侵犯著作权的形式被广泛利用"为归责条件，这实际上采取的就是一种"全面性考察"的判断标准，只不过没有将其明确阐释出来罢了；二审认可了一审对本案的客观归责结论，只不过又以被告人不存在"劝诱违法使用"的犯罪促进意思为由，否定其具备主观不法，进而否定其行为的可罚性，这实际上也肯定了"全面性考察"标准在客观归责中的适用；再审虽然以被告人曾警告不得用于违法行为为由，否认其具备主观不法，进而否认其行为的可罚性，却进一步明确阐释了"全面性考察"标准的具体内容，即"不能称为例外的多数人利用该软件侵犯著作权的盖然性很高"。据此，只有在存在超出一般可能性的具体侵害利用状

---

① 参见［日］西田典之《日本刑法总论》（第 2 版），王昭武、刘明祥译，法律出版社 2013 年版，第 309 页。

况时，才能对此类网络中立帮助行为进行客观归责。

此外，Wizard 案也适用了"全面性考察"标准。该案的基本案情为：被告人制造、贩卖一款车牌号卡——Wizard，这种车牌号卡能够对交通警察所设置的自动监视器的拍照造成障碍，进而使得超速车辆逃避处罚，被告人被以道路交通法违反罪的帮助犯予以控诉。裁判所认为，通过对 Wizard 的利用状况进行全面性考察发现，Wizard 是为了帮助超速驾驶者逃避道路交通法的规制而制造的，除此之外就再别无其他用途，因此认定帮助犯成立。又如，对于开发并提供某种拥有匿名化解功能的文件分享互换软件的网络中立帮助行为，由于在实际运用中有超过一半的使用者均凭借该软件的匿名化解功能将其用于违法的目的，因而该网络中立帮助行为也被认定为可罚的帮助。总之，"全面性考察"乃是基于网络中立帮助行为的特性而采取的一种具体化的客观归责基准，其能够有效限制提供软件型网络中立帮助行为的处罚范围。

②在具体情境下制造了法所不容许的危险成立可罚的帮助的情形

虽然网络中立帮助行为具有"一对多"的特殊性，但这并不意味着我们不能对其中的"一对一"帮助情形进行客观归责的判断。实践中，除了通过"全面性考察"标准所认定的可罚的网络中立帮助行为，还存在大量通过对具体的"一对一"帮助情形进行客观归责的案例，故不能排除在特定情形下网络中立帮助行为在具体的"一对一"帮助时也可能成立可罚的帮助。如前所述，在客观层面判断中立帮助行为的不法内涵，并不能仅仅孤立地考察帮助行为与正犯行为之间的因果关系，根据客观归责论，还必须综合考察帮助行为时存在的其他所有客观情况（附加信息），如此方能准确判断其是否属于"制造了法所不允许的危险"的可归责行为。据此，在对提供网络平台服务的"一对一"帮助进行客观归责判断时，不能仅仅孤立地从外形上考察网络平台提供行为（孤立地看，其在外形上往往都是日常或业务中立的），而必须根据帮助行为所处的客观社会背景综合判断。比如，正犯行为是否具有法益侵害的紧迫危险性，"对正犯起帮助作用的行为是否明显超出业务范围，所帮助的信息网络犯罪活动的性质与后果，帮助行为对正犯结果所起的作用大小，所帮助的信息网络犯罪活动的数量多少，如此等等"①。当通过综合判断得出，其已经制造了法所不允许的危险时，方可对其进行客观归责。

③处于保证人地位成立不作为的可罚的帮助的情形

如果根据法律、行政法规的规定，网络平台提供者具有信息网络安全管理义务，那么当其有能力履行该项义务而未能履行并且因而导致一定的法益侵害后果时，其不作为便属于制造了法所不允许的危险的可归责行为。当然，在对不作为的中立帮助行为进行客观归责时，应当重点考察网络平台服务提供者的作为义务以及作为可能性，即其是否负有对网络犯罪活动的监督、管控义务，并在客观上能够实施及时有效的管控行为，比如采取甄别、屏蔽、删除、切断、修复等技术措施。② 如果客观上没有这种技术可能性，则无论如何也不应成立不作为的可罚的帮助。

（3）无论是网络连接服务还是网络平台服务，都必须谨慎考察网络服务提供者的主观认知状况。

一般而言，网络服务提供者的主观认知应当达到"明知"的程度，即明确知道他人将会或者正在利用信息网络实施犯罪活动。不能仅仅因为行为人在个别情况下多少知道他人可能会利用其行为实施犯罪，就对其进行处罚，如此过分扩大帮助犯的范围，对于维护法的安定性以及法治秩序的形成可能得不偿失。③ 至于是否具有这种主观认识的判断标准，则可对帮助者与被帮助者之间是否存在通谋，或者执法部门是否在先前给予过通知、警告甚至行政处罚，或者网

---

① 参见张明楷《论帮助信息网络犯罪活动罪》，《政治与法律》2016 年第 2 期。

② 参见杨彩霞《P2P 软件和服务提供商著作权侵害刑事责任探究——以 P2P 技术架构为切入点》，《政治与法律》2016 年第 3 期。

③ 参见周光权《网络服务商的刑事责任范围》，《中国法律评论》2015 年第 2 期。

络用户是否有过告知、反映或举报等维权行为，或者根据网络服务提供者自身定期的监控记录是否记载过有非法信息大量存在的情况等客观上可以证明的因素进行考察，必要时可依赖刑事推定制度来认定"明知"。[①] 例如，根据著名的"红旗标准"规则，如果有关他人实施侵权行为的事实和情况已经像一面鲜亮的红旗在网络服务商面前公然飘摇，以至于网络服务商不可能不发现他人侵权行为的存在，则可以认定网络服务商明知。[②]

3. 典型网络中立帮助行为正犯化立法之限制解释

应当说，《刑法修正案（九）》的出台彻底改变了我国刑法以往限制处罚中立帮助行为的克制姿态，从而转向肯定（网络）中立帮助行为的可罚性并积极严密刑事法网的积极态度。尤其是帮助信息网络犯罪活动罪和拒不履行信息网络安全管理义务罪的增设，被认为分别"在作为和不作为两个方向围堵了网络中立帮助行为的出罪空间"[③]。因此，有必要在传统中立帮助行为可罚性教义的指导下，根据网络犯罪帮助行为的全新特性，对相关极具代表性和争议性的网络中立帮助行为正犯化立法的处罚范围予以相应的教义学限缩。

（1）提供侵入、非法控制计算机信息系统程序、工具罪之限制解释

整体来看，本罪属于帮助行为的正犯化。具体来看，根据我国《刑法》第285条第3款的规定，立法者根据帮助者提供的程序、工具的不同性质分别设置了不同的构成要件行为，一是提供专门用于侵入、非法控制计算机信息系统的程序、工具；二是明知他人实施侵入、非法控制计算机信息系统的违法犯罪行为而为其提供程序、

---

① 参见熊亚文《帮助信息网络犯罪活动罪的司法适用》，《刑事法评论》2017年第1卷。

② 参见刘科《帮助信息网络犯罪活动罪探析——以为网络知识产权犯罪活动提供帮助的犯罪行为为视角》，《知识产权》2015年第12期。

③ 刘艳红：《网络中立帮助行为可罚性的流变及批判——以德日的理论和实务为比较基准》，《法学评论》2016年第5期。

工具，情节严重的行为。对于提供专门性程序、工具的行为，因其本身制造了不被允许的危险，故无须再以正犯行为的法益侵害及其危险性为处罚根据，此可谓"帮助行为的绝对正犯化"。而对于提供其他一般性程序、工具的行为，由于此类帮助行为属于典型的网络中立帮助行为，因而立法者明显采取了限制处罚的立场，即以"明知他人实施"相关违法犯罪为处罚条件，并辅以"情节严重"的整体限制要素。这意味着，此类网络中立帮助行为成立本罪还需以正犯行为的法益侵害及其危险性为不法根据，否则，单纯的网络中立帮助行为本身并不具备刑事可罚的不法内涵，此可谓"帮助行为的相对正犯化"。

根据 2011 年 8 月 1 日 "两高"《关于办理危害计算机信息系统安全刑事案件应用法律若干问题的解释》第 3 条之规定，对于"明知他人实施侵入、非法控制计算机信息系统的违法犯罪行为而为其提供程序、工具"的网络中立帮助行为，具有下列情形之一的，应当认定为"情节严重"并予以定罪处罚：一是明知他人实施非法获取支付结算、证券交易、期货交易等网络金融服务身份认证信息的违法犯罪行为而为其提供程序、工具 5 人次以上的；二是明知他人实施前项规定以外的侵入、非法控制计算机信息系统的违法犯罪行为而为其提供程序、工具 20 人次以上的；三是违法所得 5000 元以上或者造成经济损失 1 万元以上的；四是其他情节严重的情节。

笔者认为，有关本罪的司法解释将提供程序、工具的"人次""获利"以及造成的"经济损失"分别单独作为入罪与否的绝对标准并不合理。比如，帮助者明知他人将要实施犯罪活动而提供一般性程序，并收取了 5000 元的报酬，但由于该程序完全不足以避开或者突破计算机信息系统的安全保护措施，因而他人最终并没有利用该程序而是采取其他方式实施了侵入行为。对此，如果按照司法解释的规定，帮助者仍然构成本罪。这样的结论并不合理。一方面帮助行为欠缺因果关系，没有引起法益侵害；另一方面帮助者提供的是一般性的程序（属于既可用于合法目的，也可用于非法目的的价值中立的程序），属于典型的网络中立帮助行为（如同传统中立帮助行为中的出售螺丝刀一样，属于既可用于合法目的也可用于非法目的的价值中立的工具）。因此，其并不具有可罚性。如前所述，中立帮助行为的首要特征便是其外形上的中立性、日常性或者职业性，因而仅仅孤立地考察其本身并无意义，只有综合考察帮助行为时存在的所有客观情况（"附加信息"），才能对中立帮助行为的客观归责性作出合理认定。基于此，对于本罪规定的可罚的网络中立帮助行为，也理应综合帮助行为时的所有客观情况进行认定，而不宜分别单独以帮助行为的"人次""违法所得"或"造成经济损失"为标准片面地进行认定。例如，帮助者提供的程序、工具对于正犯行为与结果的促进作用大小（帮助的重要性），正犯行为是否具有法益侵害的紧迫危险性，正犯行为侵犯法益的重要性，帮助者提供的程序、工具被用于违法犯罪行为是否具备高度的盖然性，如此等等因素均应纳入考量范围。如果帮助者提供的是专门用于侵入、非法控制计算机信息系统的程序、工具，那么只要帮助行为本身符合司法解释规定的条件，便可直接入罪。但是如果帮助者提供的是一般性的程序、工具，那么还可对其进行如下判断和区分：根据"全面性考察"标准，如果存在"非例外范围的人"利用该程序、工具实施犯罪活动具有高度的盖然性，那么对其进行客观归责的可能性就越大；相反，如果并不存在"非例外范围的人"利用该程序、工具实施犯罪活动的高度盖然性，那么对其进行客观归责的空间也就越小。倘若帮助者提供程序、工具的"人次""违法所得"或"造成经济损失"尚未达到司法解释规定的条件，但综合全案事实具有其他情节严重的情形时，那么仍应对其进行客观归责。相反，倘若帮助者提供程序、工具的"人次""违法所得"或"造成经济损失"已经达到司法解释规定的条件，但综合全案事实其帮助行为不宜评价为"情节严重的"情形，那么则不应对其进行客观归责。这种情形包括但不限于如下几种：①被帮助者并没有着手实施侵入、非法控制计算机信息系统的违法犯罪行为。②帮助者提供的程序、工具对正犯行为与结果没有任何物理或者心理的因果性。③在客观上并不存在"非例外范围的人"利用帮助者提供的程序、工具实施犯罪活动的高度盖然性，且帮助者在主观上并不明知他人的犯罪意图或计划，而仅仅存在主观臆测和推测。

（2）帮助信息网络犯罪活动罪之限制解释

本罪将网络连接服务商和网络平台服务商的日常业务行为作为构成要件行为，属于典型的网络中立帮助行为正犯化立法。但显而易见的是，不可能认为本罪处罚所有的网络中立帮助行为。因此，必须根据中立帮助行为理论，并结合网络中立帮助行为的特殊性，对帮助信息网络犯罪活动罪的构成要件进行相应的限制解释。

基于以客观归责论为基础的折中说，对中立帮助行为的可罚性认定，应遵循"从不法到责任""从客观到主观"的基本思路。只有行为在客观上制造并在构成要件保护范围内实现了法所不允许的危险，并且帮助者在主观上存在帮助故意（"明知"）的中立帮助行为，才具有刑事可罚性。据此，对于帮助信息网络犯罪活动罪的限制解释，也应首先从其客观不法层面展开，在此基础上再对帮助者的主观责任要素进行严格认定，从而最终实现限制中立帮助行为的处罚范围的解释目的。

①在客观不法层面，立法者为了避免过分扩大本罪的处罚范围，特别规定了"情节严重"的整体限制要素。应当说，本罪中的"情节严重"之立法规定，既为理论上限制网络中立帮助行为的处罚范围提供了线索和方向，又为本罪的限制解释立场提供了规范依据。

问题在于，如何判断帮助行为是否达到"情节严重"的程度。需要指出的是，"情节严重"这一整体评价要素应当仅仅描述帮助行为的客观方面，而不包括帮助者的主观方面。① 基于危险分配、法益衡量以及期待可能性三个方面的理由，对于以业务行为表现出来的中立帮助行为一般不具有可罚性，因而对于网络服务商的合规业务

---

① 张明楷：《刑法学》，法律出版社 2016 年版，第 1053 页。

行为，原则上不可罚。① 至于如何具体判断帮助行为的客观方面是否达到"情节严重"的程度，笔者认为，应当以帮助行为时存在的所有客观情况（附加信息）为考察对象，从客观归责论的角度进行综合认定。

　　具体而言，以下因素均能影响甚至决定帮助行为的客观不法程度。其一，如果孤立地考察帮助者的帮助行为，发现其本身已经偏离了日常行为、业务行为的范围，超越了中立帮助行为本身的中立性和必要性限度，那么其实际上便不再属于中立的帮助行为，而已然成为其他一般反规范性的犯罪帮助行为，因此原则上可以对此类帮助行为进行客观归责。比如，网络平台为他人利用信息网络实施犯罪提供帮助，同时收取明显高于正常业务行为的不当报酬的，其帮助行为本身也已经不再属于中立的帮助行为。再如，网络连接服务提供者违反相关规范（法律法规、行业规范、公司规定等），为他人利用信息网络实施犯罪提供互联网接入、服务器托管、通讯传输等技术支持的，只需单纯孤立地考察帮助行为本身即可得出其制造了法所不容许的危险的结论。其二，如果孤立来看帮助行为本身在外形上属于中立帮助行为，但综合帮助行为时存在的所有客观情况（附加信息）来看，其实际上制造了法所不允许的危险，那么其仍具备可归责性。比如，为正在实行犯罪的人，或者在正犯行为具有法益侵害的紧迫危险性的其他场合，提供网络技术帮助的，当然具有客观可归责性。反之，如果被帮助者尚处于离构成要件行为较远的、不具有可罚性的预备阶段，那么对这种不可罚的预备行为提供的中立帮助行为则更不应当处罚。又如，倘若被帮助者计划实施的犯罪行为具有严重的法益侵害性（侵犯法益的重大性），那么为其提供网络技术帮助的行为的不法程度也相应更高，原则上符合"情节严重"的入罪条件。再如，当帮助者提供的网络技术帮助对于正犯行为及其结果而言具有重要甚至是核心的促进作用时，如极大地增加了法

---

① 参见张明楷《论帮助信息网络犯罪活动罪》，《政治与法律》2016 年第 2 期。

益侵害结果出现的可能,或者明显促进了法益侵害结果的出现,甚至属于正犯行为得以顺利实施的不可或缺的重要帮助等情形,由于此时帮助行为与正犯行为存在客观上的"共同性",具有明显犯罪意义的关联性和指向性,因而可以对其进行客观归责。其三,对于提供软件型网络中立帮助行为("一对多"的帮助),则应采取"全面性考察"标准来判断其是否具有可罚性。比如,在"快播"案中,行为人开发并向国际互联网公开免费提供某种视频播放软件,该款软件具有其他一般视频播放软件所没有的独特功能,即基于 P2P 技术而添加的缓存、碎片整合等技术,从而使该软件一举突破了传统网络视频播放软件的技术界限,获得了资源搜索、推荐等新功能,大量用户利用该软件传播、获取淫秽视频,由此导致大量淫秽视频在国际互联网上广泛传播。① 根据检察机关指控,在该软件所属服务器中提取到淫秽视频两万余个,并且行为人利用中心调度服务器在站长与用户、用户与用户之间搭建了一个视频文件传输的平台,通过缓存服务器方便淫秽视频的下载与传播。从"全面性考察"标准来看,在获得该软件的人之中,不能称为例外的多数人利用其实施违法犯罪活动的盖然性很高,该软件事实上已经成为淫秽视频发布、搜索、下载等传播的"危险中心",因此,该案中提供价值中立的视频软件的行为成立可罚的帮助。至于其最终应以传播淫秽物品牟利罪,还是以帮助信息网络犯罪活动罪定罪处罚,则另当别论。相反,如果行为人创建了一个免费的 BBS 论坛,在其众多用户中有个别用户发布了一些违法犯罪信息,经网络用户举报和监管部门责令,行为人对相关用户采取了封号、删除等措施,但仍有个别新注册的用户继续发布违法犯罪信息。② 对此,从"全面性考察"标准来看,该 BBS 论坛与其他相关主流网络平台一样,并没有成为网络犯罪法

---

① 参见刘艳红《无罪的快播与有罪的思维——"快播案"有罪论之反思与批判》,《政治与法律》2016 年第 12 期。

② 参见刘艳红《网络中立帮助行为可罚性的流变及批判——以德日的理论和实务为比较基准》,《法学评论》2016 年第 5 期。

益侵害的"危险中心"，因此，该网络中立帮助行为不属于可罚的帮助。其四，网络中立帮助行为对信息网络犯罪活动的帮助次数、是否提供长期稳定帮助、违法所得、所涉犯罪数额、造成经济损失以及其他危害后果等因素，也都是判断其是否属于"情节严重"情形所要综合考虑的。

②在主观责任层面，核心在于认定行为人是否"明知他人利用信息网络实施犯罪"。

首先，"明知"属于行为人的主观认识要素，其是犯罪故意的核心要素之一，根据以客观归责论为基础的折中说所确立的主观归责条件，"明知"不以帮助者存在"犯罪促进意思"为要件。至于"明知"是否包括"不确定故意"，笔者认为，由于所谓的"确定故意"与"不确定故意"均属于犯罪故意，没有理由将"不确定故意"排除在"明知"范围之外。事实上，所谓"不确定故意"中的"不确定"指的是"结果"的不确定性，其具体包括结果发生与否的不确定性（未必的故意），结果发生的对象不特定（概括的故意），以及结果发生在哪一个对象上不确定（择一的故意）。无论是哪种不确定故意的情形，行为人对其实施的危害行为的认识都是确定的。具体到帮助行为，帮助故意要求帮助者明确认识到自己的行为会对他人的犯罪行为形成帮助，至于正犯结果最终是否发生以及如何发生，则允许存在不确定性。换言之，对帮助者的主观认识无需进行程度上的划分，只要帮助者明确认识到自己的行为会对他人的犯罪行为（这要求至少认识到对方的犯罪意图或者意图犯罪）形成帮助即可，而无须明确认识到对方详细的犯罪计划、准确的犯罪目的和犯罪对象等具体细节。比如，明确知道对方正在利用信息网络实施诈骗犯罪即符合本罪中的"明知"要件，而不需要明确知道具体的诈骗对象、诈骗数额、诈骗方式、诈骗是否既遂等细节。此外，有学者认为，应将本罪的主观要素限定为"直接故意"。① 对此，笔者持相反的观点。间接故意也是故意，其在认识因素上与直接故意没有任何区别，二者只不过在意志因素上存在程度上的细微区别。当分则规定以"明知"为要件时，并不排除间接故意的可能性。② 因此，本罪的主观要素既包括直接故意与间接故意，也包括确定的故意与不确定的故意。值得指出的是，在司法实践中，应当注重充分运用刑事推定的方式来认定"明知"要素。③

其次，是否要求他人（正犯）最终成立相关犯罪，或者只要求他人着手实行了具有构成要件符合性和违法性的客观犯罪行为，或者不要求他人着手实行犯罪行为而仅仅要求其单纯表露出犯罪意图即可。这实际上一方面涉及对于狭义共犯的成立应当采取极端从属性说还是限制从属性说的立场问题，另一方面还涉及本罪立法是否仅属于帮助犯的量刑规则的问题。如前所述，笔者认为，本罪属于帮助犯的相对正犯化，因此对于本罪的认定，不必完全遵循作为狭义共犯的帮助犯的共犯从属性理论。只不过，由于本罪的构成要件行为属于典型的网络中立帮助行为，因而需要对其采取限制处罚的立场，这种限制一方面来自以中立帮助行为为中心的判断，另一方面则来自对被帮助者所实施行为的客观不法程度的要求。理论上有学者认为，他人实施的犯罪应限于有责意义上的犯罪。④ 这种观点实际上采取的是共犯的极端从属性说，该说因存在诸多弊端而基本不被学界采纳，笔者不认同这种观点。至于共犯的限制从属性说，其在认定作为狭义共犯的帮助犯的成立范围时，具有相当的合理性，

---

① 参见阎二鹏《法教义学视角下帮助行为正犯化的省思——以〈中华人民共和国刑法修正案（九）〉为视角》，《社会科学辑刊》2016 年第 4 期。

② 参见张明楷《刑法分则的解释原理》，中国人民大学出版社 2011 年版，第628 页。

③ 参见刘科《帮助信息网络犯罪活动罪探析——以为网络知识产权犯罪活动提供帮助的犯罪行为为视角》，《知识产权》2015 年第 12 期。

④ 参见刘宪权《论信息网络技术滥用行为的刑事责任》，《政法论坛》2015 年第6 期。

但是，对于帮助行为正犯化立法的处罚范围而言，其最多仅具有参考意义。笔者认为，基于中立帮助行为可罚性标准的以客观归责论为基础的折中说，应当从客观归责论的角度来确定"他人利用信息网络实施犯罪"的程度要求，即只有当他人的行为在客观上制造了法所不允许的危险时，对其提供的帮助行为才具有可罚性基础。据此，只有当他人实施的客观行为能够明确征表其主观上的犯罪决意、犯罪意图时，为其提供网络技术帮助的行为才具有可罚性。如果他人仅仅只是单纯表达了犯罪意图而没有实施任何犯罪预备行为，或者其实施的犯罪预备行为不能明确征表其主观上的犯罪意图，那么对其提供网络技术帮助的行为还不符合"情节严重"的要求，不具有可罚性。对此，前述德国学者舒曼提出的"接近构成行为"准则具有一定的参考意义。总之，对于"他人利用信息网络实施犯罪"，既不能完全照搬帮助犯的限制从属性原理来加以认定，更不能采取共犯的极端从属性说来予以过分限制，也不宜仅仅以单纯的犯罪意图表示为处罚条件来放宽处罚范围，而应当从客观归责论的角度来确定其程度要求，即只有当他人实施的犯罪预备行为能够明确征表其主观上的犯罪决意、犯罪意图时，帮助者对此存在"明知"且仍为其提供网络技术帮助的，方符合本罪"情节严重的"要求。对此，笔者且称之为"犯罪意图征表"标准。之所以采取犯意征表标准，主要理由在于：一般而言，预备行为越接近构成要件行为，就越能明确征表出行为人的主观犯意，从客观归责论的角度来看，其也就越有可能被评价为"制造了法所不允许的危险"的行为。此外，接近构成要件的行为不仅能明确征表出行为人的主观犯意，其在客观上也属于具有法益侵害紧迫危险性的行为，其与"实行行为"并无实质区别。

（3）拒不履行信息网络安全管理义务罪之限制解释

根据刑法第286之一的规定，本罪属于典型的真正（纯正）不作为犯。因此，认定本罪成立的核心在于网络服务提供者是否具有作为义务（其是否处于保证人地位）以及作为可能性（其是否有能力、有条件履行义务)。

首先,本罪中的信息网络安全管理义务应当仅限于法律、行政法规明文规定的义务,而且应是命令规范设置的义务。① 然而,尽管立法机关已将"信息网络安全管理义务"细分为"落实信息网络安全管理制度和安全保护技术措施""及时发现、处置违法信息"和"对网上信息和网络日志信息记录进行备份和留存"三个方面内容,② 但实际上仍具有相当的抽象性、概括性和模糊性。例如,"及时发现、处置违法信息"是否课予了网络服务提供者事先审查义务和实时监控义务,还是仅仅要求其履行事后的消除义务,其义务边界并不明确,这无疑容易导致处罚范围的无限扩大化,使本罪沦为一个兜底性的"口袋罪"。因此,有必要进一步明确本罪中的"信息网络安全管理义务"的界限范围。

根据全国人大常委会 2016 年 11 月 7 日颁布的《中华人民共和国网络安全法》第 47 条"网络运营者应当加强对其用户发布的信息的管理,发现法律、行政法规禁止发布或者传输的信息的,应当立即停止传输该信息,采取消除等处置措施,防止信息扩散,保存有关记录,并向有关主管部门报告"。以及第 48 条第 2 款:("电子信息发送服务提供者和应用软件下载服务提供者,应当履行安全管理义务,知道其用户有前款规定行为的,应当停止提供服务,采取消除等处置措施,保存有关记录,并向有关主管部门报告。")的规定,网络服务提供者确实具有"发现、处置违法信息并记录、报告的义务"。但是,问题在于,"发现违法信息的义务"是否意味着网络服务提供者应当履行预先审查和实时监控的义务。

笔者认为,基于以下理由,不能认为网络安全法课予了网络服务提供者预先审查和实时监控的义务。

---

① 参见张明楷《刑法学》,法律出版社 2016 年版,第 1049 页。
② 参见全国人大常委会法制工作委员会刑法室《〈中华人民共和国刑法修正案(九)〉条文说明、立法理由及相关规定》,北京大学出版社 2016 年版,第 215—216 页。

①世界主要国家和地区的相关立法，均普遍根据"避风港"原则免除了网络服务商的事先审查和主动监督义务。"避风港"原则源自美国 1998 年颁布的《数字千年版权法》（DMCA 法案），其核心内容就是免除网络服务商的事先审查义务，即网络服务商无须对其传输或储存的信息负担主动监督或审查侵权事实的义务。美国和欧盟法院均认为，网络服务提供者没有过滤、监控网络上非法内容的一般性义务。要求网络服务提供者履行预先审查和实时监控义务，不但会严重侵犯他们的经营自由，也会造成成本的昂贵和复杂。在刑事领域，"注意到网络服务提供者的困境，这个法案唯一的意图就是减少网络服务提供者为第三方行为承担刑事责任的风险"[①]。据此，对于网络侵权行为，网络服务商只需要通过"通知＋移除"规则予以排除即可。当前，"避风港"原则作为旨在保护网络服务商利益的责任豁免条款，已经被普遍接受并成为网络服务侵权领域的一般性原则。[②] 比如，《欧盟信息社会著作权指令》直接将"避风港"原则规定称为网络服务商的责任限制或责任豁免条款。

②在我国，国务院颁布的《信息网络传播权保护条例》第 14 条、第 15 条、第 22 条、第 23 条等规定在实质上确立了"避风港"原则。同时，原《侵权责任法》第 36 条规定，网络用户、网络服务提供者利用网络侵害他人民事权益的，应当承担侵权责任。网络用户利用网络服务实施侵权行为的，被侵权人有权通知网络服务提供者采取删除、屏蔽、断开链接等必要措施。网络服务提供者接到通知后未及时采取必要措施的，对损害的扩大部分与该网络用户承担连带责任。网络服务提供者知道网络用户利用其网络服务侵害他人民事权益，未采取必要措施的，与该网络用户承担连带责任。该规定也明确确立了"避风港"原则，即网络服务提供者的安全管理义

---

①　参见［美］Lawrence G. Walters《美国网络服务提供者的刑事责任理论研究——基于网上色情信息的视角》，杨新绿、涂龙科译，《刑法论丛》2015 年第 4 卷。

②　参见刘文杰《网络服务提供者的安全保障义务》，《中外法学》2012 年第 2 期。

务仅限于"通知＋取下"规则与"知道"规则之中，而不具有事先或者实时的主动审查义务。由此可见，我国立法在对网络服务提供者分配侵权责任时，基本确立了国际社会通行的"避风港"原则。据此，网络服务提供者一般仅在接到被侵权人通知后才负有删除、屏蔽、断开链接等作为义务；在未接到被侵权人通知前，法律推定其对已经发生的侵权事实不知晓，不承担侵权责任；除非被侵权人能提供有力证据证明网络服务提供者"知道"用户的侵权行为而未采取必要措施的，其才应当承担赔偿责任。

③《网络安全法》《侵权责任法》《信息网络传播权保护条例》理应属于本罪中的作为义务来源。不能认为，刑修九确立了网络服务商的作为义务。[1] 倘若处罚仅因网络服务提供者没有履行所谓的主动审查义务而导致法益侵害结果的不作为，那么便与上述法律法规规定的网络服务商承担侵权责任中的"避风港"原则相悖，从而造成网络服务商不构成侵权责任却要承担刑事责任的荒谬局面。综上所述，对于本罪中的作为义务应作限制解释，即其仅限于网络服务提供者被通知不法信息存在或者满足"红旗规则"（"知道"规则）时所具有的处置义务，而不包括预先主动审查和实时监控的义务。

另一个值得特别探讨的问题是，网络连接服务商在何种程度上能够成立拒不履行信息网络安全管理义务罪。对此，有学者认为，如果网络连接商在被权力部门告知的情况下，仍然提供相关服务的，则成立帮助犯。[2] 笔者认为，这种结论并不妥当。根据以客观归责论为基础的折中说，可罚的中立帮助行为首先在客观上必须制造了法所不容许的危险，否则不能对其进行客观归责。因此，只要网络连接服务商提供的网络连接服务符合相关规定、规范和要求，那么其

---

[1]　参见刘艳红《网络中立帮助行为可罚性的流变及批判——以德日的理论和实务为比较基准》，《法学评论》2016年第5期。

[2]　参见陈洪兵《中立行为的帮助》，法律出版社2010年版，第233页。

便是不可罚的正当业务行为，至于用户如何利用该网络则不在其监管、审查义务范围之内（这已经进入了网络平台提供者的义务范畴）。换言之，网络连接服务商在此种情形下并不处于保证人地位，其既不成立作为犯罪（狭义共犯或帮助信息网络犯罪活动罪），也不成立不作为犯罪（拒不履行信息网络安全管理义务罪）。对此，正如有学者所指出的，只要网络接入服务合法合规，那么无论警方是否介入，其均不具有可罚性。[①] 由此不难看出，事实上，网络接入服务商对第三人的安全管理义务要远远小于网络平台服务商。比如，德国的《信息和通信服务规范法》专门对网络服务商予以分类并确定相应的侵权责任：对于网络平台服务商，一般不对第三人发布的信息承担侵权责任，除非该服务商对这些信息进行了有意识的利用，或者，如果该服务商已经知晓侵权信息的存在而没有采取措施禁止该信息被其他用户接触，那么他应当与该信息的制作者承担共同侵权的责任；而对于网络接入服务商，原则上不对第三方的侵权承担责任。这是因为，前者的责任主要集中于网络接入过程中，对于网络用户后续实施的侵权或犯罪行为原则上没有管理和处置义务。我国相关法律规定也同样反映了二者在义务上的这种区别。根据我国《网络安全法》第24条以及第四章"网络信息安全"的相关规定，网络连接服务商的安全管理义务主要有两个方面：一是对网络接入用户的真实身份信息进行审核，二是对用户信息的保护。据此，只有当网络连接服务商不履行用户信息审核与保护义务，且拒不改正，情节严重的，才成立本罪。

其次，在确定存在作为义务的基础上，还要结合履行能力和客观条件来判断网络服务商是否具有作为可能性。对于作为可能性的判断，既要以附随情况正常性与否为资料，也要以保证人的个人能力为资料。[②] 具体到本罪中，网络服务提供者在客观上是否能够实施

---

① 周光权：《网络服务商的刑事责任范围》，《中国法律评论》2015年第2期。
② 参见张明楷《刑法学》，法律出版社2016年版，第160页。

及时有效的管控行为，比如采取甄别、屏蔽、删除、切断、修复等技术措施，决定了其是否具有作为可能性。对此，正如有学者所指出的，这种能力实际上是一种技术可能性，它也是网络技术语境下期待可能性理论的具体要求，即在网络技术构建的特定时空中，是否能期待行为人履行其改正义务。① 如果网络服务提供者在客观上没有这种技术可能性，则无论如何也不应成立本罪。

二 基于共犯的从属性原理之限制

我国刑法分则中的犯罪帮助行为的相对正犯化立法，除了将原本应以帮助犯定罪处罚的帮助行为直接提升为正犯处罚，还将原本尚不成立帮助犯（正犯者尚未着手实行犯罪情形下）的帮助行为也一并加以犯罪化了，由此引发对相关帮助行为的刑罚处罚是否具备正当化根据的疑问。若从共犯论的角度来看，根据因果共犯论（惹起说），帮助行为的违法性根据在于其间接的法益侵害性（准确来说就是法益侵害的危险性）。当帮助行为被提升为正犯行为，其便属于符合构成要件的犯罪实行行为，由于"犯罪的本质是法益侵害"②，因此，被正犯化的帮助行为在本质上必然需要具备法益侵害性（包含法益侵害的危险性）。可见，无论是从帮助行为正犯化之前的共犯论立场，还是从帮助行为正犯化之后的犯罪论立场来看，只有存在法益侵害危险性的帮助行为才具备刑罚处罚的正当化根据。

循此，对于帮助犯的相对正犯化立法，应以帮助行为本身的法益侵害危险性为根据对相关犯罪的构成要件进行实质解释，将不存在法益侵害危险性的帮助行为排除在外，从而实现处罚的正当化与合理化。至于实质解释的基本路径，笔者认为，可以将帮助行为划分为实行阶段的帮助与预备阶段的帮助，对于前者直接参照共犯论

---

① 参见杨彩霞《P2P 软件和服务提供商著作权侵害刑事责任探究——以 P2P 技术架构为切入点》，《政治与法律》2016 年第 3 期。

② 参见张明楷《刑法学》，法律出版社 2016 年版，第 89 页。

的思路加以解决，对于后者由于实际上涉及犯罪参与的前阶段问题，因而可以适用预备犯的相关理论加以解决。

（一）以处罚犯罪实行行为的帮助为原则

尽管立法已将犯罪帮助行为予以相对正犯化，但这些具备独立构成要件的帮助行为在本质上仍然属于其他犯罪的帮助行为（狭义的共犯），其在可罚性根据问题上与作为狭义共犯的帮助犯并无二致。根据共犯的从属性原理，只有当正犯着手实行犯罪时，共犯才具有可罚性。因此，对于刑法分则中的犯罪帮助行为的相对正犯化立法，其处罚范围原则上也应与帮助行为正犯化之前的帮助犯相一致。换言之，原则上应当将犯罪帮助行为的相对正犯化立法视为"帮助犯的量刑规则"，即只有当被帮助者着手实行了犯罪时，帮助行为才具备该当构成要件的违法性。

在此需要强调的是，笔者虽然主张"以处罚犯罪实行行为的帮助为原则"，但这并不意味着认同张明楷教授提出的相关立法"没有将帮助犯提升为正犯，只是对其规定了独立的法定刑"[1] 之观点。如前所述，笔者认为，在刑法分则中并不存在所谓的"帮助犯的量刑规则"，只要分则立法将某种行为通过构成要件加以定型化，那么其就属于实行行为、正犯行为。以帮助信息网络犯罪活动罪为例，笔者赞同当前学界的主流观点，认为本罪属于帮助行为（相对）正犯化之体现。对此，正如有学者所指出的，如果帮助行为被刑法分则所规定，那么该行为就不能再被称为正犯行为的帮助犯，而是独立的正犯。[2] 因为刑法分则立法具有罪名设置功能，任何一种行为只要被刑法分则规定为犯罪，其便属于符合刑法分则规定的犯罪构成要件的正犯行为。

可能有人会质疑：既然犯罪帮助行为已经被正犯化，那么为何仍要将相关立法的处罚范围限制为"以处罚犯罪实行行为的帮助为

---

① 张明楷：《论帮助信息网络犯罪活动罪》，《政治与法律》2016 年第 2 期。

② 刘艳红：《网络犯罪帮助行为正犯化之批判》，《法商研究》2016 年第 3 期。

原则"，这难道不是用共犯的从属性原理来限制正犯的处罚范围吗？对此，笔者认为，由于共犯的从属性与帮助行为正犯化所关涉的是不同层面的问题，因而不存在矛盾。仍以帮助信息网络犯罪活动罪为例，笔者既主张本罪属于帮助行为的正犯化，又主张其适用原则上应符合共犯的从属性原理。理由如下：帮助信息网络犯罪活动罪在本质上属于帮助行为的正犯化，是就其行为性质而言的，即这种帮助行为是被刑法分则立法构成要件化的正犯行为，对其可以独立的罪名定罪处罚，而不一定非以被帮助者所犯罪名的共犯处罚；而帮助信息网络犯罪活动罪之适用原则上应符合共犯的从属性原理，是就其处罚范围而言的，共犯从属性原理在这里只是一种实质解释的方法和工具，即由于本罪构成要件包含了不值得刑罚处罚的帮助行为，为合理控制处罚范围，因而有必要对其构成要件进行实质解释，从而将形式上符合本罪构成要件但实质上不值得刑罚处罚的帮助行为排除在犯罪圈之外。因此，在帮助行为正犯化立法中，共犯的从属性原理只是判断帮助行为是否具有实质可罚性的根据和标准，完全没有必要为了达到限制相关立法处罚范围的目的，而将其解释为"帮助犯的量刑规则"。

　　基于限制从属性原理，只有当正犯至少着手实施犯罪行为时才能处罚帮助犯，否则便缺乏处罚的正当化根据。当然，根据客观的违法性论，只要正犯的行为符合构成要件并且违法，不管正犯是否具有责任，即可认定帮助犯的成立，而不需要以正犯者构成犯罪为前提。据此，对于帮助信息网络犯罪活动罪，应将其处罚条件限缩解释为：只有当被帮助者着手实施相关网络犯罪时，帮助者才能成立本罪。当然，只要现有证据表明他人利用信息网络实施了符合构成要件的不法行为，实施帮助行为的人就可以成立本罪，至于他人究竟是谁、他人是否被查获、他人是否具有责任，都不影响犯罪成立。① 相反，在被帮助者没有着手实施信息网络犯罪活动，或者虽然

---

① 参见张明楷《论帮助信息网络犯罪活动罪》，《政治与法律》2016 年第 2 期。

着手实施了信息网络犯罪活动但没有使用网络服务提供者提供的相应网络技术支持或帮助的情形时，由于网络技术中立的帮助行为在实质上没有间接地引起法益侵害，因而原则上不成立本罪。同理，对于"协助型"强迫劳动罪，原则上也应以被帮助者着手实施了强迫他人劳动犯罪为处罚条件。对于为他人实施组织考试作弊犯罪提供作弊器材或者其他帮助的行为（"帮助型"组织考试作弊罪），原则上也应以被帮助者着手实施了组织考试作弊犯罪为处罚条件。对于"中立帮助型"提供侵入计算机工具、程序的犯罪，原则上也应以被帮助者着手实施侵入行为为处罚条件。对于明知他人用于出版淫秽物品而提供书号的行为（"提供书号型"出版淫秽物品牟利罪），原则上也应以他人着手实施出版淫秽物品犯罪行为为处罚条件。

（二）以处罚犯罪预备行为的帮助为例外

然而，对于帮助行为正犯化立法而言，共犯的限制从属性原理终究只能是一种实质解释的方法和工具，其仅具有限制解释的参考意义，而不能完全依此强制性地划定相关犯罪的处罚范围。因为犯罪帮助行为一旦被正犯化，其便属于完全独立的构成要件行为、实行行为和正犯行为，帮助者也直接被提升为正犯，而不再属于作为狭义共犯的帮助犯，所以帮助行为正犯化立法的处罚范围不再受到共犯从属性原理的强制性限制和约束。此时在客观上，帮助者与被帮助者虽然也成立共同犯罪，但二者都是各自犯罪的正犯，即二者成立共同正犯，而不再属于正犯与狭义共犯所形成的共同犯罪。当然，即使如此也不能认为"帮助行为正犯化立法肯定了共犯的独立性"[1]。帮助行为正犯化属于立法论上的犯罪化问题，而共犯的从属性说与独立性说则属于共犯论上关于狭义共犯（教唆犯、帮助犯）的处罚是否需要正犯者着手实行犯罪问题的争论，这两个问题的性

---

[1]　参见陈文昊、郭自力《刑事立法帮助行为正犯化进程中的共犯独立性提倡——从共犯从属性的理论症结谈起》，《广东行政学院学报》2017年第1期。

质和范畴完全不同，不能混为一谈。既然共犯的限制从属性原理没有也不能强制划定帮助行为正犯化立法的处罚范围，那么我们就必须在此之外继续探讨其他不符合帮助犯成立条件的帮助行为是否以及在何种程度上可以构成相关帮助型犯罪。换言之，当被帮助者尚未着手实行犯罪行为，而仅仅停留在犯罪预备阶段时，被正犯化的帮助行为在何种程度上具备刑事可罚性？

对于犯罪预备行为的帮助，实际上已经超出了正犯与共犯的概念和关系范畴，而只涉及"犯罪参与的前阶段"问题。事实上，正犯与共犯虽是犯罪参与论的核心问题，却并非全部，在犯罪参与论中尚存在犯罪参与的前阶段问题。所谓"犯罪参与的前阶段"，实际上就是指仅在犯罪预备阶段的参与犯的情形。当所有的参与者都尚未达到着手实行犯罪行为的犯罪实行阶段时，由于既无属于构成要件行为主体的正犯，亦无依附于正犯行为的共犯，因而不能将"犯罪参与的前阶段"概念与着手实行犯罪后的正犯与共犯概念混为一谈，更不能认为处罚犯罪预备阶段的参与犯意味着采取了所谓的不以正犯者着手实行犯罪为必要的"共犯独立性说"。[①] 对于仅在犯罪预备阶段的参与犯（教唆、帮助），原本均因无所谓的正犯，自也无依附于其上的共犯可言，因而刑法理论和实践均认为，对其应依照现行法直接以刑法中相关预备犯的规定论处刑事责任。当然，如果刑法总则中直接规定了对教唆未遂的处罚，那么便无须再行适用刑法中关于预备犯的处罚规定，我国和德国即属于这种情况。但如果刑法总则没有特别规定处罚教唆未遂，那么便只能按照刑法中的预备犯的处罚规定对其予以例外性的处罚。不过，综观世界各国刑法，均没有在总则规定处罚犯罪预备阶段的帮助行为（"帮助未遂"）的立法例，因此，对其一般应当适用刑法关于预备犯的处罚规定。

关于犯罪预备阶段的参与犯的可罚性问题，部分国家刑法总则

---

① 参见林山田《刑法通论》（下册），北京大学出版社 2012 年版，第 16—17 页。

对于"教唆的未遂"的处罚规定是具有典型参考意义的规范依据之一。例如，我国《刑法》第 29 条第 2 款规定，"如果被教唆的人没有犯被教唆的罪，对于教唆犯，可以从轻或者减轻处罚"。《德国刑法典》第 30 条第 1 款规定，"命令或教唆他人实施重罪而未遂的，依重罪的未遂论处"。在教唆未遂情形下，由于没有一个参加人着手实行了构成要件行为，因而其既不符合犯罪未遂的规定，也不符合共犯从属性原理对于共犯成立必须依附于正犯的基本要求。因此，德国刑法学的主流意见认为，刑法总则所规定的教唆的未遂，在其学理性质上，既不是未遂，也不是共犯，而实为犯罪预备。[①] 对于犯罪预备行为的可罚性，德国刑法理论和实践均认为，预备行为原则上不受刑罚处罚，只有在特殊情况下才能例外地处罚预备行为。[②] 据此，对于教唆未遂，立法、判例和理论均采取了节制处罚的立场，以确保对其处罚具备正当化根据。德国刑法第 30 条将可罚的教唆未遂限制为重罪，这便遵循了只有"重罪的预备"才具有可罚性的预备行为例外处罚原则。此外，德国刑法第 31 条还确立了教唆未遂在中止的情况下免除刑罚的规则。在司法判例和刑法理论上，人们普遍认为，在"重罪的预备"的基础上，只有"立法者对其赋予了一种完全特别的、超出通常情况的危险性"的预备行为（也被称为"表现形式最严重的共犯"），才应当受到刑罚处罚。具体而言，预备行为（在此特指"教唆未遂"）的这种危险性可以归结为两个方面：一是参加者"启动了一个无法再控制的因果过程"[③]，即其在完成自己的参与行为后就已对犯罪放手，因而不能再单独地任意决定实施还是不实施犯罪行为（抽象危险的"失控论"）；二是共谋约束

---

① 参见蔡桂生《德国刑法中的杜歇纳条款研究——教唆的未遂的一个域外样本》，《东方法学》2013 年第 4 期。

② 参见［德］冈特·施特拉腾韦特、［德］洛塔尔·库伦《刑法总论 I ——犯罪论》，杨萌译，法律出版社 2006 年版，第 249—250 页。

③ ［德］克劳斯·罗克辛：《德国刑法学　总论（第 2 卷）：犯罪行为的特别表现形式》，王世洲等译，法律出版社 2013 年版，第 217 页。

更具有危险性，这种约束使得各个参加者都更难从实施犯罪行为的约定中撤出（"约束论"）。① 对于德国判例和部分理论所持的上述教唆未遂的处罚根据论，有部分学者指出，立法者对教唆未遂赋予的特别危险性终究只是一种抽象危险（教唆行为具有引起他人实施重罪的类型化危险），这"无异于说有了教唆者的教唆，就一般地具有了实施重罪的可能性"，而事实上有许多教唆未遂根本不具有引起他人实施重罪的危险性，对其统一予以刑罚处罚并不具有合理性。据此，理论上提出了一种节制程度更高的具体危险论，主张"仅当创设了会实施重罪的具体危险，才可处罚教唆的未遂"②。具体危险论对教唆行为提出了更高的限制，它要求教唆行为必须尽量具体化、特定化，即"教唆人故意的明确性"。明确性的判断标准是，通过把他人包括进来，受保护的法益是否已经出现了更大的危险。这个构成行为必须由教唆人如此确定，以至于另一个人在愿意时就能够实施。③ 基于具体危险论，理论上进一步认为，对于"失败的教唆"，由于根本未引起犯罪决意，因而不具有引起他人实施重罪的可能性，故对其不应予以刑罚处罚；而对于"无结果的教唆"，由于被教唆者已经产生了犯罪决意，只不过出于某种原因止于预备阶段而没有着手实行犯罪，此类教唆未遂显然具有使事件失控的可能（具体危险的"失控论"，即具有引起他人实施重罪的具体可能性），因而对其可以予以刑罚处罚。这就是所谓的"部分处罚论"的观点，简言之，即"仅可处罚无结果的教唆，而不能处罚失败的教唆"④。总之，对于德国刑法总则关于教唆未遂的处罚规定，立法、判例及理论均采

---

① 参见［德］乌尔斯·金德霍伊泽尔《刑法总论教科书》，蔡桂生译，北京大学出版社2015年版，第460页。

② 转引自蔡桂生《德国刑法中的杜歇纳条款研究——教唆的未遂的一个域外样本》，《东方法学》2013年第4期。

③ 参见［德］克劳斯·罗克辛《德国刑法学 总论（第2卷）：犯罪行为的特别表现形式》，王世洲等译，法律出版社2013年版，第222页。

④ 参见蔡桂生《德国刑法中的杜歇纳条款研究——教唆的未遂的一个域外样本》，《东方法学》2013年第4期。

取了节制处罚的立场，并发展出了"重罪预备""特别危险的形式""具体危险"以及"部分处罚"等体系化的限制理论。

应当说，这些限制理论在本质上均围绕着决定教唆未遂的可罚性根据的两个核心要素展开：一是教唆行为可能侵害法益的重大性（"重罪预备"之限制即是如此），二是教唆行为引起法益侵害的可能性（"特别危险的形式"或"具体危险"之限制即是如此）。而这两个核心要素又共同决定了教唆未遂的法益侵害危险性大小，进而决定了其是否具备值得刑罚处罚的违法性。只有当教唆未遂指向重罪，即其可能引起的法益侵害具有重大性，而且符合立法者赋予的特别危险的形式或者（更严格地限制为）创设了他人实施重罪的具体危险时，即其具有引起法益侵害的可能性，教唆未遂的法益侵害危险性才达到了值得科处刑罚的不法程度。否则，教唆未遂不具有刑事可罚性。

德国刑法学对于教唆未遂的限制处罚理论，无疑可以为犯罪预备阶段的帮助行为的可罚性问题提供有益参考。因为无论是教唆未遂还是对犯罪预备行为的帮助，均不属于共犯范畴，二者在本质上都处于犯罪预备阶段，因而只涉及犯罪预备的处罚问题。只不过，有些国家或地区的刑法在总则中直接规定了教唆未遂的处罚条款，因而只需直接适用相关条款处罚教唆未遂，而不必再行适用预备犯的相关处罚规定而已。但这仅仅只是一种立法上的区别，不足以掩盖二者在本质上属于预备犯的共同属性。事实上，有关教唆未遂的限制处罚理论其实就是预备行为的可罚性理论，二者在本质上均是围绕预备行为的法益侵害危险性而展开的。因此，我们完全可以借助德国刑法学对于教唆未遂节制处罚的思路和方法，来限制犯罪预备阶段的帮助行为的可罚性范围。

具体而言，首先，犯罪预备阶段的帮助行为可能引起的法益侵害应当具有重大性，即被帮助者将要实施的犯罪行为应当具有严重的法益侵害性（"重罪预备"之限制）。所谓侵害法益的重大性，既包括对性质重大的法益（国家安全、公共安全、重要社会秩序、生命健康、重大财产等）的侵害，也包括对数量众多的法益以及种类众多的法益（比如网络犯罪"一对多"的法益侵害模式）的侵害。只有具备针对重大法益的侵害危险性，犯罪预备阶段的帮助行为才存在应当提前对其进行刑罚处罚的预防必要性，如此方具备刑罚目的的正当性。其次，犯罪预备阶段的帮助行为应当具备引起法益侵害的可能性，即帮助行为有可能会被他人用来实施犯罪，这种可能性既可以是一种类型化的抽象危险性，当然也可以是一种具体的危险性。换言之，随着时间推移和事态发展，犯罪预备阶段的帮助行为有可能提升为犯罪实行阶段的帮助行为，从而对刑法保护的重大法益造成现实的侵害或威胁。据此，只有在客观上具有犯罪促进作用且可能被他人用来实施犯罪，但终止于犯罪预备阶段的"无结果的帮助"，才存在引起法益侵害的危险性，才具备可罚性根据；相反，应当排除在客观上根本不具有犯罪促进作用或者被他人利用的可能性的"失败的帮助"的可罚性，因为其在本质上不具有法益侵害危险性的不法内涵。在"无结果的帮助"情形下，有些帮助行为只要符合立法者规定的特殊形式即具有可罚性，这便是以帮助行为本身所具有的法益侵害的抽象危险性为不法根据；有些帮助行为则需要结合具体的情况判断其是否具备引起法益侵害的具体危险性，以确定其是否具有可罚性。前者一般包括"一对多"的专门性网络技术帮助行为，比如，我国《刑法》第285条第3款规定的提供侵入、非法控制计算机信息系统程序、工具罪中的提供专门用于侵入、非法控制计算机信息系统的程序、工具的行为即是如此。此类帮助行为本身具有一定的反规范性，一旦实施便通常会导致一种不可控的针对重大法益的侵害危险性状态，因而立法者将其加以类型化和构成要件化。而后者则一般包括传统的"一对一"帮助以及网络中立行为的"一对多"帮助情形，如协助强迫劳动、协助组织卖淫、提供书号帮助他人出版淫秽物品等传统"一对一"帮助行为，以及"一对多"的帮助信息网络犯罪活动行为等。此类帮助行为本身通常不具有值得科处刑罚的法益侵害危险性，有些甚至属于完全客观中立的帮助行为，因而其往往不具有类型化的抽象危险性，所以对于此类帮助行为需要在个案中具体判断其是否具有可罚性。只有当其在客观上创设了会被他人用来实施犯罪的具体危险时，才能认为其具备值得科处刑罚的法益侵害危险性。最后，在客观归责方面，犯罪预备阶段的帮助行为在本质上作为一种预备行为，只有当其创设了法所不允许的危险时，才能对其予以刑罚处罚。为了限制中立帮助行为的处罚范围，必须将可罚的帮助行为限制为具有明显的犯罪关联性和明确的犯罪指向性之情形，此类帮助行为一般已经偏离了日常行为的社会相当性，甚至本身已经违反了相关行为规范、法规范及法秩序，其能够在客观上明确征表出帮助者的帮助故意，因而具备客观的可归责性。总之，只有符合以上条件的犯罪预备阶段的帮助行为，才属于在客观上明显创设了针对重大法益的法所不容许的危险的预备行为，才属于在本质上具备值得科处刑罚的法益侵害危险性的可罚的预备犯，对其予以刑罚处罚才具备正当化根据。

此外，值得注意的是，在犯罪预备阶段，当帮助者与被帮助者存在关于实施重罪的事前"通谋"或"共谋"时，应当将二者均直接以重罪的预备犯论处，而对帮助者不再以帮助行为正犯化立法定罪处罚。当帮助者与被帮助者存在通谋时，二者均具有实施重罪的正犯意图，只不过不同参与人在行为上的分工有所不同而已。根据共同犯罪的部分实行全部责任的原理，此时的帮助行为与其他计划实施的正犯行为应当属于一个整体，其实际上属于构成要件行为的一个组成部分，所以对其应直接按照重罪的预备犯处理，而不能将其作为单纯的帮助型犯罪处理。比如，网络平台提供者与他人通谋，为在网上开设赌博网站提供广告推广、接受投注、支付结算等帮助的，实际上属于开设赌场罪的共同正犯，而不属于单纯的帮助犯。①

---

① 参见最高人民法院、最高人民检察院、公安部联合发布的《关于办理网络赌博犯罪案件适用法律若干问题的意见》。

综上所述，对于我国刑法分则中的犯罪帮助行为的相对正犯化立法，除了正犯者着手实行犯罪情形下的帮助行为原则上成立相关犯罪以外，还要例外性地处罚特定情形下犯罪预备阶段的帮助行为。倘若按照张明楷教授的观点，将帮助信息网络犯罪活动罪、"协助型"强迫卖淫罪、"帮助型"组织考试作弊罪等帮助行为的相对正犯化立法理解为"帮助犯的量刑规则"，那么根据共犯的从属性原理，相关犯罪的处罚范围就必须仅限于帮助行为成立帮助犯的情形，而不能包括被帮助者尚未着手实行犯罪情形下但具有法益侵害危险性的帮助行为（预备行为）。这显然不当地限制了相关犯罪的处罚范围，从而使相关帮助行为正犯化立法丧失了应有的价值。帮助行为正犯化立法并不仅仅是为了实现帮助犯量刑的均衡性、合理性，事实上，有些帮助行为正犯化立法的法定刑配置非常轻，以至于按照狭义的共犯（帮助犯）论处反而才能实现罪刑均衡。例如，对于帮助信息网络犯罪活动罪，倘若甲试图分裂国家，委托网络服务提供者乙代为发布相关分裂信息的，如果按照本罪规定，其法定最高刑只有 3 年有期徒刑；而如果将乙认定为甲的帮助犯，乙就应认定为分裂国家罪的帮助犯，其法定最高刑就上升到了死刑，更符合罪刑相适应原则。① 由此可见，"对帮助行为即使不正犯化也不必然出现量刑失衡的结果"②，其主要是为了扩大对相关帮助行为的处罚范围，以及解决司法实践中因难以查获正犯而导致的难以追究共犯责任的证明难题。因此，不能将刑法分则中的犯罪帮助行为相对正犯化立法解释为"帮助犯的量刑规则"，而只能将共犯的限制从属性原理作为对相关犯罪进行实质解释和限制解释的一种"参考标准"（而非"强制标准"）。

---

① 参见周光权《网络服务商的刑事责任范围》，《中国法律评论》2015 年第 2 期；陆旭：《网络服务提供者的刑事责任及展开——兼评〈刑法修正案（九）〉的相关规定》，《法治研究》2015 年第 6 期。

② 阎二鹏：《法教义学视角下帮助行为正犯化的省思——以〈中华人民共和国刑法修正案（九）〉为视角》，《社会科学辑刊》2016 年第 4 期。

第四节　本章小结

在司法层面，应对我国刑法前置化立法的处罚范围予以如下类型化限制：

1. 抽象危险犯立法处罚范围之限制。传统危险犯二分法下的抽象危险犯概念及其司法认定逻辑，无法准确有效指导相关犯罪的解释与适用，应对其进行类型化重构。事实上，在具体危险犯与抽象危险犯之间，还存在一种需要司法上具体判断有无行为危险性的独立危险犯类型——适格犯或准抽象危险犯。其既包括原本被认为属于具体危险犯的明文规定"足以"致生危害的犯罪，又包括原本被认为属于抽象危险犯的虽未明文规定但暗含"足以"致生危害要求的犯罪。准抽象危险犯中的行为大多属于一般性、类型性地存在危险的情形，因此，对于准抽象危险犯立法，虽然仅规定一定之行为要件（如"醉驾型"危险驾驶罪），但是行为是否真的存在此种危险属性仍然需要法官在个案中结合具体情况进行判断，如此方能避免处罚不当罚的行为。

2. 实质预备犯立法处罚范围之限制。基于预备行为的处罚正当性教义，只有在客观上明显创设了针对重大法益的不容许的危险的预备行为，才具备刑事可罚的不法内涵。据此，应当确立如下解释与适用规则，以限制我国刑法相关实质预备犯立法的处罚范围：（1）实质预备犯的预备行为原则上不可罚。通过排除刑法第 22 条之适用，可以有效解决总则形式预备犯与分则实质预备犯重复叠加从而过分扩大处罚范围的问题。（2）实质预备犯的兜底条款应作同类解释。通过对准备实施恐怖活动罪中的兜底性条款进行同类限缩解释，可以有效化解本罪走向形式预备犯而导致的处罚正当性问题。（3）实质预备犯的保护法益仅限重大法益。由此可将非法利用信息网络罪的构成要件所包含的单纯违法行为的预备行为以及本身并未创设不被容许的危险的日常中立的预备行为，排除在处罚范围之外。

3. 帮助行为正犯化立法处罚范围之限制。

（1）对于中立帮助行为正犯化立法，应基于中立帮助行为的可罚性理论限制其处罚范围。根据以客观归责论为基础的折中说，只有在客观上制造了不被允许的危险且该危险最终通过正犯行为被实现时，中立帮助行为才具备刑事不法根据。据此，对于网络中立帮助行为的可罚性范围，应当予以如下特别限缩：①对于提供网络连接服务的中立帮助行为，原则上应当否认其可罚性；②对于提供网络平台服务的中立帮助行为，通常情况下也不具有可罚性，但是，如果其在整体上符合"全面性考察"标准，或者在具体情境下制造了法所不容许的危险，或者因处于保证人地位而符合不作为犯的成立条件，那么其便成立可罚的帮助。在此基础上，对于我国刑法中的网络中立帮助行为正犯化立法，包括提供侵入、非法控制计算机信息系统程序、工具罪，帮助信息网络犯罪活动罪和拒不履行信息网络安全管理义务罪等罪名，应当进行相应的限缩解释与适用。

（2）对于帮助犯的相对正犯化立法，应以帮助行为的法益侵害危险性为根据对相关犯罪的构成要件进行实质解释，将不存在法益侵害危险性的帮助行为排除在外，从而实现相关立法处罚的正当化与合理化。具体而言，可以将帮助行为划分为实行阶段的帮助与预备阶段的帮助。对于前者直接参照共犯论的思路加以解决，即根据共犯的限制从属性原理，当正犯已经着手实行犯罪时，其帮助行为原则上具有可罚性（以处罚犯罪实行行为的帮助为原则）；对于后者由于实际上涉及犯罪参与的前阶段问题，因而可以适用预备犯的刑法教义加以解决，即当正犯尚未着手实行犯罪时，仅例外性地处罚特定情形下的帮助行为（以处罚犯罪预备行为的帮助为例外）。

结　语

刑法前置化与刑法观的变革

　　如果站在不远的将来回顾中华人民共和国成立以来的刑法立法概况，那么可以说，自 1997 年刑法颁布以来接续通过的几个刑法修正案，尤其是《刑法修正案（八）》《刑法修正案（九）》和《刑法修正案（十一）》，正式开启并推进了我国刑事立法活跃化、刑法保护前置化的历史进程。在其背后，亦隐含并且推动着我国刑法观、犯罪观在当代社会巨大而深刻的变革。

　　刑法前置化在今天受到的所有批判，几乎都来自古典刑法。古典刑法立足于社会契约论和自然法思想，主张尽可能多地限制国家刑罚权，以免公民基本权利和自由遭受不当干涉或侵蚀。为此，古典刑法自始确立并始终遵循罪刑法定主义的实质侧面、刑法的谦抑性、责任主义、法益保护原则、行为刑法原理等法治国刑法思想。在古典刑法观的影响下，长期以来刑法立法整体上都呈现出一种消极、内敛、保守的形象。这种基于理性建构的刑法立法，注重构成要件的明确性、刑罚处罚的最后手段性以及犯罪行为的法益侵害性，刑法干预的节点被后置化（以实害犯为犯罪原型，严格限制预备犯、未遂犯等危险犯的处罚范围，否定行为犯的可罚性）。由此可见，古典刑法所持的是一种"消极刑法立法观"。

　　然而，古典刑法虽是理性和自由主义的，却无法有效合理回应社会生活的需要。面对现代社会严峻的犯罪治理形势，各国刑法立法不约而同地开始走向"活性化"和前置化,古典刑法的诸多基本原理则遭到不同程度的突破或者规避。具体表现为:针对新型风险领域增设大量新罪,针对新型行为方式重构犯罪构成要件,针对重大法益前置刑法介入节点,并在传统刑罚体系外新设大量的保安处分措施。由此,在现代社会的刑法立法中,古典刑法面临两难的困境——传统刑法理论体系能否自洽,能否适应现代社会发展的需要。① 无论承认或者接受与否,现代刑法立法都已明确宣告古典自由主义刑法一去不复返的事实。或许正如德国学者埃里克·希尔根多夫所指出的那样,以 18 世纪中叶的启蒙思想为原型的古典刑法始终只是一个"理想的彼岸","纯粹的古典自由主义刑法从来没有存在过"。②

现代刑法不再固守传统的自由主义和契约主义刑法观,而是转而追求通过刑法的社会治理。为此,现代刑法立法不仅是回应型的,其尤为注重对社会问题作出及时有效的回应;而且还是预防性的,其承担着积极管控与化解社会风险的任务,并追求积极的一般预防效果。通过刑法介入的早期化、积极化与灵活化,现代刑法立法实现了从结果本位向行为本位的转变,从消极的一般预防向积极的一般预防的转变,从刑法的最后手段性向刑法手段的优先性的转变,从刑法的实效性向刑法的象征性的转变……鉴于现代刑法立法具有明显的功能性和积极性,有学者称为一种"积极刑法立法观"③ 或者"功能主义刑法立法观"④。

应当说,积极的、功能主义的刑法立法观是符合当下我国刑事立法的社会基础和时代精神的,其是现代刑法为顺应现实需要而对

① 参见周光权《积极刑法立法观在中国的确立》,《法学研究》2016 年第 4 期。

② [德]埃里克·希尔根多夫:《德国刑法学:从传统到现代》,江溯、黄笑岩等译,北京大学出版社 2015 年版,第 25 页。

③ 参见周光权《积极刑法立法观在中国的确立》,《法学研究》2016 年第 4 期。

④ 参见劳东燕《风险社会与功能主义的刑法立法观》,《法学评论》2017 年第 6 期。

传统刑法所做的必要调整。然而，尽管现代刑法在法益保护、社会防卫、行为规训等方面颇具功绩，但是其同时也存在突破法治国宪法基本精神和原则的风险。刑法体系的预防走向如果不加控制会极易导致刑法的工具化甚至政治化，刑法的自由保障机能由此也会被社会保护机能全面压制。与预防性刑事立法相生相伴的，往往是主观主义刑法、行为人刑法、象征刑法的抬头，以及公民基本权利和自由的萎缩，最终可能造成国家权力的无序扩张，损害法治国宪法秩序。

因此，在古典刑法的消极刑法立法观与现代刑法的功能主义刑法立法观之间，有必要确立一种"合宪主义刑法立法观"，以实现刑法人权保障机能与法益保护机能的最佳平衡。[①] 刑法前置化是古典刑法与现代刑法在当代社会的一次必然碰撞，但二者不应是你死我活的争斗，而可以且应当做到和而不同。理性和功能这对矛盾体的调节器，就在于法治国宪法的基本精神、原则与理念。当代社会的刑事立法与司法，必须始终在合宪性的轨道上运行。唯有通过刑法体系的合宪性控制，才能既保留古典刑法中的法治国思想内核，又同时发挥现代刑法积极参与社会治理的功能。而本书正是为此而做的一次尝试。

---

① 参见姜涛《在契约与功能之间：刑法体系的合宪性控制》，《比较法研究》2018 年第 2 期。

参考文献

一　著作

（一）中文著作

陈洪兵：《中立行为的帮助》，法律出版社 2010 年版。

陈家林：《外国刑法：基础理论与研究动向》，华中科技大学出版社 2013 年版。

高铭暄：《中华人民共和国刑法的孕育诞生和发展完善》，北京大学出版社 2012 年版。

古承宗：《刑法的象征化与规制理性》，（台北）元照出版有限公司 2017 年版。

郝艳兵：《风险刑法：以危险犯为中心的展开》，中国政法大学出版社 2012 年版。

黄荣坚：《基础刑法学》（第三版），中国人民大学出版社 2009 年版。

姜敏：《刑法修正案犯罪化及限制》，中国法制出版社 2016 年版。

焦旭鹏：《风险刑法的基本立场》，法律出版社 2014 年版。

劳东燕：《风险社会中的刑法：社会转型与刑法理论的变迁》，北京大学出版社 2015 年版。

李怀胜：《刑事立法的国家立场》，中国政法大学出版社 2015 年版。

李晓龙：《刑法保护前置化研究：现象观察与教义分析》，厦门大学出版社 2018 年版。

梁根林主编：《当代刑法思潮论坛（第二卷）：刑法教义与价值判

断》，北京大学出版社 2016 年版。

梁根林主编：《当代刑法思潮论坛（第三卷）：刑事政策与刑法变迁》，北京大学出版社 2016 年版。

刘艳红：《实质刑法观》，中国人民大学出版社 2009 年版。

马克昌：《犯罪通论》，武汉大学出版社 1991 年版。

王皇玉：《刑罚与社会规训》，（台北）元照出版有限公司 2009 年版。

夏勇：《和谐社会目标下"犯罪化"与"非犯罪化"的标准》，法律出版社 2016 年版。

许恒达：《法益保护与行为刑法》，（台北）元照出版有限公司 2016 年版。

许玉秀、陈志辉合编：《不移不惑献身法与正义——许逎曼教授刑事法论文选辑》，（台北）春风煦日学术基金 2006 年版。

姚龙兵：《刑法立法基本原则研究》，中国政法大学出版社 2014 年版。

张道许：《风险社会的刑法危机及其应对》，知识产权出版社 2016 年版。

张晶：《风险刑法：以预防机能为视角的展开》，中国法制出版社 2012 年版。

张明楷：《法益初论》，中国政法大学出版社 2000 年版。

张明楷：《刑法学》，法律出版社 2016 年版。

钟宏彬：《法益理论的宪法基础》，（台北）春风煦日学术基金 2012 年版。

周光权：《法治视野中的刑法客观主义》，法律出版社 2013 年版。

　　（二）中译著作

［德］埃里克·希尔根多夫：《德国刑法学：从传统到现代》，江溯、黄笑岩等译，北京大学出版社 2015 年版。

［德］克劳斯·罗克辛：《德国刑法学　总论（第 1 卷）：犯罪原理的基础构造》，王世洲译，法律出版社 2005 年版。

［德］克劳斯·罗克辛：《德国刑法学　总论（第 2 卷）：犯罪行为的特别表现形式》，王世洲等译，法律出版社 2013 年版。

［德］克劳斯·罗克辛：《刑事政策与刑法体系》（第 2 版），蔡桂生译，中国人民大学出版社 2011 年版。

［德］乌尔里希·齐白：《全球风险社会与信息社会中的刑法：二十一世纪刑法模式的转换》，周遵友、江溯等译，中国法制出版社 2012 年版。

［德］格吕恩特·雅科布斯：《行为　责任　刑法——机能性描述》，冯军译，中国政法大学出版社 1997 年版。

［美］道格拉斯·胡萨克：《刑法哲学》，姜敏译，中国法制出版社 2015 年版。

［美］乔尔·范伯格：《刑法的道德界限（第一卷）：对他人的危害》，方泉译，商务印书馆 2013 年版。

［美］乔治·弗莱彻：《反思刑法》，邓子滨译，华夏出版社 2008 年版。

［美］约书亚·德雷斯勒：《美国刑法纲要》，姜敏译，中国法制出版社 2016 年版。

［日］川出敏裕、金光旭：《刑事政策》，钱叶六等译，中国政法大学出版社 2016 年版。

［日］平野龙一：《刑法的基础》，黎宏译，中国政法大学出版社 2016 年版。

［日］松原芳博：《刑法总论重要问题》，王昭武译，中国政法大学出版社 2014 年版。

［日］西田典之：《共犯理论的展开》，江溯、李世阳译，中国法制出版社 2017 年版。

［日］西原春夫：《刑法的根基与哲学》，顾肖荣等译，中国法制出版社 2017 年版。

［日］伊东研祐：《法益概念史研究》，秦一禾译，中国人民大学出版社 2014 年版。

［日］佐伯仁志：《刑法总论的思之道·乐之道》，于佳佳译，中国
　政法大学出版社 2017 年版。

［日］佐伯仁志：《制裁论》，丁胜明译，北京大学出版社 2018
　年版。

［英］艾伦·诺里：《刑罚、责任与正义：关联批判》，杨丹译，中
　国人民大学出版社 2009 年版。

　　（三）英文著作

Andrew Ashworth and Lucia Zedner, *Preventive Justice*, Oxford：Oxford
　University Press, 2014.

Andrew Ashworth, *Principles of Criminal Law*, Oxford：Oxford University
　Press, 2006.

A. P. Simester and Andreas von Hirsch, *Crimes, Harms, and Wrongs：
On the Principles of Criminalization*, Oxford：Oxford University
　Press, 2011.

David Garland, *The Culture of Control*, Chicago：University of Chicago
　Press, 2001.

Dennis J. Baker, *The Right Not to be Criminalized：Demarcating Criminal
　Law's Authority*, London：Ashgate Publishing Limited, 2011.

George P. Fletcher, *The Basic Concept of Criminal Law*, New York：Ox-
　ford University Press, 1998.

Markus D. Dubber and Tatjana Hoernle, *Criminal Law：A Comparative
　Approach*, New York：Oxford University Press, 2014.

Niklas Luhmann, *Risk：A Sociological Theory*, Translated by Rhodes
　Barrett, New Brunswick, NJ：Aldine Transaction, 2005.

Nina Persak, *Criminalizing Harmful Conduct*, New York：Springer,
　2006.

R. A. Duff, Lindsay Famer, S. E. Marshall, Massamo Renzo and Victora
　Tardos, *The Boundaries of the Criminal Law*, Oxford：Oxford Universi-
　ty Press, 2010.

二 论文

(一) 中文论文

车浩:《理解当代中国刑法教义学》,《中外法学》2017 年第 6 期。

车浩:《刑事立法的法教义学反思——基于〈刑法修正案(九)〉的分析》,《法学》2015 年第 10 期。

陈洪兵:《论中立帮助行为的处罚边界》,《中国法学》2017 年第 1 期。

陈洪兵:《准抽象危险犯概念之提倡》,《法学研究》2015 年第 5 期。

陈伟、霍俊阁:《刑法过度前置化批判及其纠正》,《山东警察学院学报》2018 年第 1 期。

陈晓明:《刑法上比例原则应用之探讨》,《法治研究》2012 年第 9 期。

陈兴良:《犯罪范围的扩张与刑罚结构的调整——〈刑法修正案(九)〉述评》,《法律科学》2016 年第 4 期。

陈兴良:《风险刑法理论的法教义学批判》,《中外法学》2014 年第 1 期。

陈兴良:《刑法教义学与刑事政策的关系:从李斯特鸿沟到罗克辛贯通——中国语境下的展开》,《中外法学》2013 年第 5 期。

陈璇:《正当防卫与比例原则——刑法条文合宪性解释的尝试》,《环球法律评论》2016 年第 6 期。

程红、吴荣富:《刑事立法活性化与刑法理念的转变》,《云南大学学报》(法学版) 2016 年第 4 期。

冯军:《刑法教义学的立场和方法》,《中外法学》2014 年第 1 期。

付立庆:《论积极主义刑法观》,《政法论坛》2019 年第 1 期。

高铭暄:《风险社会中刑事立法正当性理论研究》,《法学论坛》2011 年第 4 期。

高铭暄、孙道萃:《预防性刑法观及其教义学思考》,《中国法学》2018 年第 1 期。

高艳东：《规范学视野中预备行为可罚性的反思与重构》，《现代法学》2005 年第 1 期。

古承宗：《风险社会与现代刑法的象征性》，《科技法学评论》2013 年第 1 期。

郭旨龙：《预防性犯罪化的中国境域——以恐怖主义与网络犯罪的对照为视角》，《法律科学》2017 年第 2 期。

何荣功：《社会治理"过度刑法化"的法哲学批判》，《中外法学》2015 年第 2 期。

何荣功：《预防刑法的扩张及其限度》，《法学研究》2017 年第 4 期。

黄旭巍：《污染环境罪法益保护早期化之展开——兼与刘艳红教授商榷》，《法学》2016 年第 7 期。

姜敏：《"危害原则"的法哲学意义及对中国刑法犯罪化趋势的警喻》，《环球法律评论》2017 年第 1 期。

姜敏：《系统论视角下刑法修正案犯罪化限制及其根据》，《比较法研究》2017 年第 3 期。

姜涛：《刑法立法阻却事由的理论界定与制度前景》，《中国法学》2015 年第 2 期。

姜涛：《在契约与功能之间：刑法体系的合宪性控制》，《比较法研究》2018 年第 2 期。

姜涛：《追寻理性的罪刑模式：把比例原则植入刑法理论》，《法律科学》2013 年第 1 期。

敬力嘉：《网络参与行为刑事归责的"风险犯"模式及其反思》，《政治与法律》2018 年第 6 期。

劳东燕：《风险社会与变动中的刑法理论》，《中外法学》2014 年第 1 期。

劳东燕：《风险社会与功能主义的刑法立法观》，《法学评论》2017 年第 6 期。

劳东燕：《公共政策与风险社会的刑法》，《中国社会科学》2007 年第 3 期。

劳东燕：《刑事政策与刑法体系关系之考察》，《比较法研究》2012年第 2 期。

黎宏：《法益论的研究现状和展望》，《人民检察》2013 年第 7 期。

黎宏：《日本刑事立法犯罪化与重刑化研究》，《人民检察》2014 年第 21 期。

李川：《适格犯的特征与机能初探——兼论危险犯第三类型的发展谱系》，《政法论坛》2014 年第 5 期。

李惠宗：《论比例原则作为刑事立法的界限——大法官释字第五一七号解释详释》，《台湾本土法学杂志》2001 年第 18 期。

梁根林：《刑法修正：维度、策略、评价与反思》，《法学研究》2017 年第 1 期。

梁根林：《预备犯普遍处罚原则的困境与突围——〈刑法〉第 22 条的解读与重构》，《中国法学》2011 年第 2 期。

刘权：《目的正当性与比例原则的重构》，《中国法学》2014 年第 4 期。

刘涛：《社会宪治：刑法合宪性控制的一种思路》，《法学家》2017 年第 5 期。

刘孝敏：《法益的体系性位置与功能》，《法学研究》2007 年第 1 期。

刘艳红：《网络中立帮助行为可罚性的流变及批判——以德日的理论和实务为比较基准》，《法学评论》2016 年第 5 期。

刘艳红：《象征性立法对刑法功能的损害——二十年来中国刑事立法总评》，《政治与法律》2017 年第 3 期。

刘志伟：《〈刑法修正案（九）〉的犯罪化立法问题》，《华东政法大学学报》2016 年第 2 期。

卢建平：《风险社会的刑事政策与刑法》，《法学论坛》2011 年第 4 期。

南连伟：《风险刑法理论的批判与反思》，《法学研究》2012 年第 4 期。

皮勇：《论新型网络犯罪立法及其适用》，《中国社会科学》2018 年第 10 期。

齐文远：《修订刑法应避免过度犯罪化倾向》，《法商研究》2016 年
　　第 3 期。

商浩文：《预备行为实行化的罪名体系与司法限缩》，《法学评论》
　　2017 年第 6 期。

邵博文：《晚近我国刑事立法趋向评析——由〈刑法修正案（九）〉
　　展开》，《法制与社会发展》2016 年第 5 期。

申纯：《刑法保护机能的扩张与限制》，博士学位论文，武汉大学，
　　2014 年。

时延安：《刑法规范的合宪性解释》，《国家检察官学院学报》2015
　　年第 1 期。

舒洪水、张晶：《法益在现代刑法中的困境与发展——以德、日刑法
　　的立法动态为视角》，《政治与法律》2009 年第 7 期。

舒洪水、张晶：《近现代法益理论的发展及其功能化解读》，《中国
　　刑事法杂志》2010 年第 9 期。

苏永生：《法益保护理论中国化之反思与重构》，《政法论坛》2019
　　年第 1 期。

苏永生：《刑法合宪性解释的意义重构与关系重建——一个罪刑法定
　　主义的理论逻辑》，《现代法学》2015 年第 3 期。

孙国祥：《集体法益的刑法保护及其边界》，《法学研究》2018 年第
　　6 期。

孙万怀：《违法相对性理论的崩溃——对刑法前置化立法倾向的一种
　　批评》，《政治与法律》2016 年第 3 期。

孙万怀、郑梦凌：《中立的帮助行为》，《法学》2016 年第 1 期。

孙运梁：《帮助行为正犯化的教义学反思》，《比较法研究》2018 年
　　第 6 期。

王强军：《刑法功能多元化的批判及其限制路径》，《政法论坛》
　　2019 年第 1 期。

王姝、陈通：《我国刑法对法益保护前置化问题研究》，《刑法论丛》

2017 年第 3 卷。

王新：《〈刑法修正案（九）〉第 120 条前置化规制的法理探析》，《北方法学》2016 年第 3 期。

王永茜：《论抽象危险犯的立法界限》，《刑法论丛》2013 年第 3 卷。

王永茜：《论集体法益的刑法保护》，《环球法律评论》2013 年第 4 期。

王永茜：《论现代刑法扩张的新手段——法益保护的提前化和刑事处罚的前置化》，《法学杂志》2013 年第 6 期。

魏昌东：《新刑法工具主义批判与矫正》，《法学》2016 年第 2 期。

谢望原：《谨防刑法过分工具主义化》，《法学家》2019 年第 1 期。

许恒达：《刑法法益概念的茁生与流变》，《月旦法学杂志》2011 年第 10 期。

阎二鹏：《法教义学视角下帮助行为正犯化的省思——以〈中华人民共和国刑法修正案（九）〉为视角》，《社会科学辑刊》2016 年第 4 期。

阎二鹏：《预备行为实行化的法教义学审视与重构——基于〈中华人民共和国刑法修正案（九）〉的思考》，《法商研究》2016 年第 5 期。

杨兴培：《中国刑法领域"法益理论"的深度思考及商榷》，《法学》2015 年第 9 期。

姚贝、王拓：《法益保护前置化问题研究》，《中国刑事法杂志》2012 年第 1 期。

姚万勤：《中立的帮助行为与客观归责理论》，《法学家》2017 年第 6 期。

于冲：《帮助行为正犯化的类型研究与入罪化思路》，《政法论坛》2016 年第 4 期。

于改之、蒋太珂：《刑事立法：在目的和手段之间——以〈刑法修正案（九）〉为中心》，《现代法学》2016 年第 2 期。

于改之、吕小红：《比例原则的刑法适用及其展开》，《现代法学》

2018 年第 4 期。

于志刚:《网络犯罪与中国刑法应对》,《中国社会科学》2010 年第 3 期。

于志刚:《网络空间中犯罪帮助行为的制裁体系与完善思路》,《中国法学》2016 年第 2 期。

于志刚:《网络空间中犯罪预备行为的制裁思路与体系完善——截至〈刑法修正案(九)〉的网络预备行为规制体系的反思》,《法学家》2017 年第 6 期。

张凯:《刑法边界基础研究——调控范围与介入时点视角的展开》,博士学位论文,吉林大学,2018 年。

张明楷:《法益保护与比例原则》,《中国社会科学》2017 年第 7 期。

张明楷:《论〈刑法修正案(九)〉关于恐怖犯罪的规定》,《现代法学》2016 年第 1 期。

张明楷:《论帮助信息网络犯罪活动罪》,《政治与法律》2016 年第 2 期。

张明楷:《日本刑法的发展及其启示》,《当代法学》2006 年第 1 期。

张明楷:《网络时代的刑事立法》,《法律科学》2017 年第 3 期。

张明楷:《宪法与刑法的循环解释》,《法学评论》2019 年第 1 期。

张明楷:《刑法理论与刑事立法》,《法学论坛》2017 年第 6 期。

张明楷:《也论刑法教义学的立场——与冯军教授商榷》,《中外法学》2014 年第 2 期。

张翔:《刑法领域的基本权利冲突及其解决》,《人民检察》2006 年第 23 期。

张翔:《刑法体系的合宪性调控——以"李斯特鸿沟"为视角》,《法学研究》2016 年第 4 期。

张志钢:《论累积犯的法理——以污染环境罪为中心》,《环球法律评论》2017 年第 2 期。

赵秉志:《当代中国犯罪化的基本方向与步骤——以〈刑法修正案(九)〉为主要视角》,《东方法学》2018 年第 1 期。

赵秉志、袁彬：《中国刑法立法改革的新思维——以〈刑法修正案（九）〉为中心》，《法学》2015 年第 10 期。

郑延谱：《预备犯处罚界限论》，《中国法学》2014 年第 4 期。

周光权：《积极刑法立法观在中国的确立》，《法学研究》2016 年第 4 期。

周光权：《转型时期刑法立法的思路与方法》，《中国社会科学》2016 年第 3 期。

（二）中译论文

［德］Bernd Schünemann：《法益保护原则——刑法构成要件及其解释之宪法界限之汇集点》，何赖杰译，载许玉秀、陈志辉合编《不移不惑献身法与正义——许迺曼教授刑事法论文选辑》，（台北）春风煦日学术基金 2006 年版。

［德］Bernd Schünemann：《刑法体系与刑事政策》，王效文译，载许玉秀、陈志辉合编《不移不惑献身法与正义——许迺曼教授刑事法论文选辑》，（台北）春风煦日学术基金 2006 年版。

［德］Eric Hilgendorf：《是否存在"风险社会的刑法"？》，苏青译，《刑法论丛》2016 年第 2 卷。

［德］Winfried Hassemer：《现代刑法的特征与危机》，陈俊伟译，《月旦法学杂志》2012 年第 8 期。

［德］迪特儿·卡林：《宪法视野下的预防问题》，刘刚译，载刘刚主编《风险规制：德国的理论与实践》，法律出版社 2012 年版。

［德］哈塞默尔：《面对各种新型犯罪的刑法》，冯军译，载中国人民大学刑事法律科学研究中心主编《明德刑法学名家讲演录》（第 1 卷），北京大学出版社 2009 年版。

［德］汉斯·约格·阿尔布莱希特：《安全、犯罪预防与刑法》，赵书鸿译，《人民检察》2014 年第 16 期。

［德］科讷琉斯·普赫特维茨：《论刑法的机能主义化》，陈昊明译，《北航法律评论》2014 年卷。

［德］克劳斯·罗克辛：《对批判立法之法益概念的检视》，陈璇译，

《法学评论》2015 年第 1 期。

［德］克劳斯·罗克辛:《刑法的任务不是法益保护吗?》，樊文译，《刑事法评论》2006 年第 2 卷。

［德］克努特·阿梅隆:《德国刑法学中法益保护理论的现状》，［日］日高义博、姚培培译，《中德法学论坛》2017 年第 2 卷。

［德］莱纳·沃尔夫:《风险法的风险》，陈霄译，载刘刚主编《风险规制:德国的理论与实践》，法律出版社 2012 年版。

［德］洛塔尔·库伦:《论刑法与宪法的关系》，蔡桂生译，《交大法学》2015 年第 2 期。

［德］沃尔福冈·弗里希:《法教义学对刑法发展的意义》，赵书鸿译，《比较法研究》2012 年第 1 期。

［德］沃斯·金德豪伊泽尔:《适应与自主之间的德国刑法教义学——用教义学来控制刑事政策的边界?》，蔡桂生译，《国家检察官学院学报》2010 年第 5 期。

［德］乌尔里希·齐白:《网络服务提供者的刑法责任——刑法总论中的核心问题》，王华伟译，《刑法论丛》2016 年第 4 卷。

［德］乌尔里希·齐白:《刑法的边界——马普外国与国际刑法研究所最新刑法研究项目的基础和挑战》，周遵友译，《刑法论丛》2008 年第 4 卷。

［德］乌尔斯·金德霍伊泽尔:《安全刑法:风险社会的刑法危险》，刘国良编译，《马克思主义与现实》2005 年第 3 期。

［德］约克·艾斯勒:《抽象危险犯的基础和边界》，蔡桂生译，《刑法论丛》2008 年第 2 卷。

［韩］金日秀:《风险刑法、敌人刑法与爱的刑法》，郑军男译，《吉林大学社会科学学报》2015 年第 1 期。

［日］关哲夫:《论机能主义刑法学——机能主义刑法学的检讨》，王充译，《刑法论丛》2009 年第 1 卷。

［日］关哲夫:《现代社会中法益论的课题》，王充译，《刑法论丛》2007 年第 2 卷。

［日］伊东研祐:《现代社会中危险犯的新类型》，郑军男译，载何
　　鹏、李洁主编:《危险犯与危险概念》，吉林大学出版社 2006
　　年版。

［意］弗朗西斯科·维加诺:《意大利反恐斗争与预备行为犯罪
　　化——一个批判性反思》，吴沈括译，《法学评论》2015 年第
　　5 期。

［英］安德鲁·冯·赫尔希:《法益概念与"损害原则"》，樊文译，
　　《刑事法评论》2009 年第 1 卷。

（三）英文论文

Andrew Ashworth and Lucia Zedner, "Prevention and Criminalization:
Justification and Limits", *New Criminal Law Review*, Vol. 15, No. 4,
2012.

Andrew Ashworth, "Conceptions of Overcriminalization", *Ohio State
Journal of Criminal Law*, Vol. 5, No. 2, 2008.

Andrew Ashworth, "Is the Criminal Law a Lost Cause?", *Law Quarterly
Review*, Vol. 116, No. 2, 2000.

Andrew Corford, "Preventative Criminalization", *New Criminal Law Re-
view*, Vol. 18, No. 1, 2015.

Ariel L. Bendor and Hadar Dancig-Rosenberg, "Unconstitutional Crimi-
nalization", *New Criminal Law Review*, Vol. 19, No. 2, 2016.

A. P. Simester and Andrew Von Hirsch, "Remote Harms and Non-Consti-
tutive Crimes", *Criminal Justice Ethics*, Vol. 28, No. 1, 2009.

Daniel Ohana, "Responding to Acts Preparatory to the Commission of a
Crime: Criminalization or Prevention?", *Criminal Justice Ethics*,
Vol. 25, No. 2, 2006.

Darryl K. Brown, "Criminal Law's Unfortunate Triumph over Administrative
Law", *Journal of Law, Economics & Policy*, Vol. 7, No. 4, 2011.

Dennis J. Baker, "Constitutionalizing the Harm Principle", *Criminal
Justice Ethics*, Vol. 27, No. 2, 2008.

Douglas Husak, "Crimes Outside the Core", *Tulsa Law Review*, Vol. 39, No. 4, 2004.

Douglas Husak, "Reservations about Overcriminalization", *New Criminal Law Review*, Vol. 14, No. 1, 2011.

Douglas Husak, "The Criminal Law as Last Resort", *Oxford Journal of Legal Studies*, Vol. 24, No. 2, 2004.

Haugh Todd, "Overcriminalization's New Harm Paradigm", *Vanderbilt Law Review*, Vol. 68, No. 5, 2015.

James Edwards, "Harm principles", *Legal Theory*, Vol. 20, No. 4, 2014.

Paul H. Robinson, "A Theory of Justification: Societal Harm as a Prerequisite for Criminal Liability", *UCLA Law Review*, Vol. 23, No. 2, 1975.

Paul H. Robinson, "Democratizing Criminal Law: Feasibility, Utility, and the Challenge of Social Change", *Northwestern University Law Review*, Vol. 111, No. 6, 2017.

Paul H. Robinson, "Functional Analysis of Criminal Law", *Northwestern University Law Review*, Vol. 88, No. 3, 1993 – 1994.

Paul H. Robinson, "Prohibited Risks and Culpable Disregard or Inattentiveness: Challenge and Confusion in the Formulation of Risk-Creation Offenses", *Theoretical Inquiries in Law*, Vol. 4, No. 1, 2003.

Rik Peeters, "The Price of Prevention: The Preventive Turn Consequence for Role of State", *Punishment&Socity*, No. 2, 2015.

Ronald L. Gainer, "Federal Criminal Code Reform: Past and Future", *Buffalo Criminal Law Review*, Vol. 2, No. 1, 1998.

R. A. Duff and S. E. Marshall, " 'Remote Harms' and the Two Harm Principles", in A. P. Simester and Antje Du Bois-Pedain, eds., *Liberal Criminal Theory*, Oxford and Portland: Hart Publishing, 2014.

R. A. Duff, "Criminalizing Endangerment", *Louisiana Law Review*,

Vol. 65, No. 3, 2005.

Shon Hopwood, "Clarity in Criminal Law", *American Criminal Law Review*, Vol. 54, No. 3, 2017.

Steven D. Smith, "Is the Harm Principle Illiberal?", *American Journal of Jurisprudence*, Vol. 51, 2006.

Tom Sorell, "The Scope of Serious Crime and Preventive Justice", *Criminal Justice Ethics*, Vol. 35, No. 3, 2016.

Ulrich Sieber, "The Limits of Criminal Law (Translation)", *DIREITO GV Law Review*, Vol. 4, No. 1, 2008.

Ulrich Sieber, "The Paradigm Shift in the Global Risk Society: From Criminal Law to Global Security Law-An Analysis of the Changing Limits of Crime Control", *Journal of Eastern-European Criminal Law*, No. 1, 2016.

Youngjae Lee, "The Constitutional Right against Excessive Punishment", *Virginia Law Review*, Vol. 91, No. 3, 2005.

索　引